大学研究型课程
专业系列教材

新闻学类

新闻编辑研究导引

邓利平 编著

南京大学出版社

图书在版编目(CIP)数据

新闻编辑研究导引/邓利平编著. —南京:南京大学出版社,2015.9
大学研究型课程专业系列教材. 新闻学类
ISBN 978-7-305-14265-9

Ⅰ. ①新… Ⅱ. ①邓… Ⅲ. ①新闻编辑-高等学校-教材 Ⅳ. ①G213

中国版本图书馆 CIP 数据核字(2014)第 263333 号

出版发行	南京大学出版社
社　　址	南京市汉口路22号　　邮　编 210093
出 版 人	金鑫荣
丛 书 名	大学研究型课程专业系列教材·新闻学类
书　　名	新闻编辑研究导引
编　　著	邓利平
责任编辑	李海忠　王抗战　　　编辑热线　025-83592123
照　　排	南京紫藤制版印务中心
印　　刷	宜兴市盛世文化印刷有限公司
开　　本	787×960　1/16　印张 19.5　字数 393 千
版　　次	2015 年 9 月第 1 版　2015 年 9 月第 1 次印刷
ISBN	978-7-305-14265-9
定　　价	43.00 元

网址:http://www.njupco.com
官方微博:http://weibo.com/njupco
官方微信号:njupress
销售咨询热线:(025)83594756

* 版权所有,侵权必究
* 凡购买南大版图书,如有印装质量问题,请与所购图书销售部门联系调换

序

丁和根

中国的新闻学研究已走过近百年的历史,其间虽历经曲折,但学术之脉薪继火传,至今已蔚为大观。在此过程中,新闻学教材也起着不可替代的关键作用。它一方面是学校进行新闻教育和学生培养的基本手段和工具,对新闻专业学生的知识教育和专业技能培养具有支撑作用,另一方面又承载着新闻传媒领域新思想、新观念和新技能的知识化以及专业知识系统化的重任。近百年来,在新闻学教材编写过程中,许多先驱者筚路蓝缕,呕心沥血,做了不少开创性的工作。特别是改革开放后的三十多年中,新闻学教材编写更是百花齐放,不仅数量大大增加,内容也有了极大的丰富,与整个新闻传播业的发展形成有机呼应。

当然,在新闻学教材大量涌现的同时,人们也发现其中存在一些不容忽视的问题。最常见的问题是教材的体例结构大同小异,不同系列教材之间在内容上似曾相识,同一系列教材中的内容交叉重复现象也较为普遍。另一个问题是,新闻学传统的三大板块,无论是历史新闻学、理论新闻学还是应用新闻学,都是侧重于知识和技能的系统化,而激发学生积极参与教学和深入思考问题的特点则比较淡漠。这在以实践操作为主要培养目标的高校或许是情有可原的,而对于承担着为社会培育高层次、创新型新闻人才重任的研究型大学来说,应该说是有所不足的。如何让学生在吸取专业知识的同时,充分调动起他们学习的积极性和主动性,在知其然时也知其所以然,让新闻专业的学生更有问题意识和创造意识,具有更宽广的视野和更深入的专业认知,就成为新闻学教材建设难以回避的问题。尝试在解决这样的问题上做出努力,正是本套教材编写的初衷和主旨。

本套教材是南京大学推出的"大学研究型课程专业系列教材"的有机组成部分，它受到周宪教授几年前率先主编的"中国语言文学类"系列教材的启发，因而在编写理念和教学理念上既保持了新闻学专业的特色，也与那套教材一样强调了"研究型课程"一些共通的特点，这些特点主要是以下三个方面。

首先是对研究性的强调。研究性主要体现在：第一，突出教材本身的问题型结构和理路。传统教材的通史通论型结构，因照顾到知识的系统性和全面性，往往对特定学科的核心或前沿问题关注不够。这样对学生训练偏重于全面掌握知识却忽略了问题意识（主要是发现问题和解决问题的意识及其能力）的培养。而研究型教材则以问题为核心来架构，每章或每个单元以一个相对独立的重要问题为中心来设计。这样可以改变过去教材单纯的历史线索或逻辑结构的束缚。因此，不再强调知识面面俱到，也不强调学习平均用力，而是聚焦于本学科的重要问题，强化学术研究上的问题意识。这种问题结构使教材更具弹性和灵活性。对编者来说，可以根据学科知识的发展不断修订增删，进而改变过去教材编写的误区，即受制于结构很难修订，不得不推倒重来。对教师来说，以问题为中心的结构框架，也可以为他们富有个性的授课留有充分的空间和自由，教师可以根据自己的知识结构和研究特长作相应的调整。第二，注重学生思维方式的训练和研究能力的培养。这套教材以典范性研究论文为主干，因此选文凸现了如何发展和确定问题、如何研究问题、如何采集相关资料、如何思考和分析问题、如何得出科学的结论等。每章都有一个导论，每篇范文都有具体的分析和概括，还附有延伸阅读以及思考题，这些设计都在强化问题意识这一主旨，这有助于改变传统教材只注重知识性而忽略研究性的倾向。

其次是对范例性的强调。依据美国科学哲学家库恩的研究，科学知识的范式要素之一是所谓研究范例，也就是特定学科发展史上重要的、经典的研究案例。中国哲学史家冯友兰则指出，学术研究有"照着讲"和"接着讲"两种方式。前者是别人怎么说的，后者是从前人说到之处讲下去。把这两种看法结合起来，可以用来描述这套教材的范例性。就是通过研究典范的学习，首先学会"照着讲"，然后进一步发展出"接着讲"。因此，所谓范例性又主要体现在如下两个方面：第一，选文的经典性。即力求把特定问题及其研究领域中具有代表性和经典性的学术论文选出来，这些论文不但具有权威性，而且代表了一定时期特定问题的研究水平。经过对这样的选文的解读，可以让学生了解具体的问题史和研究成果。选文不但关注问题史，同时也注重当前的发展和前沿性，将最新成果吸纳进教材中。第二，范例性还指选文作为具体的研究个案，对教师来说，是绝佳的授课内容；对学生来说，是上好的学习范本。老师通过讲解让学生掌握特定文本的研究范例，学生通过研读，模仿和学会如何研究问题，如何写作学术论文。由此实现研究型教材的特定功能。

再次是对多元化的强调。传统教材有时为了突出编写者个人的学术观点，往往采用一家之说，而对其他各种观点的介绍评析不够。由于研究型教材采用选文与导言相结合的方式，因此可以实现教材内容、学术观点和研究方法的多元化，进而达到学术研究上的"视界融合"。多元化一方面体现在博采各家之说，尽显研究特定问题的思路或方法的多样性，形成了各家之说的对话性；另一方面，选文在学术论文的文体、方法和表述风格上也明显多样化，这有助于学生掌握多种阐释途径和写作方法，进而避免研究方法和写作上的"八股"文风。

以上概括无疑同样适用于本套"新闻学类"教材。当然，新闻学毕竟与文史哲等传统学科有所不同，在教材的编写中也要充分考虑到它们之间的差异性。这种差异性主要表现在以下两个方面。

其一，新闻学的学科发展史比较短暂，不像文史哲等传统学科那样源远流长，因而可选的经典范文就比较有限。在代表性与经典性之间，本套教材更强调的是代表性而非经典性。世界上没有一成不变的真理，任何观念都产生于特定的历史语境。从纵向上看，许多在当时有影响的学术观点，随着时代环境的变化，在今天看来或许已平淡无奇，或许还存在明显的不足，但它们代表的却是学术史链条上不可或缺的某些组成部分。从横向来看，对同一问题，人们也会有不同的认知。这种不同或来自于不同的理论视角，或来自于不同的方法运用，但它们对更为完整地认识一个事物都有裨益。对于有价值的多元化的观点和方法，只要有一定的代表性，我们便采取兼收并蓄的态度，以期更好地利用过往的研究财富，为今后的知识创新增添有益的动力。

其二，由于新闻学是一个新兴的应用性学科，它与文史哲等基础学科不同的地方还在于它一定要理论联系实际，因而本套教材特别强调了实践应用性。一是选题的提出和讨论特别强调现实性，以增加教材内容与新闻传播现实的粘合度。二是在业务性课程教材的编写方法上做出适当调整，增加了案例分析的环节。三是在选文之后的问题思考和研究设计部分，更注重结合当下正在进行中的新闻传播变革来设计思考题和研究方案。

学术研究需要凝聚朝气蓬勃的学术力量，发挥专业团队的集体智慧。近三年多来，为了保证本套教材的顺利推进，南京大学新闻传播学院的诸多同仁以及部分校外学者，群策群力、共襄斯举，为了共同的目标，大家本着严谨求实的学风，不囿于成见，立意于创新，在各自所负责的教材中充分表现出自己的学术个性。在此，谨向他们表示深深的敬意！本套教材能够顺利付梓出版，还有赖于南京大学出版社的鼎力支持以及项目负责人和各位责任编辑的辛勤劳动，特别是金鑫荣社长，出版此套教材的创意来自于他，在编著过程中，经常加以敦促和鼓励的也是他，没有他的关心和支持，也就没有这套书的今天。此外，我们也要向本套教材中所有被征引文献资料的著作者一并致以深切的谢意！

以"研究性"作为教材编写的突出特点，这只是一个初步的试验。我们知道，在这条道路上需要探索的地方还很多，因而热忱期待来自各方有识之士的指教。

2015年3月于南京大学

目 录

第一章 编辑与编辑工作 1
  导论 1
  选文 7
    论报馆之责任(节选)(梁启超) 7
    关于《生活日报》问题的总答复(邹韬奋) 10
    整合时代的编辑与受众(节选)([美]布雷恩·S·布鲁克斯等) 14
    编辑与受众(节选)(吴飞) 25
    西方报纸编辑的工作(节选)([加]赵鼎生) 35
    大众传播适度距离策略(节选)(张景云) 40
  研究与思考 52
    延伸阅读 52
    思考与实践 53

第二章 新闻策划 55
  导论 55
  选文 60
    关于议程设置的几个问题(节选)([美]威尔伯·施拉姆 威廉·波特) 60
    重视深度新闻报道的策划——新媒体时代大众传媒的新闻创新(蔡雯) 67
    "新闻策划"剖析(董天策) 73
    应对突发事件的新闻报道策划(赵振宇) 80
    报道选题(节选)([美]卡罗尔·里奇) 85
  研究与思考 91
    延伸阅读 91
    思考与实践 91

第三章 稿件处理之一:选择 94
  导论 94
  选文 98

新闻稿件的分析(节选)(陈仁风) ………………………………… 98
　　　论新闻传播中的隐性失实(丁柏铨) ……………………………… 109
　　　稿件中的多元文化敏感性(节选)([美]卡罗尔·里奇) ………… 118
　　　全球化与传播内容生产:国际竞争的视角(丁和根) …………… 127
　　　新闻报道中的立场(节选)([美]凯利·莱尔特等) ……………… 134
　　　副刊稿件的选择与组织(节选)(邓利平) ………………………… 141
　　研究与思考 ……………………………………………………………… 150
　　　延伸阅读 …………………………………………………………… 150
　　　思考与实践 ………………………………………………………… 151

第四章　稿件处理之二:修改 …………………………………………… 155
　　导论 ……………………………………………………………………… 155
　　选文 ……………………………………………………………………… 159
　　　新闻稿的配置(节选)(郑兴东) …………………………………… 159
　　　新闻稿的梳理(节选)(张子让) …………………………………… 171
　　　广播电视稿的编辑(节选)([美]布雷恩·S·布鲁克斯等) …… 178
　　　纠正稿件的偏见(节选)([美]伊丽莎白·威廉-格罗斯) ……… 186
　　　批评意见表达的法规范问题(陈堂发) …………………………… 192
　　研究与思考 ……………………………………………………………… 201
　　　延伸阅读 …………………………………………………………… 201
　　　思考与实践 ………………………………………………………… 202

第五章　标题制作 ………………………………………………………… 207
　　导论 ……………………………………………………………………… 207
　　选文 ……………………………………………………………………… 212
　　　标题的艺术(节选)(叶春华) ……………………………………… 212
　　　电视新闻提要、标题与导语(节选)(王辉) ……………………… 223
　　　标题制作要求和方法(节选)(胡武) ……………………………… 228
　　　中西方报纸标题的比较(节选)([加]赵鼎生) …………………… 233
　　　新闻标题的生动性赏析(节选)(余芳) …………………………… 238
　　研究与思考 ……………………………………………………………… 244
　　　延伸阅读 …………………………………………………………… 244
　　　思考与实践 ………………………………………………………… 244

第六章　版面组织 ………………………………………………………… 249
　　导论 ……………………………………………………………………… 249
　　选文 ……………………………………………………………………… 253
　　　论版面风格的构建(郑兴东) ……………………………………… 253

报纸版面视觉创新的走向及思考(蔡雯) ·············· 258
当代报纸版面设计的发展趋势(王君超) ·············· 263
网络新闻版面设计(节选)(秦州) ··················· 269
一起版面侵权的新闻官司(陈堂发) ··················· 282
版面的一般审美特征(节选)(邓利平) ··············· 288

研究与思考 ··· 298
延伸阅读 ··· 298
思考与实践 ··· 298

第一章　编辑与编辑工作

导　论

编辑是由编和辑两字组合而成，其释义要追溯到上古。

何为编？在造纸术发明前，文字表达的内容主要是书写在竹签上，通常将这种竹签叫"简"或"竹简"。每根竹简写不下多少字，内容多了要写在多根竹简上才能表达完整。为方便阅读和保存，便按内容的顺序将竹简一根根用线绳连接起来，叫"策"（即后来表示书的"册"字）或"竹策"。这种内容有秩序地排列起来的竹简就叫"编"，清《说文解字注》："以丝次第竹简而排列，曰编。"《史记》里讲孔子"读易，韦编三绝"。"韦"指皮绳，是说孔子读书把竹策的皮线都翻断了三次，可见其用功程度。

何为辑？元《六书故》："合材为车，咸相得谓之辑。"在没有铁钉的时代造车是靠木材加工的各个部件镶嵌组合，各部分尺寸大小恰当便可组装成车辆，《说文解字注》中的"车和辑"，就是讲造车来自于各部分的和谐衔接。引申到文章的构成，把文字以恰当的形式、联系形成完整文章的方式便称"辑"。

编和辑组合为编辑一词，意味着把众多的材料汇集在一起进行有机加工、整理的工作，如"次第竹简"、木材造车的"咸相得"都是有序地排列，形成了质的飞跃的新产品。处理稿件亦然，经编辑出版的作品已不是原稿了，电视节目也不是原先摄录的东西，而是经过了编辑的处理。近代末期以来，编辑一词的内涵基本上转移为专对精神产品处理的活动及称谓。

编辑业务在我国可谓源远流长，相传代表中华文化最古老的经典"诗、书、礼、易、乐、春秋"，即《诗经》、《书经》（又称《尚书》）、《礼治》、《易经》、《乐经》、《春秋》，是由两千多年前的孔子编撰而成的[①]，由此来看孔子称得上是早期最伟大的编辑家。今天说的"春秋笔法"，即作者将主观态度隐藏于客观表述当中或文笔曲折而意含褒贬的表达手法，就是源于孔子编撰《春秋》。如他记载的"齐崔杼弑其君光"事件，没有直接指责崔杼，但用了"弑"而不是"杀"就大不一样，流露了孔子的态度。如果用中性的"杀"字，杀的可以是好人也可以是坏人，就看不出孔子的立场了。

编辑一词在古文献中很少出现，历史上不同时期含义也不等。《魏书·李琰传》中的"修撰国史，前后再居史职，无所编辑"，是指整理。初唐李延寿所撰《南史·刘苞传》中，记载刘苞"少好学，能属文。家有旧书，例皆残蠹，手自编辑，筐箧

[①] 《庄子·天运》："丘治《诗》、《书》、《礼》、《易》、《乐》、《春秋》六经。"

盈满",则指修补之意(今天讲修补什么东西,已无人再说"编辑")。盛唐时期颜真卿在《〈干禄字书〉序》里说的"不撰庸虚,久思编辑"、宋雍熙三年(公元986年)提到的"翰林学士宋白上《文苑英华》……遂令编辑,上取菁华"等处的"编辑",已有了类似今天的选择、汇编、校勘之意了。古代没有独立的新闻事业,也就没有专门的新闻编辑业务,唐宋时期的邸报也没有真正意义上的新闻编辑工作。19世纪初西方传教士来我国办报,标志着中国近代新闻事业的诞生。早期报纸规模小,从业者身兼多职,编辑和采写、评论、发行合一。如第一份近代中文报刊《察世俗每月统记传》,由英国传教士马礼逊承担编务。维新派报刊的代表《时务报》,也主要是梁启超一人操持宣传内容。20世纪初社会急剧变动,随着人们对信息的需求迫切,报纸的时效性增强内容增多,报社规模的扩大使得分工细化,编辑业务便逐渐独立出来。辛亥革命前后借鉴日本、欧美的报社设置主笔、访员、编辑等职位,编辑一词开始在我国广泛使用,其名义及学术地位便确立起来。到"五四"时期,新闻编辑业务已很成熟了。

　　随着编辑地位的确立,报人也逐渐有意识地表达出对编辑工作的关注。我国最早的日报《循环日报》创办者王韬,对编辑提出过要知识广博,稿件采用应"慎加避选",特别是主笔"非绝伦超群者不得预其列",并且要品德高尚、持论公平,不得"挟私计人,自快其忿"。梁启超也较早注意到这方面,他在其主办的《清议报》上发表的文章中,提出办好报纸的"宗旨定而高"、"思想新而正"、"材料富而当"、"报事确而速"几条标准,①都直接与编辑相关。梁启超提出"宣传十法"的"浸润",即潜移默化、循循善诱的方法一直为学界称道。辛亥革命时期郑贯公提出办好报纸的"文字浅白"、"门类清楚"、"校对小心"、"图画少刊"等建议,都是针对编辑业务的。

　　1918年10月北京大学成立新闻学研究会,开启了我国新闻学研究的先河,同时培训学员迈出了新闻教育的步伐。我国新闻理论研究的奠基人徐宝璜,在培训班主讲的新闻学课程里设有"新闻之编辑"一章,专门讲到对于舆论的引导与把关,"编辑应默察国民多数对于各重要事之舆论,取其正当者,著论立说,代为发表之";对于编辑方针与原则,"编辑应用最经济之手段,以少数浅明之字,发表极其充实之意见,切不可用古奥难明之字或许多学理上的术语,以自炫学问";对于栏目的设置,"新闻栏中,专登新闻;社论栏中,始发意见,彼此毫不相混";对于标题的制作,"以事实为根据,以诚实为标准","切不可用含糊之字"。后来他又专门增开"报纸编辑",意味着新闻编辑学科在我国的诞生。上世纪三四十年代出版的诸多新闻学著作中,大都有"新闻编辑"的专章或专节。如1933年郭步陶出版的《编辑与评论》中,提出新闻编辑要具有独特的学养和对时代潮流与社会心理的研究,方能透彻地观察事物;编辑的要务在于做好"重要新闻的剪编",同时要铲除"偏私意见";要辨别新闻有无价值和

---

① 梁启超:《本馆第一百册祝辞并论报馆之责任及本馆之经历》,《清议报》,1901年12月24日。

不带褒贬予夺意义,以读者关注人数多少来确定新闻的等次。1934年曹用先著的《新闻学》,也专门设有"新闻之编辑"、"新闻之标题"、"新闻纸之插图"三章。这些,都表明我国学者已自觉地对新闻编辑进行研究,用以指导实践。

新中国成立以后的相当长一段时间,由于众所周知的原因新闻学研究几乎处于空白,编辑自然也无学术成果。改革开放后新闻学和其他社会学科一样迎来了新生,新闻编辑也为学者们关注。1982年6月,中国人民大学新闻系郑兴东教授等撰著的《报纸编辑学》出版,是新中国的第一本新闻编辑学专著,它系统讲述了报纸编辑工作的基本学理、方法和特性,按编辑工作的流程对稿件选择修改、标题制作、版面安排、报道组织等业务的各个环节进行分析。该书不仅对新闻编辑,而且对整个编辑领域的研究包括图书编辑、广播电视编辑来说都是开风气之先。1984年6月,上海复旦大学新闻系叶春华教授撰写的《报纸编辑》出版,内容除概述编辑工作、修养、编辑方针外,集中阐述了组稿、选稿、改稿、制题、组版等编辑业务问题。这两本书成为新时期新闻编辑学的奠基之作,迄今新闻编辑方面的著述已有不少,虽各有不同侧面的开拓,但它们的理论前提与研究体例,均能从中窥见郑、叶二人关于编辑论说的踪影。

新闻编辑学隶属于新闻学的范畴。新闻机构的业务部门都以"编辑部"命名,来统领、整合整个新闻传播活动的开展,并设"总编辑"作为全面指导新闻业务的最高负责人。因而,新闻编辑有自己独立的学科体系,它主要研究新闻编辑工作的规律和方法,其学科构成广义上讲有编辑理论、编辑业务、编辑史三部分。编辑理论主要是阐述编辑理论问题,如编辑的指导思想,编辑工作的特点、任务,编辑的修养、意识、能力,编辑与受众的关系,编辑队伍的建设,编辑工作与社会政治、经济、文化的关系,编辑与其他学科的联系等。编辑业务指新闻传播的活动和过程,包括报道策划、选择稿件、修改稿件、制作标题、撰写言论、组织版面、设计栏目、联系大众等,是新闻传播活动的关键环节。编辑史是对编辑活动的纵向研究,包括编辑活动的产生、发展,编辑在新闻发展史上的作用,编辑史料的收集、整理、分析,总结实践经验以资借鉴等。由于编辑的实践性强,通常说的编辑学多指狭义性的,即编辑业务,以编辑业务作为主要内容,将相关的编辑理论、编辑史贯穿其间。随着科技的发展和社会的剧变,受众对新闻的需求以及消遣倍增,媒体又主要以满足受众的需求为自己赖以生存与发展的立足点,这样,使得新闻传播工作经常都处在变动之中,编辑在实践中随时都需创造新的思路和方法,不断地总结、研究,使编辑活动更好地适应时代的发展。

当前新闻传播形态日益多样化,互联网崛起后出现的网络视频、手机报刊、移动电视、触摸媒体、微博微信等形态都使新闻市场竞争日益激烈。随着科技的迅速发展,编辑对稿件的选编、排版、签发等多个环节都在电脑上进行,工作效率大大提高,能更好地开发新闻信息资源,为传统媒体提供了新的发展空间。报纸网络版就是其纸质版的延伸拓展,现在的许多报纸都建立了网站、视频并推出手机版。新一代的网络报纸已不再是纸质报纸的简单翻版,它们不受出版时间的限制可随时更新和补充信息,读者可以从其庞大的资料库中获取背景材料,并与编辑进行双向交流。编辑工作在网络媒介诞生后的发展表现出两种趋势:一是对各类传统新闻媒介编辑业务的融会和整合,即把文字、图片、版面编辑方式和广播的音频编辑、电视的音频与视频编辑相融合,同时根据网络的传播特点进行整合,形成多媒体传播模式。二是编辑业务与新闻信息采集的一体化趋势,因为在网络传播模式中受众也是传者,他们也可集信息的采写、编辑和发布于一身,即使在专业化的网络传播媒介中,由于网络传播追求时效性及互动性的特点,也在促使新闻采集与编辑、传播一体化。

　　这种媒体融合的趋势使编辑工作有了更大的发展空间。如英国著名的《每日电讯报》,已将原独立的办公室模式改成了报纸和网站的编辑记者共同办公的大平台,编辑部里最醒目的是一个由许多屏幕组成的"媒体墙",时刻刷新最受关注的网站新闻、电视新闻和照片,记者发来的稿件也会视需要出现在不同的平台上。美国的"坦帕新闻中心"也是将传统的报纸、广播、电视和网站整合于一体的编辑部,采用开放的圆桌式办公空间,所有的编辑在这个圆桌上进行统一的报道部署、处理稿件。广播只要将拟见报的新闻稿稍加编辑就可播出,电视采访没抓拍到的东西,可以根据报纸记者的新闻稿去补拍一些镜头,同样有时报纸记者不一定非要到现场,编辑也可根据电视记者拍的场景编辑出文字稿。这种将报纸、广播、电视、互联网"四位一体"的有机结合,既发挥了各自长处又提高了效率、节省了采编人力。

　　然而,无论传播形态怎样发展变化,编辑理论中的一些核心观点仍然较为稳固,如编辑工作的特点,编辑的修养、意识等。从工作特点来说,编辑首先是新闻传播活动的"设计师"——新闻报道的议程设置始终是编辑的课题,规划的编辑方针即对媒体的内容和形式所作的总体设计,一直是新闻工作中遵循的基本准则,以便于确定媒体风格、报道范围、取舍稿件、修改配置、编排版面、栏目设计。制定编辑方针是一项系统工程,要着眼于媒体的宗旨、水准、风格方面的因素去考虑,它虽有相对的稳定性,但也需随社会的发展变化而适时调整。编辑方针只是方向性及原则性的规定,各个时期的报道内容、形式还需通过报道计划来具体化,因此编辑还负责拟定近期与中长期的规划来有节奏地开展工作。编辑还是记者的参谋,在日常的工作中特别是大的战役性报道、突发性事件报道中,要为记者提供如线索、资料、合作者等帮助,或帮助记者找到更有价值的选题和报道角度。第二,编辑是新闻的最终把关人。记者采集的信息流向编辑,到底向受众提供何种内容最终还由编辑定夺,媒体要完成什么任务,达到什么目的最终是由编辑来完成。记者的稿件中出了差错还有编辑把关,编辑后面就是受众。具体讲编辑是要把好"四个关"。政治关:新闻事业属于上层建筑,在新闻报道的背后关联着政治,稍有不慎可能产生不良影响甚至会引起严重的后果;事实关:真实性是新闻事业赖以生存的基石,新闻不能有丝毫的夸大缩小、歪曲甚至颠倒黑白,否则会动摇受众对新闻媒体的信任;知识关:媒体承担着宣传知识的功能,但传播的知识应该是科学的、健康的,有利于开阔受众的视野,丰富他们的精神生活,引导他们的审美活动向健康的方向发展;技术关:稿件中的文字、语法、结构、修辞、逻辑等要正确,对其中出现的差错需要编辑纠正过来。第三,编辑是新闻的再创作。一是通过再创作突出稿件的长处,消除其中的不利因素并制作标题和精心编排,以便刊播后能产生好的影响;二是通过再创作搭建与受众的桥梁,在稿件的加工中采取各种手法使作者发出的信息能最大限度地引起受众注意、理解与接受,拉近媒体与受众的关系,搭起沟通的桥梁;三是通过再创作反映社会生活全景,因为记者采写的稿件都是零散的,只能摄取生活中的一朵浪花,而编辑通过对稿件的组合编排,可以把分散的稿件整合成互有联系的整体,提供给受众完整的生活画面;四是通过再创作引导社会舆论,编辑运用各种编排手段强化稿件让受众对新闻刮目相看,更好地把握稿件的思想,从而达到将受众引往媒体所希望的方向。第四,编辑是媒体的主要发言人。媒体不仅报道发生的各种新闻,赞成什么反对什么也应发出自己的声音。媒体对新闻事件发表意见,有的可以通过记者或他人撰写的稿件表达出来,但主要还是由编辑来进行,通常是直接发言和间接发言两种方式。直接发言,就是刊播各种评论,这是最鲜明的表态手段,如社论、评论员文章、短评、编者按、编后等,这些多由编辑撰写,表明对新闻事件的立场态度,引导受众正确地认识事物及其发展变化。间接的发言形式非常广泛,编辑选用什么稿件其实就是一种广义的间接发言。狭义的间接发言编辑运用得更为普遍,如标题和版面安排就是特有的间接发言方式,各种编排手段的综合运用都显示出编辑的一种倾向性,影响受众对该新闻的理解。

　　从上述可见编辑在新闻出版中的重要性,同时也表明编辑需具备较高的修养才能做好工作。提高编辑的修养,首先要有正确的人生理想。编辑应具备什么样的人生观与理想才能适应新闻工作?简言之,就是对社会的强烈的责任心,即编辑对其行为活动所产生的社会作用和意义应承担的责任,编辑作为新闻媒体把关人,责任重于泰山,稍有疏忽可能产生消极影响。"先天下之忧而忧,后天下之乐而乐",同样可以作为当今编辑的座右铭。编辑有了正确的人生观和理想,思想才能呼应社会责任心的感召,内在的激情才能汹涌澎湃,"威武不能屈富贵不能淫"的信念,鞭策着他洞察社会变迁、评说时代风云,以敏锐的观察力去捕捉生活中有意义的事实变动,揭示出具有时代特征的人物心灵深处的感情变化,弘扬先进鞭挞丑陋,编辑出高质量的"开启民智、向导国民"、为广大受众喜闻乐见的新闻作品。其次是良好的职业道德。编辑处在社会的"瞭望哨"位置,除了同社会其他成员一样应具有刚正不阿、诚实笃信、坚忍不拔、兢兢业业、廉洁自律等品德外,还需要有追求真理、维护公正、仗义执言的情操,特别是奉献精神更值得倡导。自我国近代新闻事业诞生以来一个多世纪的风雨历程中,绝大部分新闻工作者都有着良好的职业道德传统,不断推动着新闻事业的蓬勃发展。当前,一些新闻工作者职业道德滑坡,通过传播的内容以及其行为活动表现出来,如搞有偿新闻、低俗新闻、敲诈勒索等,引起受众的不满,影响了媒体的声誉,这值得编辑警醒。第三是要有广博丰富的知识。一家媒体就是一部现实生活的"百科全书",编辑需要具备渊博的学识才能编撰好它。在自然科学和社会科学迅猛发展的今天,世界已进入了知识经济时代,新闻传播业处在知识经济前沿,面临着前所未有的机遇与挑战,学习、掌握与运用新知识,是编辑内在的必然要求。首先要重视学习,善于学习,更新知识,拓宽视野,用新知识充实自己、完善自己,才便于利用新知识去解决编辑实践中遇到的新问题,真实、准确、全面、生动地反映现实生活的发展变化,编辑出高质量的新闻;其次要有丰富的知识储备和合理的知识结构,诸如大众传播学、社会心理学、美学、语言学、修辞学、逻辑学、系统科学、法学等学科都与新闻传播密切相关,编辑都应当涉猎学习,有助于增强对新闻的敏感性和判断力,在纷繁复杂的大千世界里发现有价值的变动,更好地分辨社会的真善美与假丑恶,在认识事物、反映生活的过程中避免绝对化和片面化,尽量杜绝发生差错。第四是熟练业务技能。熟练掌握采写编评,这是编辑的基本功,编辑的选稿、修改、编排等工作的每一个环节,都与此密切关联。编辑的业务不过关,处理稿件时必然力不从心,特别是在目前新闻竞争激烈,新闻同质化比较普遍的情况下,编辑业务水平的提高对新闻的"再创作"显得越来越重要。第五是工作态度严谨认真。编辑处于新闻出版流程的"把关人"位置,责任重大,严谨认真、一丝不苟的工作作风是必不可少,稍有疏忽或不慎,差错就有可能滑过去。编辑在处理稿件的过程中,一直都要保持高度的严谨认真状态,不可有丝毫的松懈。

在新闻编辑过程中,编辑的心理活动一直支配着行为取向,编辑始终要有以下几种意识,才能胜任本职工作。一是受众意识:心中有了受众,编辑才能使传播内容真正"飞入寻常百姓家"。受众关心什么希望什么,媒体才能迅速反映出来,并且在表达形式上更生动多样,体现热心服务于大众的宗旨;二是竞争意识:新闻事业发展离不开竞争,当前新闻领域万马奔腾的局面就与新闻竞争密切相连,它使编辑具有创新意识,不囿于已有框框模式,对发生的同一事实编辑设计出不同的报道方案、报道角度、报道形式,力争引起社会的反响,赢得受众青睐;三是审美意识:媒体承担着传播精神文明的职责,应在满足受众需要的前提下影响受众的审美观念,引导他们的审美活动向健康方向发展,激励他们"按美的规律"去创造美的生活。审美不是强制灌输只能感染熏陶,春风化雨,潜移默化,因此审美意识对编辑不可缺少,便于编辑出更多优良的作品以飨受众;四是干预意识:编辑应勇于干预现实生活,伸张正义,支持对消极现象的揭露,开展舆论监督,通过对现实中不良现象进行揭露,给社会、个人警醒告诫,抑制不良的行为活动的蔓延,推动社会前进;五是法律意识:市场经济是法制经济,它要求人们的一切行为必须符合法律法规。我国要由"人治"变为

"法治",媒体在这方面有着特殊的功能和作用,因此编辑应大力宣传各种法律知识,不断提高自身法律素养,避免出现"媒体审判"现象,并用法律武器来保护自己的正当权利;六是创新意识:编辑具有创新意识,能更好地体现主观能动性,在业务活动中结合媒体的发展方向更科学地策划选题、设置栏目、编排刊播,使媒体紧跟时代,发挥优势,体现特色,真实全面地反映社会现实以及发展趋势,从而获得良好的社会效益和经济效益,使媒体能在竞争中立于不败之地。

选　文

论报馆之责任(节选)

梁启超

导言——

本文选自1901年12月21日《清议报》发表的《本馆第一百册祝辞并论报馆之责任及本馆之经历》。

梁启超(1873—1929),广东新会人,维新派代表人物,思想家、政治家、史学家、文学家、宣传家。在近30年的办报生涯中,他以"广开民智、救国报国"为宗旨提出的一些办报原则,百年后对新闻工作尤其是作为媒体运作灵魂的编辑仍具意义。

梁启超认为,办报有助于中国的发展和国家上下间的交流,报纸具有"耳目喉舌"、"去塞求通"的作用,指出报道政治、谈国事,让百姓了解时局及真相,可监督政府,促进决策政治民主化。他在本文中提出四点办报的原则——"宗旨定而高":指办报应该有一个明确的宗旨,要"以国民最多数之公益"为目的,以"救亡图存,开启民智"为最高宗旨;"思想新而正":认为一份报纸应当做到在思想上有新意和正气,新意代表进步的东西,在当时即为西方的民主宪政思想,只有用新而正的思想才能塑造出新的国民,促进民族发展的正气;"材料富而当":办好一份报刊要有丰富的材料作为基础,这样才能有强有力的说服力的论据,更好地说明道理,并且在报道的时候要选择恰当的材料,以能游刃有余;"报事确而速":报纸的准确性和时效性是新闻的生命,报道消息不仅要真实,而且要讲时效性,这是新闻人必有的素质。梁启超还认为思想自由、言论自由、出版自由"实惟一切文明之母",报纸能"纳一切吐一切,生一切灭一切",他给予了报刊自由以充分的肯定,反映出当时维新派代表的新兴资产阶级反对封建顽固势力的斗争精神。梁启超以近代欧洲的启蒙思想和资产阶级提出的新闻自由理论为武器,以报馆作为工具来反对当时的旧有势力,时至今日这种精神仍值得当今的新闻人借鉴,特别是编辑要勇于宣传改革开放的新思想、新观念,排除守旧僵化的阻挠,营造好引导受众的舆论。

清议报事业虽小,而报馆事业则非小。英国前大臣波尔克,尝在下议院指报馆记事之席(各国议院议事时,皆别设一席以备各报馆之傍听记载)而叹曰:"此殆于贵族、教会、平民三大种族之外,而更为一绝大势力之第四种族也。"(英国议院以贵族、教徒、平民三阶级组织而成。盖英国全国民实不外此三大种族而已。)日本松本君平氏著"新闻学"一书,其颂报馆之功德也,曰:"彼如豫言者,驱国民之运命;彼如裁判官,断国民之疑狱;彼如大立法家,制定律令;彼如大哲学家,教育国民;彼如大圣贤,弹劾国民之罪恶;彼如救世主,察国民之无告苦痛而与以救济之途。"谅哉言乎!近世泰西各国之文明,日进月迈,现已往数千年,殆如别辟一新天地,究其所以致此者何自乎?我曰是法国大革命之产儿也。而产此大革命者谁乎?或曰中世神权专制政体之反动力也。而唤起此反动力者谁乎?或曰新学新艺勃兴之结果也。而勃兴此新学新艺者谁乎?无他。思想自由、言论自由、出版自由,此三大自由者,实惟一切文明之母,而近世世界种种现象皆其子孙也。而报馆者实荟萃全国人之思想言论,或大或小,或精或粗,或庄或谐,或激或随,而一一绍介之于国民;故报馆者,能纳一切,能吐一切,能生一切,能灭一切。西谚云:"报馆者国家之耳目也、喉舌也,人群之镜也,文坛之王也,将来之灯也,现在之粮也。"伟哉,报馆之势力!重哉,报馆之责任!

欧美各国之大报馆,其一言一论,动为全世界人之所注观、所耸听。何以故?彼政府采其议以为政策焉,彼国民奉其言以为精神焉。故往往有今日为大宰相、大统领,而明日为主笔者;亦往往有今日为主笔,而明日为大宰相、大统领者。美国禁黑奴之盛业何自成乎?林肯主笔之报馆为之也。英国爱尔兰自治案何以通过乎?格兰斯顿主笔之报馆为之也。近日俄皇何以开弭兵会乎?吐尔斯吐主笔之报馆为之也。报馆者政本之本,而教师之师也。惟其然也,故其人民嗜之,如饮食男女,不可须臾离。闻之,英国人无论男妇老幼贫富贵贱,有不读书者,无不读报者,其他文明诸国国民,大率例是。以此之故,其从事于报馆事业者,亦益复备勉刻厉。日求进步,故报章愈多,体例愈善,议论愈精,记载愈富,能使人专读报纸数种,而可以尽知古今天下之政治、学问、风俗、事迹,吸纳全世界之新空气于其脑中。故欲觇国家之强弱,无他道焉,则于其报章之多寡良否而已矣。

校报章之良否,其率何如?一曰宗旨定而高,二曰思想新而正,三曰材料富而当,四曰报事确而速。若是者良,反是则劣。

所谓宗旨定而高者何也?凡行一事,著一书,皆不可无宗旨,惟报亦然。宗旨一定,如项庄舞剑,其意常在沛公,旦旦而聒之,月月而浸润之,大声而呼之,谲谏而逗之,以一报之力而发明一宗旨,何坚不摧,何艰不成!虽然,宗旨固有择焉,牟利亦宗旨也,媚权贵亦宗旨也,悦市人亦宗旨也;故为报馆者,不可不以热诚慧眼,注定一最高之宗旨而守之。政治学者之言曰:政治者,以国民最多数之公益为目的。若为报者能以国民最多数之公益为目的,斯可谓真善良之宗旨焉矣!

所谓思想新而正者何也?所贵乎报馆之著述者,贵其能以语言文字开将来之世界也。使取人人所已知者而敷衍之,则与其阅报,何如坐禅;使拾前人所已言者而牙慧之,则与其阅报,何如观剧。故思想不可以不新。凡欲造成一种新国民者,不可不将其国古来误谬之理想,摧陷廓清,以变其脑质。而欲达此目的,恒须借他社会之事物理论,输入之而调和之,如南北极之寒流与赤道之热流,相剂而成新海潮,如常雪界之冷气与地平之热气,相摩而成新空气。故交换智识,实惟人生第一要件;而报馆之天职,则取万国之新思想以贡于其同胞者也。不宁惟是,凡一新理之出世也,恒与旧义不相容,故或举国敌之,一世弃之,固又视其自信力何如焉,信之坚而持之毅,此又前者所谓定宗旨也。若夫处今日万芽齐茁之世界,其各种新思想,骰列而不一家,则又当校本国之历史,察国民之原质,审今后之时势,而知以何种思想为最有利而无病,而后以全力鼓吹之,是之谓正。

所谓材料富而当者何也?凡真善良之报,能使人读其报,而全世界之智识,无一不具备焉。若此者,日报与丛报,(丛报者指旬报、月报、来复报等,日报所谓杂志者是也)皆所当务,而丛报为尤要。各国之大丛报,其搜罗极博,其门类极繁,如政治,如理财,如法律,如哲学,如教育,如宗教,如格致,如农工商,如军事,如各国近事,如小说,如文苑,如图画,如评骘各报,无一不载。而其选择又极严。闻之欧美有力之丛报,每年所搜集著记之论说纪事在一万篇以上,而其刊发者不过二百篇内外。盖其目的在使阅者省无谓之目力,阅一字则得一字之益,而又不使有所挂漏有所缺陷。诚哉其进步!诚哉其难能而可贵也!

所谓报事速而确者何也?报之所以惠人者不一端,而知今为最要。故各国之报馆,不徒重主笔也,也更重时事,或访问,或通信,或电报,费重资以求一新事不惜焉。此事之要,业此者多能知之,兹不具论。

合此四端,则成一完全尽善之报。盖其难哉,是以报章如牛毛,而良者如麟角也。欧美且然,而况于中国乎!

关于《生活日报》问题的总答复

邹韬奋

导言——

本文原载于1936年6月21日的《生活日报星期增刊》第三号。

邹韬奋(1895—1944),江西余江人,著名新闻记者、政论家、出版家。

邹韬奋被誉为我国新闻出版界的一面旗帜,始终为业界所称道。韬奋所处的时代动荡不安,民族矛盾和社会矛盾十分尖锐,他希望通过办刊来达到救国救民的目的。上世纪三四十年代,韬奋办的"生活"系列报刊曾创下国内发行的纪录。他办刊的成功,在于将反映社会大众的疾苦、求得民族独立和社会进步作为最主要内容。他认为刊物应承担与之相应的社会责任,使价值和趣味相统一,既能给读者带来生活中的快乐享受,又能充当他们人生的指向标,抑恶扬善,促进社会的进步。他追求的理想报纸是:反映人民大众的实际生活;大众文化的最灵敏的触角;国人一天不可缺少的精神食粮。这样的思想贯穿了韬奋的整个办刊生涯,他要求记者编辑站在最大多数群众的角度贴近生活,指出办报不是为了只让受过高等教育的精英们读报,更要让生活中最广大的工人农民也能读懂。他采用明显畅快的平民化语言,增加文体形式和内容的趣味性、价值性,以朴实的文风和多样的表达方式吸引读者,刊物雅俗共赏大受欢迎。韬奋还密切联系读者,办刊期间无论多忙,他都要仔细阅读并认真答复读者的来信,因而他能以读者的需要去办报,被读者所接受、喜爱、信赖,成为他们倾诉衷肠的热心伙伴——这从本文的宣示亦可窥见。韬奋这种办报精神与人格力量,值得今天的编辑学习与借鉴。

《生活日报》创刊还不到半个月,各地读者的来信,已经像雪片飞来,在我们编辑部的案头总是堆得有一尺多高。这些来信对《生活日报》不是提出许多意见,便是表示一些希望。我们对于这些热情的读者们,除了表示十分感谢以外,认为有在这里作一个总答复的必要。

我们理想中的《生活日报》

把大部分的读者来信归纳起来,不出两种态度,有的鼓励我们,有的抱怨我们(自然鼓励我们的更多于抱怨我们的)。鼓励我们的希望我们把《生活日报》办成真正理想的报纸。抱怨我们的认为现在的《生活日报》还不够称作理想的报纸。对于这两种意见,我们都乐意接受。因为现在中国出版的日报,虽然不算多,也有六百多种,假如我们不是存心要办成一个理想的报纸,那么,《生活日报》根本就没有出版的必要。但是,目前的《生活日报》是不是就算理想的报纸呢?在我们,认为这中间的距离,正如地球和火星的距离一样远。可是科学的发明,必然有一天建立了地球和火星的交通;同样地,我们相信靠了我们大家的努力,也必然有一天会有一种理想的《生活日报》的出现。

《生活日报》是出世不满半个月的襁褓儿。不管它怎样孱弱,怎样幼稚,我们却希望、相信它将变成一个体力智力都十分强健的伟大人物,就是我们理想中的《生活日报》。所以我们真不必因为这初生的婴孩,生得太渺小,而失望悲哀。反之,我们却不妨开一次汤饼会,预祝它的伟大的将来。

现在无妨先从目的地说起。什么是我们理想中的《生活日报》呢?换句话说,我们希望这襁褓儿,将来长成怎样的一个伟大人物呢?

理想的《生活日报》:

必须是反映全国大众的实际生活的报纸;

必须是大众文化的最灵敏的触角;

必须是五万万中国人(连国内国外的中国人合计)一天不可缺少的精神食粮。

因为是反映全国大众的实际生活的报纸,所以必须成为一切生产大众的集体产品,必须由全国各地的工人、农民、职员、学生奔接供给言论和新闻资料,而不是仅由少数的职业投稿家和新闻记者包办一切。因为是大众文化的最灵敏触角,所以报纸的内容,应该是记载一日中全中国乃至全世界各地大众的生活活动和希望要求。因为是人民一天不可缺少的精神食粮,所以这报纸所登载的消息,决不是要人往来、标金涨落等等,而是和人民大众有切身利害关系的一切东西。

从这里,我们可以想象出未来的《生活日报》的一个轮廓。一百二十层楼上面的《生活日报》编辑部,每天由飞机送来各地工厂通信员、学校通信员、农场通信员的专访通信。屋顶的短波无线电台每天收得几千万封的国际特约电讯。这些通信和电讯,报告了一日中全世界各地的生活活动。比方阿尔泰山的国营金矿,昨天生产多少纯金,扬子江上游的大水力电厂,生产两万瓦特的电力,都可以从每天的报纸上看到。国际新闻绝对不是由外国通讯社包办,而是由报馆直接组织了全世界的通信网。在南美或非洲无论哪一个角落发生的事件,十五分钟以后,就可以在《生活日报》上找到详细的正确的报告。

那时的社评,当然不会是主张抗日救亡之类(因为这问题早已不存在了),而是讨论由空气中吸收氮气应该如何增加生产,或者香港冬令工人休养地应该如何改良设备等等。

我们不希望销路十分大,每天大约是印五百万份,换句话说,平均每一百个中国人,有份《生活日报》。

报纸上面所用的文字,当然不会是目前那种方块字,把排字工友们忙得头昏眼花,而是另一种大众化的文字,并且是用机器排字的。那时的《生活日报》,也不会只在一个地方出版,至少同时在十个地方出版,就是南京、北平、沈阳、库伦、迪化、拉萨、广州、新加坡、汉城和曼谷。有几个地方出版的报纸,也许是用蒙古文、西藏文、朝鲜文或其他少数民族的文字。

只有在新中国才能有理想的《生活日报》

说了这许多,读者们一定要以为我是在说梦话。其实不然。我这些理想固然是一张远期支票,但并不是一张空头支票。到了一个时期,是可以十足兑现的。什么时期兑现呢？那一定要在新中国出现的时候。

诸位都明白,一切生物都不能离开环境而生存。在沙漠上面不能长出美丽的花,没有滋养的食品和温暖的衣服,也不能把孩子养育成健全的人。报纸一刻不能和社会环境脱离。所以理想的《生活日报》,一定是产生在一个理想的环境——就是新中国。

要使报纸成为真正大众的集体作品,那首先必须具备一个条件,就是中国人百分之百都能写作,但是现在中国人识字的还不到百分之二十,换句话说,能够用文字投稿的,只是小众,而不是大众。要使《生活日报》成为大众文化的最灵敏的触角,更必须使报上不至有"××""□□"才好,大家都知道,这一点在现在就办不到。要使《生活日报》,成为全国人民的精神食粮,目前也只能做到极小的一部分。因为大部分的人民,不但不能看报,而且也没钱买报,没有工夫看报。

假如真有一天,每个中国人都能看读写作。而且都有钱订一份《生活日报》,甚至报纸上没有"××""□□"之类,那时的中国就变成新中国了。

新中国的轮廓也不难想象出来:大家都有饭吃,大家都有工做。十岁以上的中国人个个都有目前大学生知识程度。中国只有国庆,却没有什么国耻。中国地图上更不会缺着一角。总而言之,这是一个独立自由繁荣的中国！

虽然我们的国家现在是在风雨飘摇中,虽然我们中国的人民大众,目前都生活在饥饿线上,但假如你是一个爱中国的中国人,你决不会相信中国没有广大的前途,独立自由繁荣的新中国,必然有一天出现,这不仅是我们的希望,而且也是我们的信念。

新中国既然会有出现的可能,那么理想的《生活日报》必然有一天产生,自然更没有疑问了。但是新中国并不是等着就会到来的。这要依靠我们全国大众共同努力创造。而在这创造工作中,《生活日报》更有它自身的重要任务。所以《生活日报》断不能等待着,到了新中国建立以后才出版。只有在目前创办了《生活日报》和大家共同努力创新新中国,等到新中国建立以后,才会有理想的《生活日报》的出现。

何况目前我们还谈不到创造新中国。我们要先救亡。救亡是火烧眉头的急事,自然更不能等待,因此在国难严重中,我们赶忙创办了《生活日报》,想要尽我们的一点力量,推动民族解放运动的迅速发展,唤起民众来共同奋斗,把危殆万分的国家抢救过来。因为在这样危迫的时候,急急忙忙地把《生活日报》办起来,我们在事实上来不及有什么充分的准备,所以在种种方面都有着很大的缺憾。第一件是印刷的困难。排的格式往往不能照我们的意思做。错字改了,第二天翻开报纸一看,它仍然站在那里不动!有一次发现"社论"在报上翻了一个大筋斗,在看大样的时候明明看见它规规矩矩的,不知它究竟在什么时候发了昏!这都是我们在印刷方面没有充分准备的毛病,对读者只有表示深深的歉意。此外在内容方面还有许多不满意的地方,离开我们所注重的系统化研究化的理想很远很远。我们已经说过,理想的《生活日报》只有在理想的环境中才办得到,现在只是救急的时候,能早一日出版,便得早一日对于救亡的运动多尽一些推动的力量,所以我们也就顾不得许多,把这个报办起来再说,虽则开始就知道有不少客观的困难。

怎样培养卫护这艰苦的孩子

但是无论如何,这艰苦中产生的孩子已在襁褓中了。我们怎样培养卫护这艰苦的孩子呢?这孩子不是什么军阀官僚豪绅的后嗣,他的爸爸妈妈是中国的大众,所以他的长大健全,全靠大众的赞助指导。同时我们做保姆的人要不负这孩子的爸爸妈妈的委托,想法克服种种的困难,使他能得到好好的滋养,好好地长成起来。他有什么缺点,我们要在尽可能的范围去改善他。

当然,这个孩子能长成什么样的人,不能超越他所处的现实的环境。所以他的生命的欣欣向荣,是要随着新中国生命逐渐实现而俱来的。这里面诚然有着互相影响的关系。这孩子的努力可在创造新中国的历史过程中尽他所应尽的任务,同时历史巨轮的前进也影响到他的生长欣荣。

新中国的创造过程,必然地要经过很艰苦的努力奋斗,不仅是少数人所参加的努力奋斗,需要大多数的民众共同团结起来的努力奋斗。《生活日报》既是大众的孩子,他的生命前途又是和新中国的创造相依为命的,他所要经过的艰苦奋斗的过程是在我们意料之中的。我们准备着与困难相见,我们当排除困难向前迈进,同时希望读者诸君多多给我们以改善的南针,我们当以极诚恳的态度考虑诸君的赐教。

我们希望理想中的新中国早日实现!

我们希望理想中的《生活日报》早日实现!

整合时代的编辑与受众(节选)

[美]布雷恩·S·布鲁克斯等

导言——

　　本文选自布雷恩·S·布鲁克斯、詹姆斯·L·平森、杰克·Z·西索斯三人合著的《编辑的艺术》,李静滢、刘英凯译,中国人民大学出版社,2009年版。

　　从报纸诞生到网络媒体问世,伴随着新闻媒体的形态变化,新闻编辑的变革和发展从未停止过。在新技术的推进与市场竞争的压力下,数字化转型和跨媒体发展已经成为新闻产业不可避免的发展趋势,新闻传播渠道与新闻载体的多样化必然带动新闻编辑角色的变化。对于新闻编辑而言,他们面临着新的挑战,即如何通过对新闻和信息的整合提升新闻报道的品质和价值,并成为既能管理又能领导他人的人才。几位美国学者撰写的《编辑的艺术》(第8版)这本新闻编辑学的教材,就是针对这些方面而著。作者围绕"编辑是一门艺术"为中心,理论联系实际,观点与案例分析结合展开论述。本文节选的"媒体变革下的编辑操作"、"编辑与受众"、"作为管理者和领导者的编辑"几部分内容,分别介绍了进入新世纪以来新闻业的新变化,尤其媒体整合对新闻编辑的影响,以及编辑和受众的关系,新时代对编辑提出了职业发展的高要求等内容。尽管中西方的新闻体制、新闻理念有某些不同,但在主要业务上还是相近的,本文的一些内容想必值得我国编辑的参考借鉴。

一、媒体变革下的编辑操作

　　编辑的角色转换

　　许多年来新闻都以流水线的方式被批量生产,记者采写新闻;编辑处理新闻;发行人以印刷或广播的形式制作新闻向公众传播,这种一对多的模式诞生于工业革命时代。

　　处于这种环境下的编辑起着"看门人"的作用,可以决定何时敞开大门让信息流向受众。编辑全权决定哪些内容适合出版或播出,哪些故事具有新闻价值——亦即对受众有用、与他们有关或者使他们感到有趣。编辑控制着大门的开启,消费者只能得到编辑呈现的内容。

　　编辑还决定着某一报道承担的角色:它的新闻价值是否足以在头版刊登,引起几乎所有人的注意?还是应该把它缩减成很少有人阅读的其中一页上的摘要?它会赫然跃上《时代》封面还是根本不会入选?它会成为晚间新闻节目的头条还是仅在地方报纸上刊登?这些都取决于编辑,他们大权在握,决定一切。

然而现今这些都在改变。有了互联网和无线设备这样的新兴媒体形式，消费者可以在不同新闻来源中选择新闻，这些新闻的来源可以是传统或非传统的供应商，也可以是庞大的数字信息数据库，其信息容量可能超过全国最大的报纸或者24小时全天候转播的有线电视新闻频道。在这种环境下，一对多的模式已经消解，具有决定作用的是消费者。

今日的消费者在互联网上可以接触到无穷无尽的信息，每日都会有千百万条新闻被刷新。复杂的软件使人们能够对计算机或无线设备进行编程，只接收自己想要的新闻。此时的"看门人"不是编辑而是电脑软件，决定信息流动的不是编辑而是消费者。

显然，并非所有人都以这种方式获取新闻。在报刊编辑部、广播电视新闻编辑室，编辑依旧起着"看门人"的作用，仍然在选择该把什么内容编入新闻报道，仍然在编辑时事通讯、企业杂志甚至广告。但世界上越来越多的人开始发现，没有编辑也一样可以获取信息。

编辑们则为自身权力的削弱而感伤。一位资深编辑在最近召开的报纸编辑会议上说，"我们历来通过引导公共议程为社会做出很大贡献。如果公众只接收自己想读或喜欢读的新闻，他们会错过他们有必要了解的重大公共议题。不会有多少人会对有关垃圾处理或污水处理厂的消息感兴趣，但是人们需要了解城市在这些方面存在的问题"。

他的观点很有道理。报刊和广播电视都对确定公众议程起着重要的公共作用，在受众已经不再被动的时代，编辑必须继续寻找实现这种作用的方法。这就要求编辑必须推出引人入胜的出版物和符合事实、令人信服的新闻广播。

编辑因此面对着正在变动的环境，他们作为"看门人"和议程设置者的角色不再具有保障。在当今变动的媒体环境中，这些角色必须靠争取才能赢得。必须让消费者相信，编辑能给他们带来作为对社会有用的公民所需得知的信息；必须让消费者看到，编辑作为"看门人"和议程设置者是有价值的；必须让消费者感到，如今呈现在他们面前的信息浩如烟海，仍需要编辑帮助他们从中进行筛选。

要获得这样的信任并不容易。报纸每出差错、电视台每次为了迎合观众或制造轰动效应而忽视新闻的真实性，都会损害公众对媒体的信赖。每当有线电视新闻网以社论充当新闻时，媒体在善于思考的消费者中的可信度都会进一步降低。

因此，编辑不能再妄自尊大了，他们必须做出恰当的判断并且公正准确地报道新闻，从而赢得公众的信赖。如果做不到这点，影响力只会日趋衰微。编辑能依循的最佳路径就是：在真实准确的基础上出色地编制新闻，这是获得公众信任的唯一方法。

变化中的媒体环境

编辑的角色在发生转换，这种转换与媒体的变化相生相伴。

报纸仍然会有人阅读,只是读者在总人口数量的比例每年都在减少。尽管人口数量在增加,但是报纸的发行量持平。报纸仍然可以带来利润,然而这仅仅是因为在某一群体中存在着实际上的报业垄断。

电视节目的观众群体在激烈竞争中被分割。福克斯电视网、联合派拉蒙电视网、华纳兄弟等新建的电视联播网拓展了许多地方台市场。有线电视频道的增加,尤其是微软全国有线广播电视公司、福克斯电视网与CNN三大新兴频道,使市场受到进一步瓜分。

除了占据少数主流市场份额的公共广播电台与连续播报新闻的全新闻广播以外,电台在北美并非新闻的主要媒介。许多电台播送的是网络新闻或当地报纸上的新闻,需要雇用新记者的地方电台寥寥无几。

通常来说杂志的读者非常分散,往往使得杂志不适合刊登地方广告。杂志的出版成本高,为了发行必须要支付的邮政成本则更高。

因此,传统的媒体仍是能赚钱的,但不可抗拒的外力经常会使它们的利润率大打折扣。也不要产生误解,现存的媒体的确受到了挑战,却远谈不上消亡。如经营报纸的利润通常超过总收入的15%,算得上盈余丰厚,远居其他许多产业之上,别的产业利润率往往只有报业的1/3甚至更低。

多数杂志在传统意义上未必以新闻为主体,却由于读者人数众多而吸引了大批广告商。

大多数地方电台仍在兴盛发展,尽管受众群重新划分后影响了国家广播公司、哥伦比亚广播公司和美国广播公司这样的传统联播网。而美食频道、ESPN频道等有线电视服务商也很好地满足了广告商向观众做广告的需要。

主要活跃在大城市的全新闻广播电台的经济效益还不错。

因此,传统媒体虽然不如以往那样获利丰厚,却远远谈不上即将寿终正寝。报纸、杂志、电台和电视仍与我们相伴,即使它们正面对着网络与无线设备的新挑战。

媒体开始整合

事实上,传统媒体正在寻求新的竞争方式。媒体产业现今的关键词是"整合",而传统媒体正在探讨多种形式。关于整合有许多定义方法,这种解释或许最为合适:整合是通过新闻编辑的内部合作以及外界的伙伴关系,共享并交叉推广来自不同媒体的信息。

迄今为止,贯彻媒体整合理念的最广为人知的例子就是以佛罗里达州坦帕市为基地"媒体综合集团"。该集团在2000年新建了一栋大楼,将它旗下的《坦帕论坛报》、电视台和坦帕湾网站全部集中在一起进行运作,这一举动非比寻常。随后集团的管理层开始推动这三种媒体克服在竞争中的互不信任的状态。《坦帕论坛报》的资深副总裁、执行主编吉尔·与西伦承认,整合的过程并非轻而易举。一些人宁愿辞职也不愿学习新的工作方法。其他人抱怨着留了下来,最终完成了整合工作。

今天,在不同媒体形式之间交叉报道新闻在坦帕越来越普遍。如:

《坦帕论坛报》报道过一条新闻,一架小型飞机的飞行员突然发病,机上一位乘客操纵飞机平安着陆。该新闻由报社记者和电视台记者联合报道共同署名。

有关狗咬伤人的报道在坦帕电视台分两部播出,在《坦帕论坛报》的头版刊登,并被编入坦帕湾网站。

在报道一座雕像从某购物中心被移走的新闻时,《坦帕论坛报》刊登了摄影编辑拍摄一幅照片,这位编辑同时也为电视台摄像。

媒体间的文化差异在媒体整合时可能会引发一些问题。电视出现后,许多早期的电视新闻播报员都来自报业。爱德华·默罗和沃尔特·克朗凯特为电视产业带来了报业十分严苛的新闻报道与伦理上的标准。但是在多年的发展中,电视产业形成了一套新的标准,这种新标准更多地迎合视觉快感的要求,而不同于报纸产业所遵循的传统新闻价值观。现在,随着媒体整合的发生,这些彼此相异的文化观念必须开始融合。

倘若悬置文化差异,整合合乎情理。在为美国公众提供新闻摘要这方面,电视的领军地位毋庸置疑;报纸和杂志可以提供更多的深度报道解释;互联网能提供的报道深度甚至超过了报纸,在互动方面不论是印刷媒体还是电视都无法与之比拟。在这瞬息万变的世界,消费者决定着消费与使用新闻的准则,因此这些不同的媒体形式有理由相互融合。有远见的媒体公司确定的目标,就是以消费者青睐的任何一种形式为其提供想要的新闻与信息。

政府正在推动这种变化。2003年美国联邦通信委员会经投票表决后同意放宽对媒体所有权的限制,这使各公司更容易在同一市场同时拥有电视台与报纸。由于担心出现媒体所有权过度集中的情况,一些国会议员曾试图否决这一提案。不论结果如何有一点是很明显的:整合将持续下去,而且并不一定依赖所有权共有。独立的报纸可以和地方电视台携手合作,以达到互利双赢的目的。报纸和电视台都很可能经营网站,此时或许也可以相互协作。

在坦帕这样的经过整合的新闻编辑室中,受过某种媒体形式训练的新闻工作者发现他们必须了解另外一种媒体形式。电视台记者或许会接到指令为报纸写一篇新闻报道,他必须有这样的能力。报社记者或许会拿上录音机,去为某网站或广播电台录制新闻事件的现场同期声。许多人或许不会被要求投入如此全新的领域,但他们至少要对不同媒体的长处有足够的认识,知道在多媒体的环境下如何讲述一个故事,这就是整合时代里编辑的世界。

新闻编辑可能会学习如何为某种媒体工作,毕业后却在另一种媒体工作,有了新的工作机会时又会转行从事第三种职业。这种情况在不断增加。结果是,当今的新闻工作者不应认为自己仅仅是电视台记者或报纸编辑,而应把自己定位为可以在不同环境下工作的新闻专业人士,工作范围可以囊括网站、杂志、非营利性组织,甚至是公共关系与广告业界这样的相关领域。

媒体公司意识到,在当今世界,随时为消费者提供各种形式的新闻和广告信息是至关重要的。这都是整合的根本所在。

新闻的性质发生变化

如果说新闻媒体在发生变革,那么新闻本身的性质也在改变。如前所述,对于新闻是什么不是什么,编辑已经不再是唯一的裁定者,消费者对此越来越拥有决定权。

传统上,编辑认为新闻是至少具有下列因素之一的信息:

受众。对于旧城改造的问题,《纽约时报》的读者可能会比犹他州塞达城当地报纸的读者更感兴趣。

影响力。判断某一事件是否算是新闻,要看它影响到了多少人。

距离。发生在近处的事件往往要比发生在遥远地方的事件更引人注意。

时效。刚刚发生的事通常比发生在上周或去年的事更有新闻价值。

知名度。明星要比很少有谁知道或听说过的人更能引起注意。

新奇性。不同寻常或前所未有的事物,最大规模或最重要的事物都是新闻。

冲突。人与人之间、地区之间或国家之间发生的冲突会吸引读者。

编辑们定义新闻的另一种方法是,评估新闻在多大程度上对于读者或观众有用、有关、有趣。然而,今天的消费者们在亲自给新闻下定义。如果某一网站上有引人入胜的内容,那么无论网站的可信度如何,浏览者都会认为自己看到的是新闻。而网站的所有者正在利用人们的这种心态来为自己谋求市场利益。

如对成为大学足球队和篮球队后备力量的高中运动员,传统媒体很少进行报道。但现在一些美国网站都有记者专门收集这方面的信息,满足网民对体育的似乎永不消泯的激情,这些网站的相关论坛有助于传播新闻——还有传闻。

现实是,这些网站专业服务提供的多数信息及时而可信。论坛上的情况恰恰相反,用户对此似乎并不关心,不论是事实还是谣传,对他们来说都是新闻。

对可信度的另一挑战来自那些拥护某种主张的网站。人们在网上浏览有关某一主题的信息时,通常难以判断一个网站是保持客观还是支持争议性问题的一个方面。同样,多数用户对此似乎并不关心。

这可以部分解释有线电视新闻网的兴盛,它们在播送切实的新闻时经常不加提示地穿插评论员发表的评论,这些评论并不是新闻的客观报道。不论是倾向左翼还是右翼,带有政治偏见的有线新闻网络不难寻找,与其观点相近的人们会按照政治偏好做出倾向性选择。看起来,很多观众乐于找到能够使其偏见得到强化的电视频道。

这些频道的东西真是新闻吗?按传统的定义很多内容当然不是新闻。但这或许并不重要,许多消费者并不珍视传统媒体对客观性的坚持,他们看不到传统新闻品牌的任何真正价值,忽视了那些长久以来一直提供严肃新闻精品的媒体公司。许多消费者拥有了在网上漫游的自由后,会从所有可能的渠道获取信息而不管信息来源于何处。

评论家经常指责主流媒体在叙述事件时带有偏见,然而政治偏见在美国新闻业界曾经起过不可轻视的作用。在1781年到1833年的政党报刊阶段,驳斥政治对手的作品当然都是绘声绘色,但几乎没有人认为,在获取公平的报道与准确的信息方面,200年前的读者遇到的情况会比今天的读者更好。

无论如何消费者自有主张,他们纷纷转向那些能提供想要的信息的媒体形式。对许多人来说,他们需要的信息如果带有政治色彩也没关系,只要其政治倾向与自己的观点一致。今后的编辑面对的最大问题或许是:如何说服这些人让他们知道这种想法并非最佳。

这一切或许令人沮丧,但重要的是要记住一点:大多数有头脑的人仍然需要有人帮他们在新闻中进行选择。大多数人需要可靠的编辑,在受人信赖的品牌出版部门或电视集团工作的编辑。

编辑的角色

在非传统媒体深受欢迎的社会里,编辑仍将保持重要角色,原因正在于新闻性质发生了变化。因为几乎任何人都可以成为网络上的报道者或出版者,所以对区分事实与虚构,调查信息来源并决定其可信度的需求会越来越大,编辑是接受训练来做这些工作的。

但编辑会比以往遇到更多的竞争,消费者会转向其他信息源以寻求帮助,并在其指导下做出决定。这其中的一个信息源将会是互联网及其聊天室或讨论区,这些数字化的对话方式让用户们可以互相交流,其功能与市政会议或电台、电视上的脱口秀节目大体相同,它们为不同观点提供了一个论坛,论坛反过来又帮助消费者就某一问题形成自己的观点。

市政会议或脱口秀节目提供的信息并不总是准确的,编辑可以提供帮助的地方就在于此。他们在甄别事实方面受过良好的训练,他们拥有把事实和虚构区分开来的能力,所以他们即或不再把关,也可以继续在议程设置方面扮演主要角色。

编辑的工作

社会需要写作技巧娴熟的人,对于优秀编辑的需求甚至更大。原因就在于,从事写作往往是获得新闻学或传播学文凭的学生毕业后的工作起点。对许多人来说,为报道署名具有不可抗拒的魅力。

相比之下充满热诚地追求编辑事业成功的人数少一些,于是造成了媒体产业急于寻找,这可以解释"道·琼斯报业基金编辑实习计划"之类的项目为何存在。30多年来,该项目一直为学生提供颇有收益的在大报纸实习的机会,目的就是尽力吸引年轻的新闻业者投身报纸的审稿编辑事业。

但对于受训成为编辑的人来说,版面审稿编辑仅仅是许多选择之一。报纸出版的各个层面都需要编辑,包括审稿编辑、都市新闻主编、图表编辑、摄影编辑、版面编辑、网络编辑、新闻主编、社论版主编、执行主编、编辑主任。杂志对于编辑也有类似的需求,只是会给编辑们冠以不同的头衔,如调查员、助理编辑、特约稿人、高级编辑。

广播电视新闻也同样需要一系列编辑,包括新闻主编、执行制片、节目制片人、助理编辑。如果认为电视新闻编辑只是编辑影像,那就错了。

各网站的职员往往完全由编辑组成,他们依靠自由撰稿人或其他人员提供页面内容。多数网站就像大型报纸的编辑部门,需要多种编辑进行内容处理。广告公司同样需要编辑:必须有人编辑广告中的文字。其他各类公司的企业公关部也需要编辑来完成年度报告、技术手册和业务通讯。

媒介融合带来了对新型编辑的需求,这些编辑应该既能处理杂志或报纸的新闻故事,也能编辑影像及其说明文字。对于接受过不同媒体交叉训练的人才的市场需求虽然目前尚不明显,却在与日俱增,这也加大了对编辑的需求。

编辑能够从事的工作是如此之多,因此各公司经常愿意把付给编辑的薪水定得高于撰稿人,一些大报为了吸引新闻业者从事编辑工作,还会给编辑更多的工资,编辑与记者间的收入差距有时会很大。

编辑必须掌握各种技能,并且时时了解大量的最新消息,这使编辑的工作变化多端富有趣味。编辑不是某一狭隘领域的专业人士,而是知识渊博的多面手。掌握了各种技能的编辑高手想要进入规模更大更好的报社或者管理部门时都是最主要的候选人。他们的工作使之每天都要接触报社的其他部门,很快了解每个部门的工作情况以及整个报业系统的运作方式。编辑人才短缺的现象并非因为人们不喜欢从事编辑工作,而是因为多数人都会把撰写稿件作为第一选择。不论在哪里或由谁来实践,编辑都是一门艺术。这一公理到今天仍然适用。媒体可能会改变,但编辑的角色仍然是清晰的:以尽可能好的形式提供及时准确的信息。

当前新闻市场发生着急剧变化,尽管媒体产业的性质尚未确定,但编辑工作绝不会消泯湮灭。事实上,编辑的工作机会似乎每年都在增长。

二、编辑与受众

大多数情况下编辑和受众是分离的。

人口数量在上升但报纸的发行量却减少,对报纸发行量趋势的进一步考察显示:读报人数比例的下降主要集中在35岁及35岁以下的人群中。这是个坏消息,因为年轻人是广告商最想争取的群体之一。30岁左右的人正处在建立家庭和进行大宗支出的时期,广告商垂涎他们的惠顾。美国报业协会最近的统计显示:25岁到34岁的美国人中只有42%的人每天读报;在18岁到24岁的人中这一比例下降到了41%。

报纸面临的最大问题就是扭转这一趋势的希望甚微。不断的研究表明，如果一个人在年轻时没有养成读报的习惯，那他可能永远都无此习惯了，结果是读者群不断变老。更糟糕的是，当年老的读者离世时，没有年轻的读者来接替他们的位置。

对于那些喜爱报纸，珍视报纸在赢得并维护美国民主的进程中所起作用的人来说，这一评价使他们感到刺痛。对于努力想要维护报纸的未来的编辑或出版商来说，这一评价同样令人泄气。但这却是许多学龄孩子的共同观点，他们认为报纸是乏味的，是为年纪大的人写的，和他们的生活没有一点关系。

但同一研究也显示出，在线媒体有机会改变这种态度。研究者在对小学生和初中生进行了两年的研究后得出结论：基于电脑的媒体即使不能把年轻人变成报纸读者，至少也能把他们变成新闻消费者。

"孩子们在休息时会待在家里阅读电子报纸，"一位老师说。调查者也证实，学生们并非只是看漫画或者读星座预言。新闻在消费项目的列表中排位很高。很明显，年轻人更乐于也更急于从电脑屏幕上而不是从印刷纸张上消费信息。

这可能是因为年轻一代是在电视机和电脑前长大的。但电视从来没有把年轻人吸引成为新闻观众，他们几乎只是娱乐节目的消费者。基于电脑的媒体很有可能是吸引这代人的最后希望了，这代人站到美国选举投票箱前时要在消息灵通的情况下做出明智决定，就需要新闻信息。如果说年轻人和媒体分离了，那么很多成年人也在和媒体分离。一项又一项的研究表明公众对记者怀有恶感。整体来说记者是最不受欢迎的职业群体之一，其地位经常处在政客和二手车商人之下。那些惨淡的、不断下降的读报人数统计数据进一步验证了公众对媒体的恶感。

电视也遇到了问题。网络和本地新闻运作的式微在广播记者中是经常被讨论的话题。舆论似乎认为，削减财政预算和迎合收视率导致了广播或电视新闻质量的明显下降。有人说，今天的电视新闻是以那些出现在屏幕上的"播音员头像"为中心的，他们看起来长相不错，但没有什么新闻天分和能力。那些受人尊敬的人物，如被列为美国最受信任人物之一的哥伦比亚广播公司新闻主持人沃特·克朗凯特已经一去不返。

受众的分化也起了损害作用。美国广播公司、哥伦比亚广播公司和国家广播公司这三大新闻网络，曾经在网络新闻中占据统治地位，而且它们的子公司也统治着地方新闻屏幕。今天，这些新闻网络要和美国有线新闻网、福克斯以及其他新闻公司竞争，而且有线电视使得地方台的观众份额不断变小，它不再是唯一可以看的频道了。这些新闻网络也在通过开通它们自己的有线新闻服务进行反击，这就进一步分化了受众并使问题更加复杂化。报纸编辑和广播/电视新闻管理人员都做了大量的自我检查，试图部分阻止这些令人担忧的趋势。事实上，他们改变编辑内容的做法对解决绝大多数问题并无裨益，因为从前那些大型大众传媒都在让位于针对具体受众群体的小型媒体。这些都是受广告而不是新闻的驱使。

受众分化的原因也在于，广告商想要把手伸向他们视为目标的特定的读者、听众或者观众群体，即青少年、青年甚至是自行车迷或者运动迷。有些产品（如肥皂）可以而且应当是大面积销售的产品，而对其他产品而言，向那些最有可能对购买感兴趣的人推销最有成效，而且成本最低。既然只有精英们才有钱购买玛莎拉蒂超豪华轿车，那么何必还要向大面积的受众做广告呢？目标营销追逐的是那些买得起或者需要这一产品的人。

收音机吸引了部分听众，依靠的是电台节目编排（如乡村音乐和西部音乐、老歌和摇滚乐）；《滑雪》、《赛艇》和《大众机械》这样的刊物越来越多地迎合其目标受众，而那些综合性刊物如《生活》、《瞭望》和《星期六晚邮报》，数量则急剧下降。电台和杂志能有效地传播到目标受众，电视（以体育、健康、健身和烹饪等各类话题为主的有线频道）也紧随其后。另一方面，报纸在针对目标受众时不是一个好的载体，因为报纸本质上是大众媒体。要想为城市的某一部分人办特刊已经够难了，要想面向某一特定社会经济群体办特刊则几乎是不可能的事情。因为收音机可以起到同样的效果，又何必在报纸上刊登广告呢？前者的成本价格还低得多，后者每影响到一千名受众都要付出更高的成本。

如果这些现有媒体中的转变还不足以引起思考，就请考虑一下广告对在线媒体可能的影响吧。基于电脑的媒体可以准确地告诉广告商有多少人阅读了一则广告，读了多长时间。更重要的是，它们可以告诉广告商潜在消费者或消费者的统计数据，并且一经消费者的接受就可以构成坚不可摧的销售龙头。广告商愿意为这一能力支付大量的广告费。

报纸是一个很好的例子。在20世纪80年代，很多报纸都发起了大规模的重新设计以改进它们的外观，许多报纸还设立了由发行、广告以及新闻等不同部门的管理人员组成的市场委员会，试图找出方法改进和销售产品。在早些年，这样的合作是会招来愠色的，因为人们担心，新闻部会因为考虑市场影响而去报道广告商想要报道的新闻并刻意忽视他们想要隐藏的新闻。报纸急于和读者尤其是年轻读者重新建立联系，这种迫切的想法却演变成为某种值得质疑的逢迎。在纽约，《锡拉丘兹先驱报》青年版编辑这样解释道，"我们决定要送给读者想读的东西，而不仅仅是我们认为他们应该读的东西。"

批评者指责说，报纸有步电视后尘之嫌：迎合市场概念，仅仅给予人们他们想要的东西。批评者认为，媒体承载着公众信任，因此应该顶住市场压力。然而现实是，在自由社会里，媒体运作所生产的产品必须在市场上销售。政府并不给予它们补贴以维持其运作，而且随着竞争的增加，市场压力也相应地增加了。如果广播节目和报纸想要生存下去，它们就必须进行营销并且保证能销售出去。

想要畅销就要多做市场调查。传统上，报纸通过研究读者情况开展调查，而电视则依靠尼尔森收视率的统计来了解哪些人在收看电视，人数又有多少。然而，在当今充满竞争的媒体市场,这样的努力显然不够。

与消费者的互动

传统媒介的编辑往往没有认识到,越来越多的媒体消费者现在想要与编辑就周围发生的事件进行交流。单纯获取信息而没有进行反馈的机会,这的确无法令人满意。

在19世纪的媒体环境里,新闻消费者能参与其中的方式只是给编辑写信,或者给当地电视台的新闻部打电话进行评论或抱怨。在20世纪末,随着谈话电台、博客与其他互动方式使消费者得以参与对话,这种情况开始发生变化。

编辑如果希望能和他们的消费者保持联系并留住这些消费者,就必须意识到媒体的景况已然不同。今天,一些媒体已经显露出进行调适的迹象,《圣路易斯邮报》就做出了这样的努力,在该报网站的众多论坛上,编辑和记者定期与读者进行对话。在该报网站,对于体育专栏的伯尼来说,在读者攻击他新发表的文章中的观点时为自己辩驳乃是常事。

伯尼的例子并非个案。类似的互动也发生在其他报纸、杂志和电台的网站上。此种迹象表明,传统媒体正比以往更加努力地测度读者的反应,回应外界的批评。

但是,如果认为传统媒体完全把握了媒体环境变动的重要性,就未免草率了。大多数传统媒体的网站固守既往的模式,仅仅是刻板地复制广播媒体这样的传统形式中的过时信息,鲜有传统媒体能真正有创意地利用互联网的力量。

例如,地方电台或报纸可以创立当地财产税记录或选民登记数据库的友好界面,这并不难。一些市民乐于知道邻居为其房产付了多少钱或者市长的房产价值多少,这些公众记录会为这样的市民提供诱人的阅读内容;选民记录通常包括选民年龄等信息,而这些信息对于选民的朋友或邻居也都颇具诱惑力。

令人惊奇的是,大多数传统媒体所属的网站并没有意识到,互动是当下的主流,这样的内容会使浏览网站的人蜂拥而来。这或许是媒体管理者尚未"入时"的又一个典型例子。

优秀的编辑承认与受众沟通的方式是存在的,即使他们表面上普遍不愿迅速朝这一方向转换。网站的论坛和聊天室提供了与读者和观众对话的良机。显示网页点击率的网站记录至少可以让编辑知道,哪些网页能够引发读者兴趣,哪些网页做不到。

过去,编辑们倾听读者和观众的途径很少。当今这样的途径增加了很多,优秀的编辑懂得聆听。

三、作为管理者和领导者的编辑

编辑还是管理者,最好的编辑则是领导者。他们明确知道自己的产品应该是什么样子,他们筹措资金,进行资源预算,聘用工作人员,监管生产全局。更出色的编辑还会鼓励并且欢迎变革,他们认识到,停滞不前的机构并非真是在原地踏步,而是在渐渐衰退。最优秀的编辑则更进一步:他们可以激发他人的灵感。

在媒体工作主要是从拙劣的管理中了解到什么是好的管理。堪萨斯大学艾兰怀特新闻学院院长吉米·金特里总结出的金特里定律认为,所有以传播沟通为主要业务的公司在与员工的内部沟通方面反而都做得很差。

可以想一想你看过的电影和电视节目中的旧时报纸编辑,他们脾气乖戾,在编辑工作的间歇大口吞下大量的杜松子酒。就连有着金子般的心灵的人物——例如过去《玛丽·泰勒·摩尔秀》中的卢·格兰特也被描写成刻意摆出悭吝面孔的样子。但是今天,最好的管理者知道,威胁不是领导他人的最好办法。

这不仅仅是媒体的问题。快餐店的经理管理员,他们很少能领导员工。美国军队的军员管理下属,但是他们几乎总是在领导下属。很少有哪个机构能够在这方面做得更好,也很少有机构能更进一步宣扬领导能力的重要性。相反,在太多的机构里,人们是因为其他方面的长处而晋升到领导位置。在媒体工作的人得到晋升,原因经常是他们是出色的作者或编辑,而并非是出色的管理者或领导者,结果他们进入管理领域时不知该如何做好管理,只有从前的管理者可供模仿,不论那些管理者是好是坏。

认识管理与领导之间的区别尤其重要,在这个问题上不应犯错误。管理与领导并不相同。

管理是通过其他人完成事情,注意的是维持标准。管理者注意生产力与质量的下滑,并且力求使整个机构重新达到应有的标准。有人说管理者是回顾过去并修补出现的漏洞,这样说在某种程度上也是公平的。领导则不同,他富有革新精神,能够看到变化的必要性,迎接变化的到来并促成变化。领导者展望将来筹划将来,与此同时尊重并且承认组织机构历来的地位。

当我们管理或领导时,对他人的期望是某一程度的业绩表现。媒体运作是商业,而获取利润取决于业绩表现,业绩表现复又引向人们想要的产品。业绩取决于下面三点:

能力。必须有优秀的人来完成工作,要实现这点首先需要聘用有才干的人,然后要通过培训来提高他们的技能。

动机。人们对于出色工作必须拥有热望。在招聘人员时要寻找那些态度积极的人,从而尽力赢得一定的工作动因。要给工作出色的人发奖金或进行表扬,通过对他们工作的嘉奖来增进他们的工作动力。

角色认知。员工必须展现出能力与动因的基本水准,但是角色认知几乎完全来自管理者。管理者必须解释对于员工有什么样的期望,并确定对员工进行评价的标准。

管理者至少必须做五件事:聘用人员,把这些人组织成有凝聚力的团队,和这些人进行交流,通过预算和其他途径规划未来,通过维持标准控制团队运作。领导者做得更多,他们要激发整个工作机构的共同远景。

就聘用人员来说和任何一位管理者交谈,他都会告诉你,聘用合适的人员是管理成功的关键。如果员工不称职,不把精力集中在团体的任务上或者对于团体的成功漠不关心,那么会难于进行很好的管理。

谨慎地招聘员工很重要,这可以使日后避免很多问题。你可以进行资料核查,或者更重视直觉。如果求职者看起来傲慢而无所不知,他或许不会融入你的团体。如果某人看起来缺乏任职所需要的专业知识,那么此人可能不称职。

一旦聘用了人员就要使之发展。向他征询如何改进产品的意见。要知道,好的意见几乎可以由任何人提供而不仅是你自己。

最后,每年至少要花时间对人员进行一次评聘用人员评估——正式评估或暗中评估。评估可以使员工了解你的期望,也可以让你记下问题,作为日后不得不解雇人员时的凭证。

内部交流是大多数编辑部最欠缺的部分。新闻行业是与受众交流,但如同金特里所注意到的,我们与同事的交流经常是可怜的。对这一短处没有借口,管理者有责任使交流的渠道在编辑部畅通无阻。有了电子邮件,就再没有理由说某个员工对于正在发生的事情得不到通知。好的管理者不会让这种事情发生。同样重要的是管理者需要露面。一名编辑在主管他的编辑部后决定每天拿出 30 分钟时间到编辑部融入记者、摄影师、编辑与图形设计师之中。他后来总结说,这 30 分钟是他每天最有效率的工作时间。

编辑与受众(节选)

吴 飞

导言——

本文选自吴飞主编的《新闻编辑学教程》,高等教育出版社,2004 年版。

吴飞,安徽安庆人,1964 年出生,博士,浙江大学传媒与国际文化学院院长,教授。

对新闻媒体来说受众的存在是当然的前提,编辑必须要有受众意识,否则所选编刊播的稿件没有目标对象,媒体很快就会关门。所谓受众意识,就是以受众为本位的指导思想意识。从新闻传播的产生发展来看,报纸、广播、电视、互联网都是其以受众的需要而产生发展的。马克思指出:"没有生产,就没有消费。但是没有消费,也就没有生产。"①没有受众的消费,也就没有编辑的生产,因此编辑的受众意识是新闻编辑工作中的首要意识。有了受众意识,编辑才能使新闻广泛传播,真正让新闻"飞入寻常百姓家"。有了受众意识,受众关心什么、希望什么,新闻媒体才能迅速反映出来,以满足受众的衣食住行、就业升学、福利医疗、恋爱婚姻、兴趣爱好、休闲娱乐等日常生活与切身利益的需要。并且,在表达形式上生动多样,让受众一见倾心、一见钟情。本文所阐述的正是这方面的内容。作者从新闻编辑为何要高度重视受众的角度出发,深入论述了编辑与受众的关系、受众在接触新闻中一系列心理活动的过程与特点、编辑如何满足受众的需求及进行引导等内容,这些观点、理念,都是新闻编辑在实践中应学习和运用的,以期能使自己选编刊播的新闻能发挥更好的传播效果。

一、高度重视

受众满意是根本 在新闻传播过程中,受众并不是消极被动的信息接受者,而是主动的信息消费者。首先,编辑对于传播内容的选择与优化处理是由受众需求控制的,受众信息选择的指向性和集中性决定了编辑活动的指向,换言之,受众是编辑活动的立足点和出发点,受众第一的原则贯彻于编辑全过程。在整个编辑过程中,编辑要站在受众的立场上考虑。其次,受众选择某种媒体是对传播产品的选择和评价,而他们的接收、理解活动则是对传播内容的再创造活动。受众不是简单的信息接收者,信息的反馈活动又使他们成为传播者,与此同时编辑又成为反馈过程中的受者了。

受众是编辑成果的最终鉴定者,编辑的劳动成果到受众这个阶段才可说是真正完成了。这就意味着,一切编辑活动的最终目的是为了提供受众需要和喜爱的传播品。如朗文公司的编辑须知中就有一条:好编辑永远把读者放在心里。② 不仅在选题时要吃透受众的需求,而且要千方百计寻找受众满意的作品撰写人,在审读加工过程要认真负责、一丝不苟,以消除一切不妥之处,使受众更方便更有效地获得最佳视听效果。

视受众为新闻传播服务对象的理念在中国确立并不顺利。过去的新闻传播不过是政治宣传的代名词,媒体关心的是领导满意与否。随着媒介被逐步推入市场,越来越强调受众的地位和作用。媒介受众观念的变革与其说是媒介"主动求变",不如说是"被迫转变"。这一变革被媒介的经营方式驱动,以"临场发挥"、"边缘突破"为特征——即指在报纸的副刊、周末版和辅助性的子报,广播电台系列台中的经济

---

① 《马克思恩格斯全集》第46卷,人民出版社,1979年版,第28页。
② 转引自庞家驹:《关于编辑活动的优化问题》,载于《出版科学》2002年第2期。

台、音乐台、交通台、金融台,电视台的非黄金时段等"边缘地带",针对都市有购买力的受众设计版面、节目,增多娱乐、服务性内容。当然,这一变革的过程中有许多复杂的情况。一方面要根除滞后于市场经济的旧有观念,另一方面在旧的观念未得到彻底清理的时候又要引入新的观念。需要提醒的是,说受众满意是编辑活动的立足点,并不意味着什么都以受众的选择为选择,毕竟重视受众不等于尊重受众。有媒介在实际操作中根据收视率换电视剧,是一种对受众不尊重的做法。

要重视受众研究 有研究者把受众分为四类,一种称为虚拟受众,即存在于媒体操作者们头脑中想象的受众群体。第二种是显性受众,即媒体工作人员经常直接打交道的那一部分受众,如评报员、监听(看)员等媒体活动的热心参与者,编辑有时会以他们作为受众的代理人。第三种是基本受众群体,这是编辑最应重视的。第四种是潜在受众群体,这是指因种种原因目前尚不是某媒体的受众,但通过争取可以成为该媒体的受众,编辑应盯紧这些人的需求力争吸收他们,这种分类法对编辑是有意义的。

与此相类似的一类划分方法是将受众划分为稳定的受众群体、流动受众群体、潜在受众群体和边缘受众群体四类。稳定受众是指几乎天天接触某媒体、并对其内容形成了某种程度的依赖性受众,如一家报纸的长期订户。流动受众是指对某媒体有一定好感,抱一种"方便就看,没有就算"态度的受众。潜在受众可分为两类,一类是偶尔接触过的受众,他们对某媒体并不特别感兴趣,但也许将来会感兴趣;另一类是因种种原因还没有接触过某媒体的人,也许接触了便会成为该媒体的稳定受众成员。边缘受众也可分为两类,一类是接触过某媒体但不喜欢它;另一类是对某类媒介存有偏见不愿意去接触它。一般认为编辑应稳住稳定受众群体,在流动群体和潜在受众群体上下功夫,而对边缘受众群体不必花太大精力。要明确这一点,编辑应经常做受众调查以利于工作的优化。

二、妥善处理

受众一方面受到编辑活动的影响,另一方面又在某种程度上限制着编辑的自由。所有传播总包含着发送者与接收者之间的交流与讨价还价。因此,传播就像一场谈判,其结局往往难以预测。人们通过一个过程去选择和使用媒介,这种选择和使用根据由更为广泛的文化、社会经验、兴趣和需求而定。

个人差异、社会类型、社会关系就像环绕受众的屏障,所有的信息都要经过这三道屏障的吸收、反射才能达到受众。由于这几种屏障的差别较大,因此这种吸收、反射过程也千姿百态,带来受众的接受效果也相异。受众对信息的接受经过了选择性注意、选择性认识、选择性记忆、选择性行动等环节,每一环节都凸显出其意识及对编辑话语的反抗。受众总是或多或少、自觉不自觉地在逃离编辑强势话语笼罩的天空,追求与编辑等传媒制造者平起平坐。从某种意义上说,参加传播的人是由于某种支配他们的表现的契约而进入传播关系的。

编辑与受众是传播关系中的两个主体,媒介是在"主体间性"中发挥传播作用的。受众是独立性的,对编辑强势话语的反抗也是客观存在。受众对获得的信息,都特别注意选择那些与他的兴趣有关、立场一致、信仰吻合并且支持他的价值观念的信息,对这些信息的反应受到他的心理构成的制约。编辑如何来妥善建构与受众的关系呢?

热情服务 编辑工作看起来是围绕着稿件打圈子,为作者出谋划策,加工整理其作品并使之组合成有序的出版物物化系统。正因为如此人称编辑是为他人做嫁衣。但细想这只是问题的表象,编辑与作者交往,为作者服务归根到底是在为受众服务。"为作者服务不是编辑的最终目的,为读者服务才是编辑的最终目的。"①

这种服务的具体内容是多方面的,如回答受众提出的各种问题,解决其困难等,但最根本的是从受众的需求出发,提供他们感兴趣、有意义的各种信息和文化知识。如邹韬奋所言,编辑"要用敏锐的眼光、深切的注意和诚挚的同情,研究当前一般大众读者所需要的是怎样的精神粮食,这是主持大众刊物的编者所必须负起的责任"②。

如果把新闻信息看作是一种商品,编辑就像是出售信息的商人。一个有良心的商人在出售产品时应注意什么呢?首先考虑所出售的商品对受众是否有益、有用而不是劣质甚至可能造成伤害,其次所出售的商品是否受众感兴趣,能否激发他购买的欲望。如果受众在接受这些信息时,产生不满意的情绪,那么这些信息就是无效的。编辑在选择内容时,应从切断这些无效的信息钻进传播渠道开始。一般讲无效的信息具有如下特征:其一,导致惊吓与失望,是一种情绪的破坏力量。受众常因受新闻报道中不安情节的惊吓而引起情绪上的波动不安。如空难新闻最好在查明乘客姓名、人数后再作报道,以免当日有亲友乘坐飞机的受众提心吊胆。同样对那些大灾害或暴力新闻,也要注意减弱报道内容所包含的强烈刺激作用,少写现场的恐怖气氛,并及时配合编发一些能稳定公众情绪的报道。其二,给人低级庸俗感。新闻传媒作为一种具有异常渗透力和相当大影响面的传播渠道,应对低级庸俗的内容说不。粗俗的言词、凶杀色情的细节等都应严格把关。其三,冒犯社会禁忌。这方面内容比较广泛,一般无明文规定多是约定俗成的。我国是一个多民族多宗教信仰的大家庭,人们的风俗和禁忌不同,编辑应认真研究。

光注意了无效信息的影响,还不能说是提供了最好的信息服务。编辑的服务是否到位还要看他提供的信息能否激发起受众接受的欲望。我们把那种能激发起信息接受欲望,且受众接受后会产生一种健康的满足感的信息称为激励信息,其特征

---

① 刘光裕、王华良:《编辑学理论研究》,山东教育出版社,1995年版,第221页。
② 转引自钱小柏、雷群明编著:《韬奋与出版》,学林出版社,1983年版,第95页。

是：与受众的兴趣一致；能激起受众从情感、情绪上吸引注意；能减轻受众心理负担起到一种精神抚慰作用；报道形式突破了旧有的格式让受众有耳目一新之感。

精心指导 由于社会分工以及所处的地位不同，编辑和读者对信息的了解会有不同的差异，在某些特定的方面编辑可能掌握更多的背景性信息。因为由于政策、技术以及传播渠道的定量性过滤，受众往往只了解其中部分信息，对事实的全貌可能不太清楚，甚至可能导致他们对的认识发生偏差，这时就需要编辑及时组织一些补充信息以便受众及时准确把握事实真相，有时还需评价传播的信息内容协助受众理解。

这个问题有两个不同的视角，一是从编辑的角度来看的，转换出来的命题是"我认为受众需要指导，所以我指导"；一是从受众的角度来看的，转换过后的命题是"受众需要指导，所以我指导"。第一个命题不能说全错，但它有一个致命的缺陷，即"我指导"是建立在"我认为"的基础之上的，如果"我认为"不符合实际情况，那么"我指导"就成了"瞎指导"。第二个命题是科学的，问题是编辑对"受众需要指导"这一前提要有清楚的认识和及时的反应，这样"我指导"才会有针对性，得到受众的欢迎。

注意引导 一般认为，新闻编辑工作的最终目的不是向公众灌输某种标准的观点，而是客观地反映现实，让受众对外部的世界形成独立的见解。但由于现代社会越来越复杂，许多事受众并没有足够的精力去掌握，他们期望新闻工作者做出科学的、客观的分析解释，再则人的需要是多层次的，既有低层次的需要，亦有高品位的需求，现代新闻业表明，"星、腥、性"成了市场上的广泛需求，这些都指向了编辑的引导问题。

因此，编辑一方面心中有受众，以受众的需求作为自己工作的出发点，另一方面应比一般的受众站得高看得远，为培养受众健康、纯正的思想情趣与审美观念做出不懈的努力。在市场经济、商业文化盛行的时代，编辑尤其不能迷失方向。如鲁迅所言："'迎合大众'的新帮闲，是绝对要不得的。"[①]编辑不可媚俗，不可以少数受众的低级趣味作为自己服务的宗旨，而应在培养和提升受众文化品位上下功夫。

三、处理原则

编辑要处理好与受众之间的关系不是一件容易的事，既不能靠沉思默想，也不是随便打几个电话同受众聊聊天就能解决的问题，必须遵循以下基本原则：

满足受众的信息需求 任何活动都有这样的环状结构：起初的内导作用发展到同对象环境实现接触的效应过程，再到借助返回联系对起初传人的映象进行修正和充实。这就是说，编辑在研究受众的信息活动时，必须同时考察活动的主体（感性活动和内导作用），对象的阻力和主体与周围对象的相互作用（效应过程）三方面的情

---

① 《鲁迅全集》第6卷，人民出版社，1973年版，第101页。

况。如果深入审视受众的信息活动,会发现新闻报道的六要素——五个W和一个H:从谁、在何时于何地、为什么接受何种信息,而且又是如何接受信息的,可借用来对受众的信息活动进行分析。

(一)受众的个性因素

作为编辑实践对象的客体,受众不论是个人还是群体,都有区别于他人或他群体的个性。传播学有关研究表明,个性因素对受众的信息活动有着根本性的影响和作用。为便于分析,我们把个性因素分解成自然属性、个性倾向和态度三方面来展开。

1. 受众的自然属性。是指受众作为新闻的消费者和使用者所具有的特性,一般包括:

(1) 性别不同的受众参与信息活动的深度与广度是不同的,其选择的信息内容也有较大的差异。一般而言,男性好动多爱体育类报道;女性好静偏爱文艺新闻及服饰化妆之类。另外,性别对不同媒体的喜好程度也不同,成年妇女看电视的时间多于男子,她们不仅白天看得多,在除体育以外的晚间看电视之也比男子多。①

(2) 不同年龄及生活阅历与兴趣也不一。青少年的兴趣广泛而可塑,他们偏爱新闻报道中知识性和趣味性强的内容,对一些新异的内容感受性较强;中年人兴趣专门化、专业化,有相对固定的选择趋向更重功利性内容;老年受众对信息的选择趋向更稳定集中且多爱看一些政治性和社会性内容。

(3) 职业、行业不同的受众对信息的依赖程度和爱好范围有差异,他们乐于选择与其行业、职业接近的新闻报道。

(4) 社会地位不同在很大程度上决定了受众对信息量上的充分性和及时性等方面,有不同的要求和期望。

(5) 民族和地域受众的不同,其行为方式、文化传统、生活习惯等都有差别,这些会影响他们的信息活动。如文化发达的地区,受众的信息意识和吸收能力就强些,活动范围广些;经济活跃的地区其信息需求也较强烈,参加信息活动的期望高些。

(6) 受教育程度及知识水平不同,对信息的接受、理解和吸收能力及方式有差异。文化程度越高其信息需求的强度越大,且倾向于政治和理论思辨色彩的内容;受众文化程度较低则倾向于娱乐性和实用性信息。

2. 受众的个性倾向性因素。影响受众信息活动的个性倾向性因素有多种,诸如需要、价值、兴趣、动机、理想、信息、世界观等,下面仅就前三者来谈:

(1) 需要。了解受众的信息需要才能做到有的放矢,使编辑成果成为有效的受众消费的文化产品。受众的需要就个体而言,是其在生活中感到某种欠缺而力求获得满足的一种内在心理状态,它是人作为一种有机动态系统在维持其积极平衡或内

---

① [美]赫伯特·霍华德等:《广播电视节目编排与制作》,新华出版社,2000年版,第136页。

稳定状态的动态过程中,表现出来补充和更新信息要素的必要。作为社会的人,要想自由地生活必须不断地获取各种新知识、新信息,了解并熟悉周围的环境,以达到认识、适应及改造环境的目的。"大脑如果得不到关于在时间和空间中正在发展些什么事情的信息,它就一筹莫展,什么也想不出来。"[1]因此,获取各类信息,寻求知识便成为人类生存的必需。而且人的需要是一个不断发展的过程,对信息的需求永无止境。因而对人来讲,对信息的需求并不是稳定地停留在一个水平上,而是一个具有不同等级水平的连续发展。

(2)价值。价值是表征人的需要和满足人的需要活动、手段、对象之间关系的一种积极意义尺度,这种意义标准或意义尺度渗透在人们的物质和精神的生活与活动之中。[2]受众参与信息活动,从动因和目的来说,是处理其信息需要和信息需要满足之间的关系。一般而言,信息需要和这种需要的活动、手段受到价值观念的制约和调节,而其价值观念又往往渗透和体现在人们所提出的需要和满足需要的活动、手段、对象之中。需要的意识和价值观念一起,共同规定着认识主体的动机、目的、意向、追求、态度、理想,并导致某种信仰、信念的产生。受众的价值倾向具有如下特点:

其一是具有客观性。尽管每个受众群体甚至个人都自认为有自己的意义标准或意义尺度,但从总体上和本质上看,这些标准和尺度是具有客观性的。其二是具有历史的具体性,它同受众的生活环境、生活方式以及历史的、文化的传统都有着密切的关系。具体的意义标准或尺度反映在人们的头脑中被意识到,就形成具体的价值观念。而这些价值观念又会沉积在人们的心理结构中乃至逐渐成为一个集团、民族的社会心理结构中一种稳定的心理因素,对受众的信息需要产生和满足起作用。其三在受众的信息活动中,总是有选择地去认知那些同自己的需要意识和价值观念相一致或相关联的信息内容,并力图根据自己的需要意识和价值观念来理解和评价,从而强化其原有的认知定势。

(3)兴趣。这是指受众认识的情绪表现。一般认为受众兴趣可分为特殊兴趣与共同兴趣两种,前者指受众因性别、年龄、职业、教育等的不同而形成的兴趣,其差异首先表现在指向性上,如有的爱足球新闻,有的迷围棋赛事。其次表现在兴趣的范围和稳定性上,如有受众的兴趣广泛而稳定,有的兴趣单一而多变。共同兴趣是指大多数受众对某些新闻所共有的兴趣,其特征有,其一与文化背景关系密切,相同或相近的受众对于新闻信息兴趣具有较多的相似性。其二是具有明显的时代特征,不同时代因社会政治、经济、文化、科技等方面发展程度的差异以及人们观念的不同,对出版物内容与形式的兴趣均有较大差别。了解受众兴趣对于推动新闻传播事业,提高编辑工作的水平以及出版物质量都有重要意义。就编辑而言应努力做到:及早

---

[1] [美]鲁道夫·阿恩海姆:《视觉思维》,光明日报出版社,1986年版,第41页。
[2] 夏甄陶:《认识的主—客体相关原理》,湖北教育出版社,1996年版,第71—73页。

摸清受众兴趣发展与变化情况,多做这方面调查研究;筛选出中心兴趣,并此据变化确定编辑方针的重点和报道方向;经常研究受众兴趣变化的规律,以便做到随"趣"应变。

3. 态度因素。态度是个体对人或事物的稳定的心理倾向,一般认为有认知、感情和意向三个层面。

(1) 认知。是指受众对信息的知觉、理解和评价等,它包括对信息之所知以及评论。影响受众的信息活动最重要的是其评价性认知。能直接影响受众认知因素的是受众的信息素养,即指受众对信息和信息活动的认识深度及其掌握程度,对信息源的熟悉程度以及对接收、整理、组织加工信息方法和技能的掌握程度。

研究表明,现代人对媒体已产生较强的依赖性,这一方面表现在受众利用和接触媒体的频次上,另一方面则表现在媒体形象对受众行为的模塑上。[①] 媒体形象对受众行为的模塑力量则主要源于该形象与特定受众群体思维结构中的某些信息单元发生共振,取得了后者的认同。其一是求知心理,这是人类的本能,它不只是处于主体的生存需要,更是一种心理上的满足感推动下的产物。个体每天都在试图拓展自己的想象空间。而要满足这种求知渴望,现代传媒为他们提供了迅速便捷的通道。其二是求新心理,受众往往对那些自己欲知而未知的内容会产生浓厚的兴趣。认知心理学有关注意的选择性的信息原理告诉我们,人的大脑皮层上有一种特殊类型的神经元,即"注意神经元",或称"新异特探测器",该神经元将对外来的刺激进行分析、处理,由于那些新异内容的刺激,该注意神经元将对有关信息予以选择和过滤,舍弃老调重弹与已无关的信息,以便有效地加工重要信息。其三是求近心理,即对那些与自己的感受有着密切联系的信息容易产生亲切感,主要表现在地理、职业、年龄、心理以及利害关系等方面。这种心理从认知的角度讲,在于受众所熟悉的内容已储存在他们的头脑中,那些受众所熟知的内容能够为其认知结构中的知识(或信息)单元迅速同化,产生关切感和认同感。

(2) 情感。这是指受众对事物的内心体验。受众是一个受需要意识和价值观念所驱使与约束的既能思维又有情感的主体。马克思指出:"人作为对象性的、感性的存在物,是一个受动的存在物;因为它感到自己是受动的,所以是一个有激情的存在物。激情、热情是人强烈追求自己的对象的本质力量。"[②]每个人都有得到他人尊重、理解的心理需求,渴望与他人沟通,得到理解、同情。各个电台方的诸如"午夜不设防"、"相伴到黎明"、"今夜不太晚"等节目,均能使受众在毫无认知障碍的情感状态下接受传播的浸染,这是受众情感图式被启发和唤醒的结果。

在信息活动中,受众的某种内部心理状态——情感一产生,就成为其参与信息

---

① 童清艳:《信息时代媒介受众的认知结构分析》,载于《新闻与传播研究》2000年第4期。
② 《马克思恩格斯全集》第42卷,第169页。

活动的重要的内部激活因素,支撑因素和调节、控制因素。如说某受众在某媒体的一条信息上获益了或受损了,受众会产生不同的情感反应。获益了则更信任媒体传播的信息,进而强化其信息活动,相反,如果受众因某媒体中的假新闻或无用信息而造成损失,就会产生消极的情感体验,甚至对那些可能会给他带来利益的信息也不信任。当然,这可能只是极个别的情况。因为长期来,媒体对受众的"培养"或说是受众对媒体的认知,使受众成熟多了,以前他们把媒体当"圣经"看,一旦发现受骗就承受不了,多有被骗的经历便对虚假信息的识别能力大大地增强,情感也不像以前那样脆弱了。

(3)意向。是受众对信息的反应倾向或说是对信息对象发动行为的可能性,即行为的一种准备状态。由于受众信息活动在很大程度上是通过各种信息行为表现出来,因而其行为的准备状态如何,会对行为的结果产生影响。行为倾向既有行为的目的状态,即行为期望的目的是什么,又有行为的条件状态,即行为所需的条件是否充分具备,还有行为的策略状态,即行为如何运用各种条件以达到目的。

(二)受众的环境因素

这方面可分为社会环境、自然环境和信息环境因素。前者是指受众所处的社会大环境,如社会制度、科教水平、社会文化、心理特性等,都会影响受众的信息活动。以社会教育水平为例,其高低与受众的基本素质呈正相关,教育水平越高素质就越高,对信息的接受和吸收能力就越强,整个社会上的受众群体就会越来越大,也是媒体不能轻松应付的对象。受众不仅关心他所需的信息是否存在,还关心在哪里能找到这些信息,找到后是否经济合算等等。这实际上涉及信息的可得性和易接近性的因素,亦即信息环境因素。显然,社会的信息化水平、信息政策等因素会影响信息的可得性,而信息渠道、信息服务水平等因素会影响信息的易接近性。

(三)受众的信息期望

在信息传播活动中,受众所寻求的是能满足其物质文化与精神文化所需的各类信息,编辑就是竭力为受众提供优质足量且便于接受的专业信息传播中介者。编辑在对各类信息材料进行加工整理时,应了解受众获取信息的目标并不在于获取的本身,而总是期望所获信息对他解决问题会有所帮助,主要会非常关心信息的质量、数量和效益问题。

1.信息的质量因素。受众购买的媒介产品与其他产品不同,其他产品往往提供给消费者的是某种或几种的使用价值,而媒介产品提供给的往往是无法具体量化的信息和观念。其他的产品,生产者必须重视产品的使用价值;而媒介产品首先要重视的是信息的质量,以及提供的对错综复杂的信息进行符合某种观念的整理与分析。信息的质量因素不仅是"好"与"坏"的问题,更重要的是信息的性质,也就是受众对信息的理解问题。如果媒体提供的信息是受众所期望的,那么这就是好的、对路的。

2. 信息的数量因素。人们对事物运动状态及其变动的方式感知过程,就是外界输入信息的过程。如果进一步从数量的演变情况分析,认识论层次的信息包含有语法、语义和语用三方面的含义。语法信息表达的是事物的存在方式、运动状态或变化是什么,它是信息最基本的层次,人们总是通过感知事物的表征,获取原始材料,产生语法信息。① 简言之它是人们所感知或所表述的事物运动状态及其变动方式的形式化关系,在数量上的含义就是申农"信息量"概念。语义信息是指信源发出的信息所包含的意义,亦即人们所感知或所表述的事物运动状态及其变动方式的逻辑含义,它在数量上可用"传报量"表示。语用信息是指符号与使用者之间的关系,是符号所表达的内容与含义对使用者的作用,它的数量含义就是"信息价值"、信息的实用性。如果信息传播过程高度保真没有"噪音"的干扰,"信息量"与"传报量"、"吸收量"和"信息价值"会一一对应并互相等值,但这点很难做到。编辑在新闻加工处理时,应从几方面来确保新闻的信息量:

摒弃无效及冗余的信息单元。一般讲新闻稿中既有有效信息单元,也有无效信息单元(即与新闻主旨无关或关系不大之处)和冗余信息单元。对于新闻传播而言,冗余信息可以分为"必要冗余"与"绝对冗余"两种。前者是指信息中的承接过渡部分,它在信息的完整性方面起着积极作用;后者是指在信息单元中起着混淆关系,冲淡有效信息单元的消极作用的部分。受众在接触新闻信息时,对他们有用的是有效信息单元,编辑在把关时要确保有效信息单元畅通无阻,尽量消除无效信息和冗余信息单元。

减少重复消除噪音。信息含有新内容、新知识能消除人的不确定性,在新闻报道中主要指新近发生的客观世界的消长盛衰和动静变化。现代社会的复杂多变为新闻的剧增提供了无限的可能性,也刺激了社会对大宗信息的依赖和需求,表现在新闻传播中就是要不遗余力地追求尽可能多的信息量。编辑在处理稿件时,既看其所传播的信息量的有无以及多少,也要看作品传播信息的效率如何。

加强编码系统的有序性。编辑工作是要组构整体的、有序的出版物物化系统。传载信息的各符号元素如果处于一种有序的状态,那么出版物传载的信息便会清晰、有条理,受众也易于接收和理解,否则就找不到文章的主要信息是什么。

3. 信息的效益因素。受众选择新闻信息都得或多或少付出劳动与代价,如时间、费用等。受众因利用所需信息而获得的结果与获取和使用所需信息的付出之差,称为信息的效益,当这种结果和付出用经济指标衡量时就是经济效益,用社会指标衡量时就是社会效益——即指信息消费对社会秩序和发展的益处,如给人们的工作、生活等方面带来便利,促进他们的观念进步等,又如说文化效益指的是信息消费在提高受众的文化水平和发展社会文化事业带来的益处。因而,受众在信息活动时

---

① 鲍祖安:《新闻信息论》,华中师范大学出版社,1991年版,第29页。

会对活动的效益做出大概的估计,只有在他认为可能会获得正值的效益时,才会参与信息活动,反之则不参与或中途退出。

西方报纸编辑的工作(节选)

[加] 赵鼎生

导言——

本文选自赵鼎生著《西方报纸编辑学》,中国人民大学出版社,2002年版。

赵鼎生,北京人,1955年出生,1991年加入加拿大国籍,曾供职于中国多家报纸及加拿大联邦政府。

本文主要阐述的是西方报纸编辑从宏观到微观的编辑活动,可说是打开一扇窗口,让我们多少窥见西方新闻编辑是如何进行新闻编辑工作的。从他们的新闻编辑理念到具体业务操作,都可了解一二,并可进行某些方面的比较。不难看出,除了编辑体制因素导致的编辑方针、编辑理念有所差异外,编辑业务上不少地方是相似或是相同的。本文不仅阐述了西方报纸编辑的主要编辑业务活动,还讲到了他们进行的研究工作。西方新闻编辑不局限于日常的编辑活动是将新闻稿件编辑好了出版了事,还就报纸的内容、报纸的传播效果、报纸的广告、读者的兴趣、读者的群体以及报纸的长期战略等方面进行研究,通过研究自觉地将编辑实践上升到理论,再回过头来给予实践以指导,无疑能促进编辑工作跃上更高的层次。这点,应当值得我国的新闻编辑学习。

在西方报社里,记者和编辑的界限并不像在中国那么模糊。西方编辑一般不采访,而记者也不会整天坐在编辑部的办公桌旁。

西方报纸编辑不像记者那样从事人前显贵的职业。但是他们也没有白白受累,他们是人后显贵的一族,杰出的编辑地位可与著名影视明星媲美,李普曼就是美国报纸编辑永远的骄傲。西方报纸编辑头上的桂冠多多,称他们是语言大师、顾问、谈判代表、计划制订者、记者监工、特约记者与通讯员的教练、道德家、案件控告员、舆论仲裁者。但是,对于西方报纸来说,编辑最大的价值还是编辑稿件、拼版。

西方记者可以成为国家首脑的座上宾。但是回到报社,稿件怎么写,怎么改,还得听编辑说东道西。西方特约记者、通讯员不论获什么奖,按理都应该分给编辑三分之一。因为他们的多数稿件,不知被编辑改动得有多大。因此,西方报纸行业有一句话:编辑部里最有用的人,就是能编稿子的人。西方报界还有一句行话:编辑是新闻稿件的"助产士"。这倒比中国的"为人作嫁"少两分落寞。

西方报纸编辑学甚至大胆地认为：记者队伍可以凑合，但是编辑队伍却不可以凑合。一支出色的记者队伍，如果缺乏得力的编辑队伍做后盾，只能编出一张凑凑合合的报纸。而一支平庸的记者队伍，配上一支能干的编辑队伍，照样能产生一张颇受人欢迎的报纸。

西方报界和新闻学界一向认为，报纸编辑最好是出身于记者，这样编辑才真正懂新闻，才能透彻理解新闻价值。但是今天，从大学校门出来绕过记者直接当上编辑的人，在各国的报纸渐渐多起来。

什么是西方报纸编辑的决策职能呢？上至策划一份新的报纸，下至决定一篇小消息能否进入版面，编辑最多时一天可以处理几百篇稿件。以200篇为例，上班每一小时就得处理25篇新闻；每10分钟就得处理4篇稿件。

在紧张的新闻报道中，编辑是领着记者冲锋陷阵的队长。他们要锁定目标，选派梯队，鼓励，甚至是推着记者往前冲。西方报界和新闻学界认为，蹩脚编辑有以下特点：

独往独来，过分傲气；对蒙娜丽莎的微笑，还要再加工两笔；不看稿便删；越改越糟，离了真实性的谱，给记者惹麻烦；仗势凌人训记者。个别的编辑，对于老板哪怕最微小的偏爱都非常敏感，并且会在报纸上立即反映出这些偏爱以讨好老板。如果老板说他不喜欢吃蚌肉，那么，这样的编辑就会笔伐所有蚌类对人类的危害。

当今西方大、中型报纸的部主任一级骨干，有的只有二十多岁，甚至有的总编辑也是青年。新一代西方报纸编辑眼光专注长远，不受传统偏见左右，试图对纷繁困扰的世界做出独立清醒的判断。

什么是西方报纸编辑的作用？那就是：

传播信息——在很多"硬新闻"的竞争战中，西方广播和电视的优势均胜过报纸。报纸的生存之路，就是要多找到像广播电视节目表、股票行情、球赛得分这样令电视广播一筹莫展的信息。

警醒领导——像古代的更夫、哨兵、信差一样，现代的西方报纸编辑依然有责任警醒领导人，敏锐地告诉他们周围发生了什么。

解释新闻——新闻事实即便百分之百不撒谎，仍不能保证所有接受新闻的人都不产生误解。使人误解与撒谎，有时在传播效果上并无天壤之别，解释新闻可以降低误解产生的概率。

引导读者——以精心选择的新闻、明镜高悬的社论，来实现引导舆论的宏愿。

提供论坛——西方报纸都极为重视读者来信，编辑倾注心血良多，为的是选出最能代表大众的声音，让方方面面有一席发言之地。

娱乐——编辑使出浑身解数，让娱乐的内容为报纸增添姿色。变一身衣裙，换一副潇洒的面孔，让版面脉脉含笑。

从工作时间上划分，西方报纸编辑又分为白班编辑和夜班编辑，还包括既非白班又非夜班的特殊班次的编辑。从种族上划分，编辑绝大部分是白人。对于黑人、亚裔、土著居民来说，天降大任的机会太渺茫。如果观察西方报纸的高层席位，连白人女性也不多见。

中国爱把记者编辑比作"杂家"，西方报纸编辑则爱把自己喻为杂货摊子——杀人案、石油禁运、总统大选、病犬倒毙于火灾、女郎想当天主教牧师等稿件，堆了一桌。

西方报纸编辑的经济地位并不像有些人想象得那么高，半数的人收入只与中产阶级的收入相当。因此，编辑中总有一些人"弃报从钱"。在一项美国的调查中发现，这些见异思迁的编辑，53％的人原来曾打算把新闻作为自己的终身事业。不料，在12年之内相继离开了报纸，主要考虑就是工资收入和工作环境。

西方报界近来有一种趋势，讲究最好在稿件编辑的指导下，由记者或原作者自己修改稿件，而不是等着稿件编辑"一锤定音"。编辑教记者修改自己的稿件，有助于提高记者日后的采访质量、写作水平。而原先由稿件编辑代笔的方式，没有调动起记者克服采访与写作上弱点的主动性，下次一切弱点又会重来。

由于多国、多报种的工作模式不同，还有人把现代西方报纸的编辑划分为：

一是录入编辑。主要负责从网络收集本报记者发回的报道、其他途径传来的信息，将其中有新闻价值的信息，按照报纸的体例进行剪辑和编辑，为其他编辑提供基本可用的稿件。

二是专栏编辑。主要负责从录入编辑传来的稿件中，选取适合本专栏、专版需要的稿件，经过进一步加工，编成一个个专栏或专版。

三是组版编辑。主要负责审阅专栏编辑做成的专栏或专版，对错误和疏漏进行修改，最后组合成版面，交付印刷出版。

不论怎样，编辑始终是编辑部的灵魂，特别是稿件编辑，他们是报纸编辑部里的心脏，是报纸报道新闻的向导，是向公众提供信息大餐的"厨师"。决定什么内容可以发表或不可以发表的人是稿件编辑。做这样的决定通常是基于稿件编辑对于使命的理解，及该出版物所秉持的宗旨。他们像一个切割钻石的人，去其瑕疵把一块石头琢磨成为珍品。他们非常小心地检查新闻中有无不恰当之处，知道什么时候要修剪无用的、非必要的描述及赘词，用特殊的词取代被用得淡而无味的词，力求句子短得足以使读者马上就能抓住里面的概念。稿件编辑堪称是"超级侦探"，缜密地在新闻稿中寻找线索，以便把一篇平凡的稿子转变为一篇杰作。为此反复编订、缀合、整理、配置、增删、排列、构造、阐释、选择、修正。优秀的稿件编辑具有对语文的爱好和擅长，他细心地给文字旋律调音，使新闻从暗淡的原稿里射出光华。因而，稿件编辑有"新闻稿的助产士"和"记者的最佳批评者"之称。大多数西方记者尊称他们是自己的"合著人"，也有记者报怨："编辑宰掉了我的好材料"。

现在，稿件编辑的身价日增。西方许多报社付给稿件编辑的报酬比给记者的多。新闻院校也觉察到稿件编辑比记者更难求的事实，有意加强了有关编辑的课程。美国报纸主编协会的人士曾咨询某些报纸高级编辑人员，问他们在聘用稿件编辑时，寻求的是些什么价值。《圣路易快邮报》编辑主任大卫·李普曼的回答是："对于正确的承诺。对于有生命呼吸的文字具有心灵的听觉。最后，还要有幽默感。"报纸发行人马乔里·派克逊则答复如下："一个注意细节的人。一个追求完美的人。一个进取、机警、智慧、反应敏捷的人。他能够运用创造力及想象力，来取代千篇一律。"

在美联社组织的写作与编辑委员会的一个报告中，威廉·康纳列举了一个优秀的稿件编辑必须具备的素质：

信心。优秀的稿件编辑对自己的才智、知识、写作技能充满信心。他们熟悉报纸的风格、策略、强势。

无偏见。优秀的稿件编辑有能力识别和超越个人的成见。

理解力。优秀的稿件编辑对任何复杂的来稿都能把握其重点、要点、弱点，凭直觉就能发现新闻稿里什么东西精彩，什么属于废话连篇。

质疑。优秀的稿件编辑对任何疑点都不放过。大到宇宙起源，小到细枝末节，总爱起疑和产生问号。他们懂得没有什么问题是"愚蠢的问题"，他们怀疑的读者也会怀疑。

社交。优秀的稿件编辑善于与记者、其他撰稿者保持融洽的关系。不过，稿件上从不让步。

写作能力。优秀的稿件编辑应该是比记者更高明的"写手"。但在大笔一挥时，又要留记者匠心独具的思想和写作风格。优秀的稿件编辑能与记者的灵感无形契合。

幽默感。优秀的稿件编辑能让两种人笑，一是以幽默的天才让读者笑；二是尽可能咧嘴让自己笑一笑。

如今，在西方报社编辑三大角色的传统划分正在被重新定义。所谓重新定义，是指在越来越多的报纸编辑部里不再像从前那样，某一类编辑只活动在本角色的某一个领域，其他领域的事就拱手让予他人。派稿不问改稿，改稿不管版面。这种做法的弊端是工作中出现断裂层，削弱结合点。版面编辑如果不理解稿件何为重何为轻，就无法恰当准确地安排版面。稿件编辑如果不掌握给记者分派补充采写任务的权力，那么，稿件如何百尺竿头更进一步呢？派稿编辑如果不理会改稿编辑发现的记者在采访和写作上一再出现的弱点，派稿就带有盲目性。

今日，西方报界正在铲除这种专业化分工产生的瑕疵，鼓励编辑忘掉自己的头衔，成为报纸整体中协调作战的一员。例如，西方报纸越来越向视觉化的方向努力，有的报社的派稿编辑向记者指派采访任务的时候，就请来版面编辑参加，这样做的目的就是尽可能地使新闻稿件、照片与版面视觉手段完美结合。

另一项大胆的改进就是派稿编辑变成了记者的教练。记者教练的思想,是上世纪80年代在西方报界首先出现的,其基本含义是精湛的同步交流。基本技巧是:编辑记者之间频繁交流,编辑指点准确到位;给记者必要的信息准备,向记者扼要交代新闻采访要义,指出报道的严肃性,引导记者准确地观察,提示反面观察角度,以及打回稿件让记者修改等。

传统的派稿编辑的工作方式,与记者教练新方式的区别主要在后期。传统的派稿编辑,告诉记者需要写一篇什么东西,任务就完了。记者写来稿件之后,就是改稿编辑的事了。而新式的记者教练法,从采访到见报的前一分钟,始终是派稿编辑与记者双方的共同配合行为。

除了处理日常编辑业务之外,西方报纸编辑还从事一定的研究。有研究支持的报纸才不至于僵死在一个水平上。编辑研究工作的起跑点,是每一家报社的图书馆(即资料室)。几代西方报人的研究,都从报社图书馆获益匪浅。传统的研究资料是剪报、参考书、字典、报纸、杂志、书籍,有时还有缩微胶片。今天,新添的最好的研究资源是电脑互联网。

社论与评论的写作,解释性新闻报道与调查性新闻报道,深度报道……都需要进行起码的研究。否则,很难想象靠采访本和搜索枯肠写出来的东西会有多高的质量。研究头版改进时,编辑往往记录下每天头版的内容,连续记一个星期。或隔一天记一次,记一个月。最后列出每一类报道的总数,及占全体稿件的百分比。于是,就看出了头版内容的类型和趋势。将来怎么去改进头版的结构,这就是最好的参考、起跑点。

新闻照片采用量的多少,也可以用类似的方法研究。假定调查的结果表明,上个月每天报纸的新闻版采用了七张新闻照片,约占新闻版总版面的10%。那么,是多了还是少了呢?靠试验的方法加以研究,把照片用量扩大到15%,看看怎么样。再扩大到20%,读者反应又怎么样。或者试验比原先少一点,看看效果如何。一比,适中的照片比例自然见分晓。

报纸应当每隔一段时间,就对发行地区的社会情况进行一次调查研究,察看报道覆盖区域情况的变化。研究工商企业倒闭的数量、失业人数、收入变化、治安等等。

西方报纸编辑的研究工作,还采用开调查会的方法收集各方面的反映和意见。事前对参加者做了精心挑选:有时是失业者座谈会,有时是女士座谈会,有时是青年座谈会,有时又是最有钱的医生座谈会。这些调查会,可以在短时间内产生丰厚的研究成果。

西方各国的大学新闻院系,是各报社编辑在自己报纸小小的图书馆圈子之外的重要研究基地。那里有大量的新闻研究资料,可以发现很丰富的研究课题。例如:报纸之间的竞争会不会导致耸人听闻的报道直线上升?小报的版面是不是亦步亦趋地模仿大报?副标题究竟有多大作用?下面几个领域是西方报纸编辑研究的重点：

报纸内容的研究。主要包括头版研究和新闻版的研究。研究可以发现每种主题在整个新闻报道中所占的比重，在报道中的重复次数。

效果的研究。报纸虽在此领域上下过很大力气，但仍嫌不足。这方面的研究成果，最能迅速反映在报纸质量的改进上。通过调查研究可以发现：登出去的哪篇稿件人们爱看，哪类稿件无人问津？社论能不能服人？对某类照片有怎样的反响？

广告的研究。编辑不断地研究版面上的广告对新闻部分的正面影响和负面效果。

读者兴趣的研究。发现读者确实读了报纸上的哪些内容，他们最感兴趣的是什么？研究读者兴趣，依然靠统计读者阅读率。

报纸长期战略的研究。在一项调查发行人和决策者对报纸编辑研究工作的看法时，发现这些上层人物对社论的研究表现出了极大的关注。他们还认为研究工作最有意义的方面，是解决报纸长期战略的问题，而不是日常碰到的具体枝节。他们认为，宏观的研究工作应由报纸和大学联合进行。

对读者群体进行研究。如读者的职业构成如何，职业对读者看报的影响如何，读者收入的不同档次与看报人的反馈有什么关系。

大众传播适度距离策略（节选）

张景云

导言——

本文选自张景云所著《大众传播距离论——一种心理学视角》，新华出版社，2009年版。

张景云，女，内蒙古巴彦淖尔市人，1965年出生，博士，北京工商大学教授。

本文虽不是直接谈论编辑业务，其内容却与编辑工作密切相关。在当代，人们通过各种媒介与社会保持着联系，媒介不仅通过对信息的选择和传播影响受众，而且影响着他们感知世界的方式。大众传播媒介在表达信息时或严肃庄重或诙谐活泼，或理性而深刻或浅显易懂，或发人深思，或使人开怀一乐……在或"软"或"硬"之间，调节着与受众的心理距离，这些直接与新闻编辑工作相连。有些传播理念虽然没有直接提到"心理距离"，但却隐含了"心理距离"思想，蕴含着对传受心理距离的把握。本文便是从大众传播认知、情感和态度距离三个视角出发，论述了大众传播适度距离策略。作者在适度认知距离的把握上，提出"反映"而不"全映"、"贴近"与

"拉开"兼顾、"满足"与"引导"相结合的调节策略;在适度情感距离的把握上,提出"迎合"而不"媚俗"、"参与"而不过分"涉入",以及情感与理智相结合等策略;在适度态度距离的把握上,提出从认知角度切入,促成态度"同化"、给受众留有选择余地、从"求同"入手实现引导目的、"软"与"硬"结合等观点。这些论述,对于新闻编辑的报道策划、稿件处理、版面设计或节目编排等一系列业务活动,都不乏借鉴意义。

传播者与受众保持适度的心理距离,是传播成功必要条件。在我国的大众传播实践中,一些极端传播现象与心理距离把握失当有关。过去媒体过多地承担了政治职能,无视受众的需求,与受众的心理距离过大。改革开放后有的媒体过分迎合受众,出现了"娱乐化"甚至"泛娱乐化"现象又走向另一个极端。列宁说:"只要再多走一小步,仿佛是向同一方向迈的一小步,真理就会变成谬误。"[①]因此,对传播心理距离进行"适度"把握至关重要。

所谓适度距离,是指传播者与受众在认知、情感和态度距离方面的和谐状态,它是通过对媒介与受众、媒介人物与受众、信息与受众之间心理距离的"度"的把握实现的。其中的"度"很难用量化的方法来衡量,可根据传播的具体环境、传媒定位、传播内容和受众具体情况灵活掌握,是相对于偏激、过分而言的。这里重点从信息内容和传播方式角度,对大众传播中传播者与受众在认知、情感和态度方面适度距离策略进行论述。

一、适度认知距离策略

媒体存在的价值就是满足公众的知情权,使公众作为知情人了解社会动态,甚至参与公共政策的辩论与制定。随着社会变革速度的加快和媒体竞争的加剧,新闻工作者和受众都面临"信息过剩"的难题。其实,所谓"信息过剩"实质上是有价值信息匮乏情况下的"相对信息过剩",主要表现为:异质信息不够,同质信息泛滥;高质深层信息不足,低质浅层信息过剩;有效信息匮乏,冗余信息过载;受众"欲知"、"应知"信息欠缺,传者认为受众"未知"、"应知"的信息爆炸。[②] 集中体现了传受之间在认知方面存在的差距。因此,如何处理"不知"与"应知"、"已知"与"未知"、"欲知"与"应知"的矛盾,是传播者与受众之间的认知距离达到"适度"状态的根本。

(一)"不知"与"应知":"反映"而不"全映"

受众对信息的诉求,不仅是获知信息,而且渴望传播者对"应知"信息给予必要的引导。最基本的就是不能遗漏与他们切身利益相关的事件。如"非典"疫情的报道,起先因为没有及时披露疫情,结果事态蔓延。后来由于政府及时启动了每日疫

---

① 《列宁选集》,中文第3版第4卷,人民出版社,1995年版,第211页。
② 刘京林:《大众传播心理学》(修订版),中国传媒大学出版社,2005年版,第173—174页。

情报告制度,受众才能及时了解到了疫情进展,不仅为控制疫情,而且为控制人们的情绪发挥了重要作用。当然,也不是所有发生的事实都是需要报道的,"新闻价值"基本上框定了媒体"反映"对象的标准。有的事件虽然具有新闻价值,但从社会影响考虑,也不能或不必及时给予报道。一些信息使公众"不知"也是必要的,如涉及国家机密、企业商业秘密的信息也须注意回避。

由于传播媒体与当地政府的社会距离较近,对于某些受众感兴趣的内容不予报道,也会堵塞应有的信息披露渠道,不仅会使认知距离拉开,还会引发情感和态度距离的进一步扩大。近年来屡屡发生的社会群体泄愤事件就是由于牵扯到当地信息不够公开,舆论监督不力,群众积怨过重而引发的。

对于值得反映的事件,在信息传播的过程中是否越多越好、越细越好,也值得反思。因为过多的信息会产生"信息过剩",可能将对受众真正有用的信息淹没其中。《数字化生存》中说"信息之信息的价值超过信息本身",就是指在信息爆炸情形下,媒体发挥"检索"、"把关"的功能,"简化"信息给受众清晰的印象。如果对事实反映过细,不仅有可能伤害被报道者的隐私权,而且从审美角度来说也是不可取的,如对血腥的渲染等。因此,无论从伦理角度还是审美角度,"反映"而不"全映",对信息有所取舍,与受众保持一定认知距离是必须的。此外,媒体在满足受众认知权的同时,应注意将新闻信息传播中可能出现的负面影响减到最小,努力避免在满足一部分人的知情权的同时,伤害或者影响了另一部分受众的情绪和心理。

(二)"已知"与"未知":"贴近"与"拉开"兼顾

一般而言人们对信息的认知,总是经历从"已知"到"未知"的路径。"大脑作用是不同于简单反射的东西。感觉信息长期储存着,时而出现在大脑的输出中,与较近期的信息不可分离地交织在一起。正是这一性能才是学习和记忆、语言和认识过程的基础。"①大众传播者所传递的信息每天都会有新的变化,但受众对信息的认知总是从"已知"信息向"未知"信息扩大的过程,因此,对于传受之间适度态度距离的调整,集中体现为处理"已知"与"未知"的矛盾上。这一矛盾,从信息内容上体现为传受之间对于受众已经了解的信息与新的未知信息之间的矛盾,从传播方式上体现为贴近受众已有认知图式和转换期待视野,拉开认知图式的矛盾。只有"贴近"与"拉开"兼顾,才能有效处理这一矛盾。

首先,从信息内容上适度认知距离的把握关键,是根据受众的认知情况将"已知"内容与"未知"内容进行适度搭配。"已知"的内容,其作用是贴近受众找到共同语言;"未知"的作用是求新求异,与受众的期待视野拉开距离,使受众产生兴趣有所收获。正如麦克卢汉所言,"所有读者打开报纸首先看的条目,都是他们已经知道的东西。如果我们目击了某个事件,无论是球赛、股市暴跌还是暴风雪,我们打开报纸

---

① [美] T.C.鲁,J.F.川尔顿:《医学生理学和生物物理学》(上册),科学出版社,1978年版,第411页。

就转向它对这一事件的报道。首先看的就是这一新闻。……因为对理性的人来说，在新的物质形态中看见或认出自己的经验，是一种无需代价的生活雅兴。"[1] 如果所传内容都是受众已知的经验，传播就失去了它应有的价值，受众也不会感兴趣；如果是完全陌生的内容，受众又难以理解和接受，这正如郑兴东教授所说："在大众传播中，最能引起受众直接兴趣的是把受众已知的和未知的进行适当结合的内容。"[2]

其次，当下信息与超前信息兼顾也是处理"已知"与"未知"矛盾不可忽视的方面。孔子说过："人无远虑，必有近忧"[3]，其中"远虑"之"虑"具有预见性，对人们处世接物意义重大。[4] 适当报道一些"预见性新闻"和"问题新闻"，不但可以增加新奇性，而且能提升受众思考的高度。

此外，从传播方式上适度认知距离的把握关键，是将受众"已有认知图式"与"新的认知图式"进行适度搭配。传播方式方面，贴近或激活受众已有认知图式，适应受众认知习惯便于其理解。但一味地采用受众习惯的认知图式，受众会产生审美疲劳失去兴趣。因此，需要将二者进行适度调配，既拉近与受众的认知距离，又拉开审美距离，使受众产生新的期待。如我国奥运会开幕式，国人一般以为会用锣鼓体现欢庆气氛，结果使用了人们罕见的"缶"，既弘扬了中国文化，又产生了陌生化效果。

由具体到抽象也是人们认识事物的惯用认知图式，人类头脑中抽象思维和形象思维交织在一起，才能认识事物。借助思维人们可以以近知远，以今知古。因此，故事化的方式从细节出发、从具体事物的描述出发进行传播，在贴近受众认知习惯的同时，引导受众深度参与，从感知到思维都拉近了认知距离。亚里士多德认为，故事是个别性的、具体的、可对比印证，因而更吸引人："通过例证和讲故事来学是最容易的；因为这些是人们熟悉的，也是个别性的，而思虑过的论证则是出于普遍的证明，和个别事实相比，人们不太熟悉它。……再者，人们也乐于学习相似的东西，例证和故事便表现了相似。"[5]

然而，过分故事化又会出现碎片化，使得对信息的总体揭示和勾勒不够鲜明。鉴于"故事化"泛滥的情况，也有人提出"反故事化"的观点。因为受众不仅是认知上的"懒惰鬼"，而且是容易"变心"的"情人"，故事讲得太多太杂也会疲倦，产生审美疲劳。亚里士多德认为，单一的故事除了容易理解外，还给人明晰的确定感。"为什么我们乐于听只涉及单一主题的故事，而不乐意听关涉多个主题的故事？是因为更专注于更易理解的东西，也乐于听它们吗？确定的东西比不确定的东西更易理解。单

---

① [加]马歇尔·麦克卢汉著，何道宽译，《理解媒介——论人的延伸》，商务印书馆，2000年版，第264页。
② 郑兴东，《受众心理与传媒引导》（修订版），新华出版社，2004年版，第92页。
③ 《论语·卫灵公》。
④ 高觉敷，《中国心理学史》，人民教育出版社，2005年版，第40页。
⑤ 《亚里士多德全集》（第六卷），苗力田主编，中国人民大学出版社，1995年版，第376页。

一的东西是确定的,杂多的东西则会有不确定。"①

受众对社会事件的认知有一种系统化和有序化的需要,因此,对信息进行必要的连接与组合,是贴近受众认知图式所必需的。在新闻信息传播中,有的信息是"纯新闻信息",是信息的主体,当这些信息易被受众理解时,单独报道就可以解决问题;当受众囿于个体知识或经验的局限不能理解时,还需要提供必要的背景资料和解释性内容,以激活受众的认知图式。模块式新闻往往根据受众认知的组合性进行新闻写作,一般由新闻事实、背景材料、资料链接、专家评点几个部分组成,集纳纯新闻、解释性新闻、新闻评论甚至现场短新闻的特点于一身。从受众认知图式角度,通过综合性信息来激活受者的认知图式,可增强受众认知图式的有序化。

(三)"欲知"与"应知":"满足"与"引导"兼顾

在大众传播中,无视受众需要,与受众认知距离过大就不能赢得受众,取得传播效果;而过分地迎合受众需要,与受众认知距离过小,又可能弱化媒体的舆论引导功能。为此,媒体对受众欲知与应知矛盾的解决,须把握满足与引导兼顾的原则,处理好满足需要(欲知)与承担责任(应知)的关系,与受众保持适度认知距离:

首先不走极端,甄别受众的正当需要予以满足,对于不正当、不合理需要加以引导。中国主流文化是主张节制欲望的,而对欲望的过度节制就变成了禁欲,是不符合人性的。董仲舒主张,应允许老百姓保持一定欲望,并适当地予以满足:"使之有欲,不得过节"、"使之淳朴,不得无欲"。②《周易》中"节卦"卦词是阐释节制的原则,主张"甘节":"节,亨。苦节不可贞。"一个善于自我节制的人会万事亨通,但是节制不可过度,否则会吃亏受苦,应根据情况进行节制,应当节制时不节制往往会自取其咎。但是,在不当节制时而加以节制,又会失去时机。

我国大众传媒在实践中,对于处理满足与引导的关系走过一些弯路,也有一些成功的经验。改革开放30多年来,大众媒体不断放下架子,从受众需要出发进行传播体制和传播风格的改革,受众的心理选择日益成为众多媒体运转的隐形轴心。然而,做得过分又会走向另一个极端。一些明星丑闻被大量报道的同时,与广大群众根本利益密切相关的新闻却有可能漏发了。"媒体的商业利益等同于读者的兴趣,但不一定等同于读者的利益。读者的阅读兴趣并不等同于读者的利益。"③媒体过分迎合受众的欲知,而对受众的应知开发不够。对于受众的正当需要予以满足,本身就是媒体承担责任,进行引导的途径。

其次,找到受众欲知与应知的交汇点,进行有步骤的开发。对于受众"不需要的部分"与传播者"不予传播的部分"是两个极端,双方没有交汇,可不作为传播的重点

---

① 《亚里士多德全集》(第六卷),苗力田主编,中国人民大学出版社,1995年版,第378—379页。
② 高觉敷,《中国心理学史》,人民教育出版社,2005年版,第167页。
③ 李希光,《畸变的媒体》,复旦大学出版社,2003年版,第16页。

区域。如新华社组织"群众需要"专题调研,汇集海内外受众对本省、自治区、直辖市的"关注点"和"兴奋点",建立了"受众需求库";把"我们所创导的"和"群众所需要的"紧密结合起来,对合情、合理、适时、适度的需要应尽量满足;对不尽合情、合理、适时、适度的需要则要加以正确引导。① 这些经验都值得借鉴。

最后,"满足"与"引导"的程度,应当根据社会环境和读者具体情况具体把握。孔子提出"时中"的观点,孟子后来发挥,将"时"与"中"紧密结合起来,"中"是随时间和具体情况而变的,需要在不断权衡中去把握,反之,也是一种偏激,他说:"执中无权,犹执一也;所恶执一者,为其贼道也,举一而废百也。"② 就是强调对情况的实时定夺。

二、适度情感的把握

受众不是无条件地接收大众传播信息,而是在无形中使用一些把关标准对信息进行选择,情感就是其中重要的一个。《鬼谷子·魔篇》中说:"说者必合于情,故曰情合者听"。亚里士多德也认为,演说要想赢得听众,就要引发听者的激情。③ 在大众传播中,传播者所传的信息只有引起受众的情感共鸣,才能为受众所接受。然而,过分重视情感刺激不仅会降低受众的情趣和品位,也容易弱化媒体的舆论引导力。墨子说:"无欲恶之为损益也。说在宜。"就是说情感的效能不取决于情感本身,而是取决于人们对待情感的态度和使用方式。只要使用得当,"恶"的情感也能产生有益的结果。因此,在大众传播中,对于情感距离的适度把握至关重要。在实际运作中,"度"的把握主要采取迎合而不媚俗、参与而不过分涉入以及情感和理智相结合等策略。

(一)"迎合"而不"媚俗"

认知需要的满足有益于受众产生满意的情感体验。迎合受众的认知需要,不仅能拉近传受之间的认知距离,而且能拉近双方的情感距离。因此,"迎合"可使媒体适应受众兴趣和需要,有针对性地进行传播。马克思和恩格斯为了取得宣传效果,主张有条件地让步或迎合受众。为了让全社会了解《资本论》,恩格斯在给德国大众画报《凉亭》写书评时说:"尽可能按照贝塔(该报主编)的方式,适应这种低级趣味报纸的要求",④ 在谈到给《新闻报》撰稿时还说,"每家报纸都可以要求通讯员掌握分寸。需要根据这家报纸本身来确定的,不是应当为维也纳读者写什么,而是怎样

---

① 南振中,《把"群众需要"作为新闻业务改革的推动力》,《中国记者》2007年第3期。
② 《孟子·尽心下》。
③ 《亚里士多德全集》,第九卷,苗力田主编,中国人民大学出版社,1994年版,第339页。
④ 《马克思恩格斯全集》,第32卷,人民出版社,1975年版,第119页。

写。"①过分迎合受众的趣味和情感就走向另一个极端——米兰·昆德拉称之为"媚俗"②。媚俗本身是媒体拉近与受众情感的方式，然而却容易走向它的反面，从而使双方情感发生背离。如有的电视媒体在对俄罗斯别斯兰人质危机事件的报道中，竟然滚动播出有奖竞猜人质死亡人数的内容，让人感受不到人性关怀，这是新闻娱乐化所造成的"人本弱化"的体现。传播者为了取悦受众进行过分的娱乐化表达，反而会使传受双方的情感距离拉开。

所谓"迎合"受众，不是高高在上好为人师，而是尊重受众与之建立平等的关系。尊重受众不仅可以体现传播者的人文关怀，也可将传播视角从俯视转向平视。中央电视台《东方之子》栏目曾对记者定下一个采访原则，即平视。王志认为："平视不应该是记者的眼光，应该是观众的眼光。当你面对强者的时候，你要给他压下去，当你面对弱者的时候要给他扶一下……在现场我要采用平视的眼光，目的是什么？要达到还原真实，让他把自己的心里话说出来，让他把自己的真实意思表达出来。"③所谓"压"和"扶"，就是根据受众情感需要进行的心理距离的调整。

(二)"参与"而不过分"涉入"

这里的"参与"既指媒体对事件的参与，也指受众对事件的参与。传媒本身就在社会中承担参与者角色，通过对重大事件的跟踪采访和舆论监督在社会生活中发挥作用。在激烈的竞争中，媒体为了赢得报道优势，在新闻策划方面推陈出新，纷纷参与到所报道的事件中。介入式报道、嵌入式采访就是近年来媒体参与事件的典型形式。然而，参与者角色要求大众传播者一方面通过积极参与，贴近信息源；另一方面又不能过分涉入，须与之拉开必要距离，以便对报道对象进行客观的审视评价，"媒介审判"、"媒介逼视"就是媒介过分涉入事件的结果。如在"杨丽娟事件"中，由于媒体积极介入，对病态追星反复聚焦、放大，营造了疯狂追星的社会氛围，对受众造成了误导，也使杨父自杀。媒体本应是客观事件记录者角色，结果成为事件的策划者和参与者，会影响报道的客观公正，失去受众的信任拉开双方的心理距离。

受众也有接近媒介，表达信息的需要。《多种声音，一个世界》中提出："一般把读者、听众和观众当作消息情报的被动接受者，负责管理交流工具的人应该鼓励它们的读者、听众和观众在信息传播中发挥更加积极的作用，办法是拨出更多的报纸篇幅和更多的广播时间，供公众或由组织社会集团的个别成员发表意见和看法。"④

---

① 《马克思恩格斯全集》，第29卷，人民出版社，1972年版，第569页。
② 米兰·昆德拉解释道："这个字源于上世纪(19世纪，笔者注)中之德国。它描述的是不择手段去讨好大多数的心态和做法。既然想要讨好，当然得确认大家喜欢听什么。然后再把自己放到这个既定模式的愚昧，用美丽的语言和情感把它乔装打扮。甚至于连自己都会为这种思想洒泪。"参见(美)米兰·昆德拉，《生命中不可承受之轻》，北京，作家出版社，1992，343页。
③ 王志，《王志作品研讨会发言摘要》，中央电视台网站，2005年5月18日。
④ 《多种声音一个世界》，中国对外编译出版公司，1981年版，第368页。

因此,媒体应当吸纳和鼓励受众参与,受众参与大众传播,更多的是情感上的需要。受众参与不仅是其实现媒介接近权的途径,也能满足其感情宣泄的需要。"心理参与的形成,虽然离不开信息的摄入,但其结果不仅仅是信息的摄入,而也是情感的激荡、想象的飞扬,以至达到受传者与传播客体、传播者三者的融合。"①从媒介传播的角度看,决定受众参与传播的应该是内容,特别是传播内容中蕴含的情感因素。只有在情感投入时,受众才能真正参与到传播内容中所蕴含的情境中去。

由于传播的信息内容与受众既有同一性,又存在距离,大众传媒可以使受众的感情得到宣泄和释放,从而感到一种愉悦。随着现代生活的节奏的加快,人们的心理压力也增大了,在为工作、为生活烦心之余,往往希望媒介能够提供消遣和娱乐,能够"逃避"日常生活的压力和负担。因此,贴近受众生活实际的传播内容固然能够贴近受众的实用心理,但适当拉开与现实生活的距离,有助于受众获得情感上的解脱。传媒所报道的人物及其经历、命运仅仅是信息内容,与受众自我存在着距离,如各处一方——空间距离较远、互不相识及无利害关系——社会距离较远,反而给受众的感情找到一个安全释放的渠道获得快感。

从大众传播的实践来看,情感的宣泄一定要适度。适当"节情",总比无限度地"尽情"要好。从传播者的情感参与角度看,有的事实的报道本来已经生动感人了,传播者就没有必再倾诉一番感慨。从受众的情感参与角度看,传媒在吸纳受众的参与时,不能引导其过分涉入,否则会降低受众的品位,或过分刺痛参与者而引起受众情感上的不适,反而使双方心理距离拉开。

(三)情感与理智相结合

情感与理智问题,根本上说是感性与理性的问题。传播的本质是将人的理性借助感性的方式进行传递,并被对方感知。但丁说:"人类必须有某种既是理性又是感性的信号来交换思想。这种信号,既要把思想从一个人的理性传给别人的理性,它就必须是理性的信号;既然除非是通过感性的媒介,就决不可能把思想从一个人的理性传给别人的理性,它就必须是感性的信号:因为,倘使它只是理性的,它就不可能传达,倘使它只是感性的,它就不可能取之于一人的理性,而授之于别人的理性。"②

一般来说,受众理解新闻有两个层次,一是了解"事象",二是了解"意象",最终目的是把握新闻的"意象"。感性材料的任务是提供事象。复杂的新闻信息,如果缺乏记者对事实的抽象概括,受众就只能获得表面的理解。

理性归纳和揭示也存在与情感是否相符的问题,理性的归纳有时是传播者通过语言揭示,有时可以通过图片表达,引导读者进行理性思考。一般而言,编辑审查新

---

① 郑兴东,《荧屏前的现场参与感》,《新闻学论集》,1990年第14辑,北京,中国人民大学出版社。
② [意]但丁,《论俗语》,转引自朱孝远,《史学的意韵》,北京,中国人民大学出版社,2002年版,第4页。

闻从情感和理智角度,也有一个"度"的把握问题。如当年克拉玛依大火烧死了一些小孩,记者采制的节目虽然做得感人,但在克拉玛依的群众情绪躁动很强烈的情况下播放,就如火上浇油,不仅煽动群众情绪带来不稳定因素,而且给政府施加压力。鉴于这一原因,中央电视台没有播报这一节目。

三、适度态度距离策略

大众传播效果研究一直是传播研究的主流,重视研究传播者通过有效的传播,使受众的价值观念与其所倡导的观念趋于一致。起先"魔弹论"认为这一目标极易实现,目标与过程几乎是同一的;而"有限效果论"通过实证研究得出了悲观的结论,认为传播只能强化原有态度,在改变态度方面的作用微乎其微;"适度效果论"则从认知方面肯定大众传播的效力,回避其在态度改变方面的作用;"强大效果论"从宏观角度,承认通过长期的和无孔不入的传播仍能改变受众的态度。中国先哲墨子的"染论"与韩非的"难论"也从两个截然不同的角度看待传播者对说服对象态度的影响。总之,缩短传受之间的态度距离虽有难度,但只要方式得当仍然可行。

(一)采用适度态度距离策略的原因

大众传播的对象是受众,但就引导而言,虽然也包括一般受众,但主要是指那些在态度上与传播媒介所设定的目标存在距离的受众。大众传播在对受众进行引导时,采取适度态度距离策略主要基于几点考虑:其一,受众的态度改变是一个过程。受众总是带着已有的成见接触媒介,受众接受传播媒介的信息有可能与自身原有观念发生矛盾与冲突,心理状态经历着从平衡——不平衡——平衡的过程。传播媒介对受众的引导是一个复杂的心理过程,它不可能代替受众的思考和判断,只能引导受众逐步趋近这一目标,"拐得弯子"太大受众就无法接受。其二,由于受众对传播内容存在同化评定和异化评定现象,[①]如果传播者对传播内容的倾向度把握不当,会进一步拉大双方的态度距离,使得引导更加困难。其三,社会心理学将差距作为影响说服沟通的一个重要因素,适度的差距可能引发最大的态度改变。"一般来说,'差距'越大,个体改变态度的压力就越大。……距离我们的想法太远的陈述会使我们怀疑信息来源的可信度,而不会让我们改变态度。……这些效应预测:差距和态度改变之间呈倒U形曲线关系,即当沟通信息与我们的态度之间的差距太小或太大

[①] 格鲁吉亚心理学派提出"同化评定率"和"异化评定率",所谓同化评定,是指信息接受者对与自己原来态度比较接近的传播内容进行评定时,对二者的距离的评定会比实际存在的距离更小些;所谓异化评定,是指信息接受者对与自己原有态度距离较远的传播内容进行评定时,对二者的距离的评定会比实际存在的距离更远一些。前者强调并放大了传播内容的倾向性与受众原有态度一致的方面;后者则强调并放大了传播内容的倾向性与受众原有态度对立的方面。

的时候,几乎不会发生态度改变;最大的态度改变发生在中等差距的时候"①。过于片面、极端的信息容易引发受众的逆反心理,进一步拉大传受之间的态度距离。

大众传播中,受众一方面有主动获取信息的需要,另一方面有被引导的需要。媒体不仅有责任满足受众的信息需求,同时也承担着引导舆论的职责,二者并不矛盾,关键是采取什么方式去实现有效的引导。荀子说:"凡说之难,以至高遇至卑,以至治遇至乱。未可直至也,远举则病谬,近世则病佣。善者于是闲也,亦必远举而不谬,近世而不佣,与时迁徙,于世偃仰,缓急嬴绌。府然若渠偃栝之于己也。"②说服的困难在于高深的道理讲给最低俗的人,这时谈说不能直接灌输,举远古的事例应避免荒诞之说,谈近世之事应避免浅薄。只有与时俱进把握适当的节奏,将远与近适度调配才能达到满意的言说效果。因此,适度态度距离的调节,须在总体上把握"引导而不灌输"的原则,重视目标与过程的统一,针对具体的受众对象,运用适当的传播内容和方法,才能提升引导的效果。

(二) 从认知切入,促成态度"同化"

反映与引导是分不开的,受众态度的改变是以认知为基础。"公众感到价值选择的困难,这不是一种对物的选择,而是关于物的认识。"③受众往往通过认知过程逐步理解传播内容,进而形成新的态度或改变以往的态度。改变受众态度首先要打破受众心理定势。心理定势是由感知、情感、认识和反应四部分构成,改变受众心理定势有一个"等稳理论",认为改变心理定势的动力是各成分间失去平衡,心理机制的部分突变,其他部分为了促成与之"均等相稳"取得一致,也会引起相应改变。受众在认识上被传播者同化,态度也会产生同化。因此,对受众进行引导时,如果没有事实支撑,只是明显地表明传播者的立场和倾向,不但达不到预计目的反而引起对抗,进一步拉大心理距离。只有将媒体想说的和受众想看的结合起来,基于对事实的认知和理解,受众才能接受媒体贯穿在其间的观点。不少典型报道缺乏可信度的主要原因,就是没有摆正新闻与宣传的关系、真实性与倾向性的关系,明示过多暗示不足,围绕宣传议程硬靠硬贴,试图将媒体的观点强加给受众,结果适得其反,其实质就是没有从认知角度切入进行有效的说服。

从认知入手,就是从事实真相的告知和深层揭示入手进行以理服人的引导,根据上海市的"开放条件下舆论引导方式"问卷调查的结果,受众认为"掌握主动适时公开"和"含蓄适量,潜移默化"是舆论引导成功的重要因素,新闻性周刊在媒体引导的公信力方面占有 20.6%,仅次于电视。由于新闻周刊调查性报道和深度报道为

---

① [美] S.E.Taylor L.A.Peplau D.O.Sears 著,谢晓非等译,《社会心理学》(第十版),北京,北京大学出版社,2004 年版,第 159 页。
② 《荀子·非相》。
③ 陈力丹,《舆论学——舆论导向研究》,中国广播电视出版社,1999 年版,第 141 页。

主,人们希望通过了解事实真相,了解背景和错综复杂的内在原因,对事实进行洞察后才可能接受引导。

（三）给受众留有选择余地

传媒对受众的引导不能总是将传播者的观点直接向受众倾泻,不但不能起到预计的效果,反而会使受众产生逆反心理,拉大态度距离。所谓引导,首先是拉近传受之间心理距离的过程。大禹治水采用的疏导方式,在顺着水的特性,让水自由流动的同时开挖泄水通道,成功地制服了水灾。其次,引导意味着传受双方存在心理距离,并有拉近这一距离的趋势,这是因为:其一,在思想高度和认识问题的深度方面,传播者高于受众才具备了引导受众的基本条件;其二,不直接将态度信息填满,给受众留有选择的余地,留下空白,通过受众心理的主动参与得出必要的结论。受众自己得出的结论比传播者强加给他们的更切实、持久和牢固。

受众有自由选择的要求,如果传播者垄断观点,用自己的选择代替受众的选择,就可能诱发受众的逆反心理。传播者要尽可能使信息来源、内容和传播方式多样化,给受众选择的自由空间。如果只提供一种既定的信息和观念,受众缺乏必要的比较和选择,就会将之看成是传播者认同的信息和观念,进而与之保持距离。《纽约时报杂志》总编辑吉拉尔德·马尔佐拉蒂说得好:一个编辑必须拥有英国诗人济慈提出的所谓"负面能力","要能够站在别人的立场上观察事物,即便完全不同意那个人的观点。要成为一个出色的编辑,必须学会从不同角度立场看待事物——即便完全不认可某些立场。没有明确倾向的矛盾态度对一个编辑来说是好事。他们对所有文章所有的观点都持开放态度,必须从意见相左的人的角度,从有着完全不同生活境遇的人的角度去看待事件。"[①]

（四）从"求同"入手实现引导目的

在民主环境下媒体要影响受众的态度,须遵循引导而不灌输的原则。引导的前提是传受之间存在较大的心理距离,其目的是缩短二者的距离尽可能趋于一致。要达到这一目的,传播者首先需要寻求与受众"同"的一面,才能贴近受众,进而引导受众接受传播者的观点。从心理距离角度对引导的重视,更加强调首先贴近受众的需要,以实现有效的舆论引导。灌输则体现为从传播者已有立场出发,将媒体的观点向受众倾泻。"一些不知分寸的宣传者往往竭力用各种正面材料反复证明自己观点如何有力和正确,然而这种宣传往往不能说服人。马克思和恩格斯把这种宣传方式叫'卡普勤教士的说教'。"[②]

"同化评定律"原理表明,受众更加重视与自己原有观念一致的信息,而且有与

[①] 王栋,《杂志是愉悦的载体——〈纽约时报杂志〉总编辑吉拉尔德·马尔佐拉蒂访谈录》,《中国记者》,2007年第4期。

[②] 陈力丹,《马克思主义新闻观思想体系》,中国人民大学出版社,2006年版,第229页。

他人求同的趋势。如果传播者对受众原有的认知如果直接否定，就会带来心理抵抗和拒绝，态度距离会进一步拉大；如果传播者利用受众原有认知结构中正确的部分，从中加以引导，然后让受众自己对原有的错误的认知得出否定的结论。通过引导的方式，就是先拉近与受众的认知距离，不断设置议程形成"召唤"结构，吸引受众参与传播，自己得出必要的结论。民族报人程仲文曾提出，评论应该从"作者的聪敏"向"读者的利害"转化，实际上也强调先贴近受众，从受众而不是传播者角度考虑问题，达到说服的目的。"苏格拉底"方法，即让对方说"是"，最后自己否定了自己原有的观点；马克思和恩格斯擅长使用"反证"法，用对方的证据来证明自己的结论，都验证了这一原理的有效性。因此，传播者要善于研究与受众的"同"的方面，从求同入手实现引导目的。

在传播实践中受众更加重视自己意见的表达权，希望媒介建立交流互动的平台。公民评论在纸质媒体和互联网上的兴起，说明人们热衷于参与传播，在形成舆论的过程中体现自己的观点。正如亚里士多德所言："既然所有人都是自爱的，那么所有人必然都为自己的东西感到愉快，比如自己的成就和言语……由于统治他人是一件快乐的事情，被认为有智慧也是令人快乐的。"[①]不少公民评论员从受众转化为传播者，淡化了你说我听、你写我看和你播我看带来的隔膜和被动感，拉近了传受之间的情感距离，进而增强说服效果。

此外，重视口头舆论场和媒体舆论场的互动也不可小觑。近年来，公众的口头舆论场更多反映在网络上，如果主流媒体的讨论热点与网络热点差别较大，受众就失去对主流媒体的信任。

（五）"硬"与"软"结合

在信息传播方式上，"硬"处理方式严肃而富有权威性，但不易为人所接受；而"软"的处理方式较为轻松活泼，为人们喜闻乐见。前者需要读者思维深层参与，而后者偏重感官刺激。近年来新闻媒体吸纳了一些将"硬"新闻"软"化的方式，如借鉴"华尔街日报"体的故事化表达，使一些时政新闻和经济新闻读起来更轻松，更易于受众的理解和接受。

不仅新闻信息有"软"、"硬"之分，报纸版面和广播电视的时段也有"软"、"硬"之分，这样，新闻信息与版面（或时段）也存在"软"、"硬"结合的问题。"硬新闻软着陆"、"软新闻高格调"，实际上是运用心理距离调节的原理，在迎合受众的认知和情感需要的基础上，实现对受众的有效引导的有益尝试。

在媒体长期的编辑风格的熏陶下，受众产生了心理定势，一般"硬"新闻都放到头版，"软"题材则放到不重要的版面。主流媒体的重要版面编排"硬"新闻，暗示问题的重要，属社会新闻的"软"题材，一般安排到"软"版面。但有时媒体"反其道而行

---

① 亚里士多德，《亚历山大修辞术》（论诗），颜一、崔延强译，中国人民大学出版社，2003年版，第57页。

之",将有的"硬""软"新闻互换一下版面,将受众心理定势中"软"的题材,放到其感觉到"硬"的位置,反而会打破受众的心理定势,产生较理想的效果。当然,不同题材的新闻安排在哪个版面,需根据媒体的引导目标和受众的具体情况灵活把握。

研究与思考

=延伸阅读=

1. 松本君平、邵飘萍等:《新闻文存》,中国新闻出版社,1987年版。
2. 穆欣:《韬奋新闻工作文集》,新华出版社,1985年版。
3. 方汉奇等:《中国新闻事业通史》(1—3卷),中国人民大学出版社,1992、1996、1999年版。
4. 张芝华:《中国新闻事业史文选》,中国人民大学出版社,1999年版。
5. 郑兴东等:《报纸编辑学教程》,中国人民大学出版社,2002年版。
6. 叶春华:《报纸编辑学》,福建人民出版社,1988年版。
7. 钟立群:《新闻编辑学研究》,人民日报出版社,1997年版。
8. 蔡雯:《新闻编辑学》,中国人民大学出版社,2006年版。
9. 王君超:《第三只眼睛看传媒》,清华大学出版社,2009年版。
10. 邓利平:《新闻编辑学新编》,北京大学出版社,2010年版。
11. 陈石安:《新闻编辑学》,台湾三民书局,1981年版。
12. 中国新闻年鉴编委会:《中国新闻年鉴》,中国社会科学出版社,2003—2013年版。
13. 范敬宜:《总编辑手记》,人民日报出版社,2010年版。
14. 童兵等:《中西新闻比较论纲》,新华出版社,1999年版。
15. 许启贤:《伦理与社会文明》,中国劳动出版社,1995年版。
16. 杨福录等:《政治学新论》,武汉大学出版社,1996年版。
17. 陈根法等:《道德哲学理论与实践》,复旦大学出版社,1998年版。
18. 郑杭生等:《社会学概论新编》(第3版),中国人民大学出版社,2003年版。
19. [美]罗尔斯:《正义论》,中国社会科学出版社,2001年版。
20. [美]威尔伯·施拉姆等:《传播学概论》,北京大学出版社,2007年版。
21. [美]斯蒂文·小约翰:《传播理论》,中国社会科学出版社,1999年版。
22. [日]池田德真:《宣传战史》,新华出版社,1984年版。
23. [美]约翰·麦克马纳斯:《市场新闻业》,新华出版社,2004年版。

24. [美]多萝西·鲍尔斯等:《现代媒体编辑技巧》,新华出版社,1999年版。
25. [美]威廉·哈森:《世界新闻多棱镜》,新华出版社,2000年版。

=思考与实践=

1. 认识当代新闻编辑工作的特点以及研究对象。
2. 新闻编辑应该具备哪些素质修养与心理意识。
3. 在新媒体崛起的新形势下,新闻编辑面临着怎样的挑战?
4. 试述新闻编辑的把关体现在哪些方面?
5. 比较中西方新闻编辑在观念和业务上的异同。
6. 找几份所在地区报纸,比较一下它们怎样编辑同一天新华社的一篇重要稿件。
7. 分析几家报纸的头版和内页设计,比较它们的异同写一份报告。
8. 选择有重大事件发生的某天,比较全国及当地主流媒体对该新闻的处理。
9. 仔细阅读本地报纸中几篇重大的犯罪报道,分析它们是否违背了某些道德准则。
10. 分析近期媒体对某些热点问题的报道,说出它们的得失。
11. 比较当地的党报和都市报对同一起重要新闻的版面处理的异同。
12. 比较几家有影响的网站对同一起重要新闻的专题报道的异同。
13. 你认为哪家媒体(报纸、电台、电视、网站)最吸引人,并解释为什么。
14. 如何理解编辑对新闻的"再创作"?

回答这个问题需先厘清编辑和记者对素材与作品的不同理解。

记者角度的素材是采访所得资料,对其进行取舍加工完成的稿件就是作品。从编辑方面看稿件不管来自何方都是素材,要选择、修改、制题,通过各种编排手段设计为版面诉诸于社会公众,才是最终的新闻作品,这便是编辑对新闻的"再创作",主要应从下面几点探讨:

1) 通过再创作突出稿件长处。编辑通过对稿件的精心修改,扬长避短突出稿件中有价值的地方,消除稿件中的消极部分,制作出色的标题,在版编排中突出使稿件增光添色,争取刊发后产生好的效益。媒体刊发的所有稿件,都经过了编辑这样或那样的再创作。

2) 通过再创作搭建与受众的桥梁。编辑统揽全局,通过受众的反馈渠道对其要求和心理有较多的了解,在对稿件的再创作中能较好地把受众的需要予以表现,引起受的关注。就是说,编辑采取各种编辑手法,使作者发出的信息能引起最大限度地为受众理解与接受,拉近媒体与受众的关系。这样,通过编辑的再创作,在作者、媒体与受众之间搭起了沟通的桥梁。

3) 通过再创作反映社会生活全景。记者只是"散兵游勇",只能摄取生活中的一个侧面,能力再大也无法在稿件中穷尽社会的方方面面。编辑的再创作通过对稿件的组合、编排,可以把这些分散的稿件整合起来,使它们成为一种互有联系的整体。这样,受众看到的就不只是现实生活中零散的镜头,而是一幅绚丽多彩的完整生活画面。

4) 通过再创作引导社会的舆论。媒体是社会公器承担着引导舆论的职责,一些稿件孤立地发表往往引不起人多大的注意。编辑对稿件处理时,突出什么弱化什么,运用些什么编排手段来强化稿件放大其价值,让受众对之刮目相看,从而达到将受众引往编辑所希望的方向上去。这些方法是编辑在对新闻再创造中常用的,以此发挥引导舆论的效果。

第二章 新闻策划

导 论

新闻策划是指媒体为了一定的目标和效果，利用新闻资源将所产生的新颖独特、有社会价值的构思变为具体的新闻报道活动过程，其核心是媒体对已占有的新闻线索、资源进行立意好、角度新、选材精、挖掘深的设计而制订的计划，增强新闻报道的吸引力与感染力，扩大媒体的社会影响。

从业务来看，新闻策划并不是上世纪90年代我国学界与业界的发明，其实践在19世纪中叶西方大众化报纸诞生时便已出现。大众化报纸盛行标志着当时的报业竞争加剧，如何寻找到吸引人眼球的新闻事件，成为报纸打开销路的重要法宝，策划就成了新闻的来源之一。如19世纪末普利策的《世界报》与赫斯特的《新闻报》竞争引发的"黄色新闻"浪潮、赫斯特的报纸为煽动"美西战争"推波助澜等，都是早期新闻策划的"鼻祖"。《纽约时报》围绕泰坦尼克号沉船事件所组织的报道，堪称西方早期突发事件报道策划的范例，为以后类似灾难事件的报道留下了许多成功经验。为推进公益事业并赢得受众信赖，西方媒体也进行过许多新闻事件的策划，如普利策为自由女神铜像的安置策划的募捐活动，也是一起著名的新闻策划。

我国近代报纸在19世纪后期也有这类尝试。如《申报》关于"杨乃武与小白菜案"、"杨月楼案"、"秋瑾案"等案件的报道轰动社会，有始有终，组织得比较好，引起社会强烈关注。上世纪三四十年代，我国报纸也有过不少社会公益性新闻事件策划，如邹韬奋主办的报刊多次发起为抗日义勇军募捐并开展报道，同时也扩大了报刊的影响。1942年延安《解放日报》改版在中共新闻史上意义重大，改版的过程从某方面来讲也是精心设计的一次新闻业务策划。

新中国成立以来强调报纸的宣传作用，突出新闻的"宣传、组织与鼓动"职能，所用材料主要为宣传服务。这种"主题先行"观点实质就是一种新闻宣传业务策划的理论要求。自我国改革开放至90年代进入市场经济的竞争阶段，新闻策划的元素组合日渐复杂，媒体报道新闻的自觉程度、规模、强度等逐步增加，新闻策划成为新闻市场生存的重要手段和策略。从理论认识方面看，西方的"议程设置"理论揭示了媒体具有干预生活、影响舆论的选题策划的能动性，新闻选题策划正是设置公众讨论议程的常用手段。从某方面来讲，传播学上的"议程设置"与"新闻策划"是相似的，在具体的业务活动中两者没有本质差别。

媒体有了精心的策划，能够为报道内容之量的增加与质的拓展提供潜在的空间。从内涵与外延上提升这种弹性空间的，除网络媒体外报纸占有便利，其版面扩充的外延优于广播电视，后者要受非灵活性的时间因素限制。报纸的分叠，重大活动与节庆或特别事件时的增版、特刊与号外等外延式扩张手段，是报纸与广播电视及报纸间竞争的一种必然选择。新闻策划的目标之一是形成量的规模，扩版相对自由是报纸的优势。我国报纸普遍于20世纪90年代扩版，为了成功地走向市场，包括选题、表现形式、规模效应、建构形象等新闻策划大量出现，晚报都市报尤为突出，经常开展一些公益与救助性的常规与非常规新闻活动策划，突破传统的办报思路与理念，将报道思想定位在同市民衣食住行等日常生活密切相关、适用性强的各类新闻与信息方面。新千年以来重大活动与事件的报道，如9·11袭击、伊拉克战争、抗击非典、汶川地震、北京奥运会、十八大召开、朝核危机、棱镜门事件等，许多媒体都借助策划写下了浓墨重彩之笔。

在新闻同质化的趋势下，策划可以推动媒体间的差异化竞争。新闻同质化是指区域间媒体之间内容的重复与相似，都市媒体比较突出，出现诸如本市新闻、省内新闻、国内新闻、国际新闻、社会新闻、文化体育、卫生健康、证券股票、热线爆料等雷同，共性淹没了个性。因此，媒体发展的关键在于谋求改变差异化问题。当前新媒体的发达使得独家新闻难求，但独家视点可寻。当下的受众关注新闻的层面和角度与以往有所不同，更喜欢了解事情发生的详情与进展，并希望自己能参与其中。所以，除了抢到独家新闻外，独家视点、独家整合的思路与方法更为重要，通过对已知事实信息的重新安排来"独家"交代，特别注意事实背后受众所不知的事件成因、走势，新闻报道策划可以部分地实现这些目标。

策划亦有助于媒体公众形象的提升，如揭露违法乱纪行径、为失业者提供就业信息、替陷于困境中的病灾或失学者寻求社会援助、为失散亲人的家庭发起寻亲行动、联手政府职能部门为百姓解决生活中的具体困难、为普通人实现一个普通的愿望牵线搭桥、关注农民工的合法权益等等，媒体上出现频率较高的这些策划选题，无论以公益性见长，还是满足被救助者的愿望或要求，其对生存状态的人文关怀与高度介入，都使这些报道超越了传统的新闻价值标准，赋予了媒体塑造自身公众形象的功能。现代企业的一些公关意识，在媒体走向市场的初期就已经自觉或不自觉地渗透到了一些报纸、广电的业务理念中。受众面对内容相似相近的诸多媒体时，是凭着自己的印象和评价进行选择，这说明传媒已和一般的商品一样进入了品牌竞争时代。企业品牌获得的重要手段之一，是通过各种策略与途径建立企业形象识别系统(CIS)并将其传播给公众，取得他们的认同和信赖。媒体策划的各种公益与服务性的活动是行为识别的一项重要内容，也是建立自身形象识别系统的重要途径，如救助、公益与服务的选题策划便是贴近这种目标的有效手段之一。包括党报在内，各类媒体都把塑造公众形象当作新闻策划的一个主要目标，致力于通过贴近普通人生活状态的报道策划，保持和维护自己的形象和声誉。

我国媒体承担着制度性的职责,即宣传、组织与指导的任务。但新闻与宣传有本质的区别,前者主要功能是叙述事实传播信息,后者主要功能是陈述主张传播观点;新闻的价值取决于它满足受众需要的程度,宣传的价值着眼思想意图在宣传对象身上实现的程度;新闻讲时效,宣传讲时宜。两者在理论上可以泾渭分明,但在实践中要把它们完全区别开来很难,因为事实一旦被描述时就不再是独立的自在体,文本化的事实总是游走在传达某种观点与传递事物变动的两种功能之间,这就是常说的事实观点一体化。宣传离不开事实,需用事实来说明观点才有说服力。新闻报道同样用事实说话,并强调这个"话"是事实能够说得了的,所以没有媒体是在仅仅为了传达信息而光说事实,都在或多或少地传递着某些观点。新闻报道与新闻宣传的联系,在于利用新闻做有效的宣传,宣传既要有宣传味,更要有新闻味。就媒体的宣传而言,为宣传而进行的策划同为新闻而进行的策划没有本质的区别,或者说两者可互为利用。许多时期传媒的新闻业务都包含了不同程度的宣传,融进了编辑的预先计划,很难说明哪家媒体真正突破固有报道与宣传理念分开的采编行为。宣传与策划的关系好比目的与手段的关系,有效的宣传离不开各个环节的精心筹划,策划的目的也不是为了策划本身,而是作为成功宣传的手段而存在。

学界对"新闻策划"一词曾有过争议,主要是就"新闻事件策划"引发的。对理解存在的分歧却不影响业界乐此不疲的实践,从实施层面上看新闻策划通常有三层含意。新闻媒介策划——指包括媒介定位、版面(栏目)设置、报道组织方式、深度开掘新闻资源等方面内容的新闻业务策划,并包含媒介自身经营与管理事项的谋划,如发行促销、媒体形象塑造等非常规活动,宏观上强调媒体的编辑方针,如受众对象、文化水准、风格特色的合理设定等。新闻报道策划——新闻采编人员按照一定的目的所进行的选题规划与谋划,设计报道的进程、时机与规模,选择获取信息的方式,确立报道呈现的形式,如发稿计划、具体的发稿方式等,以此实现最大限度地反映新闻的社会价值,有利于竞争,实践中对新闻策划的理解多为此为含意。新闻事实策划——事实发生前或尚在隐性状态,或原本就没有这种事情,由采编人员主动介入促成事件发生或使现象显性化,是媒体不满足于守株待兔地报道新闻而主动出击成为新闻事实的参与者、组织者,亦即新闻资源的开发者和新闻信息的策划者。就现实来看,媒体所报道的许多新闻背后都有着不同身份的策划者,如各种会议、活动组织者等,媒体所介入的事件也可称为新闻。

不论何种新闻策划,都应具有价值共享。价值共享是指某种行为或现象所包含的利益价值或精神价值等能给社会带来普遍益处,满足多数人的社会性需要。媒体是社会的公器,新闻策划应体现出价值共享,不光是传播已发生的事件或现象的有关信息,还应肩负监视与协调社会的职责,承担社会价值生发器的功能。尽管人所属社会阶层的差别可能会导致对同一事物产生不同的价值关系,但媒体在谋求社会向着公平与正义、真善美协调的这一理性目标方面,同政府、公众间是应努力达到社会价值共享的。价值共享的新闻题材一般包含着重要性或接近性特质,直接体现为选题同多数人的物质或精神利益存在高度相关,或选题同国家政治与经济利益、社会公共利益、社会公共道德与社会文化环境建设等密切联系。如自然环境与社会环境对公众生存状况产生重要影响的事实,关系国计民生的重大决策,违法乱纪的行为现象,经济发展和社会进步的重大动向,人民群众中的新风尚、新举措等等,具体表现为国内外重大政治、经济、文化、科技的新动向,重大政策、精神、会议、成就,突发事件,文体活动,影响恶劣的腐败,体现崇高社会道德与敬业尽职的典型,人文关怀的社会公益活动与救助,重要纪念与节庆……对这些做规模性与深度挖潜,能增进社会价值的实现与分享。

从新闻报道策划常用形式来看,主要多用组合报道——即同类信息、事实或资料的集中编排,它可以通过以往资料的再利用或报道的回放手段变单项的、零散的信息为规模性的、集中性的信息汇总,以丰富的内容吸引受众,如国际时事、重大节日、重要活动、重大灾祸等题材的报道策划,大多通过同类组合、相反组合、相关组合、系列组合、追踪组合等有内在逻辑关系的不同组合形式实现独家"制作"。系列报道——运用多种体裁对某些问题、现象、人物或事件进行不同侧面、不同层次的报道。其采写编工程较大,报道的各个部分要保持有机的联系,遵循同样的价值原则在同一目标下运作,它与组合性报道的区别在于,前者要求每单篇稿件的角度与视点都不同,从不同的方位来观照同一对象,相互补充,而后者则没有这一要求,只从有关联的信息与资料在版面上呈现出一体化。连续报道——紧跟事件或问题的发展变化进行追踪而连续发出报道,反映全过程,取得及时、深入的报道效果,多用于突发事件或关注行踪的报道策划。它的每篇或每轮报道都没有把事情说满,留有空间;每篇报道构成系列过程中一个环节与另一环节之间的紧密衔接,所有环节构成了事件或行踪的动态进程。体验报道——新闻报道者以客体的被报道对象的身份去进行观察和发现新闻,注重记者的亲身感受与经历及为外人所不知的独特的体验,语言比较细致,细节、场景、情感、心理等再现性的语言元素较多,读者依据这些元素可以再构出"原来如此"的新闻图景。此外,还有受众参与式、多媒体介入式等形式,媒体在实际运用中较为灵活,并不受这些理论观点的约束。

高水平的新闻策划可以协助政府完善政策、有效开展工作。如建设性地干预社会生活、政治生活、经济生活和文化生活,帮助政府了解政策执行中的问题、揭示公共权力行使中存在的不公、披露现实中的违法乱纪等方面,新闻策划都可发挥出积极效益。但有的新闻策划也可能会出现问题,如远离社会的中心话语,回避敏感或棘手的现实问题,致力于生活万象的边缘化点滴甚至偏离正常轨道走火入魔,值得警醒注意。其主要表现有以下几类:

缺乏共享价值。策划性的报道与常规性的报道选择的标准应有不同,对前者不能仅满足于其新闻价值还要考虑其社会价值。有的媒体策划的天价求职或招聘、各种挑战体能与生命的极限、畸变的消费现象、富豪征婚等,仅注重满足新闻价值的要求而忽视社会价值的表现。这些只是社会生活的细流,无论策划的初衷为何都不值得引起社会舆论的关注。有的报纸以同题集中方式用两版报道所谓的"极品房":一个版面上集纳了上千万一套的豪华别墅,彰显环境、品质、尊贵等,另一版列举斗富者的天价家装,每平方米花费过万元,件件精器与材料一一列出。显然,这种极品房对老百姓来说可望而不可及,这种策划只是对财富支配行为异化的炫耀,没有社会价值共享。媒体可以也应当介入日常生活,关键在于某些生活状态不值得通过规模效应去张扬。新闻策划既要讲求新闻价值,更应体现蕴含理性的社会价值。

新闻本质变异。新闻策划作为一种引发社会关注与舆论的手段,已不仅是新闻学的领域,还应带有社会性的价值去审视,避免为某些琐屑现象或少数人需求而进行策划,否则这是对媒体资源的浪费,也沦为满足个别人利益的工具。如一家报纸接到某少妇想当人体模特的求助,便不惜人力与版面进行策划报道:报社联系影楼圆了少妇的模特之梦,消息、通讯互相配合,还把少妇请到编辑部接听热线让读者参与讨论。这种策划除了炒作为饭后的闲谈,没有什么社会意义。又如一家晚报策划"结婚吧"专刊,渲染"牛年宜大婚""牛年有利结婚生肖""牛年结婚吉日一览表"等内容。"牛年宜婚"在民间说说尚可,正面报道甚至策划就不妥,因为媒体本身是现代文明的载体,理应传播科学破除迷信,公开宣扬"牛年宜婚"只会为扎堆结婚推波助澜,强化一些人的封建意识。特别是一些负面信息的报道策划,过于追求民众的情绪都可能走入误区。如涉及政策与民众利益冲突的题材,过分强调民众的利益而忽视政策的相对稳定性的一面,忽视政府在现阶段能否解决问题的可能性,将民众情绪引发出来会扩大矛盾。涉及民事案件与司法行为的题材,也有误区,表现为"媒体审判"而影响司法的威严与独立审判的原则。

预设方向偏颇。新闻策划首先要考虑为什么会关注此话题,通过这个策划达到什么目的。是否注意策划结果如何,相当于是否重视工作的效果,其数值等于工作的目标方向乘以工作效率。目标即价值选择是一个矢量有方向性,方向错了工作效率越高损失也越大。如果预设的策划方向有偏颇,即便过程顺利也会造成不良后果,"杨丽娟事件"便是如此。杨丽娟是港星刘德华的狂热崇拜者,非常想到香港拜见偶像,兰州几家媒体得知此事后便联合策划"圆梦行动"助杨丽娟实现愿望。在媒体的帮助下杨丽娟举家赴港见了刘德华,但她深陷其中不能自拔,结果使杨父在港跳海自杀。可以说,媒体"圆梦行动"的方向就有偏颇,其策划是为"独家"跟踪报道而博受众的眼球,最终却酿成一出家庭悲剧。策划失误有时还会带来无法弥补的大错。如汶川地震造成了数万生灵涂炭,亿万民众都为之掬一把悲伤的泪水,中央政府专门规定三天的全国哀悼日,停止一切娱乐活动。重庆一家报纸在此期间策划了一期"抗震特刊",这本是顺应天时之举,然而报纸的呈现令人匪夷所思:第一版是两个身穿比基尼近似全裸着的美女喜笑颜开,内页的图片是女模特在地震废墟上的故作姿态造型。这样的内容格调低下不说,更是与当时全国沉痛的哀悼氛围背道而驰。报纸一出立刻遭到读者的愤怒谴责,新闻出版部门也很快做出处理吊销了这家报纸的刊号。一次错误的策划竟然给报纸带来了灭顶之灾,这样的教训是要汲取的。

选 文

关于议程设置的几个问题(节选)

[美] 威尔伯·施拉姆　威廉·波特

导言——

　　文本选自威尔伯·施拉姆、威廉·波特所著的《传播学概论》,陈亮、周立方、李启译,新华出版社,1984年版。

　　威尔伯·施拉姆(1907—1987),被誉为"传播学之父",是传播学科的集大成者和创始人。

　　施拉姆把新闻学与社会学、心理学、政治学等其他学科综合起来进行研究,在前人的基础上归纳总结并使之系统化、结构化,创立了传播学这门新学科。其《传播学概论》是第一部全面而系统地阐释传播学理论的著作,本文即选自该书的"大众传播潜在效果"一章里的主要内容,阐述了媒介(新闻)人物、媒介(新闻)事件和媒介(新闻)议程之间的关系,媒介议程使传播效果变得明白易懂。文中结合实例分析了作为新闻"把关人"的各种媒介,尤其是电视,在人们面对复杂的世界感到迷茫时,便有意识地帮助他们决定那些超出他们有限感受的哪些事件和哪些问题,是值得关心和注意的,为他们指出思考的方向。当然,新闻媒介的议程也与其新闻来源紧密地联系,一些人物、组织往往会为宣传自身的利益而操弄出媒介事件,媒介内部需先挖掘出什么事件和决定是公众应当知道的,达成自己的议程后提供给传播对象。在一定范围之内,媒介议程起着美化或贬低传播对象的作用而影响公众,甚至关系到它们的走向。我国学界讨论的"新闻策划",其理论依据可以说是与本文所讲的"议程设置"密切相关,只是更强调结合具体的新闻报道来进行更为广泛一些的研究。在新闻编辑的实践中,这些观点仍是值得重视的。

媒介人物

早在电视出现很久之前,媒介就证明它们所具有的创造深入传播对象心目中的人物的特殊的能力。

在狄更斯时代,他的小说每周连载在报上并且由横渡大西洋的轮船从英国带往美国。当时人们常常雇小艇在纽约港的入口迎接进港的远洋轮,以便早些知道在最近一期的连载章节中他们喜爱的人物发生了什么事。他们叫喊着问在轮船甲板上的人,"小内尔死了吗?"

当无声电影出现后,它们创造了从影片《酋长》的男主角鲁道夫·瓦伦丁诺到影片《美国的甜心》的女主角玛丽·皮克福特到玛丽琳·门罗这一连串性感明星,少有的极受喜爱的扮演小混混的查理·卓别林,一长串像道格拉斯·范朋克这样的惊险英雄和西部牛仔片中的约翰·韦恩,其至像牧羊狗拉赛等一批动物明星。

电台上的灿烂群星是无与伦比的:像杰克·本尼、弗雷·艾伦、鲍勃·霍普、乔治·伯恩斯和格雷西·艾伦等等,广播员格雷厄姆·麦克纳米和星期六中午歌剧节目中米尔顿·克罗斯都成了全国知名的人物。在二十多年当中,人们每周都为"一个人的家庭"这个广播剧中的众所周知和备受欢迎的成员发笑和流泪。

当电视出现以后,它取代广播和电影中的许多人物,创造了它自己的新人物。其中一件事就是把电台和电影中的演员的魔力,转移到新闻记者和政治家们的身上。电台已经在这方面开了头。在大萧条的年代里,富兰克林·罗斯福因为他的"炉边谈话"的广播讲话,成为美国广播中最熟悉的声音。在第二次世界大战中,丘吉尔的声音团结了英国,正像富兰克林·罗斯福把美国团结起来那样。某些杰出的美国记者,像报道欧洲将要发生大战的爱德华·默罗和威廉·夏勒,得到了仅次于他们的信任。事实上,正是由于这种对申台新闻的信任,因此使奥森·威尔斯的万圣节的玩笑——把威尔斯的小说《世界之间的战争》戏剧化,以广播新闻的形式描述火星人入侵新泽西州——很多人当成真有其事而造成范围很广的混乱。电台创造的另一个人物是科夫林神父,他的每周广播讲话,把政治与宗教结合起来吸引了创纪录的听众,并使某些社会分析家对这种新媒介可能造成的煽动力感到惊奇(希特勒帮助回答了这个问题)。依阿华州功率最大的电台的一个晚间新闻广播员,他有着动人的语调但并无政治经验,只差几千票就可以当选依阿华州州长,随后他竞选国会议员和连任,一次次都被选上。

政党开始注意他们的候选人要有好的声音,然后是在电视中有好的形象。约翰·肯尼迪在1960年竞选总统时对运用电视花了不少的功夫,电视令人赞赏地表现出他的年轻和活力。并非仅仅是电视帮助了他当选,但这次竞选中的第一次电视辩论明显地是一个转折点,并且成功地提供了某些事实,让那些并不了解他的人知道,尽管肯尼迪相对说来是年轻一些和经验不足,但却是与副总统尼克松旗鼓相当的对手。他还发现可能碰到一个对他作为候选人的最有破坏性的攻击,即担心会选举了美国的第一个信奉天主教的总统,他用重播他同一批新教教士的谈话来做了回答。正如我们说过的,电视只是他当选的一个因素,但如果没有电视,他的机会将会少得多。

有很长一段时间,媒介的专家就成为全国和州候选人的工作人员的一部分,虽然原先用的是报界的而并非广播的代表。艾森豪威尔的新闻官詹姆士·哈格蒂,曾坦率和技巧地处理总统在他第一任期间的心脏病的新闻,无疑对延长他的雇主的政治生涯起了相当大的作用。从1960年以来,候选人就在为他们自己在电视上出现和讲话加倍努力做准备,在必要时争取专家的帮助。再也不要有像尼克松在1960年同肯尼迪第一次电视辩论中显得憔悴的那种样子出现。再也不能发生福特在1976年总统竞选中走下飞机时绊跤的事故发生。在演讲中的形象应当是充满信心和有权威的样子。

正像数不清的评论家指出的,民意测验、电子计算机专家和电视,现在已成为全国竞选中必不可少的部分。民意测验者找出选民关心的问题,电子计算机专家几乎在一夜之间就为候选人和他们的顾问整理出情报,电视让候选人就那些关键性的问题向那些还不大懂得这些问题的选民们发表讲话。"打扮候选人"——虽然这种说法不会让人高兴——无非就是帮助候选人以尽可能有利的方式来表现他们自己和他们的观点。大多数媒介的报道并不会改变许多选民的投票,这种说法可能是真实的。但它会改变某些选民的投票,而这些可能是关键的票数。它加强现有的政治忠诚。在一个新候选人是一个不大为人知道的政治人物的情况下,媒介可以帮助树立候选人在公众中的形象。

他们所期待的是怎样的形象呢?政治科学家和长期研究舆论的专家唐·尼姆莫说,某种"政治英雄",他们期望具有成熟、诚实、忠实、有力、活跃、精力充沛、有领导能力等品质。他们期望那些他们赞赏的候选人及其观点和计划是他们能赞同的。吉米·卡特在竞选中是以针对着"水门事件"而不是杰拉尔德·福特而使自己当选的。他向全国表现出他是一个全新的和诚实的人,他一次又一次地说,"我只是希望看到这个国家重新是纯洁、诚实和体面的,讲真话和公正的,有信心和理想的,有同情心的,充满爱的,就像美国人民这样。"

我们谈到的大都是关于作为媒介人物的政治候选人。媒介也为它们自己的一些人树立了政治信任。譬如,民意测验者在多年中发现瓦尔特·克朗凯特是美国最受信任的人物之一。这就提出了一个问题:电视是做了些什么来建立起这样的赞誉和信任的。而那些上升到工商机构的高位、宗教职位或科学院的天才,或是高级政治职务的人,要达到这种类似的地位是要难一些的。罗伯尔民意测验表明,政府在"受称赞的组织"中的位置是较低的,而电视则位于最高处。因此,似乎是电视的报道重新排列了美国受群众欢迎的英雄的顺序。

媒介报道明显地也有助于缩短政治忠诚的时限,一个人不一定要是终身的共和党人或终身的民主党人,也不要再是某个政治家的始终不渝的拥护者,而是倾向于判断一个人是看他的今天而不是他的过去,看这个人当前的政治观点而不看他是哪个政党的党员。这就为吹进变革之风、为新闻的潮流和树立政治人物较之过去把门开大了。不用说,那些新人物必须符合要求。

媒介事件

丹尼尔·波尔斯丁用历史学家的眼光来观察当代的生活,在一些年以前就察觉到,当前的历史开始充满他称为"有意安排的事件"——主要是制造来供媒介作报道的事件。换句话说,不是随着新闻的潮流行动,而是灵巧的人学会了怎样去推动新闻本身。

当然,这种做法要比电视早得多。当报纸还是唯一的主要新闻媒介的日子里,处理新闻是"新闻代理人"的职业。这些人是为马戏表演、职业拳击赛等安排引起特别注意的新闻以吸引人们。譬如,当马戏团到镇上以后,典型的做法是刊登一条6英寸的广告,或者发一条三段的新闻。但灵巧的新闻代理人就会想出别的有意安排的事件来引起预期的顾客们的兴趣。如编造一个"会说话的马"的故事,或是一种新奇的动物,或是一头野象,或是空中飞人演员之间的吵架,或是一位曾经竞选过"美国小姐"的女郎在充当驯狮员,或是别的许许多多的题材之一,能够让记者写出不寻常的故事,吸引观众来观看这种动人的节目。

大多数记者招待会都是人为安排的事件,意在为一本新书的作者,或一位竞选候选人,或是某些别的委托人吸引人们的注意。当电台出现后,媒介代表安排广播采访。自然,电台有着某种有利的条件,因为它可以让听众听到,因此在一定程度上参加一个事件或是一个人为安排的事件。能够听到候选人提名大会上的投票情况,比在第二天从报纸上看到新闻是令人激动得多。因此,许多政治事件都安排得引起最大限度的激动和悬念。听到过希特勒的群众大会的广播的人都不会忘记那种激动。那些在选举日之夜听到第一次广播的听众,都会为选中一位总统的激动与悬念所感染。广播媒介使你有可能在"当时"经历这次活动而不是在第二天。电台使你感觉到就像你在那里一样,因此它体会到这个作用,就安排了一种重现历史的伟大事件的连续节目,并称之为"你就在那里"。

但是电视打开了一扇更为戏剧性的大门。在选举日之时让观众看到热门的消息和选票正在累计,计算机报着结果,民意测验者正试图进行解释。从电视屏幕上可以看到著名的新闻广播员和政治人物,而不仅仅是听到他们的声音和读到新闻。

自1960年以后,政党和候选人把他们的竞选基金的相当大的部分用于购买媒介的时间和篇幅,而其中的大部分是用于电视。长达一小时的讲演和火炬游行对当地的观众是好的,但在电视上却并不是很有效的。因此,演出的方法要改变。在三十分钟或一小时商业广告时间里，由专家安排让候选人回答好像是一个选民所提出或者是由一个赞同这个候选人的知名人士提出的问题，这种做法已经证明就像推销商品一样，对政治也是有效的。纽约州州长纳尔避·洛克菲勒在很大程度上是利用这种商业广告的时间，来干他的最后一任州长的竞选活动的。

然而，媒介经理们已倾向于利用新闻报道来取代广告时间。这就使得候选人及其顾问们想方设法来制造会吸引报道的活动。自然，这对总统是有利的。他是在职的总统。要做的只是宣布举行一次记者招待会，而三大广播网和华盛顿的整个记者团就都会参加。总统可以在白宫玫瑰园接待一位来访者，授予一枚奖章或一项证书，坐在桌子前面会见一位外国外交官，在白宫草坪登上直升飞机，去教堂做礼拜，或是参加一次葬礼、一次婚礼或一次宴会，都确信会得到新闻报道，而且可能有照片。尼克松总统在1972年和卡特总统在1980年，都表明一位在职总统无须离开白宫，就可以利用新闻媒介来做多少宣传。

当然，其他的政治人物是要花费很大的气力来争取得到新闻报道的。十分奇怪的是，在电视时代之前的人为安排的活动——竞选旅行，握握手的闪电式访问，轻轻拍一下和亲吻婴儿，访问工厂和农庄，同一些团体或劳动者甚至街上过往的人谈话，这些使政治候选人可以让选民见到他的唯一的方法，在电视已经变得重要的时候也并没有摆脱旧套，但现在常常是计划得便于媒介的报道。一位候选人在一个商业中心同四十到五十人握手可能有一百人看到，但如果能在电视上放几分钟就会被两万人看见。候选人向当地的纪念碑献一个花圈或访问一位当地的英雄，就会登载在报上或出现在晚间新闻节目中。因此任何一位有经验的媒介顾问就会想出种种办法让摄影师在场。换句话说，只是为了个人的竞选已经搞出了一整套的媒介事件。

的确，这些活动的大多数，是为了让选民看到候选人，对个人得到某种印象，听到或读到一两句精心准备和仔细讲出的话。它们并不是能够对选举中的问题进行详尽讨论的会议。正因为如此，它们无疑有助于挑选一个候选人而不是选择赞成一方或一个问题。但无疑今天较之半个世纪以前，是有多得多的人对全国选举有某些切身的经验，知道一位全国政治候选人看上去怎么样，行动如何和声音是怎样的。至于这是否有助于更深地了解和更好的选择，尚有待证明。

电视是这样的一种媒介，它起着美化和夸大次要的或人为安排的事件的作用。电视基本上是一种娱乐的媒介。新闻要同戏剧、喜剧等相竞争。因此，新闻节目组织者感到在有严肃内容的新闻的同时，他们最好是能提供一些笑料，尽可能多让人激动的东西。因此从现有的材料中，要尽量选择最令人激动，最戏剧性的，或是最令人发笑的画面。

库特和格拉迪斯对1951年道格拉斯·麦克阿瑟将军从朝鲜返美时在芝加哥举行的欢迎游行所做的有启发性的研究，提供了这方面的一个例子。他们分配一批观察员来观看电视对游行的报道，另外派了一些观察员分布在游行的路线上。面对面的观察员们感到有些失望。他们要等很长的时间,然后车队过得是这样快,他们很难看一眼这位著名的将军。他们只有欢呼几声的时间,这场活动就过去了。他们并不感到很激动,也没有很深的印象。但电视的画面是十分不一样的。摄影机是架在紧跟着麦克阿瑟将军的汽车后面的一辆车上。它们时而对着欢呼的群众,然后转向微笑着的将军,又是对着另一些欢呼的群众。换句话说,电视通过欢呼群众的镜头给予了一个凯旋式游行的印象。但欢迎群众自己的经验却是感到有些厌烦。电视观众则为之激动。因此,正像库特和格拉迪斯他们指出的,电视观众的这种印象同电视报道的效果的关系不大,更多的是由于摄影机和摄影师的选择性。

媒介议程安排

我们已经指出,要举出大众媒介对舆论的特定效果的困难。这一点使那些试图找出电视对政治态度和投票有何具体影响的研究者的大多数感到泄气。一方面,电视使政治产生了很大的变化是清楚的。另一方面,哥伦比亚大学应用社会学研究部的研究人员对两次总统选举所做研究的结论是,他们没有发现证据,证明除少数的选民之外是由于广播使之改变投票决定的。哥伦比亚大学的研究人员为了试图说明媒介似乎有某些效果,他们发明了所谓两级传播的假设,即舆论领袖们把他们从媒介得到的观点和态度,传达给社会中的另外的人。正如我们已经指出的,不幸的是,这种假设并没有经过实践的检验,因此已不再被认为是对产生政治效果的一种主要关键。

然而,无论是讲实际的政治家还是新闻记者,都不愿接受这两种观点,即媒介对舆论的效果很小,或是它们的主要影响是通过舆论领袖的两级传播产生的。新闻记者和长期研究舆论的沃尔特·李普曼为他的舆论开拓性著作的第一章加上的标题是《身外的世界和我们头脑里的图画》。他认为,主要是新闻媒介把政治宇宙的图画传送到投票人的头脑中的。西奥多·怀特①所著的《总统诞生记》,可能是对最近的几次大选做了总结和阐述的一本书。他在1972年的版本中写道:

报纸在美国的力量是一种原生性的力量。先安排公众讨论的议程,而这种席卷一切的力量是不受任何法律的限制的。它决定人民要读些什么和考虑什么——一种在任何别的国家为专制统治者、教士、政党和达官贵人所享有的权力。

没有一件美国国会重要法案、对外冒险活动、外交行动、伟大的社会改革、在没有报界使公众有了思想准备的情况下,会在美国取得成功。当报界抓住一个大问题

---

① 西奥多·怀特(Theodore White)的中文名字为白修德。他曾多次访问中国。抗战期间到过延安,见到毛泽东、周恩来、刘少奇、朱德等人。1946年,他同美国女记者瑞安娜合写了《中国的惊雷》一书。从1961年到1972年,共写了四本《总统诞生记》。

塞入到谈论的议程之中,它自己就会带来行动——环境问题、民权问题、越南战争的结束,而达到顶峰的水门事件,首先都是由报界列入议程中的。

由于巧合或者因为这个观点提得正是时候,怀特的"安排公众讨论的议程"这句话,在 70 年代初期正是某些传播研究者和某些吏治科学学者所想的。政治科学家伯纳德·科恩用最简单的说法表达了他的想法,他写道,媒介在告诉人们如何思考上可能成功的时候不多,但在告诉人们应当考虑什么问题时却是十分成功的。传播学者们在对现实的竞选运动的研究中考察了议程安排的概念。麦库姆斯和肖在 1972 年发表的文章,是第一篇以经验为根据的关于议程安排的报告。他们发现可靠的证据,证明在特定的时间和特定的地点,选民们关心和讨论的主要问题,正是在这个时间和这个地方的主要新闻媒介所突出的问题。在整个 70 年代,麦库姆斯和他的同事继续对这个观念进行实验,试图发现它们在何种条件下起作用,在何种条件下不起作用。一种关于议程安排的新理论开始出现,这种理论总的看来似乎较之两级传播的观点更为有用。

议程安排的理论是基于两个观点:即各种媒介是报道世界上的新闻的必不可少的把关人(它们对极为大量的消息不做严格的选择是不可能做新闻报道的),其次,人们经常感到需要对复杂的政治世界为他们指出方向。这就是说,把关人帮助他们决定那些超出他们有限感受的哪些事件和哪些问题,是值得关心和注意的。

新闻媒介——通讯社、报纸、新闻杂志、电台和电视——处理新闻过程中的每一阶段有把关人继续进行选择:地方记者通讯社的新闻编辑、电稿编辑、等等。每个把关人都要从超过能传送的新闻中进行选择。他们当中的每个人都要做出决定,而这些决定最终都会对提供给传播对象阅读、听和看的政治议程产生某种影响。因此,每个通讯社,每家报纸,每家电台和电视台的新闻编辑部,最终达成自己的议程,然后提供给传播对象。麦库姆斯指出,这些新闻媒介的议程又必然是与其新闻来源的议程紧密地联系的。总统的发言人把他对当前的议程的看法告诉读者;政党候选人以决定讲什么传达他们的议程;政府机关,大的工商机构、工会,每一个都有认为应当加进新闻媒介的议程中的自己的议程。

在一定范围之内,各个新闻媒介反映了此前的议程,但只是在一定范围之内,而不是完全的。它们仍然必须选择。它们仍然有机会挖掘出它们业已选择的事件和决定什么是公众应当知道的问题。地方媒介在这方面的首创性的一个戏剧性的例子是水门事件的消息。《华盛顿邮报》就是在几乎所有的新闻来源的激烈反对下,抓住一个模糊的线索不放,花了几个月的时间实际上把这个消息塞进其他新闻媒介的议程中,最终引起公众的注意。这家报纸的两名记者(伯恩斯坦和伍德沃德)是如此决心刨根寻源,终于使别的报纸,和电台及电视的新闻编辑部不得不进行报道,并使之成为当年或许是这十年里的重大政治新闻。

那些研究议程安排的学者们的普遍看法是,报纸在这一过程中比电视的作用大。这是因为报纸较早地进入到新闻发展的过程中,并且能提供更多的细节。事实上,报纸经常起着电视的新闻部的把关人的作用,它们可以在电视台派出一个耗费金钱的三名或更多的摄制人员和运用价值二三十万元的器材之前可以对新闻的潜在价值做出估价。但是一件新闻发展到制造激动人心的场面时,电视的报道就会极为生动,而电视自身就成为公众的议程的有效把关人。

重视深度新闻报道的策划
——新媒体时代大众传媒的新闻创新

蔡 雯

导言——

本文原载于《新闻爱好者》2011年第17期。

蔡雯,女,安徽芜湖人,1964年出生,博士,中国人民大学新闻学院党委书记、教授。

本文指出,在新媒体崛起而进入媒介融合发展的新时期,新闻传播方式正发生着变化:从传统媒介主导的单向式变为媒介组织与公民共同参与的分享式、互动式,大众传播与人际传播更加紧密地结合与汇流。这种变化及造成新闻信息供给过剩,也促成人们对媒体组织整合、诠释信息的更多依赖。对于编辑而言,最大的改变是需要强化加工新闻和信息的职能,通过对信息的整合提升内容的品质和价值,使新闻传播进一步延伸,并通过裂变与聚合形成新的内容产品来吸引受众的关注。也就是说,对新闻题材的常规处理或一般性的报道策划,媒体报道的同质化不可避免,编辑需具有深度的报道策划,才可能凸显出独家特色而表现出创新性。本文列举"故宫失窃案"中凤凰网策划的新闻专题,分析它在告知事实的同时进一步拓宽视野挖掘了深度,并让公众参与对事件的原因及社会影响进行更多的剖析,这便从一般性的报道上升到了拓展性报道的层次,高出其他媒体一筹。显然,这是重视深度新闻报道的策划,来自对报道选题到报道角度、报道方式到报道手段的精心设计和大胆创新。

融合新闻正成为当下报道策划的新理念,编辑通过媒介组织重构与流程再造,以多种载体的整合利用实现新闻资源的深入开发与优化配置,促成新闻传播的影响力扩展和媒介品牌的打造,追求更高的报道层次与境界。对那些热点新闻尤其是负面新闻的报道从拓宽视野、挖掘深度提升到对事件的社会意义的解析,引导公众在面对问题时不只是泄愤,而是站在建设性的角度思考解决的方法,形成推进社会进步的正能量。

以网络为基础的各类新媒体的出现,赋予普通公民一种崭新的角色:新闻报道者。"公民新闻"(citizen journalism)因此也成为引人注目的热门话题,大众传媒尤其是传统媒体在新媒体时代如何保持自己的社会影响力和市场竞争力,成为一个亟待研究的问题。

(一)

何谓"公民新闻"?国外各类媒体有不同的阐释。如公民新闻网站的先驱——韩国公民新闻网站 Ohmynews 的口号是"人人都是记者",强调普通公众对于新闻信息报道的参与;美国公民新闻网站 New West 则选择用"未经过滤的"这个字眼来形容由受众投稿发布的信息,以此强调这个网站和传统媒体新闻发稿机制的不同,并对网站所提供的信息属性进行了界定。研究新媒体的美国专栏作家马克格拉泽(Mark Glaser)认为:"'公民新闻'就是让没有经过专业新闻训练的普通公众通过运用新的传播技术和网络全球传播的特点来创作新闻信息,在为传统媒体提供的新闻信息增加新的素材的同时,也可以通过这种方式对媒体所提供的信息进行查证和检验。这些工作可能由某个人自己来完成,也可能由很多人共同完成:你可能会在自己的博客或网络论坛上写一篇关于自己所在城市某些问题的报道;你可以在自己的博客上检验主流媒体上的文章是否有误或存在偏见,并给予指正;你可以把自己抓拍到的有价值的数码照片发布在网络上;甚至你可以摄制视频短片发布到像 YouTube 这样的网站上。如果亲历重大突发事件的发生,你提供的文字或影像资料甚至可以影响整个历史。"①

确实,无论中外都已经有大量的新闻传播案例说明,被新技术武装起来的"受众"能够成为信息的生产者,并能自由地表达自己的思想观点,他们不仅具有原创能力,也有自主权。这种角色转换使新闻报道由单向转向双向或多向,媒介的受众资源可以转换为信息资源。资源转换使媒体的报道面被扩大了,重要新闻事件发生时专业记者不在现场的缺陷也可以得到弥补。

同时,不可否认的是,"公民新闻"对传统大众媒体是一种严峻的挑战,因为它打破了传统媒体以往在新闻传播中的垄断和特权。在《我们媒体》(We the Media)一书中,丹·吉尔默(Dan Gillmor)这样总结"公民新闻"对传统媒体的影响:"草根新闻从

---

① http://www.pbs.org/mediashift/

业者摧毁了传统媒体对于新闻的垄断权,并将新闻从说教变为对话。"①

因此,新闻创新,必须面对一个崭新的社会群体,他们已经不是传统意义上的被动的"受众",而是具有新闻传播能力的公民。媒体要把他们放在与自己平等的地位上,通过各种传播渠道和终端实现与公众之间的信息分享和思想交流,通过对话实现舆论引导,通过服务实现媒介价值。正如胡锦涛同志在视察人民日报社时对新闻界提出的要求:"认真研究新闻传播的现状和趋势,深入研究各类受众群体的心理特点和接受习惯,加强舆情分析,主动设置议题,善于因势利导。"只有深刻地了解今天新闻传播所面对的社会公众,真正重视他们的心理需求和传播习惯,才有可能在新闻传播中把握主动权,实现传播的最佳效果。

(二)

在新媒体时代,面对越来越具有传播能力的公众,面对越来越多样化的传播渠道和载体,传统主流媒体的优势何在?如何利用这些优势实现新闻创新?

以党报集团为例,长期以来党报的特殊地位使其能有独特的办报资源,比如有丰富的新闻来源和信息渠道、专业水平较高的新闻采编团队、党和政府所给予的各种政策支持,以及总体素质较高的读者群和长期以来形成的品牌资源等。这些资源无论在什么样的情况下都是党报值得珍惜的宝贵财富。新一轮报业改革中,应该充分利用这些资源,大力推进传统媒体与新媒体的融合,实现报业转型。媒体的竞争策略总是以发挥自身资源优势为明智之选。对于传统媒体来说,最大的优势还是专业化的新闻生产能力。解放日报报业集团社长尹明华认为,"新媒体对市场的每一个吸引力都因为报纸不具备",所以,"传统媒体与新媒体的融合绝不是两个载体的结合,真正的重点应该是:运用你的独特去战胜对手的不具有"。②

与报纸、广播、电视这些传统的大众传媒相比,通过互联网传播的新一代媒介实现了载体性能的根本改变,为新闻传播变革提供了更广阔的舞台。新闻传播方式正在从传统媒介主导的单向式变为专业媒介组织与普通公民共同参与的分享式、互动式,大众传播与人际传播更加紧密地结合与汇流。这种新格局一方面造成新闻信息供给过剩,另一方面也促成人们对专业媒体组织整合、诠释信息的更多依赖。相对于新媒体而言,在专业人才、传播经验和社会公信力等方面具有优势的传统媒体,更具备诠释新闻的资格和能力。但也必须看到,传统媒介要发挥自己固有的优势,成为高水平的内容提供商,目前面临的挑战非常严峻,能否突破传统的媒介理念、采编

---

① Dan Gillmor,"We the Media:Grassroots Journalism,by the People,for the People",O'Reilly Media,2004.

② 张垒、周新宇:《"我们正在迎接钟摆的回归"——传统媒体怎样找回竞争力》,《中国记者》,2010年第10期。

机制和业务技能的约束,能否顺应潮流进行组织机构与生产流程的重构,能否掌握并运用层出不穷的新技术新手段……所有这些都将决定这次转型的成败。

从新闻业务的角度来看,在多种媒体融合的新闻编辑部中,记者编辑的主要职能已经不只是采集新闻,而是对浩如烟海的新闻和信息进行筛选和重新组合,使这些杂乱的信息呈现出相互联系和深刻意义,并使其转化为知识。新闻从业者的工作也因此在某种意义上成为知识生产与管理的工作。这种改变在《华尔街日报》美国本土版的改版中得到了印证。

2007年1月2日,《华尔街日报》进行了该报118年历史上最重要的变革。该报总编辑说:"读者已经习惯从电视、网络等渠道获取即时信息。报纸继续报道昨天发生了的那些新闻事件已经没有意义。"众所周知,作为全美乃至全球最大的商业金融类报纸,分析、深度、见解一直是《华尔街日报》的核心竞争力所在,该报在改版中对编辑方针进行调整的核心内容也是基于此,那就是压缩资讯而放大有"附加值"的深度新闻。有研究者认为,从新闻操作上看,这既是报纸应对网络冲击采取的收缩防守,也是另一种形式的主动进攻。从经营策略上看,这又是对集团资源的重新优化配置。不难预测,这种调整将很快成为报业集团的必然选择——不管最终是出于主动还是被动。从这个意义上说,增加印刷新闻深度,放大新闻附加值,可能是《华尔街日报》改版带给传统报业的最重要启示。①

显然,传统媒体的转型,对于新闻从业者个人而言,最大的改变不是强化发现和采集新闻的职能,而是强化加工新闻和信息的职能,也就是要通过对新闻与信息的整合,提升内容产品的品质和价值,使新闻与信息传播进一步延伸到知识与服务领域,并不断通过裂变与聚合,形成新的内容产品,从而促成媒介集团中产品链和价值链的生成。从这个意义上说,记者编辑的知识水平与专业技能已经面临着前所未有的挑战,策划型与专家型新闻人才的价值将更受珍视。

(三)

所谓深度报道,在《新闻学简明词典》中这样被定义:"一种阐明事件因果关系、预测事件发展趋势的报道形式。诞生于20世纪40年代,是新闻五个'W'和一个'H'的进一步深入的报道方式。它的主要特点是要在'Why'和'How'中进一步深化。要求以今日的事态核对昨日的背景,从而说出明日的意义来。"深度报道对于所报道对象的调查、分析、解释和预测,在今天这样的社会转型期尤其为公众所需要,它也是拥有专业采编队伍的大众媒体所应该着力打造的拳头产品。

以前段时间发生的故宫失窃案的报道为例。5月8日晚,香港私人博物馆与故宫合办的现代工艺品展上的部分展品被盗,举国哗然。各类新闻媒体都在第一时间

---

① 文建:《〈华尔街日报〉改版四规则》,《中国记者》,2007年第2期。

报道了这一新闻。58小时后失窃案迅速告破，结果却令人惊诧，警方在网吧里将犯罪嫌疑人石柏魁抓获，据他交代，偷窃文物虽有预谋，但只是通过观看电视片了解故宫周围的地形和情况，而且也没有什么犯罪经验。为什么警备森严的国家博物馆竟能让一个小蟊贼得手？一时间质疑声四起。

一波未平，一波又起。5月11日，央视主持人芮成钢在微博上曝光："故宫建福宫被改造成了一个全球顶级富豪们独享的私人会所，据说建福宫会所的入会费是100万元。"这一消息把故宫推向了更难堪的境地。传媒对故宫的报道进一步升温。

5月13日，故宫向北京市公安局赠送锦旗，锦旗上的文字"撼祖国强盛，卫京都泰安"引起网友质疑，称"撼"为错别字，正确用字应为"捍"。面对这一质疑，故宫的相关负责人却不承认有错误，反而表示"撼"字没错，显得厚重。虽然后来终于认错并道歉，但致歉信中将责任都推向了保卫处，令舆论依然无法平息。

故宫连锁性事件的来龙去脉几乎在所有媒体上都能看到完整的故事脉络。各大报纸、网站都非常迅速地向公众报道了此事件，并滚动进行后续情况的报道。从新闻业务角度来看，这些报道基本属于第一个层次的"基础性报道"，即告知新闻事件的过程、细节和各方反应。

相比之下，凤凰网做的一个新闻专题更有厚重感，主题已经不仅仅是聚焦"失窃"一事，而是以"故宫丑闻频发"这样更尖锐的标题统观上述一系列负面事件。除了对事件本身的报道更加细致外，编辑还有意用视频来表达网友的态度。视频头条是"网友创作《故宫门之歌》讽刺故宫丑闻"，第二条是"故宫道歉信语病百出引发网友围观"，都是网站独家采制的报道，所采用的素材却来自网友。最能体现报道旨趣的是一个言论集纳型的专栏"自由谈"，主题是："故宫，你在'撼'动什么？"开题的话："展品被盗，建福宫被传成私人会所，就连赠送个锦旗都能出现错别字，一连串的负面新闻一周来把故宫弄得焦头烂额，也颠覆了人们对故宫的固有印象。随着事态的进一步发展，人们心中的疑团也越来越大，故宫到底怎么了？"这个评论栏目汇集了人民日报、东方早报、新华网等多家媒体发布的评论文章，最后将论点归结为："商业化的侵蚀、不负责任的守护，堂而皇之的错字，故宫一系列丑闻面前，人们需要反思的是对待自己民族文明的态度。"①

凤凰网的这个专题显然是编辑策划的成果，它已经从"基础性报道"上升到了第二个层次"拓展性报道"。在告知事实的基础上，进一步拓宽了视野、挖掘了深度，同时让公众更多地参与，对事件的原因及社会影响进行更多的剖析。在这个层面上，大众传播被认为应该具有的几大社会作用——"监视大环境、达成社会各方面的共

---

① 引自凤凰网"自由谈"http://news.ifeng.com/opinion/special/gugong/，2011-05-17。

识、传承文化"①已经基本可以实现。

　　报道的层次实际上能够反映媒体的境界,媒体的境界又会在某种程度上影响公众的境界。在今天,媒体对舆论的引导越来越多地需要靠意见表达来实现。在众多的评论中,笔者认为《北京晨报》5月13日的评论《故宫为何这么容易被盗》,切中了事件的要害:"一直以来,我们忽略了一个问题,即当资源高度集中时,它的管理注定难以均衡。于是,必然会出现这样的效应:从外面看,它似乎很强大,可实际上,内部却人浮于事,难以有效承担其职责了。从来如此,信息不公开,无公众监督机制,一切问题都放在内部解决,普通人只有提供资源的义务,却无问责的权利,那么,结果必然是外强中干、弊端重重,而这样的治理,难免失败。""一个小偷,为故宫敲响了警钟,一个故宫,也为其他领域敲响了警钟。只要深层弊端不排除,那么,危机就随时可能出现,它会在意想不到的地方,给我们带来伤害。"②相比各种不同角度的真知灼见,这一观点更能为解决问题的方向提供启示和指导。

　　就在各类媒体准备对故宫失窃事件的报道画上句号之际,北京大学法学院3名博士向中国财政部递交了申请,要求故宫博物院就门票收支信息进行公开,其申请公开的范围包括2008~2010年的门票收入和使用情况。"该申请表示,故宫博物院虽不属于行政机关,但其作为与人民群众利益密切相关的公共事业单位,应参照《政府信息公开条例》相关规定,履行信息公开义务。"③

　　我们不能断定三博士的行动与媒体的报道有直接的因果联系,但这一事件的发展过程令人意识到大众传媒的新闻报道还应该追求比第二个层次"拓展性报道"更高的层次,或者说媒体应该具有更高的境界。如果我们将对热点新闻尤其是负面新闻的报道从拓宽视野、挖掘深度进一步提升到对事件的社会意义的解析,进而引导公众在面对问题时不只满足于猎奇、泄愤、调侃和讽刺,而是站在建设性的角度思考解决问题的方法和途径,进而发起行动,形成一股推进社会进步的能量,那么,媒体就会真正赢得社会的尊重,公众的素质也会因媒体境界的提升而得到提升。

　　上面这一案例还说明,深度新闻报道通常是策划性的报道,从报道选题到报道角度,从报道方式到报道手段,都需要新闻编辑的精心设计和大胆创新。

　　在媒介融合发展的新时期,新闻报道策划本身也在发生着变化,主要表现在:第一,"融合新闻"正在成为报道策划的新理念与新目标,编辑的策划需要通过媒介组织重构与流程再造,以多种载体的整合利用实现新闻资源的深入开发与优化配置。这样的报道策划能够促成新闻传播的影响力扩展和媒介品牌的打造。

---

①　[美]马克斯韦尔·麦库姆斯著,郭镇之译:《议程设置:大众媒介与舆论》,北京大学出版社,2008年版,第170页。
②　蔡辉:《故宫为何这么容易被盗》,《北京晨报》,2011年5月13日A4版。
③　中新社《北京大学三博士申请公开故宫门票收支信息》,2011年5月26日电。

第二,报道策划以新闻内容的分众化定位为报道策划的着眼点,根据不同载体的受众需求与介质特点设计不同的报道角度,进行不同的信息整合,实现各载体之间的相互支撑与有机联动,并由单纯的新闻传播向交流观点、分享知识和提供服务加以延伸与转换,为媒体形成产品链提供新的资源。

第三,报道策划以新闻内容由专业记者和社会公众共同创造、以互动传播与多媒体传播为报道方式实现报道的创新,使主流新闻媒体能够在新的传播语境中把握引导舆论的主动权,成为建设和谐社会的推动力量。

只有把握好新的历史条件下的这些变动趋势,不断提高策划水平,进行新闻创新,才能够保持大众媒体的社会影响力。

"新闻策划"剖析

董天策

导言——

本文原载于《新闻大学》1998年春季号。

董天策,重庆永川人,1963出生,博士,重庆大学新闻学院院长、教授。

上世纪90年代初中国迈向社会主义市场经济的道路,市场竞争的硝烟由此逐步全方位地在中国各领域弥漫。相应地,新闻市场上的竞争也接踵而至。在此背景下,中国学界出现了"新闻策划"这一词汇(西方新闻著述中虽无此说法但传播学上的"议程设置"观点与之接近),业界也开始大规模地公开进行运作,由此也引发一段时间的争论,赞成的与异议的并举。虽然以前者的意见居多,但后者的声音也掷地有声,双方往往各自从不同的概念理解出发而莫衷一是。本文的论述,正是围绕这一问题展开探讨。作者将"新闻策划"概念的语义学分析与现实性思考综合起来进行,分别剖析了"新闻策划"、"新闻报道策划"、"新闻事件策划"几个既关系密切相连,又各自相对独立的概念,并结合新闻媒体在实践中运用的案例进行分析,厘清了它们之间的关系,并特别强调了最终要落脚于"新闻报道策划"这一核心的操作问题上。与此同时,作者也阐述了"新闻策划"概念被新闻界和公关界同时使用而各有所指的内涵不同的缘由,认为在一般的情形中,也可以按最先出现"新闻策划"的这种先入为主的"语言约定"习惯,在不确定的泛化表述下用"新闻策划"的概念,但在明确所指的新闻业务语境中则应阐明是"新闻报道策划",这样更符合新闻传播规律,而且有利于理论研究和新闻实践都集中精力来探索和创新"新闻报道策划",有助于新闻报道工作发挥更好的效应。今天,虽然学界对"新闻策划"的概念已无争论硝烟，业界在实际操作中也早已蔚然成风，但本文所表达的观点和内容，思辨色彩浓郁，逻辑结构清晰，对学界和业界仍具启发意义。

近年来，随着"策划"理念与行为在企业经营、广告宣传、公关活动等领域的广泛运用，新闻出版界也及时探索"报道策划"、"编辑策划"、"出版策划"等运作问题，"新闻策划"概念也就应运而生。但是，这个应运而生的概念却不那么幸运，流行伊始，就引起了争论。赞成者说："新闻策划"是"报纸的新的生长点"[①]，"有新闻就会有新闻策划"，"有新闻竞争就会有新闻策划"[②]；反对者说："新闻根本就不能策划，凡是策划出来的也不能称之为新闻"[③]，"策划性新闻只不过是披着新闻的外衣的广告和宣传"[④]。因此，科学地认识"新闻策划"这个概念及其反映的现实内容，就是探索新闻传播领域中策划问题必须首先解决的课题。

一、概念内涵的语义学分析

要谈"新闻策划"，先得明确什么是"策划"。策划，古作"策画"。东晋时人干宝撰《晋纪》，内有"筹画军国"、"与谋策画"之语，意即筹划、谋划、安排、设计、出主意、想办法、出谋划策之谓。大凡人类活动，在付诸行动之前，都要经过一番思考，乃至深谋远虑，做出怎样行动的决策，即进行策划。所以美国哈佛企业管理丛书对"策划"作了这样的阐释："策划是一种程序。在本质上是一种运用脑力的理性行为。基本上所有的策划都是关于未来的事物，也就是说，策划是针对未来要发生的事情做当前的决策。换言之，策划是找出事物因果关系，来衡量未来的可采取之途径，作为目前决策之依据。策划是预先做什么，何时做，如何做，谁来做。"[⑤]

可见，策划是人们为了某种目标而富有创意地谋划最佳行动方案的思维过程。它要解决的问题是富有创意地回答人们应当怎样采取行动。因此，策划涉及的对象或曰客体，是人类的某种活动或行为。即是说，策划是对人类某种活动或行为的设计与规划。且不论经营策划、广告策划、公关策划的具体内涵，就新闻出版而言，报道策划是对报道活动的策划，编辑策划是对编辑活动的策划，出版策划是对出版活动的策划，都是显而易见的事实。

同样的道理，"新闻策划"也应该是对"新闻活动"的策划。这是策划的一般性质所决定的。问题在于："新闻策划"中的"新闻"是不是"新闻活动"？如果是，就必须揭示其内在依据，因为直观地看，"新闻"并不等于"新闻活动"（而报道则可等同于报

---

① 任成海、尹洪东：《新闻策划：报纸新的生长点》，《新闻出版报》1995年8月9日。
② 柳雨卿：《新闻策划论的本体阐述》，《新闻广场》1996年第4期。
③ 丁未：《"新闻策划"现象析》，《新闻界》1996年第6期。
④ 熊忠详：《新闻可以策划吗？》，《新闻广场》1996年第4期。
⑤ 转引自游为民：《公关策划谋略》，四川大学出版社，1996年版，第3页。

道活动,编辑可等同于编辑活动,出版可等同于出版活动);如果不是,"新闻策划"概念的科学性就面临考验。

一提到"新闻",我们就会直觉地感到它是指消息一类的信息,即英文的 news。其实,汉语"新闻"一词,不仅用来翻译英文的 news,而且用来表述英文的 journalism。在讨论"新闻策划"这个概念时,不能不注意到这一点。

在 news 的意义上,"新闻策划"概念能否成立呢？我们知道,新闻实际上是新闻事实经过报道活动的加工而形成的一种信息。从新闻理论角度讲,有三点值得注意:其一,"新闻事实"是客观世界的变动情况,是一种客观存在,记者不能人为设计,即不能策划。其二,报道活动,包括采访、写作、编辑、出版、播出等,是采编人员对新闻事实的反映和加工。正是通过这种反映和加工,新闻事实才成为人们看、听、读的新闻。而怎样报道新闻事实,则可以充分发挥主观能动性,进行合理的策划。其三,作为报道活动结果的新闻,是新闻事实的反映或表达,只能真实再现,不能无中生有,也不能随意玩弄,故而不能策划。可见,从新闻的产生过程来看,其中既有不可策划的因素,也有可策划的因素。图示如下:

```
新闻事实  →  报道活动  →  新闻(news)
   ↑           ↑             ↑
 不能策划    可以策划       不能策划
            应当策划
```

显然,"新闻策划"只存在于"报道活动"之中,只能是对"报道活动"的策划。但是,报道活动是新闻产生的必要条件,它既非新闻事实,也非人们看、听、读的新闻。从这个意义上讲,"新闻策划"概念颇为勉强。再说,"新闻策划"很容易被习惯地理解为对"新闻"的策划,加上"新闻"又可能被理解为"新近变动的事实或事件"[①],所以"新闻策划"也就可能被理解为对"新闻事件"的策划。下文将会阐述,这种"可能"已经成为现实。因而笼统地讲"新闻策划",就会出现语义上的混乱。当然,就新闻学理论而言,新闻事实(事件)和新闻(news)均不能策划,故而"新闻策划"只能是"新闻报道策划",或简称为"报道策划"。

从 journalism 的意义讲,"新闻策划"概念的内涵又如何呢？在英文中,journalism 是指新闻媒介的采访、写作、编辑和出版等工作。1989 年新版《牛津高级英语词典》的释文为"work of collecting, writing, editing, and publishing material in news-paper and magazines or on television and radio"。其意即我们通常所说的新闻工作、新闻业务、新闻事业,具体内涵正是上面所说的"新闻报道活动"或曰"新闻活动"。在汉语里,有许多专业术语中的"新闻"都是指"新闻报道活动"。例如:新闻

[①] 一般新闻理论著述都强调:新闻不是事实本身,而是事实的报道。但从事实角度定义新闻,也是部分中外学者的共识。

实践、新闻思想、新闻理论、新闻自由、新闻法制、新闻体制、新闻改革、新闻中心、新闻专业、新闻教育、新闻界、新闻史、新闻学语汇中的"新闻",莫不如是。遗憾的是,国内学术界对于"新闻"的这种涵义并没有做出明确的界定,只是"约定俗成"地使用而已。倒是国外学者注意到这一点,并进行了明确的阐释。法国学者瓦耶纳在《当代新闻学》中写道:"新闻是指旨在收集、传播、挑选、介绍和出版被认为与社会生活有关的事件的活动、机构及其后果的总体。这就是本书为新闻所作的定义。"①显然,这里所界定的"新闻"实际上是 journalism,而不是 news。

如果按照汉语的表达习惯,把"新闻报道活动"(journalism)称为"新闻",那么,"新闻策划"这个概念完全可以成立。但是,其实际内涵仍然是"新闻报道策划"。从概念的科学性上讲,"新闻策划"应该明确称为"新闻报道策划"。

经过上述语义分析,我们已经得出一个十分明确的结论:从新闻理论来说,不管是从 news 还是从 journalism 的角度理解,"新闻策划"都是而且只能是对"新闻报道活动"的策划,即"新闻报道策划"。所以艾丰先生要说:"我们可以给新闻策划下一个定义:'是编采人员对新闻业务活动进行有创意的谋划与设计,目的是更好地配置与运用新闻资源,办出特色,取得最佳社会效益。'"②

二、概念内涵的现实性考察

事实上,"对新闻业务活动进行有创意的谋划与设计"是每一个优秀新闻工作者的自觉追求。且不说范长江 1935 年 7 月深入西北地区考察,写出结集为《中国西北角》的著名系列旅行通讯;也不说斯诺 1936 年 6 月进入陕北革命根据地采访,发表了《西行漫记》这部光辉著作;单说新时期以来,《中国青年报》1987 年 6、7 月关于大兴安岭火灾的"三色报道"(《红色的警告》、《黑色的咏叹》、《绿色的悲哀》),《经济日报》1987 年夏对"关广梅现象"的讨论,《中华工商时报》1991 年春对"郑州商战"的连续报道,无不体现出采编人员的创意性谋划与设计,体现出精心策划的艺术。

正是由于新闻工作者在实践中对报道策划艺术的探索,才促使新闻学术界进行理论研究。大约从 1993 年开始,探讨文章纷纷出现在专业刊物上。如《搞好新时期的报道策划》(载《新闻战线》1993 年第 11 期);关于《新闻报道策划行为的思考》(载《新闻窗》1995 年第 5 期);《报道策划:编辑工作应有之义》(载《新闻大学》1996 年秋)等等。

值得注意的是,新闻理论研究者首先使用的概念是"新闻报道策划"或"报道策划"。只是到了最近两年,人们才用"新闻策划"取而代之。如《走近新闻策划》一文,综述了"'96新闻业务编辑策划高级研讨班"对于各种报道策划的具体研讨内容,却

---

① [法]贝尔纳·瓦耶纳:《当代新闻学》中译本,新华出版社,1986 年版,第 12 页。
② 艾丰:《新闻策划是新闻改革的产物》,《新闻界》1997 年第 2 期。

戴着一顶"新闻策划"的帽子①。所以新闻界所探索的"新闻策划",在很大程度上指的是"新闻报道策划"。

但是,随着公共关系的兴起和应用,公关界却从"对新闻事实的策划"这个角度来理解和运用"新闻策划"概念,使之成为"新闻事件策划"的代名词,具有了不同于"新闻报道策划"的全新内涵。

在公共关系学中,"新闻事件策划"通常叫作"制造新闻",即"指专业公共关系人员经过精心策划,有意识地安排某些具有新闻价值的事件在某个选定的时间内发生,由此制造出适于传播媒介报道的新闻事件"②,又称其为"策划新闻事件"或"策划媒介事件"。应当看到,这种"新闻事件策划"在现实社会中不仅大量存在,而且越来越成为各行各业的自觉追求。如广州洁丽日用化工厂派人带着灭蟑螂药物到《羊城晚报》编辑部制造出"死给你看"的新闻;郑州亚细亚商场近千名职工统一着装,来到"二七纪念塔"前举行"向二七纪念塔致敬"的活动;河南"双汇"集团耗资十多万元以"华懋双汇集团漯河肉联厂祝贺进京活动圆满成功"的祝贺方式,首次将广告做到天安门……诸如此类,都是颇富戏剧性而广为人知的"新闻事件策划"。

这种"新闻事件策划"的目的是为了引起媒介关注,故在其实施过程中十分注意联络记者,从而获得报道而成为"新闻",以至于当代新闻又增加了一个新品种——"公关新闻"。尽管如此,它与"新闻报道策划"具有本质的区别:"新闻事件策划"关注的是怎么制造出适于媒介报道的新闻事件,是公关人员的一种公关活动行为,属于公共关系的范畴;而"新闻报道策划"却思考怎样更好地开展报道工作,是新闻工作者的一种新闻活动行为,属于新闻传播的范畴。

上文曾指出,从新闻报道角度讲,新闻事件是不能策划的。但是,公共关系的理论与实践却打破了这种传统观念,认为新闻事件不仅可以策划,而且应该大力策划,只要不违背真实性和公众利益。由于新闻界对这种着意策划出的新闻事件往往进行有选择的报道,新闻学研究不能不对属于公关领域的"新闻事件策划"进行理论审视。

实际上,新闻学理论已经做出了回应。我国新闻学者将"新闻事件策划"现象视为"宣传性现象"加以研究。艾丰先生曾精辟地指出:"它不是事物日常运转所产生的现象,而是因为同传播联系起来以后才产生的现象。""这种现象是人为的现象。这里说的'人为',不是从广义上说的。因为从广义上说,任何社会活动都是'人为'的。这里所说的'人为'是特指那些为了特定的宣传目的,而不是正常的工作目的的'人为'。即这种现象的出现只是某个人或某个单位为了达到某种宣传目的而制造

---

① 王建新、宋鸿刚:《走近新闻策划"'96新闻业务编辑策划高级研讨班"研讨综述》,《新闻界》1996年第6期。

② 周晓虹:《走向社会的名片——公共关系理论与实务》,中国社会出版社,1993年版,第181页。

的一种现象。所以我们又把它称为'宣传性现象'。"[1]传播学者则将其称为"媒介事件"。用威尔伯·施拉姆的话来说，它"主要是制造来供媒介作报道的事件"[2]；国内学者则定义为"为新闻报道而有意安排的事件"[3]。

尽管术语不同，其内涵却是一致的。间时，新闻学和传播学都没有把"新闻事件策划"视作新闻报道的范畴。不仅如此，新闻学者还提醒我们，"宣传性现象是一个中性的词汇"：极可能是不合理的，如在并未处理好的污水池里放鸭子让人参观；可能是合理的，如奠基仪式、剪彩仪式；还可能是半合理的，如为迎接上级检查而事先做些准备，使情况比平常更好一些[4]。传播学者甚至采取了更为激烈的批评态度，从有论者名之曰"假事件"（pseudo-events）[5]的称谓，即可见一斑。显然，新闻工作者在报道这类事件时，应剔除不合理的宣传现象，挤出半合理宣传性现象的水分，而报道合理的宣传性现象。

或许因为新闻学者、传播学者对"新闻事件策划"持审慎而批判的态度，公关界和策划界近年来便不动声色地将"制造新闻"的说法和做法改称为"新闻策划"。例如，《策划家——商界传奇的创造者》的第十九章"新闻策划"所论述的问题是如何制造新闻和发布新闻[6]；《策划大师与经典策划》首章所列"新闻策划"案例，无一不是讲述如何策划出适合媒介报道的事件[7]。所以1995年出版的《当代公共关系学》一书在论及这个问题时就以"新闻策划"作为标题了[8]。这样，在现实性上，"新闻策划"概念就完全被赋予了"新闻事件策划"的涵义。

随着公关界和新闻界对"新闻策划"的青睐和强调，当前似乎出现了将"新闻事件策划"与"新闻报道策划"合二为一的现象。所以有论者认为，"新闻策划"是专指那些"在新闻事件发生之前，由记者参与规划设计促成事件发生并予以报道的一种行为"[9]。在笔者看来，之所以出现这种"新闻事件策划＋新闻报道策划＝新闻策划"的情形，有以下两方面原因：

其一，"新闻事件策划"作为公关领域的一种行为，其实施主体本是专业公关人员。但是，由于我国公关实践还远未达到专业化水平，近几年来有一些记者便参与其中，仿佛是记者更主动地介入社会生活而进行报道工作。事实上，这并未改变其策划行为的目的在于制造适合媒介报道的新闻事件这样一种公共关系性质。这时

---

[1] 艾丰：《新闻写作方法论》，人民日报出版社，1996年版，第106、107页。
[2] ［美］威尔伯·施拉姆、威廉·波特：《传播学概论》中译本，新闻出版社，1984年版，第272页。
[3] 刘建明主编：《宣传舆论学大辞典》，经济日报出版社，1992年版，第179页。
[4] 艾丰：《新闻写作方法论》，人民日报出版社，1996年版，第106、107页。
[5] 李金铨：《大众传播理论》，台湾三民书局印行本，1980年版，第57页。
[6] 孙黎：《策划家——商界传奇的创造者》，中国经济出版社，1993年版，第226～241页。
[7] 高明、孙新生：《策划大师与经典策划》，企业管理出版社，1996年版，第2～46页。
[8] 王朝文主编：《当代公共关系学》，中国社会科学出版社，1995年版，第161页。
[9] 卢荫御：《"新闻策划"现象新探》，《新闻纵横》1996年第1期。

的所谓"记者",实际上成了"新闻代理员"(美国早期公关人员的称谓),已经不再是真正意义上的记者了。

其二,新闻媒介出于竞争的需要,近几年来开始自觉地策划一些社会性活动,以便引起广大受众的注意或参与,借以扩大自身影响。比如举办周年纪念活动,发起某种赞助,开展某种公益事业,然后加以广泛的报道宣传。例如,《深圳特区报》曾策划评选全市十佳公仆活动,《钱江晚报》曾策划"请市长当一天记者"活动,《华西都市报》曾策划"府南河大合唱"活动,等等,都是如此。尽管其中包含着"报道策划"因素,但根本目的仍在于制造新闻事件,属于媒介机构自身的一种公关行为。只不过新闻单位在策划媒介事件时得天独厚,可以凭借自身优势注入更多的"报道策划"色彩,从而使"新闻事件策划"与"新闻报道策划"二者结合得更紧密罢了。

如果把记者参与公关活动和媒介自身开展公关活动视为一种独特的"新闻策划",那么当前所谓的"新闻策划"概念便包括了三种含义:一曰新闻报道策划,二曰新闻事件策划,三曰新闻事件+新闻报道式策划。由于第三种含义本质上仍然属于公关活动范畴,是新闻学中讲的宣传性现象,传播学中讲的媒介事件,"新闻策划"概念具有根本分歧的内涵只有两个:一个是"新闻报道策划",一个是"新闻事件策划"。

三、简短的结语

把对"新闻策划"概念的语义学分析与现实性思考综合起来,我们可以看到其含义具有相当的不确定性:在语义上,"新闻策划"可能指"新闻报道策划",也可能指"新闻事件策划"。新闻学理论认为后者不能策划,故而其内涵应该是"新闻报道策划"。但是,公共关系的理论与实践打破了"新闻事件不能策划"的传统观念,使"新闻策划"具有"新闻事件策划"的内涵。其结果,自然带来概念使用上的混乱。当前关于"新闻策划"的争论,正是这种混乱的表现。倡导者从"新闻报道策划"的含义上加以提倡,反对者从"新闻事件策划"的含义上进行指责,且都着眼于新闻界的立场,而未顾及公关界的立场和现实情况,致使问题探讨并未成为真正的"学术对话"。

面对这种情形,我们应当怎样对待"新闻策划"这个概念呢?一方面,语言是"约定俗成"的,按习惯用法可以接受和使用"新闻策划"概念,但必须明确其内涵是"新闻报道策划"。另一方面,由于"新闻策划"概念被新闻界和公关界同时使用而又各有所指,内涵完全不同,不论是从科学规范上讲还是学术策略上讲,新闻界都应该摒弃泛化的"新闻策划"概念,而代之以"新闻报道策划"的术语。使新闻工作者和理论研究者集中精力探索和创新"新闻报道策划"艺术,更好地搞好新闻报道工作。

当然,对于"新闻事件策划"这种公关行为,新闻界也要注意研究,以便在报道这种媒介事件或曰宣传性现象时心中有数,使新闻更加真实、全面、客观、公正地报道事实真相。至于新闻界自身如何运用公关手段来展开新闻竞争,促进媒介发展,也是当前必须探索的课题。不过,这属于新闻事业经营管理的范畴,而不是科学意上的报道策划艺术了。

应对突发事件的新闻报道策划

赵振宇

导言——

本文原载于《新闻写作》2010年第8期。

赵振宇,满族,辽宁省人,1949年出生,华中科技大学新闻学院教授。

突发性事件向来具有着很高的新闻价值,在于它们所造成人的生命财产损失使其具有显著的社会警示意义。维护人民群众的生命和财产安全,是媒体及时、客观、全面报道突发事件的理由与价值所在。重大突发事件同社会生活的稳定呈强相关的联系,一些突发事件往往受制于某些原因,新闻报道对其发挥的自由空间往往有限,但媒体仍可灵活、理性地行使话语权,在常规报道方式不能有力干预时,锲而不舍地介入某些非常规手段,及时向社会披露事件真相,避免类似事件再次发生。许多个案表明,只要本着为人民负责的高度责任感,充分考虑事件报道后可能产生的种种影响,积极有为的策划是经得起历史检验的。突发事件的报道一般从即时性开始告知简单信息,然后策划报道,以求对事件过程以及与事件相关的问题给予详细展示,有时还对性质类似的事件进行集中陈列,增强报道的张力。突发事件的新闻性与分析说理结合,已成为当前媒体策划的一种常见形式。本文以央视四频道的"海峡两岸"栏目就台湾一架客机着陆时发生爆炸事件而策划的"危机事件发生的时候,如何才能做到自救"节目为切入点,阐述了突发事件报道策划的特点,编辑记者在面对突发事件、尤其是特别重大的突发事件,如何遵循一些相关的原则进行策划,以提高突发事件报道的水平。

突发事件报道是衡量一个新闻媒体综合实力、组织指挥水平和新闻队伍素质的重要标准之一,报道的好坏和水平的高低关系新闻媒体的影响力和形象,甚至关系到国家的形象和社会的稳定。正确认识突发事件,学习和借鉴国外成功的报道经验,搞好突发事件的报道策划,是新闻单位在新形势下的一项重要任务。我们先来看一个案例——

2007年8月20日新华社报道,日本当地时间20日上午10时34分(北京时间9时34分),中国台湾"中华航空公司"的一架波音客机在日本冲绳那霸机场着陆后不久发生爆炸起火,机上165人现已全部安全脱险。据冲绳县警方和国土交通省介绍,这架客机10时27分在那霸机场着陆,10时34分客机进入41号停机坪,之后左侧引擎发生爆炸。随着巨大的爆炸声客机机体冒出浓浓黑烟,乘客随即从紧急出口逃出机外,包括乘务员在内机上165人全部脱险,只有一名57岁男性和一名7岁女孩感到身体不适被送往附近医院。事故发生后那霸市消防部门动用了所有消防车前往机场灭火,11时37分大火被扑灭,但客机已被毁,机体断裂成两截。另据时事社援引"中华航空公司"方面的消息说,这架客机由台北起飞,在到达那霸机场后机修人员看到飞机右侧引擎后方有燃料泄漏现象,之后左侧引擎发生爆炸。日本政府已在首相官邸危机管理中心设置了联络室,国土交通省航空铁道事故调查员会向当地派遣人员调查事故原因。据日本警察厅透露,目前没有迹象表明这次事故与恐怖活动有关。

21日晚间8时30分,中央电视台四套"海峡两岸"栏目就策划了一个十分及时而有效的节目:"危机事件发生的时候,如何才能做到自救"。节目组通过卫星连线的方式,邀请到台湾的时事评论员黎健南、台湾水上救生协会的考试官林瑞安两位嘉宾来共同讨论。黎建南首先讲了三点,一是飞机碰到危险的时候,机长必须临危不慌,当机立断;二是机组成员应变不乱,然后完成他的任务;三是乘客必须镇静不惊,快速脱逃。林瑞安的专业就是做救援培训的,他所在的组织也曾定期给华航工作人员进行一些救援方面的培训。林瑞安介绍了飞机在地面迫降和在海上迫降的应急方法,根据主持人的要求他还介绍了如何应对地震、火灾、台风等方面的措施。这次报道策划有哪些特点呢?

第一,是新华社的报道及时。虽然事发当时记者并不在现场,但是新华社的报道中用了大量取自事故现场的多家权威媒体报道的电视画面和文字材料,叙述生动吸引读者。第二,中央电视台马上想到"危机事件发生的时候,如何才能做到自救"这样一个选题。本次华航飞机爆炸事故是严重的,但机上157名乘客在8位机组人员快速有效的指挥下全部逃身,这不能不说是一个奇迹!奇迹是怎么产生的呢,借此机会做一个安全自救的知识普及是一个绝好的时机。前一天的新闻,第二天晚间就做好了约请专家的访谈节目,具有较强的时效性。第三,通过卫星连线的方式请来了台湾的专家做科普节目也是一个亮点。评论员从宏观上讲述一般的危机处理,给人以理性的知识;救生教官以华航为例讲述人们如何应对各种危机场面,给人以实实在在的知识教育,相信人们会记得更牢。请台湾人士讲台湾事件,也增加了人物、事件与受众的接近性。一个突发事件和科学普及知识联系在一起,凸显了策划者的独具匠心。

一、突发事件及其报道策划特点

按《中华人民共和国突发事件应对法》所述,突发事件是指突然发生,造成或者可能造成严重社会危害,需要采取应急处置措施予以应对的自然灾害、事故灾难、公共卫生事件和社会案例事件。从新闻报道的角度来看，可以将其分为两大类：

一类是自然事件，即我们通常所说的"灾"，如震、火山爆发、山体滑坡、飓风、海啸、洪水、雪崩等。另一类是社会事件，即我们通常所说的"人祸"，这类事件又可分为政治性突发事件和灾难性事故。不论是自然事件还是社会事件，它们都有如下的特点：时效性强、变动性大、不确定性大、影响面广。突发事件报道策划，是指记者、编辑针对某个突发事件，在最短的时间里努力发掘其新闻价值，谋划最佳报道形式，以求达到良好的传播效果和社会效应的过程。

突发事件自身的特殊性决定了其报道策划也有着许多不同于常规事件策划的特点和要求：

及时。由于突发事件发生突然，时效性极强，要求其策划工作必须迅速及时，在事件刚一发生时就采取相应对策，否则，耽误了时间，也就错过了报道的最佳时机。

紧迫。尽管新闻都讲求时效性，但没有哪类新闻报道像突发事件报道那样对时效要求那么"苛刻"。可以说，时效是衡量突发事件报道水平的首要标准，谁能最先、最快报道某一突发事件，谁就是赢家，谁就在竞争中取得了至少一半的成功。

谨慎。由于突发事件不确定性大而又影响深远，因而对于突发事件的报道策划要保持高度警惕，慎之又慎。要深入调查，仔细研究，弄清真相，在此基础上思谋对策，否则，仅凭一时的热情冲动草率行事，则不仅帮不了忙，反而会添乱。

应变。由于突发事件变化性大，决定了其报道策划也要随势而变，要关注事件的最新动态，据此随时调整策划方案，否则，策划方案落后于事件的变化状态，就会使工作陷入被动。对其加以报道则应该有生动形象的现场描绘，让读者感受到现场氛围。电视可以通过捕捉现场画面，电台可以通过现场录音，通讯社和报纸则可以通过有情有景有细节的现场描写及新闻图片的有机配合，来增强报道的真实性和感染力。

连续。突发事件虽然是突然发生的，但并不都是瞬间结束的，有的突发事件虽然发生很突然，但其发展和结束还要经历一个缓慢的过程。突发事件一旦报道就要连续不断地跟踪报道，提供充分的信息量，报道事件的每一重要发展阶段和状态，同时报道事件对各方面的影响以及各方面对事件的反应。

立体。突发事件虽然有可能是来去匆匆，但其影响往往是深远的，因而对突发事件的报道不能停留在事件表面，就事论事，仅仅满足于报道事件本身；而应该广泛收集相关资料，多角度分析，多形式报道，既要有广度，又要有深度，尽可能使受众从报道中了解到关于事件的一切信息，并有所启示。掌握了突发事件报道的特点，在实际操作中可根据不同的具体情况，着眼于不同的目的，在突发事件发展的不同阶段选择适当的报道方式，这是突发事件报道策划的第一步。未雨绸缪，战前练兵，实战演习，事后总结，对于我们提高突发事件报道的策划水平大有好处。

二、突发事件报道的策划原则

突发事件的报道是新闻报道中的一项重要内容,它是对一家新闻单位各方面素质的综合检验,也是一家媒体走向市场、争取受众的一个重要环节;同时,突发事件的报道也是一个上下都十分敏感的领域,搞得不好会产生一些意想不到的负作用,给新闻单位和当地的工作带来不少被动。所以,掌握突发事件的报道艺术,遵循突发事件的新闻报道策划原则是十分必要的。根据国际惯例,结合中国的实际,在对突发事件的报道策划中,一般来说应把握以下几个基本原则:

1. 快速反应　及时报道

新闻报道视时效为生命线,新闻竞争时常就表现为时效竞争。而就突发事件而言,其变化来得突然去亦快速,而且影响深远,在报道上的时效竞争也就更为紧迫、激烈,胜负之差往往以分秒计。时效竞争有多层含义:一方面,要快速反应。突发事件来得快,去得也快,许多场景、情节稍纵即逝。这就要求新闻媒体、记者在事件刚一发生时就迅速做出反应,闻风而动,果断采取行动,快速迈出第一步,而不能犹豫不决、迟疑不前或慢条斯理。应在快速判明基本情况的同时,立即采取行动,力争率先获得第一手材料,这样才能在报道上占有优势。否则,等到所谓"精确地弄清事实真相"之后再采取行动,就会延误报道时机,被竞争对象甩在后面。另一方面要及时报道。突发事件传得快,传得广。新闻媒介对突发事件的报道都是争分夺秒,以求先声夺人。加之许多突发事件敏感而复杂,在真相大白之前,引起猜测、受曲解,就要求媒体及时报道,以澄清事实、表明态度,积极主动地引导舆论,收到"先入为主,先下手为强"的效果。若迟迟不报,就会被人怀疑,或被认为是有意掩盖,若等到某些别有用心的外电、不负责任的小报把突发事件报道引入"小道"或歧途之后,再来辩解就很被动了。

2. 真实准确　客观公正

坚持真实准确的原则,即是要坚持以客观事实为依据,实事求是,亲自调查、核实。突发事件发生后,要在保持头脑清醒的状态下,深入第一线及时展开调查,收集有关事件的一切信息资料,其中引用的数字、讲述的情节、援引的话要来自权威部门、权威人士或目击者所见所闻。收集的信息都要有根据,而不能道听途说或凭主观愿望"合理想象"。否则,就会造成报道失实,这不仅有损媒体形象,还会失去受众的信任。客观公正,是新闻工作者在新闻报道中必须遵循的又一项基本原则,即对事件只做客观叙述,剔除所有事件外的感情色彩和一些有意无意的诱导性话语,让读者了解事实真相,像看录像片一样对事件一目了然。这一原则是真实反映新闻事件的保证。突发事件大多是天灾人祸之类的灾难事件,一经报道便会举世瞩目,在社会上产生强烈的新闻效应,所以媒体在向社会公众通报这类事件时,更应严格遵循客观公正的原则:首先,不能隐瞒事实,掩盖真相,甚至弄虚作假,欲盖弥彰,否则就无法满足受众的"求知"心理,不能取得社会的理解与支持,也就难以妥善处理好突发事件,甚至可能在社会上引起骚动。只有将事实真相尽快告知社会公众,才可能取得他们的理解和支持,进而创造出一种有利于事件解决的良好的社会氛围,转危为安。其次,在报道时,应保持头脑冷静,判明情况,根据收集到的情况,作"实录"报道,而不能随意加入个人情感,对报道添枝加叶,妄加评说,或根据主观臆测给事实定性。

3. 把握大局　统筹安排

对不同性质的突发事件,要采取不同的报道方式和报道范围。一般的自然灾害,只在有关地方进行报道,重大自然灾害则由中央新闻单位向全国、全世界报道。对各种灾难性责任事故,也基本上按照自然灾害报道原则掌握,特别规定,对造成重大事故的原因,在主管部门得出正式结论之前,新闻单位不得发出猜测之词,以免给事故处理增加人为困难。

4. 把握节奏　保持理智

把握节奏,除了时间上的快慢要求外,就是对"度"的把握上的要求,而在对"度"的把握中,首要而关键的一点就是对报道量度的把握,在一个时期,一个地区,对突发事件的报道量必须有一个适度控制,把握好报道量。这里基于两个前提,一是一段时间里一个地区内突发事件的多少,没有突发事件是不能随意编造和夸大的;另外就是有了突发事件哪些该发,哪些不该发,哪些该重发,哪些该轻发或不发,数量的多少在一定的条件下可能引起质的变化。突发事件是随时发生的,如果一家媒体就某方面的突发事件如暴力事件经常登、反复登而且只有发案而没有破案,就会给人一种恐怖感、不安全感。如果该地区在一段时间里确实发生了许多暴力案件,该地区媒体就该从众多的案件中按轻重缓急有选择地控制发稿量,对报道也要讲究不同的内容和形式,如有的发消息,有的发通讯,有的发简讯,有的发重头,有的写发案现场,有的写破案过程,有的写歹徒的狡猾和残暴,有的写干警的机智和顽强,等等。除了考虑稿件在版面上的比重和位置外,还要考虑和其他各类稿件的搭配关系。如果当日报纸版面上成就类歌颂类等稿件较多,即使突发事件特别是恶性事件的稿件多一点,也不会给人大的震荡;反之,如果版面上本来就有很多批评类的稿件,再安排一条或多条突发事件的稿件,就可能引起人们的不安定情绪;如果外地或国外的忧伤新闻或恶性事件报道较多,再发本地的突发暴力或灾害报道,就可能引起麻烦,反之则能被群众接受。在突发事件的报道中讲究理智也是十分重要的。突发事件不论是天灾还是人祸,给社会带来的损失都是惨重的,因而它能给受众带来震撼力,这也正是不少报纸抓"卖点",抓突发新闻的原因所在。由于事件来得突然,损失又很惨重,人们往往一时无法对事件做到心中有数,易陷入慌乱甚至不知所措,而记者的责任重大,他不仅要真实地记录历史,对历史负责,同时还要面对突发事件报道中涉及的当事人或当事单位以及广大读者。因此,记者到了现场一定要保持冷静、理智,并迅速展开深入调查,弄清事实真相,这样才能驾驭突发事件,采取针对性的有力措施,转危为安。否则,在突发事件面前紧张慌乱,乱了阵脚,在未弄清情况之时仅凭主观想象和一时热情,盲目冲动地处理,则不仅不能"帮忙",反而只会"添乱"。

5. 讲求艺术　注重技巧

首先,要及时跟进,随事而变。其次,要拓展报道层面,深挖新主题。再次,要讲求艺术,用版面说话。我们知道,突发事件往往事关重大,容易触动社会神经,引起世人的广泛关注,而新闻传媒必须本着客观公正的原则,如实报道事实本身,不能加评说。在这种情况下,若能巧妙安排版面,则不仅能起到美化作用,而且能借此传达更多的信息,表达明确的立场,产生"此时无声胜有声"的艺术效果。

报道选题(节选)

[美] 卡罗尔·里奇

导言——

本文选自卡罗尔·里奇所著的《新闻写作与报道训练教程》,钟新等译,中国人民大学出版社,2004年版。

卡罗尔·里奇(女)是美国阿拉斯加安克雷奇大学的新闻学教授,她曾在多家报纸做过记者、编辑。本书虽然谈的是如何帮助记者实现写作,但其中阐述的一些观点、内容对编辑也极富借鉴意义。本文所讲的报道选题,与编辑在报道策划中对于选题的思考就非常接近。如作者提出互联网上的讨论是报道选题的汇集地,各种媒体的记者和编辑都可以在上面寻找到某些选题,因为几乎所有的媒体网站都发布受众对报道重大问题的反馈或相关民意调查,其中有的内容就可以为某些问题的后续报道创造选题。此外,作者还结合实例分析,指出可以通过查阅剪报集或计算机数据库、阅读当地的报纸、追踪某类计划项目或跟进一些事件和趋势,甚至查阅分类广告,都有可能随时激发出选题的灵感。这些,对于编辑的报道策划不无启发。在某个阶段,编辑有时可能会为策划选题一时陷入冥思苦想,而从本文作者的上述所讲中,或许会茅塞顿开豁然开朗,选题的得出便有可能"得来全不费工夫"。

维基·波特(Vikki Porter)剪下报纸上的优惠券不是为了在超市购物时能够省钱,而是希望从读者那里获得报道灵感。

波特是加州帕姆斯普林斯《沙漠太阳报》的执行总编辑。她经常在报纸上印制优惠券以询问读者对于本社区问题的看法。比如,其中一份优惠券向读者调查关于交通问题的意见，另外一份优惠券询问读者本社区所面临的最重要的环境问题。这些读者意见和看法被综合成一个交通专题："You Can't Get There From Here"（此路不通）。

报纸还刊印调查问卷来征求读者的意见，并开辟了一个《反馈论坛》。读者可以通过打电话给记者或者给记者的语音信箱留言的方式对问卷中的问题做出反馈。之后，记者会采访那些表示愿意就这些问题在报道中成为消息源的读者。

除刊登优惠券和调查问卷外，波特还会定期派记者到社区里去了解人们所关注的问题。她把这种短程旅行称为实地考察。"我们问他们我们应该写什么，当前应该致力于哪些？"波特说，"记者回来之后会提出许多报道选题。"

波特还发展了一批经常与记者和编辑磋商社区内主要问题的读者，组成了读者智囊团。波特说："来自各行各业的智囊团成员已经提出了大量的方法来追踪报道本州或本地区一些积极活动方案的成功或失败。"这些是记者们获取报道选题的一些前卫的方法。

因为新闻的本质在于变动——我们把重点更多地放在人们如何生活，如何工作和如何消遣上——所以报道选题的范围正在逐渐扩大。让好奇心成为你的向导，引导你去获取好的报道选题。当你看到或者听到一些你认为有趣或异常的事情时，想想它是否也会对你的读者或观众产生同样的效果。你的报道选题是否能够打动观众，首先应该考虑的因素应该是"跟我有什么关系"。

互联网对各种媒体的记者和编辑寻找报道选题的方法有着深远的影响。几乎所有媒体网站都发布受众对报道重大问题的反馈或相关民意调查结果。这些反响可以为后续报道创造选题。

互联网上的讨论组是另一个报道选题的汇集地。记者可以加入各种各样的论坛来阅读在线用户发布的讯息，其中一些讯息可能激发新闻报道的灵感。此外，记者还可以在论坛中直接发布讯息，以了解人们对相关主题的看法。不过，如果要在报道中采用从论坛中获得的讯息，道德的做法是，与发布消息的人取得联系并获得公开刊登其言论的许可，同时核实消息的准确性。

在互联网上按主题搜索是获取报道选题的有效途径。假设你要写一篇关于万圣节或其他某个假日的报道。点击搜索按钮，然后键入 Halloween。仅仅从 Infoseek 引擎你就可以得到 58000 多个有关这个节日的网页。其他搜索引擎可以为报道搜索到更多的选题、角度和背景。

国际互联网还提供了到达上千种在线报纸的途径。通过在其他报纸的网站上冲浪，你可以找到关于某些问题的选题，并找到符合本社区的报道角度。

互联网资源仅仅可以作为选题来源，不能在未注明消息来源或者未经许可的情况下拷贝互联网上的信息。选题没有版权，但是，无论版权标志或版权声明是否在网站上发布，以文字或图表呈现信息的方式是受版权保护的。从网站上拷贝信息与从其他出版物上拷贝信息具有同样的性质。如果你把材料据为己有，你就是在剽窃，这是新闻行业中最为严重的犯罪之一。如果你想使用来自网站上的信息，应当在报道中列出网站的名称并提供 URL 地址（国际互联网网址）。《美联社规范和防止诽谤手册》建议在报道的末尾列出互联网网址。

发现报道的其他途径

有些发现新闻的传统方法依然十分重要。新闻的一些基本概念——本地关注性、人类普遍关注、及时性、异常性、冲突性、名人显著性以及新闻事件的影响性——都可以产生新闻选题。重大的全国性或本地新闻事件可能值得做本地的反应性报道。

如果你身处大学校园，你周围有各个领域的专家。在需要从本地角度报道或解释全国性新闻时，这些教授就可以成为很好的消息源。

获得报道选题的主要途径是定期地接触消息源，并询问他们所在的工作场所正发生着什么。如果你专门负责某个领域的报道，这种方法尤为重要。另一条获取报道选题的渠道是研究与报道领域有关的记录，比如政府公文。

许多优秀的报道源自于观察。你在校园或社区内发现过异常的或独特的事物吗？摄影记者一般要擅长观察人物和场所，才能抓拍好照片。一幅优秀照片的选题可能同样适用于一篇优秀的报道。

视觉构思同文字构思一样是报道选题的一部分。报道是否需要一幅照片、插图（诸如图表或地图）或者加框信息？在设计报道选题的时候，还应当考虑到这些因素。

下面是有关发现报道选题的其他建议：

脑力激荡：与其他同学或者你所在社区的人们一起讨论报道的选题。校园或社区里的哪些话题是人们关心的热点？谁学的课程与众不同？是否可以为某个教授做个人物专访？哪个组织具有新闻价值？想一想与消费者有关的选题，比如，怎样买到最优惠的书，如何得到奖学金和贷款。

查阅数据库：查阅剪报集或者计算机数据库。当你开始着手专门领域的报道或某个重大报道的时候，可以在自己的出版物和其他报纸、杂志中翻看以前相关主题的文章，从中查找消息源和报道角度。但要注意不可以抄袭信息或引语——那是剽窃——只是借鉴这些报道的选题。

图解主题："图解"，是脑力激荡法的一种形式，而脑力激荡法是由研究大脑左（逻辑推理区域）、右（创造想象区域）半球功能的研究者们提出的。图解是词语联想的创造性过程，能够帮助你将读者感兴趣的话题从各个方面进行拓展。画一个圆圈或树干代表主要话题，在圆圈外画射线或者在树干周围画树枝代表相关的选题；或者索性只列出一个问题清单。

举例来说，你可能想探究学费是否增长这个话题。学费作为主题，应当被放置于圆圈的中心或者树的主干，相关话题可以是学费上涨对外来学生的影响、资金的去向、与其他院校的比较等等。一旦列出所有与核心主题相关的问题，你就可以将你认为不值得成为一篇独立新闻报道的问题删掉。

另外一个可以进行图解的主题是节假日。关于感恩节、春节、情人节，你可以列出多少个选题呢？

把这种方法用于天气问题。如果你所在地区发生了洪水或是持续干旱，想一想老百姓、商业以及其他机构受到了怎样的影响。

假设他人观点：这一技巧与图解主题很相似。针对某一个问题进行角色扮演，来发现其他人对这个问题可能的看法。这一过程会不会使你产生创作关于受事件影响者的专题或特写的想法？如果政府削减对你所在大学的拨款，学生、教学计划、院系以及相关的校园活动将会受到怎样的影响呢？

另外一个潜在的选题来源是特殊利益集团。哪些团体的人们在你的报纸中没有被充分报道？校园中少数民族所关心的问题会不会产生好的新闻报道？城市中的老年居民遇到了哪些问题？学校或城镇中的妇女团体是否有某些特殊的困难或利益可以成为出色的新闻选题？残疾人需要些什么？所在社区的退伍老兵是否存在具有新闻价值的特殊需要？学校里有活跃的同性恋权利组织么？与这些团体组织的成员建立联系可以获得大量的报道选题。

观察：留意学校或当地政府办公室的公告栏。环顾整个城市，有没有新出现的店铺或建筑物值得向读者介绍？有没有老的建筑物、文物古迹或店铺关闭了，比如某个知名的去处？有什么事情让你感到好奇？你发现了什么新鲜的事物？有什么计划或事件可能具有新闻价值？

与人交谈：向你的朋友询问他们对什么感兴趣。甚至吃午饭时可以倾听人们在谈论什么，当你外出去社区的时候，询问人们看报纸都读些什么以及他们想读些什么。

查阅名录：大学和许多政府机构都有部门名录和名人名录。有没有什么人、地点或者项目看上去具有新闻价值？你所在学校的名录上是否有一些听起来不寻常或值得做特写的组织和部门？

你还可以通过电话号码簿的黄页来发现有趣的服务和有趣的场所。比如，你所在的城市中有多少家提供陪伴服务的公司打出了广告？佛罗里达州劳德代尔堡市的黄页上列出了20多家提供陪伴服务的公司。丹·洛夫利曾经是劳德代尔堡《太阳前哨报》的记者，他从了解陪伴服务开始，后来写了一篇调查性报道，揭露某些陪伴公司从事卖淫活动的秘密。

阅读当地报纸：新闻报道中有没有可以成为独立报道的角度？报道中提到的人物是否可以作为人物特写？有时候最好的专题报道往往是突发性新闻报道的衍生物。

能否从某个新闻事件派生出更大的报道？如果你所在社区的养老院被指控程序不当，是否可以针对养老院的其他问题比如开业许可证问题做一篇较大的报道？

当你所在社区发生重大新闻的时候,受到影响的专家或其他人是否具有做一篇独立报道的价值?比如,如果你所在城镇的教师正在罢工,你就应该想到所有受到影响的人。是否有专家可以对此问题提供权威见解?是否值得为专家做一个特写?

几乎所有的重大新闻都会影响你所在社区,比如灾难、罢工、犯罪以及法庭规则。这类重大新闻都需要做跟踪报道,以反映事件过后人们所采取的行动。

查阅分类广告:寻找非同寻常的广告内容。校园报中提供学期论文服务的广告可以是一篇优秀的调查性报道的题材。有关收养、异常研究服务或者新服务项目的广告都可能成为好的新闻题材,别忘了一看寻人(物)栏。在寻找丢失的宠物背后可能有一个极富人情味的故事。

帕特里夏·罗杰斯曾经做过艾奥瓦州《得梅因纪录报》的记者。她在浏览本报的分类广告时,注意到了下面这条广告:

迷失的勇士,蓝黑色猎犬,雄性,很愚笨但很友好。

罗杰斯说:"当我看见'很愚笨但很友好'时,我就感觉这则广告背后有一个很好的故事。"的确如此,那条狗走到离家两个街区的地方就找不到回家的路了。后来发现这条狗经历了一段很艰难的生活。有一次它被从得梅因的主人丽莎·沃尔里斯家偷走,在它被小偷抛弃后差一点被饿死。这一次它比较幸运,有人发现了它并把它送到动物收留所。罗杰斯用沃尔里斯在找到爱犬后说的一句话作为报道的结尾:

沃尔里斯说:"我可以从它愚笨的表情判断,它就是我的狗。"

这是一篇很小的报道,但人们喜欢阅读有关狗的新闻。罗杰斯说编辑很欣赏这个选题。

另一位记者从一则关于宠物眼镜蛇的广告中衍生出了一条很有趣的报道。这条报道还可以进一步拓展为一篇有关特殊宠物的特写。

将全国性新闻本地化:全国性新闻可以在你所在地区报道吗?有哪些本地角度?当地人们做何反应?

寻找人物特写:有没有因为成就突出而出现或者应该出现在新闻中的人物?报道中提到的专家是否值得做一个单独的人物特写?有的人克服了厄运而取得了特殊的成就,或者经历了与新闻事件相联系的痛苦与欢乐,或者代表着新闻事件某一个特殊的角度,你能够了解到这些人的故事吗?这样的报道通常会成为出色的能引起普遍关注的富有人情味的特写。

追踪计划项目和事件:有没有会使读者感兴趣的校园计划或政府计划?它是否是一个新鲜出炉的计划?以前的计划中有没有快达到周年纪念日的?实施的效果

如何？有没有公民个人或某个组织正在努力争取实现的计划？这个计划是否与季节或者某个新闻事件相关？比如说，学校里有没有什么计划因为预算的削减而受到影响？

假日、新闻事件和重要的新闻事件的周年纪念日同样可以成为好的专题。应当进行事前计划，酝酿与这些主题相关的报道。

查看前几年报纸的文档或微缩胶片。有没有值得做后续报道的重大新闻？出色的报纸编辑和记者会按周或月做备忘录，来提醒他们不要忘记需要跟进的报道。当你从事新闻报道时，尤其是负责专门领域的报道时，你应该着手建立起自己的备忘录，这样才能提醒自己哪些报道需要跟进。你可以在计算机里建立一个电子版的备忘录，列出本月或这几个月内需要跟进的报道选题。

改写新闻稿：政府机构、所在社区的组织以及校园组织往往会针对新闻事件发布新闻稿，这些新闻稿常常蕴含着许多专题报道的选题。如果你被指定从事某一领域的报道，你可以要求关键性的消息源给你寄送他们所发布的所有新闻稿。

跟进事件和趋势：校园里或者所在社区内出现的问题是不是全国性的问题？比如说，四名女士分别在学校内遭到袭击，可不可以做一篇更大的反映校园强奸问题或安全感危机的报道？

当你从事问题报道的时候，确认报道焦点比较集中。艾滋病、无家可归者这种题目太宽泛了，应该把报道聚焦在问题的某一方面。可以写关于校园艾滋病病例增长数目的报道，或者写关于你所在城市无力解决艾滋病患者看护问题的报道，还可以写关于所在城市存在的无家可归问题的一个方面，比如，无家可归的妇女儿童数量在增长。

保持好奇和关心：这些品质尤其会引导你创作出优秀的报道。

新闻稿是由组织的公关人员或其他人员所写的声明或报道。发布新闻稿的组织希望报纸、杂志、广播电台或电视台能够原样采用稿件或者作为报道的选题。制作成录像带的新闻稿也正作为企业推销自己观念的一种手段而逐渐流行起来，并且有些电视台正在采用这种预先包装好的新闻报道。

即使你可以照搬新闻稿中的信息而不必担心有剽窃的嫌疑，你也永远应该核实信息的准确性。出色的记者往往只把新闻稿作为报道的由头来使用，然后他们会再寻找一些其他的信息。

一定要牢记新闻稿并不是平衡客观的新闻报道。它是以公开发表的形式为某个组织或个人唱赞歌的报道，任何批评性的、有争议的信息都很可能被过滤掉。

研究与思考

=延伸阅读=

1. 蔡雯:《新闻传播的策划与组织》,新华出版社,2003年版。
2. 赵振宇:《新闻传播策划导论》,武汉大学出版社,2004年版。
3. 胡智锋:《中国电视策划与设计》,中国广播电视出版社,2003年版。
4. 董天策:《新闻传播论稿》,福建人民出版社,2004年版。
5. 邓利平等:《报纸业务新理念探析》,兰州大学出版社,2005年版。
6. 魏永征等:《西方传媒的法制、管理与自律》,中国人民大学出版社,2003年版。
7. 杨秀国:《新闻报道策划》,人民日报出版社,2012年版。
8. 礼桂华:《广播新闻策划》,东北大学出版社,2006年版。
9. 肖云:《席文举新闻策划》,中国社会科学出版社,2000年版。
10. 陈寅:《非常新闻策划大道》,海天出版社,2006年版。
11. 李德明:《新闻策划实战宝典》,湖北教育出版社,2013年版。
12. 刘行芳:《实用新闻编辑学教程》,西南师范大学出版社,2006年版。
13. 王君超:《媒介批评:起源·标准·方法》,北京广播学院出版社,2001年版。
14. 文清源:《错误论》,辽宁人民出版社,1991年版。
15. 布雷恩·S·布鲁克斯等:《编辑的艺术》,中国人民大学出版社,2009年版。
16. 伊丽莎白·威斯纳·格罗斯:《最佳编辑要领》,郭瑞等译,新华出版社,2001年版。

=思考与实践=

1. 了解新闻策划的含义及其功能。
2. 认识新闻媒介策划、新闻报道策划、新闻事件策划三者的区别与联系。
3. 新闻报道策划主要有些什么类型?
4. 谈谈新闻报道策划常用的报道形式。
5. 试述为什么要强调新闻策划的价值共享。
6. 如何防止新闻策划的畸变?
7. 比较当地党报与都市报对同一起新闻事件报道策划的版面内容与形式。
8. 比较一起重大的国际新闻报道中,中西方报纸策划编排的头版与专版。

9. 某地一家化工厂发生了严重的化学品泄漏事故,造成了当地罕见的环境污染,你作为当地一家报纸的编辑,如何来报道这起事件?请写出较详细的报道策划方案。

10. 某年国庆节期间,上海一家报纸同婚庆公司联手,策划并报道了不同套系的空中豪华婚礼,以此反映独生子女一代年轻人的消费观和价值观,那就是能挣会花、享受生活、乐于尝试;天津《今晚报》组织的集体婚礼把支援希望工程作为活动的主题,新婚夫妇除了自愿向希望工程捐款外不再花其他的婚礼费用,婚礼简朴大方、倡导社会新风,捐资10万元为遭受严重水灾的黑龙江铁力市建立一所希望小学。请就此话题,分析这两家媒体介入的集体婚礼策划所产生的不同社会效应。

11. 阐述新闻策划与宣传的异同。

本题研究的思路,应先认识新闻与宣传有本质的不同,然后在阐述两者可互为融合的方面。可从下面几方面展开:

1) 新闻报道是叙述事实,主要功能是传播信息;宣传是陈述主张与观点,主要功能是传播观点;

2) 新闻的价值取决于它满足受众需要的程度,宣传的价值着眼意图在对象身上实现的程度;

3) 新闻讲究时效,宣传讲究时宜。

4) 两者在理论上可以泾渭分明,但在实践中要当作完全不同的两种行为区别开来很难,因为事实一旦被描述就不再是独立的自在体,即常说的事实观点一体化。此外宣传离不开事实,新闻报道同样用事实说话。

结论:没有媒体完全是在为传达信息而光说事实,都在或多或少地传递着某些观点。新闻报道与新闻宣传的联系,在于利用新闻作有效的宣传,宣传既要有宣传味更要有新闻味。就媒体而言,为宣传而进行的策划同为新闻而进行的策划没有本质区别,或者说两者可互为利用。

12. 下面是一家省级党报的一个栏目策划,你如何评价?

"我的1958"征文启事

1958年是××自治区的元年,是许许多多××人生活和事业的转折年。本报从今天起开展"我的1958"征文活动,为的是给1958年曾在××地区工作生活的人们提供一个舞台:回望50年前激情燃烧的岁月,讴歌人与人的率真情感,见证××自治区跨出的历史性第一步。

来稿请寄××市中山南街47号××日报总编室
邮编:750004,邮箱:zbs@nxnet.net

对此策划的分析可从几方面去思考:

1) 从时间背景看。1958年正值全国狂热的"大跃进"年代,那些明显的违反经济工作规律,瞎指挥、浮夸、刮共产风、全民大炼钢铁等背离科学的行为,是当时举国上下最突出的表现,其结果是搞乱了经济秩序,使国民经济遭到严重破坏,直接导致后来的农村大饥荒。

2) 从稿件主题看:让人们去讴歌大跃进那样的岁月,于今人来说难以想象("文革"时期的人们更是以"率真情感"投入"造反",更为"激情燃烧"地去"革命"、"斗争"),那段不堪回首的非理性岁月恰恰是值得认真反思、检讨,以避免再犯类似的错误。

3) 从撰稿作者看:当年的在这个地区工作生活的人,至今50年过去已进耄耋之年,有无多少精力来写稿,而且,有多少人在阅读该报得知此策划,因此稿源恐成问题。

由此得出的结论不难理解:这样的策划能产生什么样的效果?

第三章 稿件处理之一：选择

导 论

　　选稿是编辑最基础性的工作，如同种庄稼先要筛选良种，选稿即为保证新闻出版的质量。

　　努力满足受众在生活、工作、学习、娱乐等方面的需求。

　　大千世界变动的信息浩如烟海，随时都有数量庞大的信息经过各种渠道源源不断地传送到编辑部，敲打着新闻媒体的大门期待与受众见面。各种稿件内容包罗万象，既涉及到客观世界的各种变动，也隐含着不同的立场、态度和审美情趣。媒体是一个封闭的系统，版面或节目时段相对固定，纵使一再扩版或节目时间延长，仍然容纳不下无穷无尽的新闻信息。曾任《纽约时报》编辑部主任的埃德温·詹姆斯说过："我们每天收到100万字的新闻，而只能用12.5万字……这是一个选择的过程。"传播学奠基人施拉姆也直接指出：媒体的职责是"广泛、迅速而方便地提供信息……从社会上所能获取的一切信息中选择它们愿意广为发布的内容。它们对这些内容进行加工与扩大以提供给广大的传播对象……筛选艺术也许是它们运转中最为重要的组成部分"。[①] 不同的媒体代表着不同的利益集团，它们从各自的新闻理念、编辑方针出发、对象需求来选稿件，以发挥预期的社会功能、经济效益及舆论引导。

　　编辑是新闻报道的最终"把关人"，对稿件的选择既有被动性也有主动性。前者是指编辑要受法规、政策、纪律、道德的限制，后者是指各家媒体的受众对象、任务目的不尽相同，需要选最能体现出自家媒体特色的稿件以适于新闻市场的竞争。选稿工作做好了，其后的稿件修改、标题制作、版面编排或节目播出方能顺利跟进。选择稿件没有统一的标准模式，各种见解不一而足，西方也存在着严肃性媒体与娱乐性媒体选稿的价值取向差异。但无论如何，编辑首先要认识的是稿件的真实性，这是新闻最一般的本质灵魂。新闻传播的诞生就是在满足人们对真实信息的需求之上，并以此存在与发展。新闻事业的使命，就是要对复杂变幻的现实社会跟踪反映，将事物的运动发展做同构传播，让偏于社会一隅的个体与群体突破和超越原有的束缚，放眼到浩瀚宇宙的五彩斑斓中去，广人之视听，新人之知识，及时了解自身生存环境的变迁，认识现实世界，制定或修正下一步行动的蓝图。新闻事业这种真实传递信息、沟通情况与联系的功能，马克思就深情地赞誉其是"把个人同国家和整个世

[①] 施拉姆等：《传播学概论》，新华出版社，1984年版，第161页。

界联系起来的有声纽带"。① 罗曼·罗兰也说过："真实的东西才是最美的。它不会使人失望,只能使人对未来充满信心。"掩盖真相或编造的新闻即使能使骗人一时,真相大白必为人唾弃,中外新闻史上都不乏其例。

因此,编辑首先要细审稿件中所叙述的人物、事件、原因、结果、时间、地点,包括每个细节都是客观实在的可查可访。如果稿件脱离这种真实性去想象或虚构,哪怕是极其细微的一点也会动摇受众的信任感。"客里空"之所以一再受到新闻界的批判,原因正在于此。受众对新闻的信任,是建立在对真的追求上,新闻失实将造成受众的心理变异,心理结构失调,破坏对新闻所持有的相信心态,造成逆反心理的后果。新闻多次失真必然导致受众对媒体态度冷淡,即便后来报道的事实真确也不易被人所接受,童话故事"狼来了"就是教训。这种心理定势会使人对新闻从期待的状态导向冷淡的情绪,或是以一种与新闻报道相背的心理去看待新闻,得出与稿件主旨相反的看法。正如《红楼梦》中的一副对联:"假作真时真亦假,无为有处有还无"。因为传播的信息失实,甚至会造成人命关天乃至难以想象的亡国后果,周幽王谎报重大军情的"烽火戏诸侯",最终就闹了个身首异处、国家灭亡的悲剧。

第二,编辑要对稿件进行新闻价值的分析,从业务的角度,即传统的新闻价值因素出发来衡量稿件。主要指新鲜性——稿件中的内容是罕见的、稀有的,或者是它有过但现在又有了新的变化发展。"新"是新闻的活力,也是新闻事业赖以生存的条件与优势。"史所记不嫌其旧;而新闻所记,则愈新愈善。"②人们对新闻的青睐,正是基于它向社会传达各种新鲜的信息,满足人们对新颖事物的好奇心、需求以及对他们所带来的种种启迪、思考。从心理学上看,人们之所以对新的东西感兴趣,在于新的事物大都反常,它们脱离事物原有运动的顺时针轨道,打破了旧事物的局限与平衡,给人一种意外惊奇。主要包括,新的动态:即事物的变动及发展趋势,这是最为普遍的新闻活动,它具有社会实践创造的内涵,包括各个领域有意义的活动;新的成就:它们是人类实践创造的集中展示,体现出人的自由创造的本质力量,可以鼓舞人创造出更多更好的物质;新的经验:它给人借鉴学习开阔视野,作为精神财富被更多的人所掌握,便会转化为巨大的物质力量推动社会前进;新的人物:具有新思想、新道德、新风尚、新创造、新事迹的人,特别是先进典型给人榜样的力量;新的问题:现实中不断出现的问题、矛盾,促使人们探索解决的方法,人类社会就是在不断出现问题、解决矛盾的过程中向前发展;新的奇幻:自然界运动的种种奇妙变异的现象,如流星雨、日蚀月食、海市蜃楼等等。重要性——稿件内容对社会的影响性而言,其涉及的社会成员越广泛其影响的程度会越深刻,也越显示出其重要性。编辑应着重考察稿件与受众的关联程度,会在多大范围内引人关注,与多少人的利益或兴趣相关。

---

① 《马克思恩格斯全集》第1卷,第47页。
② 徐宝璜:《新闻学》收录于《新闻文存》,中国新闻出版社,1987年版。

"凡同多数人利益相关,为多数人所关注的事实,被认为有社会意义,也就有重要性。"①新闻的重要性更与突发性相关,各种灾害不以人的意志为转移发生,其重要在于它的冲突性、刺激性特点。冲突性——主要表现是人与自然、人与社会的冲突。人与自然的冲导致生态失衡、环境遭损害等。各种冲突都会迅速刺激人的感知神经而引起严重关注。接近性——主要包括有两方面的内涵,一是指空间即地理上的接近,新闻发生地与传播地的距离越近新闻价值越高,因为人们对周围事物变动的关心远胜于遥远地区的事物,身边的环境与其关系最为密切。二是指心理上即情感的接近性,发生在异地甚至遥远地区的事,如果与受众在心理上接近也具有新闻价值,因为对某种事物在人的心理上没有什么距离感的话,在情感上就比较容易引起共鸣。情感上的接近因素较多,包括民族、阶层、文化、职业、兴趣、年龄、性别等等。其中民族的因素所占比重最大,它是"人们在历史上形成的一个有共同语言、共同地域、共同生活经历以及表现于共同文化的共同心理素质的稳定的共同体"。② 这使同一民族在生活方式、风俗习惯、趣味爱好、思想观念上趋同,对于本民族相关的新闻其关注都会超越空间距离。显著性——稿件内容是否具有令人关注的特质,即看其中的人物、事件、时空等是否有知名度。如政府官员,其地位显赫重要在社会生活中极具话语权,在公开场合往往一言九鼎,官位越高其行为就越显著而使人关注,其言行举止要在众目睽睽之下受到监督。社会名人,如英模、科学家、企业家、艺术家等,因在某方面做出了突出的贡献广为人知,使公众关心他们的言行。包括历史名人,只要发掘到了他们过去鲜为人知的东西也是报道的题材。娱乐明星,如影星、歌星、选秀红人、网络达人、体坛宿将等,其因频现媒体为人所知,发生在他们身上的事即便是非常普通,也具显著性而令人瞩目。趣味性——多指奇闻异事,内容使人感到有趣或好奇,令人兴趣盎然。"兴趣性是事实能够成为新闻事实特别重要的价值属性,因为它是开启新闻发现、选择活动和接收、接受活动的重'阀门'。"③这类新闻没有空间、文化的藩篱具普世性特点。在价值观念多元化的世界,不同的社会、民族、群体等虽受到各自属性的制约,对事物的变动会有分歧,但各自属性只是社会性中的一种,社会性包括一种具有普遍意义的整体属性,即人类的共同性。"口之于味也,有同嗜焉;耳之于声也,有同听焉;目之于色也,有同美焉"④,如自然界的奇观异景,春天的生机勃发、夏季的枝繁叶茂、秋日的硕果累累、隆冬的雪花飞舞,以及蓝天的飞鸟展翅、林间的走兽喧闹、江河的鱼群畅游、山野的花开花落……—经报道都趣味横生,给受众带来愉悦。"你可以写下最崇高的哲学思想,但是如果没有人来读

---

① 童兵:《理论新闻传播学导论》,中国人民大学出版社,2000年版,第51页。
② 《斯大林全集》,第2卷第294页。
③ 杨保军:《新闻理论教程》,中国人民大学出版社,2005年版,第121页。
④ 《孟子·告上第七章》,山西古籍出版社,1999年版,第173页。

它,那有什么用处?"①新闻亦然。人类社会愈是向前发展,民族间、国家间的交往愈是频繁,共同进行人类物质文明创造的要求也会日益迫切,这种交流以及实践上的共同要求,是民族关系、国家关系发展的潮流,新闻的趣味性可以在各种交往中起着增进了解、发展友谊的作用。

第三,编辑还要看稿件的社会效果问题。新闻既反映客观现实的变动,也融进了传播者一定的主观情感,会对受众的思想、行为发生某些影响,因此编辑要注意对稿件发表后可能产生的包括政治、经济、法律、文化、道德等影响进行预评。从新闻效果的性质来看无非有三种。一是正面的。新闻体现出社会实践的进步,表现出人的行为活动合乎实践的规律性、目的性,如革新、创造、勇敢、勤奋、欢乐、崇高、廉洁、公正、亲善、成功等这些积极的实践活动推动着社会的进步。这类新闻的效果通常是好的。二是负面的。新闻是人与社会、人与自然的关系发生的冲突失衡,表现出非人性的特质,如灾害、事故以及虚假、贪婪、霸道、荒淫、卑劣、愚昧等不合乎实践的规律性、目的性的行为活动,它们阻碍社会的发展,这类新闻可能产生消极的影响。三是中性的。新闻对人没有什么功利价值,如一些奇闻轶事、明星琐屑等只是饭后茶余的谈资,这类新闻大都没有什么积极意义或不利影响。当然,新闻事实的正面或负面与报道的效果是积极还是消极并不能构成直接关系,负面新闻的传播可能产生不好的影响也可能发挥正面的效应。认为负面新闻的报道必然会产生消极影响而予以压制,只是掩盖了事实,损害了公众的知情权,只会使人处于盲目的状态。新闻传播的效果并非绝对地限于事实本身的好与坏,如何认识与表现、传播的环境以及受众方面的原因等,都与之有关系。

选稿还应考虑各家媒体的受众定位和功能定位,以及出版或播出时间等的不同,这决定了各家媒体的风格特色有所差异。编辑除了上述考虑外,还应从稿件是否适合本报(台)的风格特点来取舍。如日报与周报、机关报与都市报、全国性报纸与地方性报纸、综合性报纸与专业性报纸、老年人报纸与青年人报纸等,都会坚持各自选稿的侧重点来体现其个性特征。个性就是事物的优势,就是区别于他物的特征。媒体没有自己的个性就体现不出自己的优势,难以适应受众的特殊要求,也就会失去单独存在的理由。各家媒体在选稿时的侧重点的差异,才有了新闻园地的百花齐放,各种风格特色的媒体在新闻市场上争相斗艳,满足不同受众的广泛需求。

在选稿时树立两个观念,有助于其工作进行得更为顺利。

一是认真分析。作者为新闻稿的采写付出了艰辛劳动,不论他们动机怎样内容如何,客观上是支持了媒体的工作,要让大家来分享新闻。编辑对每篇稿件都应怀着一片丹心热情审阅,不要因为稿件够了就放弃其他未审稿,选稿宛如淘金,正所谓唐诗云"千淘万漉虽辛苦,吹尽黄沙始到金",一切好稿都是在看完所有稿件之后才

---

① [美]威·安·斯旺伯格著,陆志宝、俞再林译:《普利策传》,新华出版社,1989年版,第80页。

能最后定夺;不要因为作者不知名而轻视其稿,芸芸大众中藏龙卧虎,只要稿件有价值一视同仁,名家也是从当初的不出名一步步成名的;不要因为稿件冗长而放弃不管,或许其中的某一部分有刊播的价值,坚持看完才能最终决定。

二是适当平衡。稿件来自不同地区、部门、群体或个体,内容形形色色,编辑应考虑到平衡问题:中心与非中心报道的适当平衡——所谓红花还要绿叶来扶持,重点也是在非重点的衬托下凸显出来的,好比主干河流,有其他支流陪衬才显出大河的磅礴气势;各种内容报道的适当平衡——媒体宛若百科全书,社会的政治、经济、文化、教育、科技、体育、卫生、军事、法律、宗教、习俗风尚、日常生活以及自然界运动的种种变异都应兼顾,让受众见识到世界变动的琳琅满目、社会生活与自然世界的丰富多彩;各个地区部门报道的适当平衡——通常经济发达的地区、部门的创新多、新闻多,但也不应忽略对欠发达地区与部门的关照,避免新闻报道的"嫌贫爱富"倾向;正面新闻与负面新闻的适当平衡——自然与社会是辩证地美丑相形,福祸相倚地运动发展,如雨果所言世界是"恶与善并存,黑暗与光明相关"[①]的矛盾复合体,选稿中坚持辩证法,突出弘扬主流的真善美新闻,也披露反映支流的假丑恶现象,这样展示给受众的现实图景才是比较完整的而不是局部的,有助于受众全面认识复杂的现实社会,避免出现舆论引导的偏颇,新闻传播的宗旨才能真正地体现出来。

选 文

新闻稿件的分析(节选)

陈仁风

导言——

本文选自郑兴东、陈仁风、蔡雯著《报纸编辑学教程》,中国人民大学出版社,2001年版。

陈仁风,辽宁辽阳人,1935年出生,中国人民大学新闻学院教授。

稿件选择是编辑最基础性的工作,关系到后续的编辑工作环节能否顺利衔接、完成,而且与媒体的传播影响直接相关。编辑要做好稿件的选择工作,关键是首先要对稿件进行精当的分析,即哪些该入选、哪些该淘汰。对稿件分析得当编辑工作

[①] 雨果:《克伦威尔序言》,收录于《西方文论选》上卷,上海译文出版社,1979年版,第183页。

会事半功倍,有助于发挥媒体传播的积极作用,反之有可能产生消极的影响。本文认为,稿件分析是着眼于稿件所写的内容,分析的关键是要把稿件同它所反映的客观现实联系起来,同它的读者的状况联系起来,同它可能产生的社会效果联系起来,同它所刊载的报纸及发表的时机联系起来,这些决定着一篇稿件能否刊用以及刊用价值的大小。就是说,一篇稿件能否刊用及其刊用价值的大小,要受到稿件所反映的客观现实的制约、读者的制约、社会的制约、报纸本身特点和稿件发表时机的制约。这些方面的制约,要求稿件所写的内容应该做到真实、新鲜、重要、有益,能产生积极的社会效果。本文就上述问题,进行了较为详细的论述。为节约篇幅,本文收入时略去了大量结合分析的实例。

编辑对稿件的分析并非一次完成,而是贯穿于编辑工作的全过程。从选稿到改稿,从标题到组版,每个阶段都离不开对稿件的分析,所不同的是各个阶段各有不同的侧重点。分析稿件就是对稿件做出评价,就新闻稿而言是做出新闻评价和社会评价。要做出这种评价,固然要看稿件所写的内容,但孤立地分析稿件还不能完全判定它所蕴含的价值,还须把它放到与外界环境的联系中进行分析。具体说来要进行以下几方面的对照:

一、稿件内容同所反映的客体相对照

读者从新闻报道中要了解的是客观外界的真实情况,因此,稿件所反映的客体必须是客观存在的事实不能有虚假。稿件所写的内容不真实,即所反映的客体缺乏客观根据,具有主观成分。主要有以下几种表现:

虚构。所写的事实是凭空捏造,在现实中并不存在。

添加。稿件在写某人某事时,又无中生有添加了一些事实。

拼凑。稿件所写的事情确实存在,但它们是不同的人在不同的时间、地点做出的,而稿件把它集中到一个人身上来。

夸张。稿件对所写事物在数量、规模、发展程度以及所起的作用、影响方面有所夸大。

偏颇。稿件在表现事物之间的因果关系时,无视形成某种结果的多种原因,只强调其中一种所起的作用,把多因一果变成了一因一果。

孤证。稿件反映全局情况时,援引的例证是孤立的个别事例,缺乏代表性。

回避。稿件在反映事物的某一方面时,有意回避与此紧密相关的另一重要方面,使人看不清这一事物的全貌。

幻影。稿件所写的事实似乎有点根由,但认真追查却查无实据。

假象。稿件所作的结论是根据一些假象得出的,未能反映事物的本质。

对于这些失实现象编辑要善于及时发现。发现的方法,通常可以采用分析、核

对和调查三种。分析法是编辑依据自己的知识、经验和判断力，从稿件本身直接发现可能引起失实的疑点和破绽；核对法是借助工具书或有关资料，查对稿件所写的事实；调查法是直接向当事人和有关人员核查稿件中所写到的事实。三种方法各有长处，分析法是编辑最常用的方法。有些稿件所写的内容无需核查，通过分析就可直接发现其中的破绽；有些稿件的内容虽然需要核查，但是明确核查的目标与重点，研究调查、核对过程中出现的情况和问题以及最后形成结论，都需要进行分析与判断。在这里，分析法仍在发挥它的作用。下面着重介绍如何运用分析法发现稿件中的疑点，可从以下几个方面入手：

第一，从稿件对同一事实的不同叙述中发现疑点。在稿件中多处写到同一事实，如果说法不一，前后矛盾，这里面就容易隐藏着不真实的因素，应加以注意。

第二，分析一件事实各个组成部分之间的联系，从中发现疑点。一件事实是由各个部分组成的。如某人做了某事，这一事实至少包括行为主体（某人）、行为及行为的条件几个部分，有时还包括行为的结果。这几部分相互依存，具有一定的联系。检查稿件写的事实是否真实，一个重要的方法就是看这几个组成部分之间是否存在着一定的联系。如在稿件中所写的那种条件下是否可能出现那种行为；所写的那种行为是否可能产生那种结果。编辑可从这种分析判断中发现疑点。

第三，从稿件所提供的事实及作者对事实的评价中发现疑点。作者在向读者报告所发生的事实时，往往在字里行间流露出对事实的评价。编辑在进行稿件分析时，应检查这种评价是否符合稿件中所提供的事实。如有篇稿件对某市化工系统开展增收节支活动所作的评价是"取得了好效益"，其中只提供了三个厂获得效益的情况，而该市的化工系统包括几十个工厂，作者所提供的事实显然得不出那种评价，真实情况就使人怀疑。

第四，从新闻来源中发现疑点。来稿中对新闻来源往往有所交代，说明所写事实为某人所提供的。尽管如此，编辑仍要检查和分析新闻来源所提供的事实是否真实。有些稿件没有交代新闻来源，但仍可从稿件作者是否能采集到这些事实来判断真伪。

二、稿件内容同读者的原有认识相对照

稿件是写给读者看的，读者要从中了解刚刚发生的新闻。因此，新闻的内容应是读者未知的，有助于消除读者认识上的不确定性。但是要判断稿件中的哪些内容是读者未知的，编辑又不可能在编发每篇稿件之前都作一番调查，只能根据平时对读者的了解，从稿件所写的事实本身和新闻媒介的传播情况去判断。

（一）从稿件所写的事实本身去判断

首先要看所写的事实是不是新近发生的变动。即要求新闻报道的时间与变动发生的时间距离要接近。时间距离越近时效性越强，读者未知的成分就越大；反之

则已知的成分就越大。这有几种具体表现：

一是写刚刚发生、带有突变性的变动。含有这类变动的事实，都是一些带有突发性质的事件，起止的时间界限很明显。如一项政策法令的颁布，一项工程的开工，一场事故的发生。稿件如能在变动刚刚发生之时就去报道，往往含有新意。二是写早已发生但现仍处在持续进行状态的变动。包含这类变动的事实多半带有渐进性。这种变动是逐渐发展的，开始可能是个别现象，不大引人注意，发展到一定程度，这种变动才显现出来，引起人们的注意。一般说来，这种变动起始的时间界限不明显，不易使人有新鲜感。稿件如果报道这类变动，应该借用一个变动作为新闻根据。三是写早已发生并已结束的变动。要报道这种变动，不仅须有较重大意义，而且必须有新闻根据，否则不能作为新闻稿加以选用。四是写预计将要发生的变动，如人们拟议中将要开展的活动，某种定期出现的自然现象等。在活动、现象开始出现之前，虽然都是属于变动将要发生的时刻，但作为报道也有一个及时与不及时的问题。判断的标准是报道有无新鲜的新闻根据。当预计开展某项活动的决定刚刚做出，或是有关部门刚刚披露这一决定时，以此种变动做出新闻根据，报道就是及时的，新鲜的；如果新闻根据不以这类最新变动来充任，即使所写的事件尚未发生，也会显得陈旧。

第二要看这种变动出现概率的大小。所谓概率，就是表明某一事发生可能性的量。新闻报道的新意往往与所反映的事件的概率成反比。事件出现的可能性越小，往往越是出乎人们的预料，未知的成分越大，越令人感到新鲜。大凡第一次出现的含有首创意义的变动，概率都是最小的，因为在它之前尚未出现过，所以这类事件的报道最有新意。在它之后，同类变动多了概率越来越大，报道的新意随之越来越少。因此，分析、选择新闻稿件时，含有首次、首创的变动，理应倍受重视。

第三要看这种变动是否具有与众不同的特点。在现实生活中，第一次出现的含有首创意义的变动毕竟是不多的，因此在稿件分析时，更应注意的是事物的特点。尽管这些事物不是首次出现的，但由于具有与众不同的因素，对读者来说也是不熟悉或不太熟悉的，因而也具有一定的新鲜感。

因此，凡是新近发生的、出现概率较小的、具有鲜明特点的变动，对读者来说含有较多的未知因素，因而具有新意。

为了更好地判断上述变动所含有的新意，编辑应对它们进行纵横两方面的比较。

所谓纵向比较，就是变动发生前后事物所处两种不同状态的比较。

事物在变动前的状态可称为原有状态，事物变动后所达到的状态可称为现实状态，两者之间的差别越大越具有新意。选择新闻时进行纵向比较，就是比较两者之间的差别有多大。

第一，进行量的比较。现实状态与原有状态的差别表现为事物在数量方面的变化。如今年同去年相比，某生产单位的产量增加或减少多少，某教学单位招生人数增加或减少多少。在这里,今年和去年的产量和招生人数分别代表现时状态和原有状态增加或减少的数额大小,就反映了变动的大小。其中数额大者比数额小者更为引人注目,会有较多的新意。比较数额的大小,可根据需要选用不同的比较方法。有的比较增长率,有的比较完成同样的工作量所用的时间,还有的是比较累积数额的大小。

第二,从质的方面比较,主要看稿件所写到的变动是否属于结构性的变化、阶段性的变化和方向性的变化。这些变化不是反映事物在量的方面,而是反映在质的方面。这是一种深层的变化,能使人们对事物产生新的认识,因此反映这种变化的稿件更具有新意。

分析变动是否属于结构性的变化,就是看构成事物各个组成部分之间的相互关系有没有发生什么变化。有些稿件所反映的变动,不单纯表现为数量的增减,而是表现为事物内部关系的变化。一般来说,后者比前者往往更具有新意。分析变动是否属于阶段性变化,就是要看变动后的现时状态同变动前的原来状态,是否属于事物发展的同一阶段。一般来说,处在不同阶段的比处在相同阶段的更有新意。因为它反映在质的方面发生了显著的变化。如我国执行高等教育自学考试制度是分作推广普及和完善提高两个阶段进行的,由于各地工作发展不平衡,可能进入不同阶段。反映这些内容的稿件,其所包含的新意就有不同。

分析变动是否包含方向性的变化,就是分析变动前后,人们的态度、行为的目标和事物发展的趋向是否发生了方向相反的改变。一般来说,发生改变的比未发生改变的更具有新意。因为前者变化的幅度比后者大,比较出人意料,含有更多的未知因素。

第三,从变动的间隔时间比较。稿件所写到的变动还有一种情况是,一个事物在其发展的过程中曾发生多次类似变动。在多次类似问题变动中,刚刚发生的这一次同过去几次相比,是否有新意。除了比较变动本身是否有差别而外,还可以比较变动的间隔时间,即指两次变动之间未发生变动的时间。历次变动的间隔时间可能有长有短。在某种情况下,比较这种间隔的长短,有助于判断变动的新意大小。

横向比较,就是把某一变动同与其相类似的变动相比较。如果两者差别很小,就不如差别很大者更具有新意。如果没有可以与之比较的相似变动,则具有更大的新意。

横向比较先要确定进行比较的范围。一般来说,范围的大小同新意的大小密切相关。如某一变动若是放在小范围内比较,可能没有与之相类似的变动,因而会使人感到具有新意。如果比较的范围扩大,与之相类似的变动也有,它所包含的新意就要相对减少。若是扩大到更大的范围,与之相类似的变动很多,那么它包含的新意就要大大减少,甚至完全失去。如果某一变动无论放在什么范围内去比较,都是独一无二的,无疑都是最具有新意的变动。例如,在世界上首次出现的变动,就具有极突出的新颖性。当然,判断某项变动是否具有首创性,是否属于首次变动,同在什么范围内进行比较密不可分。所谓比较范围的大小,一般就是比较所居序列的先后。在相同的范围内,何者居先何者居后,这里面就有一个序列问题。在达到同样水平的情况下,居先者总比居后者较具有新意。进行横向比较,除了注意比较的范围、序列外,还要注意比较变动产生的条件:

参与变动的人物:客观世界所发生的变动,除自然界的变动外都是在人的参与和影响下发生的,人往往成为变动的主体。人又是各种各样的,什么人参与变动,同这个变动是否具有新意密切相关。人物的思想、文化、经济、经历、职务、地位和社会影响以及与他人的特殊关系,都可能对变动是否具有新意产生影响。

变动发生的时间:有些变动与众不同之处,在于它发生的时间。如全民所有制企业实行承包现在已不是什么新闻,但有篇稿件写到某大城市近90％的全民企业承包期限只订了一年,与国务院规定"一般不得少于3年"差两年。因此把它作为一个值得注意的信号提出来就具有新意。

变动发生的地点:有的变动所以有新意,是其地点与众不同或具有特殊意义,就会成为新闻。

(二) 从新闻媒介对变动的传播情况去判断

稿件内容的新与旧,既是从读者的未知程度来判断,那么影响读者知与未知的重要条件就是新媒介的传播。某一内容传播越多,读者也就知之越多;反之,则越少。因此,凡是从未传播或传播较少的,就含有新意。我国幅员辽阔,各地经济文化条件千差万别,读者拥有报纸的数量或从其他新闻传播媒介获得信息的机会有多有少。有些内容虽几经传播,但对于一些接触外界信息较少的读者来说,可能还是比较新鲜的。因此判断传播情况,一定要同读者实际获得信息的渠道多少联系起来考虑,这样才能准确判断读者的未知程度,才能把握稿件所写内容对读者来说是否有新意,以及新意的大小。

(三) 从外界环境的变动去判断

有些事实本身并未发生变化,但由于外界环境发生了变化,人们对这些事实存在的状态是否会改变,产生了认识上的不确定性(即未知因素)。在这种情况下,重申这种状态不会改变,就成了新闻。例如亚洲金融风暴之后,中国政府重申人民币不贬值;一场洪灾之后,当地教育部门重申中小学将如期开学……在这里,人民币的汇率、中小学开学日期都是未变的事实,那么为什么会成为新闻?就是因为在外界环境发生变化的情景下,宣布这种"不变",有利于消除读者认识上的不确定性,这正是新闻的功能所在。同时,环境有变,与此相关的事物本身状态未变,这"有变"与"未变"形成强烈的反差,本身即含有新意。

一切依时间、地点和条件为转移,这一科学原理对于我们分析稿件同样适用。如果翻开多年前的新闻,可能有人会想:当初怎么把这样的事情视作新闻,殊不知离开一定的时间、地点和条件,判断稿件的新意就成了空谈。

三、稿件的内容同读者的需要相对照

读者未知的东西,未必全是读者需要的。只有读者未知而对读者又是有益或有用的,才是读者所需要的。能够满足读者需要的稿件,对读者才有意义,因而才具有刊载的价值。

当然,这里所谓满足读者的需要,必须是正当的合理的需求,绝不能迎合某些人的低级趣味,迎合某些人背离社会发展方向的要求。还应强调的是,在满足读者需求的同时,还要引导他们形成新的需求。对于读者应该知道而他们尚未完全意识到需要了解的内容,编辑要加以引导,有意识地选用含有这类内容的稿件,这是稿件分析的一个重点,需要根据相关性的和接近性的原则进行选择。

(一) 相关性

所谓相关性原则,就是要求稿件所写的内容要与读者的利益相关,它决定于两个因素:一是相关的人数,一是相关的程度。这两条是判断相关性大小的尺度,也是看稿件意义大小、内容重要与否的尺度。稿件所写内容涉及的人数越多,关系到的程度越密切其分量也越重,反之则轻。这可从以下几方面进行判断:

稿件所反映的变动涉及的是全社会各成员的全局利益、长远利益,还是一部分社会成员的局部利益、暂时利益。前者较后者更为广大读者所关注,具有更大的相关性。稿件的内容若写的是党和国家的重大决策、国内外的重大事件,则与全社会各成员的利益息息相关,他们对此十分关心,这样的稿件就具有优先选用的价值。如果稿件所反映的是某一经济部门提出的一项重要决策,其相关性就不如前者。如果稿件所反映的是某个企业做出了重要经营决策,其相关性更小一些。这或是因为它仅涉及局部利益,或者是虽然也与全局利益相关,但不像前面的那样更直接地反映全局利益,读者的关切程度自然是不相同的。

稿件所反映的变动涉及的是现实中主要矛盾还是次要矛盾。前者较后者更为广大读者所关注。因为"热点"与"难点"往往是矛盾的焦点,反映这方面的稿件对读者来说往往更具有相关性。相反,与矛盾的焦点距离较远的,其相关性也相应减弱。分析稿件中所涉及的矛盾,还要注意区分群众需要的层次性。群众的需要有些是属于基本的需要,有些是在这个基础上产生的其他需要。当两种需求都得不到满足时,首先应力求保前者,因为它危及人的生存具有更大的紧迫性,是属于主要矛盾。在这种情况下,反映这种需求的稿件对读者来说更具有相关性。

稿件所反映的变动涉及的是现实生活中有关体制、思想方面的变化,还是某些具体做法的改变。变动的深度不同,读者关切的程度也不同,这是很自然的。

比较变动在整体中所占的地位和所起的作用。一些稿件反映的变动是构成同一客体的不同组成部分。在这些部分中,一般来说,处于核心部位的比处于外围部分的更为读者所关注,起主角作用的比起配角作用的更为读者所关注。因为前者较后者在整体中居于重要位置,起着更大的作用,对现实生活具有更大的影响。

稿件所写事实中的某些要素(如人物、时间、地点等)是否有特殊意义,这也是判断稿件是否具有相关性的一个因素。这里所谓特殊意义,是指这些要素与众不同,由于它的存在能使新闻事件对人们具有特殊的影响力。例如,具有显赫身份和某种权威性的人物,险要的地理位置,千载难逢的时刻足以引起读者关注的,都可能使新闻中蕴含的价值增加。

相关性还与距离有关。新闻发生地与读者所在的距离,同读者的利益相关程度成反比,距离越远利益相关程度越小,反之亦然。

(二) 接近性

相关性与接近性有联系,但不能替代。具体说来,有的是由于读者同报道对象在地域上相当接近,比较熟悉,于是产生了亲近感;有的是由于读者与报道对象有某些相似点,感情上相通,从而产生亲近感。有人把前者称为地理上的接近性,把后者称为心理上的接近性。其实无论对它们如何分类,实质上都是心理上的接近。稿件内容如果含有这种接近性,就能有助于满足读者心理上的某些需要。因此,稿件内容的接近性,也是编辑分析和选择稿件时考虑的因素之一。

一般来说,读者对于成长的地方所发生的变动、对于其所熟悉的环境中所发生的变动,都会产生一种亲近感。因为他(她)感到同新闻中的人物仿佛生活在同样的空间,距离很近。他(她)往往把对环境熟悉所产生的感情移到所发生的新闻事件上去,似乎对它也不感到陌生,在很多情况下较易牵动自己的感情。有时候新闻发生地是有些读者过去曾经工作、学习和生活过的地方,往昔岁月所留下的眷念之情,也使他们对于这些地区发生的事情关心。稿件内容具有这样的接近性,自然会受到读者的欢迎。

除了地域上接近外,稿件所写对象与读者某些特点相类似,也会使其具有接近性。如他们与读者的性别、年龄、职业、经历、思想、感情、兴趣、习惯以及其他因素在一两个或更多的方面有某些相似之处,读者与稿件的内容在心理上的距离会大大缩短,甚至完全消除,稿件就能以其富有接近性而赢得众多读者。青年读者喜欢阅读有关青年的报道,就是因为他们与新闻中的人物同龄,两者在思想感情、行为方式和兴趣爱好方面有许多相似之处,更易于理解对方感情上沟通。同时,他们从报道中看到社会对同龄人所作的评价,从中受到教育和鼓舞,要求获得社会尊重的情感也因此得到满足。这类内容的稿件,对于其他年龄组的人来说就未必会具有这么大的吸引力。因此,稿件的意义会因读者对象的不同而有所区别。有些稿件与读者共同的兴趣爱好相似,就可能超越年龄、性别、职业的限制,具有广泛的接近性。

四、稿件内容同政策、法律、道德的要求相对照

稿件发表是为了向读者提供信息和知识,传播先进的思想,宣传党和政府的政策。作为一种精神产品,不能不考虑发表后可能产生的社会效果。因此,分析稿件时须将稿件内容与政策、法律和道德规范相对照。

有些稿件涉及到政策方面的问题,编辑要严格把关。稿件内容违反政策一般有如下几种表现:第一,正误颠倒。有些来稿没有弄清什么是政策允许的,什么是不允许的,混淆了两者的界限。对于符合政策的一些正确做法加以否定,而对于违反政策的一些错误做法又加以肯定,颠倒了是非。第二,主次颠倒。国家制定的政策都有其主要之点和次要之点,对于主要之点的报道,从长期和总体上说应占所发稿件的主要部分。如果所选用的稿件都是在次要之点上做文章,就容易使读者对政策的基本精神产生误解,造成主次颠倒。当然,就一篇稿件而言,可以重点讲政策的次要之点,但是不能篇篇如此。分析稿件时要从全局上加以把握。第三,强调一面,否定另一面。第四,颂扬高尚思想、抒发美好感情时,忽视了现行政策的要求。有篇稿件写一位领导干部"年过古稀","患过肺结核","摔断过骨头",仍然"在心脏病的威胁之下"坚持工作。这位老同志的精神确实令人感动,但党的有关决议中早已提出干部要年轻化,取消干部职务上的终身制,虽然他尚未退休,但从有关政策精神来看,不应鼓励继续在岗位上奋斗而应多关心健康,让更年轻一些的同志来接班。

稿件的内容除了符合政策精神外,还应符合法律的有关规定,这是分析稿件时应注意的另一个重要要求。在这方面常见的错误有:第一是混淆各司法机关的职责。如"××市依法处罚18名违法犯罪分子。经检察机关批准,分别予以逮捕、劳动教养和拘留的处分",其实只有逮捕须经检察院批准,其他两项的批准权力都不属于检察院。第二类是对各项法律的运用范围把握不准。例如拘役和拘留、罚金与罚款本来是用于处罚不同对象的,可是来稿中常常将其混淆。第三对于量刑不当的做法以肯定。有些犯罪分子按照法律本应受到严厉的处罚,但由于量刑不当处理较轻,有的稿件仍称犯罪分子受到"严肃处理"。第四,不符合法律程序。有篇稿件写某地判处一死刑案件,从破案预审、起诉到宣判只用了8天。按照刑事诉讼法所规定的程序,起诉书送交被告10天才能开庭。判决后还有10天的上诉期。即使是从快办案,审结一起死刑案件8天也是不够的。

此外,稿件还应符合道德规范。对于宣扬极端利己主义等腐朽道德观念的内容,应加以禁止。衡量稿件内容是否符合道德规范,具体说来就是要看稿件对人物行为品质评价是否同这种道德规范的评价相一致。道德评价一般说来有三个层次,即"应当"、"正当"和"不当"。"应当",是指人们的行为品质体现了社会提倡的道德理想,如大公无私,毫无自私自利之心。"不当",是指受社会贬斥的不道德或非法的

行为。"正当",属于两者之间,是社会允许的道德行为。稿件对所写人物行为品质的评价,应该注意正确区分这三个不同层次。既不要把属于较低层次的道德行为作为较高层次的道德行为大力加以褒扬,也不要把属于较高层次的道德行为作为低层次的道德行为而加以贬斥。前者是人为地拔高,后者是有意地贬低。其后果前者会降低道德水准,后者则会对那些做出无害于他人的正当行为的人造成某种伤害。稿件内容要符合道德规范的另一个要求是新闻道德。这是新闻从业者应遵循的,它是调节新闻从业者的内部关系和同外部关系所遵守的行为规范。有时稿件会涉及到作者同所写到以及读者之间的关系,处理好这些关系必须遵守新闻道德。这方面应注意几点:

第一,不要使受害者或无辜者受到困扰和伤害。在报道暴力、事故和灾害时可以介绍相关情况,但不宜细描绘受害过程,免得使受害者及其亲属再度受到刺激。对在暴力事件中受到侮辱的女性要加以保护,不要透露其姓名、地址和单位。国外有学者提出,对于报道绑架的新闻,以被害人生命安全为首要考虑,通常在其未脱险前不报道。

第二,对于失足者要鼓励改过而不要加重其精神负担。为了给失足者或未成年的少年犯以改过自新的机会,稿件中应隐匿其名。对于有进步表现的失足者,在写到其转变时不宜详细述其过去的劣迹,更不得有意展览这些过失,写他们的过去应尽量委婉一些,或用本人的话来表达。

第三,对于广大读者要保护。稿件中报道灾情、疫情、事故以及暴力事件要有一定节制,不可渲染,免得引起读者的恐慌与惊吓。选用这类稿件是为了引起读者的重视和警惕,绝不是让读者寻求感官刺激。对于空难一类消息,有人主张最好是在查明乘员姓名、人数后再报道,以消除当日有乘机亲友的读者的担心。

第四,不得为了报社或个人的私利混淆新闻与广告的界限。新闻是报告外界变动的最新信息,广告则是从营利目的出发推荐和介绍某种商品,两者界限不容混淆。有的稿件实际上并不是向读者报告新闻而是宣传某种商品,分析稿件时对这种稿件要注意。

五、稿件内容同本报特点相对照

上面所讲的四个对照适用于所有报纸,编辑在分析稿件时还要考虑本报的特点。报纸所担负的任务、读者对象、发行地区、出版周期等都是构成报纸特点的重要因素。这些因素往往影响对稿件意义的评价。

前面讲第二和第三个对照时,曾涉及读者的认识和需要。强调报纸的特点,就是要求分析稿件时,具体考虑稿件内容是不是本报读者所未知的、所需的。一篇稿件所写的内容假若是甲地已知道而乙地尚不知晓的,因对乙地读者具有未知因素,乙地报纸可能选用,而甲地报纸则不一定能选用。分析稿件的重要性,必须根据本报的读者特点来加以衡量。

当然,对于本报读者的需要,应作狭隘的理解。不能认为青年报只选用写青年的稿件,工人报只选用写工人的稿件,一张报纸除了主要读者外尚有其他读者。同时,各种社会成员关心的问题如国家大事等是共同的,适当选用这类稿件完全必要。但这类稿件如果选用过多,则会失去报纸的特点。因此,需要确定这类稿件在一个报纸所发全部稿件中应占的恰当比例,对一篇稿件的分析和判断,应同保持这种恰当比例联系起来。

编辑在稿件分析时还应考虑报纸发行的地区。报纸的发行地区可分为主要地区和次要地区两类,分析稿件应首先考虑其内容要适应发行的主要地区的需要,同时也要兼顾次要地区的需要。如果只顾前者而忽略了后者,或者只顾后者而忽略了前者都是不妥的。事实上,只要把握得好两者是可以统一的。如一份省报在主要满足省内需要的同时,向省外读者介绍本省,既是满足省外地区了解本省的需要,也是适应本省对外开放的需要,两者是一致的。

考虑报纸的发行地区,还应注意这个地区的报纸发行情况,因为它往往影响着读者对各类稿件内容的需求。一张报纸在其所发行的地区内,如果没有其他报纸发行或者读者没有条件能及时看到其他报纸,那么这份报纸选用反映全国情况以及国外情况的稿件就要相应增加,因为只有这样,当地读者了解外部世界的要求才能得到满足。与此相反,如果一张报纸在其所发行的地区内,有许多报纸同时发行,或者读者有极为便利的条件阅读其他报纸,那么这份报纸对于反映全国和外国情况的稿件选用的比例就可以相对减少,因为读者可以通过多种途径了解外部世界情况。由此可见,一个地区发行报纸的多少,影响到读者对每份报纸需求的变化,因而也会影响对稿件意义的评价。前面已经谈到,及时性是构成稿件新意的条件之一,但报纸出版周期的长短也能影响稿件的新意。如日报和周报的选稿,判断一篇稿件是否选用都要结合报纸的出版周期来考虑。

六、稿件内容同发表时的外界环境相对照

稿件发表所面临的外界环境,指的是客观形势、读者心理以及在此之前由各种新闻传播媒介传播的信息所形成的一定的舆论环境。读者正是在这样的环境下阅读报纸的。稿件的内容能否为他们所理解和接受,能否在社会上产生良好的效果,往往同他们当时所处的环境分不开。写有某种内容的稿件选择在什么样的外界环境下发表,往往关系到它能否产生良好的社会效果。这就是所谓发表时机的选择问题,也是稿件分析中不可忽视的一个方面。

稿件如果在某种外界环境下发表会产生消极影响,选用就值得考虑。如发表后会使读者产生不应有的误解和疑惑,增加社会不安定的因素,激发生活中的矛盾等,都是应避免的消极影响。如在我国利用核能发电还刚刚起步,很多人对其安全性存

有疑虑。而此时编发的稿件中报道哪些国家核电站发生事故,造成什么严重的影响,就会加重读者的疑虑。现实中的某些难点、热点问题,目前尚没有条件完全解决,如果这时在稿件中一味强调解决这些问题的必要性,而很少涉及解决它的现实可能性,那么势必会增加人们的不满情绪,给各方面造成很大压力,结果并不利于问题的解决。

强调稿件的内容同发表时的外界环境相对照,一方面是为了防止消极影响的产生,另一方面更重要的是要主动利用有利时机,充分发挥稿件所能产生的积极影响。如可以利用特定的外界环境作衬托,充分显示稿件所蕴含的意义,让读者意会作者未在稿件中公开表明的意图。

以上六方面的对照,都是依据新闻评价、社会评价的标准来衡量稿件。第一和第二个对照强调稿件内容要真实和新鲜,是按照新闻评价标准对分析稿件提出的要求。第三个对照强调稿件内容对读者具有相关性和接近性,是根据新闻评价、社会评价的标准对分析稿件提出的要求。第四个、第六个对照强调稿件内容要符合政策、法律、道德规范,注意把握报道时机,是根据社会评价标准对分析稿件提出的要求。第五个对照强调稿件内容要符合报纸的特点,实际上就是结合某一个报纸阐明在分析稿件时如何具体运用新闻评价、社会评价的标准。应该说明的是,这些没从正面系统阐述新闻评价、社会评价等理论问题,只是结合编辑实务,阐明如何把这些理论运用到稿件分析之中去。

论新闻传播中的隐性失实

丁柏铨

导言——

本文刊载于《新闻传播》2004年第11期。

丁柏铨,江苏无锡人,1947年出生,南京大学新闻传播学院教授。

媒体失实的新闻报道既会引起受众的不满,也有损于新闻传媒的公信力。新闻失实的原因较为复杂,有的是故意造假,有的是无意为之;有的属于采写问题,有的在于编辑疏漏。显性的新闻失实容易被人看出,而隐性的新闻失实则较难觉察,因为这种失实或隐伏得比较深或出现在隐微处,其也更具有危害性。本文所研究的,正是新闻传播中的隐性失实现象。作者在论述中结合实例,从五方面分析了新闻传播中隐性失实的成因和表现:一是在报道中由于缺乏对事实本质的正确认识和深刻把握而造成隐性失实;二是在报道中由于由果溯因的不恰当造成隐性失实;三是在根据事实加以判断时因思想方法不当造成隐性失实;四是报道者由于对某些内容进行了不恰当的舍去造成隐性失实;五是对事实的报道由于违背客观规律、法律法规而形成隐性失实。在此基础上,本文提出了新闻传播中如何防范隐性失实的对策,即首先是要有防范新闻传播中隐性失实的意识。其次要通过深入、细致的采访,掌握有关新闻事实的真实情况。第三,具有较强的思维能力是避免隐性失实所不可缺少的条件。第四,需要扩大知识面和储备丰富的知识。第五,借助于各种行之有效的方法来规避新闻传播中的隐性失实,包括对事实及有关内容加以核实,在遣词造句上准确地陈述新闻事实和表达报道者的意思。本文的论述虽然主要是针对记者的新闻采访写作而言,但其中的诸多观点于编辑的选稿工作也同样适用,有助于编辑在这道最基础性的工作中,更好地履行最终的"把关人"职责,减少失实新闻的发生。

近年来,媒体上虚假新闻时有所见。虚假新闻的盛行,引起了广大受众的强烈不满,严重影响了新闻传媒的公信力。无论是新闻传媒、业界人士还是受众,要求杜绝虚假新闻的呼声甚高。

本文所要研究的是新闻传播中的隐性失实现象。新闻传播中的隐性失实,是指传媒刊新闻信息时出现的具有一定隐蔽性的失实。这种失实或隐伏得比较深(是深层次的失实)或出现在隐微处,因而不易识别,故更具危害性。

隐性失实的新闻与显性失实的新闻是有差别的,也并不可与虚假新闻完全等同。从实际情况看,新闻传播中的隐性失实不易为人们所觉察,所以有撰文加以专门论析的必要。

隐性失实、显性失实与虚假新闻

新闻是反映社会生活的一种特定方式,是对新近发生或正在发生的具有某种价值的事实的报道。所谓"具有某种价值",是指能满足受众了解欲知而未知、应知而未知之事的新闻需要。按新闻事实的实际情况进行报道,严格体现新闻真实性,这是新闻传播必须恪守的准则,可谓概莫能外。

此处所说的新闻真实性,不同于文学真实性。在文学范畴,作家在生活真实的基础上进行适当的艺术加工,可创作出被公认为真实的作品。这种真实,是以生活真实为基础的艺术真实。也就是说,作家在合乎生活逻辑的基础上进行相应的艺术加工(包括虚构),将能达到生活真实与艺术真实相统一的境界。文学反映生活,所遵循的是艺术规律,所要创造的是审美对象。而新闻则不同:它以自身的特点和方式反映人类社会生活。其自身的特点和方式集中到一点上,就是对具有新闻价值的事实,据实进行报道,确保符合对象的实际情况:这是新闻真实性的含义,也是对新闻传播的基本要求。

维护新闻的真实性，是业界人士所达成的共识。虽然虚假新闻时有发生，但它为负责任的业界人士所不齿。

此外，有两个既紧密联系又有某些区别的概念，这两个概念是虚假新闻（报道）和失实新闻（报道）。凡是失实报道（无论是隐性的还是显性的），都有一个共同特征：与报道对象的实际情况不符，因而不合新闻真实性要求。虚假新闻是一个情况比较复杂的概念，在一定的语境中，其外延较之失实报道要大。大致可分为两类：一类是故意做假的报道。报道者凭空捏造事实然后进行"报道"，或故意改变事实原貌、编造情节加以"报道"。这类新闻在故意造假方面有共同之处，不能按一般失实报道来理解。另一类是有所失实的报道。这是指与报道对象实际情况不相吻合的报道。它与新闻真实性的要求不符，就此而言与故意做假的报道有同质的一面，因而也是应严加杜绝的；但它毕竟又有别于故意做假的报道。故意做假的报道，情节较为恶劣。报道者别有企图，故意为之。而有所失实的报道，报道者情况不一：有些并无所图，对失实并未觉察，甚至浑然不觉；有些则属明知故犯。有鉴于此，似乎有必要对以上两类虚假新闻加以区别。

现实的情况是，人们常常将报道中的故意造假和有所失实相混淆。如有研究者提出新闻失实的七种表现：(1) 子虚乌有；(2) 合理想象；(3) 以偏概全；(4) 猎奇传讹；(5) 导演摆布；(6) 添枝加叶；(7) 商业炒作。其实，就虚假的程度而言，"子虚乌有"、"导演摆布"与"合理想象"、"以偏概全""添枝加叶"显然是有差别的；就造成虚假新闻的动机而言也不能一概而论。

国家新闻出版总署曾经出台过《关于报刊刊载虚假、失实报道处理办法》。这一文件虚假报道和失实报道并提，可见并没有将两者视为一物，因而是较为可取的。在不同的语中，两者的关系状态是不一样的，有时表现为并列关系，有时呈现为交叉关系。在论及新传播与报道对象实际情况不符的程度时，对两者宜加以区别；而在通常情况下，混用也并绝对不可。

对于存在着失实现象的新闻，根据失实的显隐程度可区分为显性失实报道和隐性失实报道。前一类失实呈明显态，对此，不难借助于生活经验或常情常理加以辨析并有所察觉（如曾有媒体报道说某地的公鸡生蛋，而且写得活灵活现。但其中的失实之处是显而易见的）。后一类失实则呈隐蔽态，受众根据自己的生活经验和阅读经验往往难以明察，或不作深入思考就难以发现其失实之处，于是会信以为真。如近期某地传媒题为《女大学生找完工作找婚介》的报道，标题有些耸人听闻，让人感到这是女大学生中的一个普遍现象。稿件写道：随着大学毕业生工作逐渐落实，一些现在还没有男友的女大学生开始把目光投向婚介所，进入7月以来，前往婚介所登记的女大学毕业生突然增多，甚至出现周末要排队才能登上记的情况。某大型婚介中心的工作人员表示，来登记征婚的人员中刚刚毕业的女大学生占了一半。假定记者在写这篇报道前确实到某大型婚介中心采访过，那里也是这样介绍情况的，报道在引用人物语言时也并无出入,纵然如此该报道也存在一些问题。其一,未说明女大学生在多少名征婚人员中占了一半,显得过于模糊。其二,即使近期在某婚介所登记的女大学生增多,占了登记者中的一半,她们在女大学生群体中绝对数仍然不大。其三,不能单凭对一个婚介中心的采访,就由此而得出普遍性的结论。上述报道,无疑有夸大事实和以局部取代全局之嫌,容易让读者产生错觉,对当今女大学生造成总体上的错误印象。报道在貌似言之凿凿的文字背后,隐藏着不易被人发现的失实。

当然,新闻传播中的显性失实和隐性失实,有时并不表现得泾渭分明;某电视台的新闻节目,2002年和2003年的夏天报道了山东沿海同一个地方、同一个行业的两条新闻。一条是说当地政府为民排忧解难,给某镇全额投资建设了一个风能电站;画面上出现了那个电站,当地居民向记者表示用上了电的喜悦。另一条是说当地电力系统加快电力建设,使群众生活日益便利,画面上则有一位老年"市民"和一位精壮"百姓"分别盛赞了电力建设的功德。两条新闻播出后,在当地引起了强烈反响,以致新闻本身成了新闻。原来,画面上的那个风能电站投资者是美国政府,它掏了12万美元让它的国家再生能源实验室无偿援建了这个科技推广项目。被字幕标示为"市民"的老者乃当地电业局的前任局长,那位精壮"百姓"则是电业局的现任客户服务中心书记。① 对本地受众来说,由于他们对事情和人物知根知底,因此新闻传播中的上述失实呈显性态;而对非本地受众来说,由于不明就里,上述失实又呈隐性态。需要说明的是,本文所研究的是新闻传播中的具有普遍性的隐性失实现象。

一般而言,有责任感的业界人士对新闻传播中的显性失实比较警惕,也能注意防范;受众对于新闻报道中的显性失实,有一定的识别能力;业界和学界对此多有研究,已形成了较为丰硕的成果。相对而言,业界对新闻传播中的隐性失实则认识不足,缺少防范意识;受众往往不予深究且认可;业界和学界对此少有研究。如此看来,对新闻传播中的隐性失实不可掉以轻心。

新闻传播中隐性失实的成因和表现

第一,在报道中由于缺乏对事实本质的正确认识和深刻把握而造成隐性失实。

世界上的万事万物,都有其现象和本质。通常,人们借助于自己的感觉器官,可大致地感觉到事物现象的存在。新闻在向受众报道事物现象的时候,应真实地反映其原态原貌。在许多情况下,事物的现象与它的内在本质之间存在着某种对应关系,或者说,事物的现象通常是其本质的某种体现。但事物的本质并不是靠人的感觉器官就能感知的。人们只有在感知事物现象的基础上进行准确的理性思考,才能正确认识和深刻把握事物的本质。如果记者对于新闻事实所作的报道,不仅符合事

---

① 阎克文:《制造新闻的"新闻"》,《南方周末》2003年10月30日。

物的现象,而且也准确地揭示了它的内在本质,那么我们可以说,该报道就在较高的层次上体现了新闻真实性的要求。

值得关注的是这样的情况:有些新闻报道真实地反映了事物的现象,然而却并没有真实地反映事物的本质,甚至与事物的本质大相径庭。这通常是因为,在某些情况下,事物现象和本质之间存在着一定差距,甚至是相背离的。这时,现象仅仅是一种假象。如果把表象当作真相、本质来报道,就可能构成隐性失实。这就提出一个问题:新闻报道如何真实地反映事物现象的同时,达到对事物本质的真实揭示?

也许,下面这个个案可以对我们有所启发。浙江一家报纸曾刊发过一幅新闻照片,它所反映的是一群农妇在杭州西湖"花港观鱼"景点观鱼,呈现一派欣喜欢乐的景象。照片说明的大意是:得益于党的农村经济政策,农民生活水平大幅度提高,农妇也有条件上"天堂"游览了。然而,读者只要仔细观察就不难发现,这群农妇是清一色的装束:头上包着一条毛巾,身上穿着大襟布褂,腰间系了一条围裙,肩上还挎了一只香袋。这实际上是杭嘉湖地区农妇上杭州灵隐寺进香的"统一着装"。该幅照片告诉人们的是农妇富起来以后游西湖,其实她们上杭州城的真实目的是"灵隐进香","游西湖"不过是进香以后的乘兴之举。这张照片从表面上看是真实的,但从本质上讲却是失实的。① 这是一种不难辨析的隐性失实,是记者一厢情愿的理解,或只是在对事物本质缺乏了解的情况下的一种误读。

第二,在报道中由于由果溯因的不恰当造成隐性失实。

新闻在报道事实时,不仅应交代其因果联系,而且所揭示的"因"应能解释"果"。而从受众方面来说,他们阅听新闻,往往已不满足于停留在了解"发生了什么"的层面上,更想知道事实为什么会发生。这就要求记者对新闻事实及其背景以充分的、深入的报道;不仅真实地报道新闻事实的结果,而且认真地探寻形成这一结果的原因,加以真实的揭示,根据需要分析、解释事实。

在某些新闻报道中,对形成事实结果的原因加以追寻、揭示,显得尤为重要。2003年11月1日上午,长沙经济技术开发区工委书记、中共长沙县委书记李振萼,应长丰集团请求与该集团董事长、副总经理一道同日本客商谈判引进汽车零部件项目事宜。谈判在青竹湖高尔夫会所进行。下午4:00返回时,李振萼所乘坐的会所车辆突发意外,翻车下坠。由于伤及大脑,伤势过重,经抢救无效,李振萼于19时16分死亡。事故发生后,有关报道很快见于新闻传媒。在这里,死亡原因成了报道的关键所在。一些报道说,根据日商要求谈判被安排在高尔夫会所进行;李振萼"因公殉职,风范长存",是一位优秀的领导干部。但关于李振萼死亡事件的报道也还有另一种版本。一些媒体说,李振萼死于打高尔夫球的途中,因而对他死亡的性质也就有了另一种解说。以上个案足以说明,新闻报道中真实地揭示事实的原因,对于确保

---

① 陈应雄:《新闻报道中的表面真实与本质真实》,《新闻战线》2003年第10期。

新闻的真实性是何等重要。

在现实生活中,一些记者在报道新闻事实所涉及的因果关系方面,往往做得不尽如人意。某些新闻报道在由结果探寻原因时,往往进行简单归因或错误归因。先说简单归因。新闻事实之所以形成某个结果,其原因往往具有多样性和复杂性。如一个地区的经济面貌发生巨大变化,这应当是诸多原因共同作用的结果。内部外部、上下左右各种力量形成了一股合力,推动了该地区经济的发展。可是我们却常常看到这样的报道:道宽路畅,经济变样;调整产业结构,某地经济腾飞;引进高层次人才,某地区经济实现跨越式发展,等等。当然,记者在对事实进行报道的时候,完全可以也确实应当精选角度、有所侧重,而不能面面俱到、浅尝辄止;但上述"简单归因"式的报道是不是把复杂的事情看得太简单了呢?是不是也会引导受众以简单化的思维方式去看待新闻事实呢?再说错误归因。一些新闻对事实结果的报道是真实的,但为结果所找到的原因却并不正确甚至是完全错误的,进而造成了隐性失实。如报道有关官员贪污受贿,标题所揭示的原因居然为"都是金钱惹的祸";报道某人有婚外情人,把原因归结为"都是美女惹的祸";关于歹徒持菜刀砍人的报道,标题则是"都是菜刀惹的祸"。这种报道的真实性经得起仔细推敲吗?

第三,在根据事实加以判断时因思想方法不当造成隐性失实。

在某些新闻中对具体事实所作的报道相当真实,甚至无懈可击,但遗憾的是根据事实所做出的判断却并不真实,因而造成了不易觉察的失实。

新闻的一个突出特点是用事实说话。对事实进行真实的报道,是记者的一种特定的说话方式。新闻用事实说话包含两层意思:按新闻真实性的要求报道事实("用事实"说话),此其一;其二,在真实报道事实的过程中隐含报道者的某种判断、意图(用事实"说话")。新闻应当是这样的:不仅对事实所作的报道是真实的,而且根据事实所做出的判断也是真实的、站得住脚的。这里涉及思想方法的问题:如果新闻事实只能用来说明局部地区的情况,那么就不用它来涵盖全局和进行全称判断;如果新闻事实只能用来说明偶发的情况,那么就不用它来揭示必然性;如果新闻事实只能用来说明非常特殊的情况,那么就不用它来推及普遍性的结论;如果新闻事实只能用来说明事物发展过程中某一个阶段的状况,那么就不用它来指称全过程……

在各地学习、实践"三个代表"重要思想的过程中,不少新闻报道以某个贫困户得到一些资助、某些干部入农户帮忙干了几天活等等作为"干部受教育、农民得实惠"的材料,意在说明干部已经切实转变了作风,"三个代表"重要思想已在党员干部心中树立。这类报道忽略了这样一些问题:"学教活动"是一个长期过程,干部作风转变的过程中仍存在一些思想观念、工作方式上的问题。[①] 应当说,这类新闻在报道事实方面并无失实现象,但它根据事实所做出的"干部已经切实转变了作风、'三个

[①] http://www.cddc.net/shownews.asp?newsid=4167.

代表'的重要思想已经在党员干部心中牢固树立"的判断,与报道对象及社会实际情况之间存在着差距,或者说并不完全符合,因而显得不真实。

第四,报道者由于对某些内容进行了不恰当的舍去造成隐性失实。

在报道新闻事实时,有必要对新闻事实本身及与此有关的素材进行取舍。取舍的依据主要有两条:一是新闻价值标准。看事实是否具有新闻价值,能否满足和能在多大程度上满足受众的新闻需求。二是社会价值标准。看事实是否具有较高的社会价值,披露以后对人们的社会生活有利还是有弊。舍去不符合新闻价值标准和社会价值标准的内容和素材,是完全符合新闻规律的,不会有失实之虞。报道具有新闻价值的事实,也仍然须对有关素材进行取舍:保留经过核实的、确有价值的、典型生动的素材;舍去无关紧要或不甚确凿的素材。这样一种取舍,合乎新闻写作的要求,有利于确保报道的真实性。但有的记者并不是这样,他们在报道中有意舍去了一些不应该舍去的东西,所写成的新闻报道初看并无问题,但其真实性经不起仔细推敲。如在典型报道中,出于树立人物良好形象的考虑,常常对先进人物内心世界的矛盾作简单化处理,省略了他们心路的曲折历程和丰富内涵,让人觉得不真实。其实,在一些重要关头,先进人物面临着痛苦的选择和严峻的考验,只要是活生生的人,在精神世界的深层次,都会出现相应的复杂乃至微妙的心理活动内容。如通讯《领导干部的楷模——孔繁森》[①]。党组织找孔繁森谈话希望他第二次进藏工作。通讯用很大篇幅描写了此后孔繁森的心理活动。孔繁森想到家庭的不少困难:自己的身体状况不如从前了;年近九旬的老母,生活已不能自理;三个孩子尚未成年,需要有人照看;妻子动过几次大手术,体弱多病。孔繁森忍不住回想起第一次进藏后家里的情景:里里外外都是妻子操劳;有一次,五岁的儿子没人照看,掉进地窖里爬不上来,等等。孔繁森觉得对不起妻子,对不起孩子。他左思右想,感到难以对妻子谈第二次进藏工作的事。整个通讯,因为有了对人物心理活动的如此真实的描写而显得可信。人们感到,通讯中的孔繁森是一个有血有肉的活生生的人物。如果将这些心理活动内容舍去,把他二次进藏的举动写得义无反顾、轻而易举,那么,其高大却在深层次上与现实生活中的孔繁森不相吻合,从而构成了隐性失实。令人遗憾的是,这种出色的报道在典型报道中不占多数。

第五,对事实的报道由于违背客观规律、法律法规而形成隐性失实。

有些新闻对事实的报道并没有差错,但事实本身与某种客观规律、法律法规相抵触;由于报道者对事实持有肯定的态度,因而这种报道就带上了隐性失实的性质。其失实通常与两种情况相联系:一是事实与客观规律或者法律法规相违背;一是报道者对事实深以为然。两个条件合在一起,就很有可能将受众带进认识的某种误区。如果记者对违背客观规律、法律法规的事实持否定的态度,则另当别论。

---

① 新华社 1995 年 4 月 6 日电。

法律法规体现了对社会生活的刚性制约,有着丰富的内容,其中有些并不为常人所熟知。某些事情违背了常人并不熟知的法律法规,如果对此进行正面报道,就可能导致隐性失实。有家报纸的《"治安"首次出现招投标》报道,是说某市城区公安部门为探索治安管理新机制,以6000元的价格把执法权转让给不具备执法管理职能的"第三者"。[①] 记者将此事当作"探索治安管理新机制"的举措进行了肯定,但此事是法律法规所不许可的,其失实在于:(1)执法权是不允许转让的;(2)有偿转让执法权更是无稽之谈。受众依据上述报道,很可能会得出只要有钱就可以买到执法权、就可以进行"权钱交易"的错误结论。

事物的发展规律是一种客观存在。任何事物的发展都有其自身规律。事物发展的规律有着诸多内涵,其核心是事物的矛盾运动。事物内部存在着互相矛盾的两个方面,它们的运动推动着事物的发展。对于事物来说,内部的矛盾性是其发展的根本原因,与该事物的相互联系和相互影响则是第二位的原因。"唯物辩证法认为外因是变化的条件,内因是变化的根据,外因通过内因而起作用。"[②]当然,在某些特殊条件下,事物的发展也可能会偏离正常的轨道,表现出非常态。非常态是事物发展规律的一种特殊表现,同样有其内在依据。在此情况下按照常规思维进行报道,很可能掉进隐性失实的陷阱。

浙江缙云县大洋山区相继栽种了八千多亩黄花梨,其中四千三百多亩多年不开花,经当地农技人员辛勤管理近三年终于开花了。是年4月13日,《丽水日报》刊登了《运用科技显成效漫山遍野梨花闹/大洋"公梨"变"母梨"》的消息。大洋山区的梨农们也都吃了"定心丸",以为"丰收"已成定局。然而好景不长,"梨花闹"后结出的拇指大初果又纷纷落了地,四千三百多亩黄花梨仍是"颗粒无收"。在"大洋'公梨'变'母梨'"的带有预测性的报道中,记者陷入了隐性失实的陷阱:大洋黄花梨原来不开花,经科学管理开花就下了将有果实的结论,这是遵循事物的一般规律去思考的。但由于事物在发展过程中有时也会出现某种摇摆和偏离的偶然性。[③] 报道者缺乏对"变数"、对非常态的应有认识和估计,由此导致了隐性失实。

新闻传播中隐性失实之规避

怎样才能较为有效地避免新闻传播中的隐性失实呢?笔者认为应从以下几个方面做起:

首先,要有防范新闻传播中隐性失实的意识:许多记者和通讯员往往认为,在新闻采写中只要做到"如实报道"、所写作品与报道对象的实际情况相吻合即可。他们

---

① 赖国洪:《谨防新闻报道的非科学现象》,《新闻实践》2003年第6期。
② 《矛盾论》,《毛泽东选集》,人民出版社,1966年版,第277页。
③ 陈应雄:《新闻报道中的表面真实与本质真实》,《新闻战线》2003年第10期。

不清楚隐性失实，更不知道自己惯常所采用的套路（如简单归因、错误归因等）就有可能导致新闻传播中的隐性失实。因此，有必要把隐性失实作为一个严重的问题提出来，并指明它的危害性，以引起业内人士的充分重视。事实上，如果离开了对于新闻传播中隐性失实的理性认识，那么规避此类现象就很难收到实质性的效果。从传播学的角度看，新闻传播中的隐性失实，并不是由传播内容的多义性带来的，也不是由受众对于新闻信息的误解引起的，而是由传播者人为造成的。因此，新闻传播中对隐性失实的规避，只能从传播者做起。为了有效地规避隐性失实现象，有必要通过分析典型个案，探究新闻传播中隐性失实的主要表现、形成原因以及教训，以引起业界人士的高度警觉。与此同时，要在从业人员中大力倡导增强责任意识。新闻传播中的显性失实和隐性失实，在某些情况下同出一源。报道者缺乏高度的责任感和敬业精神，是形成新闻传播中失实现象的一个重要原因。前面所提到的《女大学生找完工作找婚介》，如果多采访几家婚介所，将调查工作做得更扎实一些，或者编辑将标题改得更妥帖一些（将全称判断改成特称判断），其隐性失实是可以避免的。总之，新闻报道隐性失实的规避，不仅需要治标而且需要治本。

其次，要通过深入细致的采访，掌握有关新闻事实的真实情况：通过采访掌握有关新闻事实的情况，是进行判断以确定真伪和进一步做出新闻选择的重要依据。面对采访对象，要坚持用心提问、细心观察、细心倾听，坚持核对事实（包括细节），这既是完成新闻作品的重要前提，也是规避新闻隐性失实的一个环节。一般来说，报道者通过仔细观察、提问、倾听，往往可以发现某些报道对象的破绽或自相矛盾之处。前面提到的有关浙江农妇到杭州"旅游"的新闻照片，画面上农妇们清一色的装束，本身就是一个不小的疑点，理当引起报道者的注意。可是，报道者却疏于观察、粗枝大叶，放过了这个疑点和其他疑点（更不用说发现蛛丝马迹和顺藤摸瓜了），从而丧失了避免隐性失实的可能性。

再次，较强的思维能力是避免隐性失实所不可缺少的条件。在新闻传播实践中，面对采访对象，细心观察、细心倾听是不可缺少的基础；细心分析、细心思考，则是在此基础上的升华。也许，观察和倾听所得会是真假掺杂，但是虚假的东西是经不起科学分析的，假象是经不起理性思考的，报道者应当进行举一反三式的思考：一是向纵深处想一想。将事物的现象看作是把握其本质的向导，不能满足于了解现象，而要进一步探究事物的本质。二是从反方向想一想。像前面所提到的关于公安机关有偿转让执法权的报道，就很难经得起从反面所做的推敲。

复次，记者需要扩大知识面和储备丰富的知识。他们不仅要有一定的新闻传播学专业知识，而且要有扎实的理论功底和比较宽的知识面。个人的经验有限，记者的知识储备将影响其对客观事实认识的准确度和深刻度。客观事实是不断发展变化的。事实的外部形态比较容易把握，但要做出深入的报道，则必须具备一定的理性分析、解释和预测的能力，以便透过纷繁复杂的现象，揭示事实的本质；如果按照更高的要求,还要从历史渊源、因果关系、矛盾演变、影响作用、发展趋势等方面对新闻事实进行深度报道,这就更需要记者具有深厚的知识积累。前文所举"事实真实而判断有误",对结果的"简单归因"、"错误归因"所导致的新闻传播隐性失实,就和记者自身的知识储备不足有密切关系。

最后,借助于各种行之有效的方法来规避新闻传播中的隐性失实。这些方法有:(1) 对事实及有关内容加以核实。既要通过当事人、知情人和目击者进行核实,通过踏勘现场进行核实,又要通过查阅有关文献资料进行核实,还要通过专家或具有相关经验的人员核实。如前面所提到的关于公安机关执法权转让的报道,如果能向有关专家进行咨询,就不难发现所存在的问题并加以避免。又如上海某报刊登过一篇赞扬武警部队某驯犬员感人事迹的报道。文中这样表述:"时值盛夏,上海的气温连续高达35摄氏度以上,但每天驯犬结束后,他(某驯犬员——笔者注)总顾不上自己,而是一遍又一遍地给警犬冲刷身上的汗水。"殊不知,狗是不出汗的,何来冲刷汗水?报道者若知识广博,就不至于写出这样的失实报道来;若能就"狗是否出汗"的问题向有关人员请教、核实,避免这类失实并非难事。[①] (2) 对报道中的遣词造句进行反复推敲,准确地陈述新闻事实,准确地表达报道者所想表达的意思。像前文所提到的"都是××惹的祸"、"女大学生找完工作找婚介"之类的文字表达,无论从哪一个角度看都是欠妥的。

总而言之,新闻传播中隐性失实的规避,既是一个理论问题,同时也是一个实践问题。需要从理论和实践的结合上,努力探讨解决问题的途径。

稿件中的多元文化敏感性(节选)

[美] 卡罗尔·里奇

导言——

本文选自卡罗尔·里奇著《新闻写作与报道训练教程》,钟新等译,中国人民大学出版社,2004年版。

卡罗尔·里奇(女),美国阿拉斯加安克雷奇大学新闻学教授。曾在多家报纸做过记者,1985年从事新闻教学工作。

如前所讲,这本书虽然重点谈新闻写作,但里面的一些观点、内容,对于从事新闻编辑工作也是具有借鉴意义的。新闻的写作与编辑,本来就有不少相通之处,如

[①] 刘海贵、尹德刚:《新闻采访写作新编》,复旦大学出版社,1997年版,第12页。

在新闻的选择方面,对新闻的价值因素、社会效果、自家媒体的特色、材料的运用、词语的推敲等,记者和编辑都有相似或一致的看法。本文所选的"多元文化的敏感"这部分内容,对于编辑在处理新闻稿件是也完全适用。作者从多元文化主义的语言、新闻中的少数群体、民族报道领域、性别差异、特殊群体处理这几方面进行阐述,提出了如何在稿件中处理这些题材的基本原则。我国的新闻媒体同样会遇到这些问题,都应恰当处理这些方面的新闻题材。避免出现差错。如我国有五十多个民族,各类新闻媒体在涉及民族报道时,应当从民族团结的大局出发审慎处理。文中关于性别差异特别是特殊群体中的残疾人群、老年人群、艾滋病患者等新闻的报道,都是在各类媒体上较为常见的。编辑在这些稿件的处理过程中,往往容易忽略其中的差错,甚至是编辑本身出现的失误,这都值得注意。

非洲裔美国籍学生加利莫尔在大学毕业获得博士学位时,很多给他写推荐信的人评述他口齿清晰。他们的本意是好的,但加利莫尔觉得这个词是侮辱。他说,当人们用口齿清晰来恭维他时,它的潜台词是大多数非洲裔美国籍学生不能很好地表达自己。

加利莫尔现在是威廉伍兹大学的副教授。在他所做的一项有关大众媒体信息解码的研究中,他要求学生们定义一系列的词汇,如"多数"、"贫民区"、"内陆城市"等。他的结论是,很难让不同的人在同一个词的意义上达成共识,性别、种族、地区、文化背景都会影响解码。"值得注意的是,女性认为自己是少数,尽管事实上,在每个社会里女性都属于多数,"他说,"只能这样解释,多数通常意味着对权力的控制——男性白人占统治地位的大多数。"

"贫民区"、"内陆城市"是其他一些容易引起歧义的词语。加利莫尔的学生们把这些词语定义为充斥着毒品、贫穷、犯罪和帮派的地区,而不是城市的地理区域。在电视上,当新闻主播提到"内陆城市青年"时,接下来的解说和画面几乎总是黑人青年为了争夺可卡因或者高价运动鞋互相厮斗。

多元文化主义的语言

语言在不断变化。"非洲裔美国人"是受到很多黑人青睐的提法,但并不是所有报纸都接受这种提法。一些地区的墨西哥裔美国人更偏爱"奇卡诺人",这种称谓对于这个群体的一些老年人来说,却成了一种冒犯。

怎么样才能学会使用恰当的词汇呢?今天任何流行的名词可能明天就不再被接受。事实上,"政治修正"作为一个整体概念已经不再流行,但是,保持对他人的敏感——无论是他人的性别、种族、还是文化背景,将始终是一个非常重要的新闻理念。

加利莫尔不赞成记者去记住当今所有的流行名词,相反他建议记者去与各种特殊群体沟通,了解他们倾向于哪种称谓。"报纸通过使用被报道者自己喜欢的称谓来证明报纸的敏感性,这样可以让报纸远离尴尬境地。如果有人表示反对,你可以说这是本人的话。"他说。

麦克默里是全国拉美裔记者联合会的前任执行长官,他强调要把每个人当成个体,尤其是在要给这个人贴上标签之前。他说:"拉美裔是华盛顿创造的一个类概念,以方便官员们用来指代某个文化群体。在加利福尼亚,第二代、第三代喜欢被称呼为拉美人;而第二代、第三代墨西哥裔人更喜欢奇卡诺人这个称谓,这在很大程度上是个人的偏好。"他认为,一些地区把拉美人当作少数群体完全是一个错误,"在埃尔帕索、圣安东尼奥或者洛杉矶这些地方,我们是多数。'民族'这个称谓更恰当。"

新闻中的少数群体

加利莫尔建议,按照种族、年龄、残疾、性别等指标收集不同群体的消息源名单。他认为,如果你从相关群体中选择一个人检查文章中可能敏感或引起争议的内容,你在文化敏感性方面会做得更好。他指出:"大部分错误都发生在信息收集阶段,措词专家不能解决材料错误的问题。去找各种消息源,更充分地认识各种观点。如果新闻中某些论断涉及某个群体,就一定要采访该群体成员。"

奥伯斯宾是肯塔基州《路易斯维尔信使报》的副总编兼员工发展部主任。他认为,媒体对少数群体的需求保持更强敏感性的一个办法就是多聘用一些少数民族。1998年美国报纸编辑协会的一个调查显示,少数民族在当年占报纸员工总数的11.46%,只有9%处于管理阶层。尽管少数民族的数量在增多,但42%的美国报纸仍然没有聘用少数民族。广播电视行业中的少数民族职员在1997年占21%。

提高工作者中的少数民族成员的比例,提高对少数民族的报道量,这样的需求将只会增加。2010年前,美国87%的需求增长将来自少数民族社区,媒体必须反映这一重要群体所关注的问题。奥伯斯宾认为聘用少数民族只是第一步,编辑必须鼓励少数民族记者发表自己的不同意见。他说,问题之一在于,白人编辑"的确希望黑人记者像白人记者一样写作"。

奥伯斯宾是全国黑人记者协会的主要负责人之一,并因其对新闻事业的贡献而获得过很多奖项。他说,他相信没有一套现成的准则指导记者的敏感性。"没有现成的公式,写一个少数群体也不是只有一种方法。最好的准则就是把每个人都当成个体。我们像你们一样彼此存在差异。"麦克默里也非常关注拉丁语系民族的刻板成见。他指出:"我想说,人们对拉丁语系民族的印象是:他们勤劳、家庭观念强、并且忠诚。但是我却很少看到这些。相反我常常感觉到,有这样一群人,上帝知道他们来自什么地方,他们不值得信任,他们喜欢用枪对着别人。"

亚洲群体的代表认为他们也是刻板成见的受害者,这些成见包括亚洲学生要么是数学天才,要么是帮派成员。乔安·李是纽约皇后学院新闻系主任,她在研究了2000多篇有关亚洲人的报道后在《编辑与发行人》上发表文章说:"在有关亚裔美国人的报道中,大部分与移民、犯罪和团体暴力联系在一起。在教育和工作伦理方面,亚洲人经常与'模范少数民族'这样的名词联系在一起。不过在犯罪方面,亚洲人的形象就不一样了。从相关报道看,亚洲人被定型为帮派团伙成员和犯罪组织的刻板印象在增加。"

多元文化敏感不仅与所使用的消息源有关。而且与所选择的题材类型有关。大量研究表明,对妇女和少数民族的描述充满偏见和刻板印象。作为消息源的少数民族经常出现在犯罪新闻中,而被排除在一般报道之外,比如在有关生活方式、经济或其他请专家发言的新闻里就极少有少数民族。相反,当妇女和少数民族获得经济上的成功,或者取得与白人男性一样的成就时,他们通常被描述为不寻常。

基思·伍兹是波恩特媒介研究所的伦理学副教授。他认为,报纸需要制定新的编辑方针来克服长期以来形成的对少数民族少得可怜的报道量和伤害性的报道。"有关不同文化群体和种族的报道仍然过多地停留在节目和足球比赛上,他们的家庭问题或经济问题却涉猎很少。"伍兹在美国报业协会出版的杂志《新闻时间》上发表的一篇文章中这样说。

尽管偏见不是随处可见,里弗斯仍然发现不少缺乏敏感的材料。譬如说,两名议员在一次会议上大吵一架,标题是两名黑人议员大吵一架。"种族在这个例子中对报道内容有什么意义吗?"他问。又如,有篇关于英格兰乐团演出的评论,乐团里其他成员的种族背景都没有提却特别提到一个中国人,"这有什么意义?"

里弗斯说,最常见的刻板成见是戴手铐的黑人嫌疑人的照片常常被刊登在头版,而关于白人犯罪嫌疑人的照片和报道通常被刊登在内页。"我建议对照现实检查一下,"她说,"在你需要使用照片或者短语的时候,你也会这样对待其他种族的人吗?"里弗斯强调,各种报道都需要不同文化背景的消息源。她说,记者们总是喜欢一遍又一遍地采访同一个人。"他们把这些人粉饰为社区领袖,然后听取他们的意见。那个种族或者文化群体可能与其他人持有不同的观点。"

另一项由得克萨斯大学新闻学教授米塔·卡斯塔芬负责的调查表明,绝大多数记者相信种族概念只可以用在与之相关的新闻中,但被调查的60名记者觉得要给"种族"下定义很难。40%的人把它定义为肤色或体力特征,28%的人把它定义为民族文化,其他人则从社会和政治差异的角度做了各种不同的定义。给种族定义这样简单的问题表明,文化敏感对记者来说是非常复杂的主题。

民族报道领域

默里·迪宾明白对种族问题和民族文化群体保持敏感的必要性。他在《费城问询报》工作时发明了一个新的报道领域,即民族报道领域。他说:"我可以确定,有关种族和民族报道的唯一内容就是暴力。在我看来,这个国家在肤色和民族多样性方面已经发生了很大变化。但是,我们从来不报道他们的生活以及他们周围发生的事情。我认为,《问询报》以及其他综合性报纸都缺乏这方面的报道。"

"当我刚开始从事这个领域的报道时,我给人们打电话说:'帮帮我,这就是我的个人情况和我的工作',人们喜欢被问及一些他们知道的事,或者他们擅长的东西。他们也喜欢与人分享信息。当要调查某个仪式问题时,我并不介意你是管道工还是柬埔寨人。当我完成采访时,我会问:'在你认识的人里面,还有没有人对这方面更了解?'他们会大笑,然后给我两个名字。现在,我拥有遍布全国的成百上千人的名字。"

迪宾说,当他与少数民族打交道时,尤其在与那些不习惯于接受媒体访问的人或者英语语言能力不是很强的人打交道时,他更喜欢面对面的采访。他说:"我总是尽量在他们自己熟悉的地方与他们交谈。"当碰到不擅长英语的受访者时,他总是尽量去掉引语,或者尽量限制报道中的引语。"如果我不是在写一篇有关语言困难的报道,我认为没有必要完全忠实地展示他们所说的话,因为你不想让他们感到尴尬。"

迪宾说,从长远看,这个报道领域是非常重要的。"报纸及其他媒体应该把更多精力花在研究棕色人种、黄色人种以及其他人种在如何改变着美国人的长相、工作方式、娱乐方式以及饮食习惯,"他说,"我们漏掉了太多的报道,因为没有人写过这样的东西,应该告诉人们他们周围究竟发生了什么。"

性别差异

在美国发生的各种变化中,有一项是女性角色的变化。女性占整个人类的52%,不过研究显示她们被媒体报道的比例远没有那么多。

20世纪90年代中期,一项名叫"女人、男人和媒体"的调查表明,只有19%的报纸头版文章引用了女性消息源。但传统上与女性爱好兴趣有关的报道领域,譬如健康、医疗、教育和家庭在这10年间有明显增长。该项研究及其他同类研究表明,反映女性的社会影响的报道有待加强。妇女感兴趣的题材在ABC电视网上最为突出。但女性记者的人数在主要电视网中远低于男性记者人数。ABC采用女性记者稿件最多占25%,同一指标在NBC占17%,在CBS占15%。

美国报业协会和报纸编辑协会的媒介咨询师苏珊·米勒在1997年主持一项名为"媒体使用"的研究显示,女性参加工作的人数在不断增加,她们读报的时间相对减少。不过她们每周花在阅读杂志和书籍上的时间多于男性,她们最感兴趣的新闻包括当地社区新闻、能帮助她们更好地处理社区问题的信息、重要问题的调查报道、天气信息。她们更关注社区问题,小报比大报拥有更多女性读者。体育报道和统计信息原以为是男性最感兴趣的题材,但实际上男性和女性最感兴趣的内容为科学技术新闻、环境新闻、本地政府新闻、犯罪新闻和本州新闻。

米勒给报纸的建议是,如果要吸引女性读者,报纸需要增加关于社区生活质量的报道,增加关于社区问题的深度分析,增加关于本地问题解决的报道,而不仅仅只反映问题。米勒同时建议对健康、健美、环境以及提高日常生活质量的报道可以增加。

很多报纸在尝试着增加对女性的报道并且努力为女性而写,而商界女性尤其成为报纸的目标。20世纪70年代,部分由于女权运动要求减少对女性的刻板成见,反映女性问题的报纸专版让位于"生活方式"这类普通题材。但是在90年代女性专版重新出现。如《芝加哥论坛报》就开辟了一个"女性新闻"的专版。电视新闻也更多关注健康、为人父母之道、教育、日间托儿所及其他女性感兴趣的内容。

此举本意是好的,但同时也带来一个危险。其结果可能是过分突出"令人惊讶的成功人士",这类报道给受众的印象是女性的成功就是令人惊讶的。报道应该集中在反映女性成就中有新闻价值的方面。

正如女性是刻板印象的受害者一样,男性也如此。女性常常被认为是感情丰富的;男性则被认为是强壮的,因此新闻中描写的男性往往毫无感情而言。女性对抚育孩子和社会问题感兴趣,男性则对体育感兴趣。自由撰稿人杰克·坎默专攻性别问题。他说这些对男性和女性的成见都是荒谬的。他在《编辑与发行人》上发表文章说,有些结论是错误的,比如女性对体育版和财经版不感兴趣而男性对生活方式版毫无兴趣。他说,事实上有研究表明,在接受调查的男性中,有84%的人说家庭对他们来说最为重要。男性同样希望获得在抚养孩子、性骚扰和社会问题方面的发言权。

男女形象的转换在广告中也有明显表现。为了更大程度地争取女性消费市场,广告商们矫枉过正,特别是一些电视广告把男性表现得很愚蠢、无能,在啤酒和汽车广告中把女性当作性感尤物的广告也有减少。但是,尽管有些进步,男性至上主义的例子——通常贬低女性——仍然存在于媒体的各个角落。

性别报道的原则和民族报道原则是一致的。女性专家的声音不应仅出现在关于女性的报道中,也应该更多地出现在一般新闻中。当报道女性时,不要包含对她外形的描写,除非报道男性时也有外形描写。关于避免性别歧视和性别成见呢,《甘尼特人》杂志有一些用词规定,如——

避免使用男性代词,比如"他"或"他的"。

正确:每个人都应该吃一块饼干。

错误:每个人都应该吃他自己的饼干(如果一定要用代词,就应该把"他的"和"她的"一起用)。

避免使用其定义指向单向性别而不是两个性别的词。

正确:家庭教师。

错误:家庭女教师。

避免图片和插图中的刻板成见。并不是所有的四分后卫都是白人,也不是所有的篮球运动员都是黑人,不是所有的单亲家长都是女性,报纸总编辑也不会都是男人,也不是所有的高尔夫球手都是男人。

避免把一群人简单称呼为男人们,除非他们的确都是男性。

避免对母亲的成见。不要说"这鸡汤的味道像你妈妈做的",父亲可能也时常做汤。不要说这样的词汇,如"老婆的旧事"、"系在她的围裙绳上",或者"像荷兰叔叔那样训人"。

避免在报道中使用女性的名而应该像男性那样用姓指代她们。在正式材料里用名指代人几乎永远给人居高临下的傲慢印象,男性通常不会受到这样的待遇。

避免使用具有性感特征的形容词描述女性。问自己:你会用性挑逗的词来描写IBM执行官的步伐吗?或者其步伐仅仅是自信?同理,个性强也要慎用。你最后一次看到男人被描述成个性强是什么时候啊?

在报道中谨慎使用"第一个"这样的词。如"第一个靠捡垃圾为生的女性","第一个飞入太空的女性","第一个竞选校董事会成员的女性"。(如果确实是第一的确值得一提,但这不应该成为新闻的焦点。)

避免使用那些带着惊讶成分的词,如"精明而具有献身精神的女性"。一个精明而具有献身精神的人是女性,就很不寻常吗?

在走近任何一个故事时,潜意识不要猜想这更有可能是一个男人的故事还是一个女人的故事。在有关照顾孩子的报道中,我们几乎总是引用女性消息源的话。为什么不引用男性的话呢?对他们来说,缺乏对孩子的关爱也是个问题,或者说应该是个大问题。

写特殊群体的原则

每个群体都有对语言的特殊要求与关注。使用轮椅的人并不一定认为自己是残疾人(一个带有损毁性的词)。他只是有一点不便而必须使用轮椅。携带艾滋病病毒的人并不是受害者,而只是一名艾滋病患者或者说艾滋病病毒携带者。并不是所有65岁上的人都需要人们成见中的摇椅。

没有必要背诵每个特殊利益群体的词典。不过,如果你负责某个专门领域的报道,如老年人、残疾人、艾滋病患者或其他少数人群体,你可以给相关组织打电话,请他们告诉合适的用法。大部分组织都有相关的印刷材料。

不过,首先应该问问采访对象,他们喜欢被怎样称呼。接下来可以查阅《美联社规范和防止诽谤手册》。其中有"残疾人"、"艾滋病"这样的条目。少用形容词描述人,意味着将麻烦降到最低。

残疾人群

希瑟·柯克伍德以前是堪萨斯大学新闻学院的学生。她从法律意义上讲已经是盲人,但是在各种辅助工具的帮助下还可以看见。她不喜欢别人说她"有视力障碍"或者"只有部分视力"。她更喜欢"盲人"这个词。不过,她说一些盲人组织并不同意她的看法，他们坚持必须对部分失明和完全失明做出区分。

"从政治修正意义上讲，我个人的感觉是，重要的不是这个词，而是这个词的含义"，柯克伍德说，用"有视力障碍"代替"瞎子"并不能改变人们对盲人的看法，关键在于当你说"瞎子"这个词时会想到什么。需要改变的是人们对盲人的看法，而不是改变这个词。她承认有关残疾人的很多报道与关于成功女性的报道一样，都给人"人人惊讶的成功人士"的印象。"就'奇迹因素'而言，它的确让人混淆，"她说，"很多盲人的确认为自己创造了奇迹，很了不起。这是因为我们从小就被教育这样去看待自己。""尽管我们希望记者们能理解这一切，我们知道公众可能无法理解，"柯克伍德说，"我们也希望记者能理解，我们并不能代表整个盲人群体，我们也知道公众不会绝对公正。我们面临的最大问题不是失明，而是公众对失明的理解。"

堪萨斯大学独立生活研究和训练中心为写作关于残疾人的报道提供了指导原则。该机构认为，委婉语"强化了残疾人不能做预付交易的印象"。在拿不准的时候，问问你的消息源他们希望如何被描述。这里还有些小技巧：

当采访残疾人时，除非对方听力有问题，否则不要大声说话。有听力障碍的残疾人常常抱怨人们把他们当作有听力障碍的人。要像对待其他采访者一样对待残疾人。

报道残疾人新闻，不要夸大其辞，把他们写得跟超人一样。这里潜台词是残疾人通常是无能的，而你的采访对象却非同凡响。同样的道理，不要夸非洲裔美国人口齿清楚或者表达合格，因为这里也暗含着其他的非洲裔美国人并不具有这样的素质。

不要把残疾人写得完美无缺，似乎毫无缺点。

在你描述一群残疾人时，不要把形容词当作名词来用，如对"聋子"，应该说用"有听力障碍"更合适。

对于精神疾病，避免使用诸如"疯狂的"或者"神经错乱的"这样的词汇。"精神异常"或者"精神分裂"这样的词汇只能在一定语境中使用——并且仅当它们是最合适的医学术语时。更佳的词汇是"有情绪障碍的人"或者有心理疾病的、存在心智问题或者心智混乱的人。

老年人群

如果说有一群人常常被说成"老当益壮"，那么这群人一定是年龄超过65岁的老年人。很多报纸的人物报道常常觉得他们不同寻常，仅仅只因为他们能走，能跑，能跳舞或还能做些什么。65岁以上的人常常被刻画得充满活力，有时又是喜怒无常的，但总是超凡的。

年龄可以作为某个人成就的因素，但决不应该把它当作报道重点。读者可以自己做出判断，这个人的成就是否是因其年龄才显得突出。特别要避免制造惊讶的感觉：难道这不令人感到惊讶，这个人可以在这样的年龄取得这样的成就？在当今美

国社会,65岁以上的人总是被归作一群可以享受某些特权的美国老人。这里有一些基本原则可以帮助你处理老人话题:

在报道65岁以上的人时,避免使用"银发"这样的形容词来描述他们,除非你用同样的方法描述长着金色或者棕色头发的年轻人。

避免刻板成见。如果新闻人物没有用摇椅或者其他描述老人形象的东西,就不要在报道里提到。

避免使用"银色人口"、"老年公民"和其他对这个群体的称谓,除非你在写一篇趋势分析。只有在与报道主题相关、必要和恰当的情况下才使用这样的称谓。

避免说"她不认为自己已经老了"这样的话,除非她自己这么说。即使你的本意是想恭维她,这样写也表现出对老年人的刻板成见。

处理敏感问题的基本原则

当报道有关AIDS的新闻时,不可避免地会谈及有关死亡和性的问题,如何触及任何一个这样敏感的话题呢?

"惟一可做的就是把这些话题置于一定的语境中,"巴纳斯佐恩斯基说,"当我必须这么做时,我总是申明我的基本原则,说'我们将要讨论一些非常个人化的话题,有一些问题可能会令你很尴尬。你并不一定要都回答这些问题,但我会尽力让你回答。'如果你诚实而直接地提出问题,不加入任何判断,那就不会有什么不好意思,他们会很轻松地回答你的问题。如果你自己觉得很尴尬,他们也会有同感,我问这些问题时,就像是在谈论天气。"她认为,事实上人们有强烈的愿望诉说自己的故事。"我相信你可以问任何人任何问题,只要你不要加入任何评判因素,做一个好的倾听者。"

巴纳斯佐恩斯基在对汉森和亨宁森的采访中还运用了另一项技巧。"我做了很多平常情况下不会做的事,"她说,"我提醒他们不要忘记我的使命。我的工作要求我要负责任,要求我提醒他们我的记者身份。我告诉他们当我放下笔记本时,可以自由地谈论。当我要做记录时会再次提醒他们。"她报道这些新闻时也打破了很多新闻学上的通常做法。"我给报道中提到的每个人打电话,把引用他们的话读给他们听,并且告诉他们这些话的上下文。例如有一次我说:'我把你放在这样的情境中,你与你的家人发生了争执'。然后我说,如果能证明我做错了什么会考虑修改。"只有一个人提出异议,她并没有去掉他的评论而是增加了一句让他颇感满意的话。她还会在出报后马上将报纸送给汉森和亨宁森看,让他们早些读到那些文章。"他们不能更改任何东西,这只是表示礼貌。如果他们允许我去探询他们的隐私,我想我必须以礼貌回报他们。"

术语

对不同的特殊利益群体来说,AIDS语言有所不同。最好的建议就是直接询问受访对象，他们认为用什么词比较合适。患艾滋病的人不喜欢被叫作"受害者"，他们更愿意被叫作"在艾滋病中生活的人"。现代药物已经使这个术语更符合实际。

《美联社规范手册》指出，AIDS病毒的科学名词是人类免疫力缺失病毒。检测结果呈阳性的人可以被称作"HIV-POSITVE"，但这并不意味着他们患了艾滋病，这只是说明他们是AIDS病毒携带者。患艾滋病指的是他们已经出现疾病症状，并被确诊患病，而不仅仅只是携带病毒。

巴纳斯佐恩斯基并不非常喜欢用这样一些专业术语，譬如"HIV-POSITIVE"，因为普通读者往往不能理解术语的含义。她经常用的是"艾滋病病毒"。她说，她写的文章必须先通过母亲。"我的母亲很聪明，但是她住在一个小城镇上，也没有什么世界眼光，她只是一位很普通的读者。如果我认为母亲不会明白某个术语，我就不会用它。"不过，究竟如何使用这些术语取决于报纸的编辑方针。

全球化与传播内容生产：国际竞争的视角

丁和根

导言——

本文刊载于《中国出版》2011年第21期。

丁和根，江苏省东台人，1964年出生，博士，南京大学新闻传播学院教授、南京大学宣传部副部长。

在全球化浪潮的推动下，"地球村"的概念已广为人知，这也促使新闻传播必然向着全球传播的方向发展。在此过程中，信息传播的国际竞争依然存在。这种竞争一方面要面向全球一体化的市场，满足多国家和多民族受众的需求；另一方面又要能够在国与国的竞争中拥有自己的影响力。影响力来自内容的产制和认知，全球传播态势中的国际竞争对内容生产有着特殊要求，对此，中国的新闻传播需要有自己的内容生产策略。编辑是新闻传播运作的灵魂，和记者一样其使命都是要对这复杂变幻的现实社会随时进行跟踪与反映，将事物的运动、发展作淋漓尽致地"同构传播"，以让偏于一个地区乃至一个国家的"井蛙"式的个体和群体，突破和超越原有视野的束缚，放眼到国际纷纭变幻的五彩斑斓中去，广人之视听，新人之知识，及时了解整个世界的变迁。从而，面对新情况，认知新世界，把个人同整个世界联系起来，以"世界公民"的胸怀去思考问题，制定或修正自己更有远景的行动蓝图，努力追求与创造理想的目标。当然，实现要这样的目标，正如本文的题目所揭示的，编辑自身须具有国际竞争的视角，并据此处理好稿件尤其是国际新闻的版面、栏目或频道，才能生产出全球化的传播内容以飨受众。

全球化时代的到来,对世界信息传播的整体格局产生了巨大而深刻的影响。这种影响一方面表现为全球传播的产生和发展,即全球范围内信息传播的市场化和一体化趋势的不断增强,经济利益成为全球传播竞争的一个主要目标;另一方面,信息传播的国际竞争(国家之间的竞争)依然存在,国家、民族、意识形态和文化等因素所发挥的作用并未明显地减弱,影响力的争夺依然是国际竞争的主要目标之一。在全球化语境中,一国的信息传播要在国际竞争中取得优势,首先要有坚实的产业基础、较大的产业规模和有效的对外传播通道,但光有这些并不够,还必须要有强大的内容创意和生产能力,因为内容的产制和认知才是影响力得以生成的源泉。为此,中国需要有自己的内容生产策略,以适应全球传播态势对信息传播提出的新要求。

一、全球化语境中的信息传播竞争

在经济学视域中,竞争一般要具备四个基本要素:竞争主体、竞争对象、竞争场所、竞争结果。具有独立利益的个人或集团是参与竞争的主体;具有稀缺性且为不同利益主体所共同需求的东西是竞争对象;具有特定时间、空间和条件的主体活动范围是竞争场所;成功或失败、获取利益的多或少,是竞争的必然结果。只有在这四要素俱全的情况下,才存在真正意义上的竞争,也才存在竞争力高低的问题。全球化对信息传播国际竞争的影响亦可以从这四个方面反映出来。

传统意义上的国际传播主体一般是民族—国家,在国与国的交往中,信息传播是联结双边或多边关系的重要纽带。国家有时会以传播者的身份直接出面来完成一些重大的信息传播活动,这种活动中的传播行为其实并非一般意义上的信息传播,而是具有明确目标的对外宣传行为。而在日常的国际信息传播中,出场者多是一些有影响的媒体而非国家本身,实际上这些媒体常常充当着国家喉舌与传声筒的角色。这样的国际传播主体并非经济学意义上的市场竞争者,而是带有浓厚意识形态色彩和政治使命的主体。随着冷战的结束和全球传播的出现,信息传播的国家界限逐渐被打破,传播主体也在一定程度上发生了转换,媒体成为日常传播的真正主角。对于大多数国家的媒体而言,只要有实力、有通道、有合适的内容,都可以借助市场的力量完成自己的超越国界的传播行为。在此过程中,产生了一种新型的传播主体,这就是跨国媒体(集团)。它们是真正的市场竞争者,不光规模庞大,而且影响力惊人。

传统的国际传播的竞争对象是政治或文化影响,往往不计市场效应和效益,而全球化语境中传播的竞争对象则首重经济利益。这与前述竞争主体的变化有着密切的联系。国家在作为信息传播竞争主体时,由于其政治组织的属性,它的行为的驱动力和追求目标都必然首重政治利益,即使由媒体在前台扮演角色,它仍会在后台实际操控着传播的导向和资源。而在全球化语境中,国家逐渐退居幕后,信息企业(尤其是媒体)作为一种真正的经济性组织参与竞争,它的内驱力和追求目标则必然转向经济利益。作为市场竞争者的企业可以冲破国家和民族文化的边界,以新颖的内容和形式吸引世界上不同国家、不同文化、不同肤色的数以亿计的受众,从而获取巨额的市场收益。信息传播竞争说到底是以受众作为竞争对象的市场博弈行为,在全球化进程中,由于传播对象的大大扩展,信息生产商必须充分考虑本土以外受众的需求与习惯进行内容的生产制作,将本土化与全球化有机地结合起来。信息生产商除了充分利用本土资源外,还必须能在全球范围内寻找和利用资源并进行有效的资源整合。因此,跨国受众以及进行信息生产的各种资源,成为信息传播全球竞争必须争夺的直接对象。

在竞争场所方面,冷战时代的国际传播主要是意识形态斗争的工具,这当然也是一种"竞争",却与市场并无多少关系,它一般在两国之间进行,是国与国之间进行政治较量的重要组成部分。20世纪90年代以来,冷战的终结和全球化的迅速发展,使得传统意义上的国际传播隐而不彰,全球传播成为一个比国际传播更能揭示当今信息传播竞争场所特征的概念。传播的全球性,要求信息、资本、人力等生产要素可以跨国和跨文化自由集聚和流动,信息贸易成为国际贸易的一个有机组成部分;要求传播内容(特别是新闻)的采集由原来以本地为主向全球范围扩展,并以最快的速度和最真实、最全面的报道向世界发布最新的资讯;还要求传播的技术工具(手段)和组织形态能够与其相匹配,而卫星和网络传输等技术的普及,新闻集团、时代华纳之类的跨国传媒集团的崛起,正是适应了这样的需要。

由于以上几个竞争要素所发生的变化,全球化语境中的信息传播竞争所得到的结果自然与传统的国际传播有着显著的不同。从媒体层次来说,原来的竞争结果主要表现为是否完成了所属国的对外宣传任务,现在则主要表现为在国际市场上到底获取了多少经济利益。从国家层面来说,原来是"东风"与"西风"谁压倒谁的政治问题,现在则是谁的传播竞争力在世界舞台上更强的问题。这种竞争力同时表现在硬实力和软实力两个方面。前者主要表现为一个国家产业基础的强弱程度,主要涉及生产、储存、传输内容的器物工具和物态载体等生产资料,产业规模、从业人员、行业管理、竞争水平等生产能力。后者主要表现为一个国家的传播影响力,包括全球传播渠道的数量多寡及其渗透力,传播内容和服务对跨国受众在思想、观念和情感方面产生作用的大小等。全球化所带来的信息传播市场化和一体化趋势的增强,使得参与其中的国家都非常重视信息传播基础条件和对外传播渠道的建设,重视信息产品生产的国际化和标准化,以求与全球传播市场的无缝对接。在此趋势下,世界似乎真的变成了一个"信息车间"或"信息超市"。

然而,这并不等于说传统的国际传播已不复存在,而是说国际传播在冷战结束后出现了一种向全球传播方向演化的趋势,它改变了传统的国际传播的模式,使得参与国际竞争的主体、对象、场所和结果都发生了一系列新的变化,我们姑且将这种新型的带有全球化色彩的国际传播称之为"全球传播"。显然,这里所说的全球传播既有区别于传统国际传播的新的特质,也包含了传统国际传播一直延续下来的部分。全球传播一方面打破了传统框架下以意识形态作为信息传播指南针的思维定势,使市场指标成为衡量信息传播国家竞争力的重要和直接的标准;但另一方面,影响力的争夺仍是退隐到幕后的国与国之间传播竞争的一个焦点。这样,全球传播便具有了双重竞争目标:经济利益和国际社会影响力。正如前面已经阐明的那样,这是竞争主体、竞争对象以及竞争场所不断分化或重构所带来的必然结果。

二、全球传播对传播内容提出的新要求

在全球传播竞争的双重目标之间,是一种既对立又统一的关系。其对立的一面主要表现在:经济利益更注重直接的、短期的和显性的结果,是可以用市场指标直接加以衡量的,相比之下,社会影响力更注重持续的、长期的和隐性的效果,是无法用市场指标直接衡量的;经济利益是站在前台的媒体的主要竞争目标,而社会影响力则是隐在后台的国家的主要竞争诉求,这两者之间并非总能保持协调一致的关系。其统一的一面则在于,它们都是服务于提升信息传播国家竞争力的需要,而且都统一于广义的影响力范畴。在全球传播竞争中,影响力也可以分别从广义和狭义的角度来理解。狭义指传播内容对国外受众在心理、思想、情感和行为等方面产生作用的能力,这主要是一种社会影响力。广义的影响力,除狭义之外还指一国信息传播的产品对国外市场的渗透力和占有率,即一般所说的市场影响力,经济利益不过是市场影响力的一种具象化的表现。因此,就广义而言,全球传播竞争的双重目标都统一于对影响力的追求。

从更深层次来说,市场影响力和社会影响力无论在支撑条件和实现方式上存在着何种差异,它们都不能不依赖于传播内容,尤其是内容产品的意义与品质。是内容的产制和接受最终决定着影响力的有无与大小;换言之,内容是传播影响力的终极源泉。

内容对于影响力的决定作用,既体现在微观的受众接受行为层面,也体现在宏观的市场运作层面。在微观层面,受众对信息的接受,是从内容接触到意义理解再到态度支持的一个完整过程,这个过程是渐次深入的,需要有一系列条件的支撑。受众对内容的接触,首先会考虑内容本身的接近性和有用性,同时还会考虑形式上有无愉悦性;受众对内容产品的意义的理解,既需要基于他们原有的知识系统,又要依赖现实情境的配合;受众最终能否在态度上对传播内容给予支持,还取决于内容中所包含的情感和观念与他们原有情感和认识的统一性程度。以影响力为追求目标的信息传播竞争,需要充分考虑到全球化语境中的受众在信息接受的各个环节上

的特点和要求,生产出他们喜欢接触、愿意理解并乐意支持的内容产品。只有这样,市场影响力的形成和社会影响力的产生,才会具备坚实的受众基础。在宏观层面,市场影响力的获得需要借助于规模效应,也就是必须要有足够多的消费者通过市场购买行为完成对产品的接受,竞争者所追求的经济利益才能兑现。为此,各种市场营销手段和活动是必不可少的。社会影响力的获得则需要借助于社会认知和集体认同,无论什么样的观点或观念,只有经过广泛传播并在较大范围的受众群中形成心理共振,有利于传播者的舆论倾向才会产生。市场规模的形成以产品内容的包装和推广为手段,社会认同的获得以跨文化的意义交流为桥梁,它们只能通过有意义的内容来实现,其落脚点都是内容的产制和传播。

正是认识到内容生产与传播的这种极端重要性,参与到全球传播进程中的世界各国纷纷将内容创意和信息传播产业(往往被统称为"文化产业")提升至显要位置,并将其作为最具发展潜力的社会经济部门来看待。在此过程中,绝大多数认同全球传播并参与全球竞争的国家都不再强调竞争的政治性和意识形态性,而是将获得经济利益和社会影响力同时作为主要的竞争目标,而且都愿意遵循全球贸易的基本游戏规则。然而,全球范围内的信息传播不平衡并没有因为全球传播趋势的出现而减弱,这种现象甚至出现在了发达国家之间。究其原因,一方面因为信息传播的影响力作为一种软实力,本来就不能单纯地理解为仅仅是传播内容本身自发的一种力量,它的背后往往有一国的政治、经济、文化、军事等硬实力做支撑,是这些力量的象征;另一方面更应该看到,在全球一体化与本土化和文化多样性之间确实存在着诸多深层次的矛盾和冲突,就信息传播而言,本土传播的内容更注重承载一国的主流价值观和特定的民族文化内涵,而全球传播的内容更注重普世价值观和能够进行跨文化交流的意义。在全球化语境中,内容产品的生产与传播都无法再遵循过去国际传播的老套路,必须既顺应全球传播的大趋势,又要当心落入被全球化的陷阱。这着重体现在对以下几对关系的认识和处理上。

其一,全球一体化与文化多样性的关系。全球化肇始于经济一体化,延展至文化一体化,落脚于市场一体化。全球市场的一体化必然会有一种内在的要求,就是世界各国的文化最好可以用一些标准的价值观来通约,以实现在全球市场的自由流通。而果真如此,则必然会对文化的民族性和多样性构成严峻的挑战。在这种情境中,联合国教科文组织大会在2005年通过了《保护文化内容和艺术表现形式多样性国际公约》(简称《文化多样性公约》)。它意味着文化多样性原则被提高到国际社会应该遵守的伦理道德高度,并具有了国际法律文书的性质。这项由法国和加拿大倡议的文化多样性公约包括35项内容,其核心是:与文化相关的活动、产业和服务有其特殊性,不应与一般商品同等对待;各国有权采取有利于保护自己文化遗产的措施。公约之所以能得到联合国教科文组织绝大多数会员国的支持,是因为在全球传播中处于弱势的多国存在着对抗美国"文化霸权"的需要。但保持文化多样性绝不应沦为文化保守主义的一个口实，否则参与全球传播就只能是一句空话。比较可行的努力方向是，在全球竞争中形成类似于几大经济体（或经济圈）这样的文化体或文化圈，从而使全球传播的"一极"格局变为"多极"格局。

其二，普世价值与国家意识形态之间的关系。普世价值是指那些能够超越国家、民族、文化界限的人类共通的价值观念，它一般不具有特定的主体性和明确的政治性；而国家意识形态却具有鲜明的主体性和较强烈的政治性，它或许会预留与普世价值对接的空间，但其本身与普世价值常常是存在冲突的。就信息传播特别是新闻传播而言，真实、客观、公正、全面、平衡等原则，就可以看成是普世价值，但不同国家的传播者对这些原则可以有不同的理解和运用，这其中就必然会渗透意识形态的因素。这方面美国的传播内容具有很强的典型性，它的文艺作品、娱乐产品以及新闻报道，无不以坚守平等、自由、客观、公正等普世价值自居，而在这些内容背后，许多国家的受众读到的却是傲慢和偏见，甚至是"妖魔化"。卡塔尔半岛电视台的做法或许更有启示价值。它在被有些人视作"恐怖组织的传声筒"的同时，又会适时播报美国官方的反映，而被更多的人看作"只不过是站在广泛的人道主义立场上还原了战争残酷的本来面目"，从而"为伊斯兰世界赢得了话语权"①。但半岛电视台从来不报道卡塔尔国内反对派的声音，目的是为了维护现政权的统治，可见这个来自于小国的电视台在处理普世价值与国家意识形态之间的关系时，与美国传媒取得了异曲同工的效果。这说明，在全球传播中可以也只能将意识形态隐藏于普世价值之后，通过践行普世价值才能达到传递某些意识形态观念的目的。

市场性导向与创意性导向之间的关系。谈论全球传播的逻辑前提是承认传播内容可以顺应全球化的要求，这也就意味着承认经济和市场可以广泛地介入内容产制和传播的过程。关于这个问题，致力于推进文化产业发展的国家大多持两面的态度，一方面认识到只有让更多的资本尤其是民间资本参与到文化生产中来，文化的发展才能获得强有力的经济力量的支撑，另一方面又担心经济因素成为文化的主导力量从而带来负面的影响。这种担心不是没有理由的。内容的生产存在着市场性和创意性两种不同的导向。前者更倾向统一、标准和功利，更强调资本和技术的作用；而后者更注重个性、创新和审美，更强调艺术创造的力量。两者之间既有一定程度的同一性，但也存在明显的矛盾和冲突。如何化解这种矛盾和冲突，成为考验参与全球竞争的众多信息生产企业的一道难题。

三、面向全球传播的中国内容生产策略

中国的信息产品要走出国门并使其内容在世界范围内产生影响，除了要有畅通

---

① 蔡志玲：《中国传媒如何打造国际影响力》，《东南传播》2007年第5期。

的渠道,同时还必须有能够吸引世界目光的源源不断的内容供应①。没有好的有创意的内容,参与全球竞争和获取国际影响力只能是叶公好龙。目前,中国在内容生产与传播中存在着一些明显的问题,比如:内容生产的数量相当庞大,但其质量缺乏国际竞争力;内容创意在国内市场有较好表现,但无法满足国外受众的需求;传播内容的产品线和盈利模式单一,无法体现创意产业和信息产业的高附加值优势等。有志于参与全球竞争的信息传播企业需要不断克服这些问题,采取面向全球传播的内容生产策略。

首先是要坚持比较竞争优势的理念,摒弃"无差异化"的市场策略,而采取"散点式专业化"的市场策略。比较优势理论是在国际贸易中由绝对优势理论发展而来的。它认为,一国与他国相比在生产某种产品上是否具有绝对优势并不重要,只要它们在生产两种产品上的要素投入比例不同,就会有比较优势存在。遵循比较优势的原则,每个国家都应选择具有比较优势的产品进行生产和国际间的交换,使交易双方都从中得益。这一理论给我们的启示是,在发展信息传播产业和推动内容产品出口过程中,既要认真掌握内容产品生产和贸易的普遍规律,同时要充分挖掘中国内容产品与他国在创意、生产与营销等各个环节的差异性即个性特征,从而找到在国际竞争中赢得比较优势的路径。这就需要对国际信息产品市场进行细分,结合自身的实际情况,有选择地放弃部分分体市场,选取几个有利的分体市场作为主攻目标,并为这些主要目标市场提供不同的内容产品,实行不同的营销组合策略。同时,充分重视新兴产业所具有的后发优势,借鉴韩国等国家的做法和经验,在动漫游戏、网络出版等领域积聚资源,不断推动这些新兴产业的内容产品率先走向国际市场。

其次是要改变过去单纯的国内生产、国外售卖的传统生产和营销模式,采取集资、参股、互派人员或联合制作等多种形式,加大与国际信息内容生产商合作的力度,实现实物出口与资本和人力资源输入输出的有机结合。在经济日益全球化的今天,尽管实物出口依然是国际贸易的主要方式之一,但与过去所不同的是,资本越来越成为在全球范围内联结和整合生产及流通要素的主要纽带,这直接导致了巨兽(大型跨国公司)时代的来临,同时也给新兴国家的发展带来了一些新机遇。由于信息传播产业具有内容产业或者创意产业的特殊性,其产品的输出必须特别注意输出终端(输入地)的本土性。而要做到这一点,就不能固守传统的国内创意→国内生产→对外输出→终端消费的贸易流程图,必须充分利用资本输出的杠杆作用,利用国际化分工合作的有利条件,使更多的生产环节和流通环节直接在输入地完成。这样一方面可以学习到国外先进的传播创意与制作的理念和技巧,另一方面也可以逐步摸清国际市场的脉搏,建立起有效的国际营销的通道。例如,"在发展电影方面,可

---

① 陶大坤、丁和根:《中国对外传播渠道建设之路径选择》,《当代传播》2010年第6期。

以采用从国外融资,与国外院线签订合同,用外国先进的技术、优秀的演员,拍摄中国题材的影片,然后出口到国外,这样可以充分利用国外资金、技术和人才,加快中国文化走向世界"[①]。

再次是构建和完善内容生产的产业链,不断丰富内容生产的产品线,在媒介融合的大背景下,寻求各种内容产品传播介质和传播形式的多元化,最终实现由单一盈利模式向复合盈利模式的转变。传播内容生产是一个涉及众多细分行业的过程,这些行业包括新闻、出版、影视、广告、娱乐、演艺等。不过,它们都可以统属于大信息传播产业或大文化创意产业。由于特定的历史原因,过去中国的内容生产几乎没有产业运作的意识,也就很难形成完善的产业链条。一种内容产品生产出来,大多是一次性消费,缺乏多层次开发的概念,因此同一层次内容产品的产品线往往非常单一。这些缺陷导致中国内容产品在参与全球竞争时,既无法形成强势的文化氛围和社会影响力,又无法获得多元盈利模式的支撑,预期收益的空间被大大压缩。在改变这一现状的过程中,特别值得一提的是将传统传播载体与新传播技术进行有机的结合。所谓新传播技术是指基于数字化和网络化的新型媒体技术,它们不仅在技术上大大超越了传统的媒体技术,在服务形式上也体现出全面的创新。新传播技术与传统的传播载体的融合,不仅使得内容产品传播的技术操作更加简便,服务形式更加多样化、服务内容更加人本化,而且使得不同内容产品之间进行整合与创新的几率大大提高,为信息传播产业发展和内容产品出口提供更为广阔的空间。

新闻报道中的立场(节选)

[美] 凯利·莱尔特等

导言——

本文选自凯利·莱尔特、朱利安·哈里斯、斯坦利·约翰逊合著的《新闻采写、编辑的基本技能》,宋铁军译,中国人民大学出版社,2005年版。

凯利·莱尔特,美国田纳西大学新闻学院教授;朱利安·哈里斯,田纳西州新闻协会及田纳西大学新闻学院教育家。本文谈到美国媒体近些年来遭遇了公众以及业界的指责,原因在于许多媒体的报道准确性差,报道中过分地对一些事情指手画脚,并且缺乏道德甚至捕风捉影。作者认为,新闻媒体的首要职责是向读者完整、准确、真实地传递信息。在此基础上可以而且也有权表达自己的立场,其表达方式可

[①] 龙永图:《中国文化产品出口问题迫在眉睫》,http://finance.qq.com/a/20060512/000540.htm

用以社论、漫画、署名文章或者在标题中来体现,但要避免扭曲新闻。负责任的媒体在表达编辑部的观点时,要严格遵守法律、道德。文中特别指出几种"被立场扭曲的报道",是如何通过常用的新闻报道手段来表达立场的,并强调如何来进行检查,努力使新闻变得客观、公正、准确和均衡,否则新闻就没有生存之地。这些,作为媒体最终"把关人"的编辑,首先应在稿件选择中注意到这方面的问题,尽可能地将错误在新闻发布前消灭干净。

在20世纪最后10年,媒体遭遇了前所未有的批评,这些批评不仅来自媒体评论人士和公众,也来自从业者本身。

"新闻媒体在报道白宫性丑闻时表现得极度狂热,很快被效仿,而且随后继续重演,这是由媒体间疯狂的争斗导致的。"《丹佛邮报》政治版编辑、职业新闻工作者协会主席弗雷德·布朗在协会的杂志《鹅毛笔》上写道。

依然有许多新闻工作者说,他们觉得媒体在报道中是恪尽职守的。在《哥伦比亚新闻评论》举办的一项调查中,6%的受访者对白宫性丑闻的报道打分为A,54%为B,23%为C,14%为D,只有1%的人打了F,另外还有2%表示说不清。

另外的一些调查则表明了公众对媒体的看法是自相矛盾的。在一项调查中,只有10%的受访者认为媒体的报道是"极好的",但在几乎同时进行的另一项调查中,却有64%的受访者说新闻媒体的报道质量是极好或很好的。

受访者对媒体的最大抱怨是它们不对事实进行核实,并且传播那些毫无根据的谣言和指责。还有一些人说他们认为媒体的报道过分狂热,对一件事情进行连篇累牍的报道,并极尽煽情之能事。许多人都批评媒体报道有偏差,并指手画脚。

指责媒体的报道有偏差并不是新鲜的事,长久以来这个问题一直存在。媒体的偏差通常表现为有失公正、反应迟钝、准确性差、缺乏道德、捕风捉影。

另外,媒体的兼并——例如,美国85%的日报都是互相持股,以及电子媒介所有者日趋严重的垄断——已经使很多人担心,报纸和电台、电视台的老板会对新闻报道施加过多的影响。

当老板可以随时直接和间接地对报纸的内容施加影响时,同样,他雇用的发行人、总编、副总编或报社其他掌权的人也会如此。所以,初入新闻界的记者必须认识到,大多数报纸的新闻记者并没有"随心所欲"的绝对自由。这一点至关重要。

每一家报纸都有自己特定的立场,它规范记者报道什么样的新闻、用什么样的方式向公众提供新闻。有时,这些立场表达得非常具体,而且有样板报纸可循。有些报纸甚至把自己的立场写在栏头上。比如,《圣彼得斯堡时报》就直接明了地表达自己的道德立场:"我们的立场非常简单——只讲述真相。"

然而,大多数报纸的立场却不写在纸面上。有时,报纸的立场含糊不清,并且因每篇报道的情况而异,但有时它却又是不容置疑的。例如一家报纸可能有这样的立场:绝不报道离婚案,另一家报纸可能在其公告栏中列出离婚者的名单,第三家报纸则要报道离婚的新闻,特别是当地名流的离婚案。一家报纸可能自动地支持某一党派的所有候选人,而另一家报纸则会有所选择。

应当记住:报纸毕竟是一个企业,而且它要按照老板认可的方式运作,不管出于哪一种利益目的——个人的、财政的、政治的或社会的。报纸能够为老板个人、其他合伙人(如果是股份制)或任何特定的利益群体带来政治和其他方面的财富。不幸的是,有些报纸的确做到了。然而,一个有责任的老板会避免由于个人原因对报纸进行任何粗暴的干涉。

报纸——无论它是否愿意——也是一种社会工具。它进入千家万户,家庭中的每个人都阅读它或间接受其影响。它不仅提供新闻,而且还提供信息和娱乐。它传播——无论它是否有意——社会、经济和政治哲学。报纸以其特性创设了一种氛围。它威力无穷、影响巨大,能够生动地表现和探究个人、家庭、社会的特征、理念和状态。

由于这种权力和影响力,报纸的首要职责就是向读者完整地、准确地、真实地传递信息。只要做到了这一点,报纸就能表达自己的立场,而同时又不会被指责为践踏新闻。

在只有一家报纸的城市和城镇,报纸编辑们会有一种特殊的责任感:要表达各种不同的观点,而不仅仅是自家的。遗憾的是,事实并不总是如此。有些编辑利用职权强迫公众接受自己的观点,同时又排斥其他观点——尤其是相反的观点。另一方面,编辑们也不愿意接受自己报纸的社论中宣称的在某个有争议的问题或政治候选人问题上持有的立场。总编辑也不愿意面对本地的各种人物和团体的压力,包括大的广告客户。这可能是因为总编辑真诚地相信,作为本市的唯一一家报纸,应该不党不私、不偏不倚;而实现这一目标的方式,不是要公开表明立场,而是要尽可能保持中立,在报道公众关心的问题和官员的竞选时,要将所有当事人的所有事实告诉读者。

当关乎这一地区公众利益的问题成为争论的焦点时,每位总编辑都有责任让自己的报纸表达正反两方面的意见:在这种情况下,报纸的社论专栏应当向不同意报纸观点的人开放。甚至那些公开承认自己有强烈的党派倾向或其他非中立立场的报纸,也应刊登与自己立场相背的新闻和观点。这一点做不好,报纸的公信力就会丧失。

表达立场的方式

社论

社论版通常被看作是总编(或媒体所有者)的自留地,总编同样有权自由表达自己的观点,即使读者拒绝它。

无论是要宣告明确的立场，还是恪守不偏不倚的原则；无论是要引导舆论，还是仅仅反映舆论，这些都是报纸必须面对的问题。有些报纸以自己咄咄逼人的挑战性而自豪，但也有报纸以自己独到的判断而骄傲。这在很大程度上取决于总编辑的个性、报道的发行量和广告客户。有些总编辑天性好斗，这样的报纸就会因它的勇气赢得朋友甚至敌手的尊重，并能获得一系列的新闻奖。有些报纸甚至甘冒人身和经济上的风险也要揭露黑幕。但在大多数情况下，报纸社论的立场通常还是以反映读者的呼声为基础，因为读者是报纸的衣食父母。

较小的报社主要的立场都是由报纸所有者、发行人和总编辑决定，而他们往往是同一个人。较大的报社会有社论部，它一般由发行人、总编辑、所有的社论作者及某些部门的编辑组成。有些报社甚至还有由当地知名人士组成的顾问委员会，他们定期与报社成员讨论报纸的立场。他们偶尔也为社论版撰稿。

有时，发行人与社论部意见相左。北卡罗来纳州的《夏洛特观察报》在参议员竞选期就发生过这样的事。发行人想要他的报纸支持共和党候选人，而两位总编和所有的社论作者则支持民主党候选人，最终民主党人取胜。社论部准备好了支持民主党人的社论，但是在选举的前一刻，发行人把它枪毙了。

这是该报在20年的参议员竞选中第一次没有预测正确，此事在报社员工内部引起了激烈的争论。他们承认发行人有领导社论部的权力，但指出，发行人在行使权力时必须尊重报纸的独立性和完整性。一位总编指责道：一个热爱这个城市的报纸，没有全面地反映各方的立场，就是失职。

一些大型报社还设有内部监督人员，他们了解读者的反馈，对读者的抱怨进行调查，从而掌握报社的真实情况。这些监督人员还常常在社论版开设专栏，针对读者特别提出的抱怨进行讨论。他们与编辑部的人员并不是很亲近，特别是在对记者和编辑处理的某篇报道进行点评时。而编辑部人员则把这种对他们作品的公开评判，看作是维护报纸公信度的另一种方式。

公众最难以接受的观念之一是：报纸有合法的权利追求它认为正确的任何立场，只要不犯诽谤罪和触犯其他法律就行。其实，负责任的报纸在表达编辑部的观点时，都会严格遵守法律，此外，他们还会刊登反对的声音。

虽然一些报纸仍然只刊登自己的意见和观点，但大多会寻找一种平衡的手法，即开辟一些专栏表达各种观点。有些报纸会选择当地的名流或某一方面的专家，请他们发表自己的观点，而这些观点有些符合报纸的立场，有些刚好相反。

例如，《圣彼得斯堡时报》在讨论当地的重大问题时，经常在社论中阐述自己的立场，同时在社论下面的专栏中刊登相反的意见。《纽约时报》的"观点·社论"版上，针锋相对的观点比比皆是。通常，编辑们会通过社论和图片表达自己的立场，而在与之相对的那一版上刊登某人的对立观点。

有些报纸邀请读者参与，他们假定要做一篇涉及个人隐私的报道，请读者来掌握尺度。事实表明,在大多数情况下,读者往往要比编辑记者更注重隐私,也更富有同情心。但他们也承认,新闻道德问题很难用一种简单的、一致的、清晰的手段去解决。

有时,为了强化一个问题的重要性,报纸会在头版刊登社论。尽管可能会削弱社论版,但这种手法非常普遍。社论总是用明显的形式标明,以让读者明白,它们为读者提供的是一种观点,而不是新闻。

其他表现立场的方法

报纸的立场不仅通过社论来表达,也常常可以用漫画形式。尤其在政治活动中,这种"可视社论"起着非常重要的作用,它们也可以用来最有效地支持其他社论中的观点。通常,漫画不会表达模棱两可的含义,而是对对手进行直率和公开的批评,并对一个明确的立场表示支持。普利策漫画奖获得者帕特里克·奥利法在接受采访时说,对他来说"没有不可冒犯的神灵,也没有禁区……如果你对某些事物情有独钟,最好不要当漫画家"。

当然,不是所有的时事漫画都一定会支持报纸的立场。《辛辛那提问询者报》的时事漫画家吉姆·伯格曼在美国报纸编辑协会的杂志《公告栏》上写道:"在《问询者报》,我的漫画可以自由发挥,如果有时与编辑部的观点一致,那只是巧合。我们几乎没有接到一封读者来信,说因为看到社论与漫画的观点对立而被搞糊涂了。署着画家名字的漫画就被看作是它自己的声音。当我的总编失去了对这个空间的控制权后,他得到的是新鲜、活力和创造力,还有能引起争辩的素材。"

另外,专栏作家和其他署名作者会自由表达观点,当地居民也应邀写来信或文章,为竞选或争论助威。有时,某家报纸会采用一句标语宣传某项政策。

新闻平台

有些报纸的立场可能是一个长远的计划,有些则是针对即时的目标确定的。民主党、共和党和劳工组织主办的报纸,其立场在竞选时可能一目了然,但是在其他问题上就不会那么明显。事实上,许多在政治上相互对立的报纸,经常对当地的同一个计划都表示支持,如建立新的学校、在城市中修建更多的娱乐场、改善街道照明、提高本市警察的薪水,以及一系列市政改建措施等。许多报纸在新年伊始,就在社论版的顶端列出一连串其所关注的本市问题,然后在这一年中进行连续报道。所有这些立场,包括对政治问题所持的一贯态度,就构成了该报的平台。只要这个平台是建设性的,这家报纸就能对公众产生强大的影响力。在这种立场的实现过程中,社论、漫画、署名文章和标题等无疑都是恰当的手段。但是,如果一家报纸允许它的立场影响新闻的写作和表现,那么它就没有尽到对社会和新闻事业的责任。

被扭曲立场的报道

报纸总是禁不住要利用它掌控的其他资源来不遗余力地表达自己的立场。当然,其中最有利的资源就是新闻栏目。下面是报纸常用的通过新闻来表达立场的手段：

（1）用版面语言突出符合本报立场的事件。常用的手法有：使用大标题、将报道放在显要位置、对事件的报道不厌其详。例如，如果一家报纸要对安全驾驶进行重点报道，那么它就会把每一起车祸——无论大小——都放在头版，并用大标题处理。其用意就是表明：我的主张是对的吧！

（2）忽视或低调处理与本报的立场相反的事件。如果必须报道，这样的事件会用小号标题藏在内页中，或埋在报道的结尾处。例如，如果报纸反对一名候人出任某一职位，就会只用一点点版面报道他；如果被报纸反对的候选人是一个县的主管，那么在选举日的前两周，读者会在报纸上突然发现，原来他领导的县充斥着邪恶和腐败。很明显，报纸还不希望读者问为什么这些邪恶和腐败没有在两个月前甚至几年前曝光。如此露骨地误导读者以支持自己喜欢的候选人，将彻底损害该报的公信力。

（3）故意突出报道中的某一点而省略其他内容，以把事件解释得最符合本报的立场。不幸的是，有时事实就这样被歪曲和篡改了。如有人说："工人不值得上失业保险，他们要上雇佣保险，而且这是雇主的责任。"如果要使说这番话的人显得很坏，记者就会大肆渲染第一句话，而故意忽略第二句，而人们就很容易得出这样的结论：此人仇视工人。好的记者和诚实的报纸都应当谴责这种断章取义的行为。

（4）按自己的意愿编辑出新闻来。例如，一家报纸主张降低税率，那么它总认为现行的税率太高，并误认为每个人都觉得税率太高。长此以往，报纸这种观念就会潜移默化地传染给读者。而如果有人对增加邮政税的报道发表评论，那就更成为它极好的借口了。

（5）精心设计，写出支持本报立场的特殊报道。例如，报纸总能找到赞成其立场的当地名流或特殊利益团体。这些人接受采访，随后他们的意见被刊登在报纸的显要位置。而反对该报立场的人则不会被采访，或者他们的意见被低调处理。另一个例子是，如果一家报纸想要调查监狱、当地精神病院或护理院的状况，它可能会安排一位记者坐牢、进医院，或者受雇于护理院，以暴露那里的"悲惨"状况。许多编辑都认为这种手段违背道德。

新闻报道中立场的判断

如果一家报纸通过新闻手段表达自己的立场，那么怎样做才是正当的？前面提到的那些手段是不是都应当受到谴责？如果它们的目的就是为了欺诈，当然应受到谴责。如果是为了妨碍完整地、准确地、真实地呈现新闻，当然也应受到谴责。同时，在某些情况下，还有一些原因——可能不是正当的——会影响新闻报道的立场。

主观性

很少有读者知道，但所有编辑都知道，新闻的采集过程是带有主观性的，尽管所有的努力都是要使新闻变得客观。选题的确定、记者对素材的挑选,以及报道的处理方法,都基于一系列的价值判断。新闻界有一个被引用得很滥的说法,有7个记者被派出报道同一场演讲,最终他们对演讲做了7种完全不同的解释。

虽然这话有点言过其实,但绝非捕风捉影。从理论上讲,一篇演讲只有一种解释,而且听众得到的都是演讲者要表达的内容。而实际上,每一位听众,包括记者在内,却可能对演讲的内容留下不同的印象。一个细心的记者会突出报道演讲者表达的一个或几个最重要的观点,并引用演讲者的话来支持自己的解释。即使进行过无数次的报道,记者还是可以在演讲报道中描绘演讲者表现出的细微的不同。然而记者必须报道他看到和听到的事实。

想完成一次完美的报道,完全客观是必要的前提。向报纸读者报道的所有事实,都要从心灵流出。要用经验和情感去观察和理解事实。每个记者、编辑和所有报纸都有缺点和不足,但这不能成为不称职和不诚实的借口。

自我审查

许多报纸都进行内部的自我审查。审查标准通常是由总编辑个人的好恶,以及当时的社会标准来决定。虽然现在的社会标准变得越来越自由,而且总编辑也通过一系列努力保证不在最敏感的问题上冒犯读者,但难免还是产生不良的效果。审判中出现的污言秽语、残忍的凶杀案中令人毛骨悚然的细节、政治家宦海生涯的"内幕消息"、名人离婚案中的"猛料"等等,都会充斥在报道中。而读者则可能得不到被报道的事件的完整信息,或看不到对整个事件的报道。从这个层面一讲,报纸就没有做到充分地报道新闻。

这种自我审查在多大程度能够确保报纸进行"得体"的报道还很难说。因为是否得体常常不是由公众的口味决定,也不是由实施审查的总编辑决定。俄亥俄州有一位总编辑被解雇,原因是他允许在报道中引用了一个以"出口成脏"闻名的人所讲的下流话。尽管实际上只有很少的读者对此提出抱怨,但发行人还是认为,使用脏话是对报纸形象的破坏,因此坚持解雇总编辑。在实施自我审查的过程中,报纸必须注意不要用这种特权达到其他目的,否则,正常的报道就不能实现。在衡量能对报纸立场产生影响的报道时,报纸不能为自己寻找借口,就像是法官的儿子杀人,也不能因为爸爸是法官就能成为杀人的借口。应该做的是:既爱护自己的儿子,又不能让他犯同样极端的错误。报社的成员需要用近乎超人一般的客观、充分、准确、真实地提供新闻。

有时,当总编辑要取悦老板或发行人,对能使他们感到高兴的报道进行特别关照时,麻烦就出现了。这些报道可能没有任何真正的价值,但可能被过分地处理,甚至赫然出现在头版。经常有一些组织请报纸的发行人做其董事会的成员,目的就是换取报纸的特别关照。这种如意算盘往往能打成,因为许多总编辑不愿冒风险,将他们认为可能是发行人授意的报道低调处理。

其实,在表达报纸立场的同时,报纸完全有机会通过强调充分、准确、真实的报道来服务他们所在的地区。一家报纸追求有价值的事件的确是正确和得体的,但如果它年复一年、津津乐道地报道当地的财政收入增加,却从来不仔细检查究竟有多少钱用于竞选,又有多少钱真正用于帮助民众,那么,这样的报道就是不充分、准确和诚实的。

报纸的报道有一个通病,就是只罗列表面的,不加选择的事实,缺乏说明性的背景。但这可以通过查阅图书、研究其他地区的经验,及从其他信息来源以获得背景资料。要记住:不是所有有价值的资料都是从固有的渠道中得到的。百科全书、图书馆、学校老师、科学实验室都是非常丰富的背景资料来源和新闻渠道。如果能够利用一个地区提供的文化设施,就能对这个地区提供独特的帮助。一般来说,公众都缺乏时间和能力使用这些设施,而有责任心不仅可以利用它们进行准确和真实的报道,还能充分满足他们自主管理的需求。

新闻行业的领导者们真正应当关心的是媒体的公信力。这个问题近年来一直是报纸总编辑、发行人和记者参加的众多会议中最重要的议题。正是对这个问题的关注,促使美国报纸编辑协会进行了"新闻行业公信力调查",这些调查对美国大媒体公司和美国报纸的真实情况进行了认真的检讨。然而,仍有很多人相信:报纸受到了来自其所有者,特别是媒体巨头的各种意愿——政治的、经济的、道德的、社会的——影响,而这种影响是有害的。

副刊稿件的选择与组织(节选)

邓利平

导言——

本文选自邓利平所著《报纸编辑学》,北京师范大学出版社2014年版。

邓利平,四川合江人,1957年出生,博士,南京大学新闻传播学院教授。

随着新媒体的普及,人们对新闻的了解往往是采用互联网来得更及时、便利,报纸对新闻传播的形态似乎正成"鸡肋"之势。然而,一直是报纸重要组成部分的副刊,在报纸受到新媒体强烈冲击的今天它依然笑得灿烂。因为它经历了一百多年的发展积淀,形成了自身鲜明的特色,在带给读者丰富知识的同时,也带给读者一份特有的精神上的愉悦和享受,不少读者订阅报纸就是专门冲着副刊而为。副刊的现实情形是,一方面从数量上看版面不断增多,呈现出欣欣向荣的景象,已从原先单纯的文艺性副刊发展成有新闻纵横、新闻拓展、社会纪实、大型特写、专门服务及各种知识类的专刊专页的一个庞大家族,种类越来越多,功能定位越来越细。另一方面从内容看,不少报纸的副刊多了而文化却少了,优秀的精神食粮不多,一些副刊内容格调不高,热衷明星炒作、隐私挖秘、个人卖弄等无聊话题,或是为追求经济利益为一些商家产品无原则吹捧。副刊要保持自己的优势特色生存发展,与编辑对稿件的把握直接相关,这便是强调以内容为王——不论传统媒体还是新兴媒体始终都要以此为本,对稿件的选择与组织非常重要,它决定了传播什么样的内容。只要充分发挥自身特点,重视内容的广泛性、实用性、审美性等方面,副刊仍具有在媒体市场不可替代的地位。

　　副刊一般指报纸上正常的新闻版和评论版外的其他内容的版面,是报纸的重要组成部分,它在报纸中的地位和读者中的影响已越来越显突出。过去一般将文艺类及文化类的版面叫副刊,一些带有专门性或知识性内容的版面称为专刊。随着时代的发展两者虽还有一些不同,但不少方面在相互融合,读者也很少再区分它们,已形成一个"大副刊"的概念。

　　从副刊的产生来看它是依附于报纸的"正刊"出现的,其发展也一直和新闻相连,因此它始终脱离不了和新闻的关系。但它既然又分门别类有自己的称谓,表明也有自己的个性特征,如在拓展新闻、宣传知识、娱乐性强、服务广泛等方面发挥的优势,这也是它生存发展的基础。不论什么样的副刊,都隶属于整张报纸,副刊稿件的策划、选编等与新闻稿件有相似之处,更有自己的特殊之处。除了学术性、专业性副刊的特殊要求和实用性副刊的知识强调介绍需具体外,一般的副刊可从以下一些方面的内容选择与组织稿件。

一、凸显时代风貌

　　副刊的内容形形色色、包罗万象,虽没有像新闻版的报道那样特别强调新闻价值中的时效性,但它毕竟与所属的报纸有关联,也和读者一样存于相同的时空中,那么,副刊也应和新闻一样要反映现实变化、追踪世事发展而具有时代气息。各个时期不同的政治环境、经济形势、文化活动、科技面貌、日常生活等各方面的社会状况,它们对影响和制约人们的思想观念、道德水准,也会产生直接影响。

　　对新闻稿件的选择着眼新闻价值、社会效果及媒体特色三方面,这几点同样可以作为副刊稿件选编的参考。副刊和新闻报道一样都是站立于时代的潮头,像航行在时空不断变换的河流上的帆船,时时处于流动的状态前进,体现着一定时期内涵的审美信息,伴随并影响着读者的观念。因此,副刊稿件的选编应多多关注这几方面的内容:拓展延伸阐述国内外大事,有助于人们开阔视野,拓展思维,把握世事的风云变幻和时代脉搏;宣传新知识、新经验、新成就,它们闪烁着人类智慧的光辉,是人类劳动创造的结晶,使人引以为豪,给人以鼓舞激励;反映文化活动,给人带来赏心悦目、心旷神怡的欢愉情绪;揭露存在问题,鞭笞丑恶现象,分析其产生根源的原因和探讨解决的办法,人们可从中提高警惕,吸取教训提高觉悟,动员起各方力量参与解决问题,抑制丑陋蔓延等等。

如果将报纸比作茂密森林,副刊宛若林中一条连绵不绝的溪流,如果回头追溯这条溪流,会发现它时而舒缓不迫,时而激流湍急,时而发出低吟似的轻音,时而响起林涛般的震响。副刊和新闻一样同样给人展示着五彩斑斓的历史画面,各个时期它也给人提供了解社会变革、参与社会交往的活力。今天的副刊,也是明天的历史。如人民日报的《热点解读》、《读者来信》、《新农村周刊》、《政策解读》、《议政建言》(如图3-1所示)、《民生周刊》、《声音》、《思想纵横》等副刊的时代感都非常强,配合新闻事件的宣传报道,在积极引导国内舆论、影响国际舆论中发挥了重要作用。

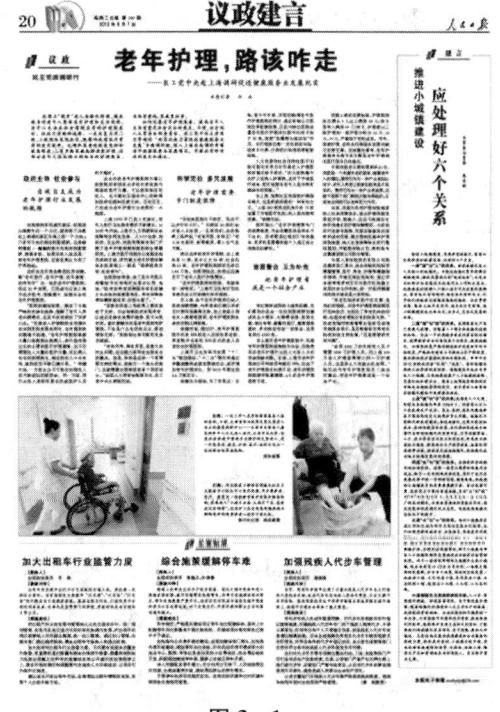

图 3-1

有的稿件谈古匡今,讲述浩如烟海的史诗画卷,回顾名垂青史的著名人物,解析趣味横生的掌故典籍,只要找到历史和现实的交叉点,以史为镜古为今用,这些都是副刊的题材。如百岁老人张学良将军在夏威夷去世,各种新闻媒体都争先恐后地报道了这一消息。报纸的副刊后发制人,不少报纸在以大量的篇幅,详细披露了张学良在多年前向他人诉说的自己对"西安事变"的观点、对蒋介石的看法、他为何遁入空门、对自己一生是非功过的评价等等。这些内容虽然都是过去的事,读者却津津乐道,表明它们和时代是相联系在一起的。同样,副刊对已报道过的一些自然美景如广西乐业"天坑"原始景观、云南抚仙湖水下古城道等,副刊以旅游通讯形式配合若干照片发表,这样的内容对许多读者来说仍有耳目一新的感觉。

二、扩大社会认知

副刊内容涵盖整个现实世界,大至国际风云变幻,世事兴衰,小至人们休闲养生,弄草垂钓,无所不及。对于国家的政治、经济、法律、军事、宗教、文化、科技、体育以及习俗风尚、日常生活等等,都可在副刊上找踪影,读者可以从中了解到丰富多彩的社会现实,从而开阔眼界,拓宽思维,提高认识生活、洞察世事、把握时代的能力。

这些,是副刊对于读者扩大社会认知的作用,编辑的稿件选编应予这方面关注。说得具体一点,这种认知作用,主要体现于通过副刊展现在读者面前的社会生活的真情实景,引起人对实践活动的再审视,总结得失,从而对社会、人生以及其他方面的积极思考,进一步扩大对世界的认知视野,以便推动社会更好地向前发展。

就对扩大社会与人生的认识来讲,副刊稿件应多反映现实生活中的光明与黑暗、生命与死亡、崇高与卑下、欢庆与忧伤、明朗与混浊、鲜花与棘刺、莺歌燕舞与刀光剑影等种种人间的喜怒哀乐、爱憎情仇,使读者从中感受到现实社会的丰富性、复杂性。从而在思想上和行为上,做好生活中既可能前程似锦、一帆风顺,又可能遭遇挫折、面临千辛万苦的准备。读者增添了这样的认识,纵然面对鲜花簇拥,坦然心如平镜,"不管风吹浪打,胜似闲庭信步",会在人生的道路上变得逐渐成熟起来,如《人民日报》的《民主政治周刊》(如图3-2所示)。

图3-2

对自然保护的认识亦然。过去在"征服自然"的口号下,人们视自然界为无穷索取的对象,一味向自然界高歌猛进、无休止开发。结果生态受到破坏,环境恶化,灾害频繁,损失惨重。越来越多的灾害新闻促使人思索,认识到是人类对自然掠夺式的经营,导致植被毁坏、水土流失、物种减少等环境恶化。而环境的恶化则是发生洪水、干旱、塌方、病虫害等灾害的重要原因。在报纸的副刊上开设专版、专栏,就这些内容进行较为详细的阐述、分析,会促使普通读者更好地认识、协调发展与环境的关系,提高认识保护生态,保护自然的重要性。

十八大期间,各家报纸都在副刊上从宏观到微观,连续再现了我国各地近年来在各个领域生机勃勃、绚丽多姿的画卷,并满怀激情地预示未来更加兴旺发达、辉煌美好的前景。这些内容令读者荡气回肠,也增添了对国家的认知。放下报纸,仿佛耳边仍回响着祖国一日千里、惊天动地的脚步声,眼前浮动着中华民族"只争朝夕"、拼搏进取的壮丽图景,从而,对新世纪里中华民族的伟大复兴、对"中国梦"的实现充满信心。这种"主旋律"的稿件,是副刊编辑随时都应重视选编的。

许多报纸都开设不少衣食住行的副刊,为读者提供各种服务。需注意的是,这

图 3-3

些服务应讲究科学性，不可盲从跟风，把一些不靠谱的东西搬上版面。如一些保健品、偏方十方、"风水大师"、"中医世家"等被吹得神乎其神，副刊编辑要从科学的角度去考察不能迷信。如下面一个服务性的副刊版面（如图3-3所示），其内容只是一面之词，或只是特殊的个案，但到了报纸上读者便会以为是有普遍性，这种不科学的东西只会给读者造成误导。

三、关注思想教育

副刊的内容是一种精神产品，是作者对现实生活进行思考、提炼、分析后诉诸笔下的产物，融会了作者的世界观、价值观和审美观，常在作品中寄寓了一种社会理想和道德标准，因而它会体现出某种教育作用，对社会道德、人的思想产生影响。

社会发展不断刷新生活，也不断推动着社会前进，使人们的现实生活和精神面貌日益充实丰满。报纸副刊的功能之一，就在于表现他们身上体现出来的美的行为、美的品格。其表现的目的，也是让社会主体的人民群众在报纸上"直观自身"。如马克思所说：通过我的活动，我就会实现我的真正本质，我的人的社会的本质，我们的产品就会同时是些镜子，对着我们光辉灿烂地放射出我们的本质。[①] 在改造世界实践中奋斗不息者的崇高的思想，顽强的意志，丰富的情感，都是令人肃然起敬的。他们的人物来自于大众，副刊上表现他们，让读者看到人自身的价值、力量、智慧和才能，目的和理想的实现。这些人物的思想、行为、品质又总是在潜移默化地影响着大众自身的思想行为与道德准则。因而，不能小看副刊所体现出来的教育性，在现实生活中有着不可替代的作用，编辑理应选编这样的稿件。

---

① 转引自《朱光潜美学文学论文选集》，第378页。

副刊的教育意义不光是从那些激动人心、倍受鼓舞的"主旋律"内容中体现出来，也可以从包括反映失业、贫困、环境污染、腐败等社会问题中显示出来，特别配合批评报道进一步揭露那些面目可憎、阴晦丑陋的题材。那些不合乎社会实践的目的性、规律性的违法乱纪、悖于道德的行径，会掀起征伐丑陋的舆论谴责之势，动员社会行动起来抑制不良行为活动的蔓延。这便是平常所说的舆论监督，它对全社会来说都是思想警钟，极具现实教育作用，宛如一面镜子催人对照着反省自身：我是否也有这些不敢见大庭广众的劣迹？自身行为有无违法乱纪、背离道德？这无疑于在灵魂面前拷问自己，净化自己，从而使自己道德得以提升，在工作中、生活中努力使自己"成为一个高尚的人，一个纯粹的人，一个有道德的人，一个脱离了低级趣味的人。"[①] 新闻媒体抓问题、揭丑，是为了引起社会的关注，引起有关方面重视促进问题的解决。如《人民日报》的《读者来信》版（如图3-4所示）。旧的问题解决了，新的问题又会出现。问题的不断解决，推动着社会不断向前发展，也推动着人的认识不断向前发展。这类稿件，也是编辑应关注选编的。

图3-4

上述讲副刊的社会认知作用，其实认知本身也具有教育意义，在很多情形下它们是融为一体的，很难将两者截然分开，比如前面提到十八大期间各报副刊对国家近些年取得成就的连续反映，都会对读者发挥认知与教育的双重作用。当前，一些电视的选秀节目和网络以媚俗内容误导大众"娱乐至死"，有着优秀传统的报纸的副刊，没有必要加入这支愚昧"狂欢"的队伍，思想教育的引导远比传播格调不高的娱乐更有价值，更有利于健康的现代社会机体的构建。近年来，"绿豆神医"张悟本、"神仙道长"李一、"气功大师"王林事件的曝光引发受众哗然，过去就有过个别报纸在副刊上无原则地吹嘘过他们，由此也可看出一些报纸在传播中不注重思想教育而追求一味商业价值的取向。这些事件对编辑来说应引以为戒，有时候对一份副刊稿件的选编，仿佛是在做一场争斗：一方面是理想，一方面是市场，或者说一方面是媒体价值，一方面是商业价值。但不管怎样，读者阅读报纸副刊，虽不是自觉地意识到

---

① 《毛泽东选集》第2卷，人民出版社1991年第2版，第660页。

要接受教育,但编辑可以通过稿件的选编,潜移默化地给读者以某种思想教育,影响他们的世界观、价值观。报纸作为民众的喉舌,应该将其视作自己的责任,那些热衷于炒作明星隐私,传播色情、暴力、变态的东西,应是具有社会责任感的主流报纸副刊的编辑所不齿的。

四、体现审美品位

这是指副刊选编的稿件,应给读者带来身心愉悦的审美感受,在对稿件中表现的美好事物的感知所应引起的快乐感、满足感。反映美好事物直接对人的审美生活产生影响,人们在读报时对其中的人物或事物、情景、寓意,会引起感情上相应的真、善、美或假、丑、恶的感觉,拨动心灵感应之弦,开阔精神境界,感荡心灵而怡情悦性。

身心愉悦的显著特征是使人松弛精神,裨益心灵,这也是新闻事业的传播功能之一。著名报人、原《新民晚报》社长赵超构倡导报纸内容"软些、软些、再软些",某方面来讲就是强调副刊的娱乐性。随着物质生活提高人们精神需求日盛,报纸是现代人不可或缺的休闲工具,白天已从手机上网浏览了新闻事件,下班回家打开报纸副刊的悠闲内容,会顿感轻松惬意,舒畅快活,疲劳顿消。副刊为获得更大的发展空间在融入消闲取悦读者,主要从社会与自然两大领域采撷内容提供娱乐。前者如文化、体育、旅游、消闲、购物、趣闻轶事等,如《扬子晚报》从周一到周五,每天除了常规的副刊,还有一叠娱乐加新闻的休闲周刊给读者,为繁忙、快节奏的生活增添愉悦佐料。文学艺术的功能在和平环境下给人以身心愉悦为主,报纸副刊也完全可与之媲美,而且更亲切、真切、新鲜,因为它直接贴近现实生活。读者在获悉信息的同时,常常也洋溢着欢乐的情感。新闻传播说到底也可以说是人类某种自恋文化的表现,副刊中表现的内容是人所创造的,其传播也是为了给人欣赏,作为同族类的一员,在这种内容中"直观自身",必然会为之感到自豪、欢欣。

如果说新闻是新鲜的快餐,副刊就是丰盛的大餐。副刊编辑选编的稿件,应注重其蕴含的审美品位,给读者以欣赏审美。这就是说应更多地选编那些表现社会美的内容的稿件。社会美是美的最直接的存在形式,是现实美最主要的部分,即表现为各种积极的、肯定的社会实践与生活形象。恩格斯说:"大自然是宏伟壮观的,……但是我觉得,历史比起大自然来甚至更加宏伟壮观。自然界用了亿万年的时间才产生了具有意识的生物,而现在这些具有意识的生物只用几千年的时间就能够有意识地组织共同的活动:不仅意识到自己作为个体的行动,而且也意识到自己作为群众的行动,共同活动,一起去争取实现预定的共同目标。"[①]恩格斯说明了社会美比自然美更为壮丽。自然界用了亿万年时间创造了人类,而人类仅数千年就使世界大为改观,变得更为美好。报纸副刊就在日复一日、年复一年地传播这样的内容,

---

① 《致乔·威·兰普卢》(1893年4月11日),《马克思恩格斯全集》第39卷。

令人们为之欢欣鼓舞。如 2013 年 8 月 9 日《人民日报海外版》的《艺术部落》副刊,介绍台海两岸的美术佳作,细读品味,就给人以浓郁的审美享受(如图 3-5 所示)。

副刊上的社会美来源于社会活动,既是社会实践的产物又是其直接体现。人的本质力量体现出自由自觉的创造活动和才能、智慧、品格、意志、情感等,它们最直接、最集中地表现在人们日常的工作、生活、学习之中,因而副刊传播的社会美也就很自然地集中表现这些活动。社会美也包括劳动产品的美和社会环境的美,它们是社会美中的重要组成部分。人的实践活动是手段,目的是创造美的产品,美的环境。美的产品是人的创造、智慧和力量的物化形态,是人的行为美的一种肯定的普遍形式,诸如工农业生产成就、科技成果诞生、文化建设发展等都是社会美的内涵,人的实践不止新产品就会不止,副刊的题材也就会源源不断。社会环境从广义来看是社会生活的总体,如社会环境、社会风气、时代风貌等,狭义讲是指生活、工作、学习具体场所,我们这里即指后者。人创造了环境,环境又影响人,外在环境常常表现人的一种精神状态并对其产生影响。因此,人按一定意图来改造环境如市政建设、园林建设、住宅建设、环境保护等等,它们是人的美的行为活动,也是社会美的内涵。副刊上表现各种美丽清新、优雅宜人的环境,也总是令人心旷神怡、追求向往的,这种情感愉悦会存在于读者之中。

图 3-5

人民日报的《大地副刊》一直作为一个品牌向读者展示,其开设的"金台随感"、"大地漫笔"、"心香一瓣"、"名家新作"、"名人近况"、"文心探访"、"文史小品"等栏目或专刊,历来秉承厚重高雅的文化气质,品评自有尺度,闲谈不失智慧,许多年过去了翻阅上面的稿件,还能勾起人阅读的欲望,就在于编辑选编稿件时对审美品位的追求,摒弃尘世烦杂的喧嚣,这对那些仅以过眼烟云般的副刊应付读者的编辑来说,是值得好好学习的。

五、重视地域特色

目前报纸的实用性副刊增多,内容同质化的趋势已经出现,如许多副刊从文学到旅游，从房市到汽车，从股市到理财可谓齐头并进。看似繁荣的表象下很多都失去了自己的特色，越是地方性报纸的副刊这种现象越明显。很大原因是由于这些报纸自身实力有限，许多内容靠转载或粗糙加工其他媒体的稿件，这种方式把副刊带入了千篇一律的尴尬境地。如果在稿件选编中突出地域特色，则可在一定程度上减少副刊面目相近的状况。

比如，各个地方的社会发展史是不同的，而存史功能则是地方副刊地域性的一个重要方面，这是异地报纸副刊所无法达到的一个领域。地方文史对于本地的文化意义非常重要，一个地方的文化根脉、文化传统、历史沿革、历史事件、历史人物等等，传续着这个地方的历史，并且因为内容具贴近性，也常常为本地及周边地区读者关注，编辑可以通过策划或组稿，来加强或凸显副刊这方面的内容，表现出自己的竞争力。当然，也要注意到有的地方文史稿件的内容乱象纷呈，如以传说窜入正史、以假设代替史实等混淆其中。有的作者对待历史的态度不端正，或受到一些胡编乱造的电视剧的影响也"戏说历史"，或其背后隐隐约约有类似商业运作的味道——如那些显"政绩"的仿古建造渲染。类似稿件，编辑应有火眼金睛般的甄别力。

多选编本地题材特点的稿件，也是副刊表现地域特色的标志，如本地名胜古迹、地理特征、物产资源、风土人情、特色小吃、古建筑街巷等。这些题材涉及的一些事物，有的可能历史较早，多是一种静态显现，而且过去可能也在报纸上刊载过，副刊不能老炒"冷饭"。但如果同当前形势或时令节气、纪念日、节日、或与正在举办的某项活动结合起来，也给读者有新鲜感。因此，编辑努力发掘本地的历史文化遗产和人文景观资源的稿件，是增强副刊地方色彩的重要方面。

即便是一些实用性强的副刊，其内容虽不分东西南北，这方面编辑也是可有所作为的，如《新民晚报》的一些副刊，在名称上冠以"新民证券"、"新民求职"、"新民时尚"、"新民写真"、"新民汽车"、"新民楼市"、"新民康健园"、"今日浦东"等专刊、栏目，先不看内容如何，仅从名称就突出了地域特色，本地读者有一种亲切感，外地读者也能激发阅读的欲望。

六、广纳社会稿源

副刊的稿件不同于新闻版的稿源那么固定，因为后者有记者和通讯社专门供给。如今的副刊版面多，稿件需求量大，如何保障稿源和稿件质量，也是编辑选编稿件需重视的。

为副刊提供稿件的作者，除了部分记者或编辑的撰写、选编其他报纸、网络等媒体外，相当一部分甚至大部分来自社会作者。这些作者主要是有关专家学者和普通作者，前者包括在某方面深有造诣或特长，其观点有一定的权威性，如史学家、收藏家、经济学家、知名作家、大学教授等，他们是专业性副刊的主要作者，稿件比较有质量保证。后者主要包括社会各行业有一定专业知识和写作能力的大中学生、自由撰稿人、写作爱好者等,并包括某些意见诉求者,在"读者来信"、"民声"等专版、专栏反映某种呼声、愿望、要求。

这两类作者的稿件,并不是每天都有许多现成的供编辑挑选,经常需要编辑发挥主动性去寻觅物色组织。主要有几种途径:一是编辑到专家学者较多的单位如高校、科研机构、文化团体、政府部门、工矿企业等去物色;二是从已发表的作品中去寻找,了解哪些作者比较擅长撰写什么的题材;三是从自发来稿中发现作者,选择其内容可用的稿件。通过这几种方法编辑来进行组稿。一种是个别组稿,编辑向前两种作者约稿,直接告知大致主题、篇幅、时间等,这样稿件质量比较有保障。一种是通过报纸向社会公开征稿的方法,获得某方面的稿件,作者不分"英雄豪杰"和普通百姓,均可投稿。公开组稿有向全社会的,刊出《征文启事》,只确定大家都可写的主题,篇幅、体裁、时间等。有的征稿有题材的特殊要求,只侧重于一定群体的作者范围。鉴于副刊的内容多为轻松活泼,征文形式也可创新,破除格式化的表述而显得别具一格。如2013年中国民间的"七夕"节前,《南京晨报》刊载一则征文,邀请读者撰写自己的恋爱婚姻的故事,就表达得文采斐然,宛若一篇优美的散文。①

研究与思考

=延伸阅读=

1. 郑兴东:《受众心理与传媒引导》,新华出版社,1999年版。
2. 杨保军:《新闻价值论》,中国人民大学出版社,2003年版。
3. 中国新闻奖评选委员会:《中国新闻奖作品选》(2005—2013),新华出版社,2005—2013年版。
4. 吴飞等:《新闻编辑学教程》,高等教育出版社,2004年版。
5. 陈堂发:《批评性报道法律问题研究》,上海交通大学出版社,2011年版。
6. 邓利平:《负面新闻信息传播的多维视野》,新华出版社,2001年版。
7. 许正林:《新闻编辑》,上海大学出版社,2002年版。
8. 韩松、黄燕:《当代报刊编辑艺术》,复旦大学出版社,2006年版。
9. 薛鸿瀛:《编辑心理学》,山东教育出版社,1995年版。
10. 刘夏塘等:《比较新闻学》,北京语言文化大学出版社,1997年版。

---

① 《南京晨报浪漫鹊桥报　征集南京人自己的爱情故事》,《南京晨报》2013年8月6日。

11. 田建平等:《当代报纸副刊研究》,河北大学出版社,2006年版。
12. 若文:《新闻编辑能力训练教程》,复旦大学出版社,2006年版。
13. 陈万达:《新闻采访与编辑》,台湾威仕曼文化事业股份有限公司,2008年版。
14. 赵鼎生:《西方报纸编辑学》,中国人民大学出版社,2002年版。
15. 美国新闻自由委员会:《一个负责任的新闻界》,中国人民大学出版社,2004年版。
17. 彼得·菲利普斯:《美国禁止发新闻》,光明日报出版社,2000年版。
18. 丹尼尔·麦奎尔:《受众分析》,中国人民大学出版社,2006年版。
19. 尼思、科布勒:《美国新闻摄影教程》(第3版),陕西师范大学出版社,2008年版。

=思考与实践=

1. 说说对新闻稿件的选择为何不是单一的新闻价值分析。
2. 试述新闻稿件的选择为什么是综合考虑的结果。
3. 怎样通过分析法发现稿件中的差错?
4. 分析副刊稿件的选择与新闻稿件选择的异同。
5. 找份报纸,找出你认为有问题的报道或照片,解释为什么它们不应被使用。
6. 比较当地的大报与小报对发生的同一起事件在选稿上的不同。
7. 根据我国现行的法规,有哪些内容是禁止刊播的?结合稿件的分析举出其中违反政策、法律和道德规范的实例。
8. 比较中西方新闻媒体对稿件选择的异同。
9. 下面稿件的内容能否公开报道?

本报讯 精致的别墅、温暖的壁炉、闪烁的圣诞树、绚丽的烟花,孩子们身着晚礼服,学跳宫廷舞,品尝西式大餐,还有圣诞老人现场派送礼物……不过这场看似童话世界的完美派对,每个孩子要付出1288元的高价。昨天,在句容的边城别墅,一向有天价幼儿园之称的南京恒海国际幼儿园又出惊人之举,推出昂贵的"皇家圣诞派对",一切都模仿西方的宫廷宴会,称这是为培养孩子的贵族气质。

在这个派对现场,所有的孩子都要求身穿礼服。记者看到,一群几岁的孩子也身穿珠光宝气的晚礼服,有的学跳宫廷舞,有的展示才艺,玩得不亦乐乎。恒海幼儿园的外籍老师们则扮成圣诞老人和孩子一起游戏,用英文交流。

花这么多钱来参加这样一个派对,值吗?"贵族教育"管用吗?一位女儿的妈妈告诉记者,主要是想让孩子感受一下西方圣诞节的氛围,了解点社交礼仪,虽然孩子还小,参加这种活动应该还是有点潜移默化的作用,对培养孩子贵族气质也有帮助。记者了解到,来参加的家庭也就是能交得起一年10万学费的家庭,那么支付1288元的入场券也不是难事。据悉,恒海幼儿园每年圣诞节前都会举办一次豪华圣诞派对,价格也在逐年上涨,明年还可能会推出高达万元的超豪华派对。

10. 谈谈你对下面这篇稿件的处理意见。

本报天津 10 月 3 日电　记者××报道　在天津,从工厂到农村,从领导到广大人民群众,以自己的优异工作成绩支援灾区蔚然成风。在今夏抗洪斗争中体现出的精神之花,正在天津结出丰硕经济之果。进入 8 月以来,全市经济比前几个月有了明显增长。

今夏抗洪抢险斗争以来,天津市委、市政府全力以赴做好支援灾区的工作,截止到目前,全市向灾区捐款捐物总价值达 3.5 亿元。与此同时,市委抓住有利时机,及时发出通知,在全市广泛开展了学习抗洪英雄弘扬抗洪精神的活动。全市形成了一个学英雄、见行动、比干劲、做贡献的热潮,有力地推动了各项工作的开展。抗洪精神作为一笔宝贵的精神财富,已经成为做好天津工作的巨大精神力量。

市委、市政府及时把群众的这种政治热情引导到搞好本职工作,集中精力搞好天津的经济建设上。虽时间不长但已取得了显著成效,各项工作出现积极向上的发展势头。天津港保税区、天津开发区是该市两个新的经济增长点,虽然连年经济大幅度增长,但在抗洪精神鼓舞下,他们分别重新确定今年增长的新目标。化工是天津市的老支柱产业,所属大部分国有大中型企业普遍存在着设备陈旧、冗员过多等诸多问题,但他们不示弱,同样确立新目标,决心为全市经济增长做贡献。天津市公安、工商管理、工会、银行、邮电通信等部门,为全市经济增长创造良好社会环境、经济环境、市场环境,纷纷出台了新举措。

11. 你对下面这篇稿件有什么看法?

本报讯　14 日,山东省潍坊市毕业生就业工作座谈会上透露,市人事局给全体干部下了"死任务",每名干部至少要为 3 个毕业生落实就业岗位。

潍坊市人事局事业单位登记管理办公室副主任逢峰说,给干部下达这样的任务是头一次,为了完成任务,干部们需要到企业、到社会上去找门路、想办法。为了保证落实这项任务还采取旬报制度,定时上报落实就业的情况。

12. 下面几幅新闻图片你认为能否刊登在报纸上?为什么?

百名志愿者急流中拍全裸照宣传环保　　气候峰会无进展中国代表抓紧时间休息

海啸过后海地首都太子港尸横遍野　　　　研究人员勾画出我国城市断层带

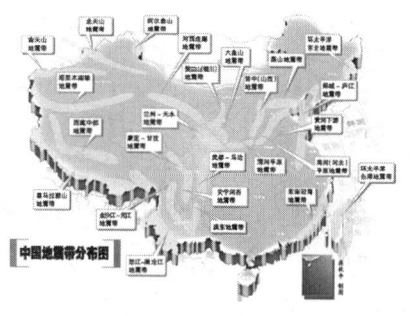

13. 试述编辑在稿件选择中如何发现隐藏的差错。

研究编辑在稿件的选择中如何发现隐藏的细节差错,对此问题的探讨可分两步:

第一步,先着重从分析法方面去进行思考,即从稿件的内容因素和写作方面进行逻辑分析来发现是否有误。这方面主要是需归纳出一些观点,如下面这些:

稿件中的违背常识。常识是比较浅显的知识人家都熟悉并经常运用,发现稿件中某个地方不合常识就值得怀疑。

稿件中的不合情理。这方面的表现是夸大其辞,违反事物发展的一般规律使人不可相信。如某篇稿件中有个地方讲到一位"神童"将《古文观止》读一遍能记下85%的内容,读3遍能全文背诵,这显然不合情理。因为《古文观止》收录了从先秦到明末的220篇文章,分12卷,读3遍就能全文背诵完全不能让人相信。

稿件中的前后矛盾。稿件在叙述事实时前后不一,根据逻辑学的"矛盾律"可判断其中一个有误或者两者都错了。有的矛盾并非能轻易看出需要仔细分析,尤其是一些前后有关联的数字编辑还要计算,才能发现是否矛盾。

稿件中的超越采访。采写新闻要受一定的时空环境、本人身份等条件限制,稿件中有超越了这样范围的就值得怀疑。如写人物牺牲前瞬间的心理活动的内容便不真实,因为作者没有也不可能进行采访,只是虚构。

稿件中的含混不清。稿件中的各种事实成分及情节交代都要清楚明晰,不能残缺含混让人去猜疑。如时间数字、地点人名的不清楚等等,这些方面笼统含混或似是而非,便给人以不确定性。

第二步,从上面的观点出发,收集相关的资料进行佐证。

14. 稿件选择中编辑应特别注意的几类稿件。

研究方案:对这个问题可先观点归纳,然后结合实例分析。可从以下方面着手:

重大新闻稿件。重大新闻社会反响强烈,大凡涉及政策颁布、高层更迭、要人讲话、利率调整、重大成果、严重灾祸、大案要案、外交照会、战争状况等方面的新闻都需认真考察。这些新闻如果出现差错会给社会造成负面影响,也有损媒体声誉。

批评性的稿件。批评到个人或组织、单位、地区的名誉,稿件中细枝末节都要完全真实,议论要客观分寸要掌握,稍有不慎会产生不良后果,当事者觉得新闻对他造成了侵权会引起官司,给媒体带来麻烦。

有疑点的稿件。有的稿件中似有疑点,经分析又感到写得滴水不漏找不出明显破绽,便要进行核查,特别是对那些趣味十足、情节生动的稿件更需注意。

失实者的稿件。编辑对过往失实者的稿件保持怀疑完全必要,也是正常心理定势。前车之鉴总是要记住的,这在某种程度也提醒作者吸取教训,将稿件写得真实准确。

陌生人的稿件。编辑熟悉经常供稿的作者,如果作者陌生应格外注意。因为不清楚他是否了解新闻与文学的区别,是否掌握新闻的真实性原则,即使稿件写得毫无破绽也要加以留心。

积压下的稿件。准备刊发的稿件因重大事件突发版面一时紧张暂时压了下来。一段时间后觉得稿件仍有价值,刊发前应对稿件进行再核查,了解事情是否有新的变化,防止因时过境迁而失实。

第四章　稿件处理之二：修改

导　论

　　修改稿件是对入选稿的全面再检验。入选稿只是从大处着眼，在编辑眼里无论什么样的稿件都只是原料半成品需进行"再创作"，大到事实观点小至字词标点，都需精心加工赋予其最佳形式，方能成为编辑意义上的"成品"刊播。

　　稿件修改有绝对性与相对性两种。前者是无条件的，指稿件在思想内容、基本事实或材料运用、文字表述等方面有欠缺，需修改后才能发表。后者是有条件的，指稿件本身没有什么毛病，只是鉴于媒体的某些特定要求而做的修改。改稿很艰辛，刘勰就感叹"改章难于造篇，易字艰于代句"，[①]编辑既要揣摩作者的思路，又得面对受众的需求，还要考虑社会效果。但不管怎样编辑也必须知难而上，尽心地"按美的规律"将稿件修改得内容与形式相得益彰，融传播信息、引导舆论、娱乐服务为一体满足受众。有一副对联叫"蓬头垢面来，白面书生去"，形容理发师技艺的高超，用它来形容编辑对稿件的修改也合适。正是编辑的辛劳，让那些"蓬头垢面"般的稿件变成花团锦簇在传媒园地争芳斗艳，使受众在获得信息的同时也获得美的享受。

　　修改新闻稿与非新闻稿有同有异。同处在于都要顾及内容正确、主题突出、叙述清楚、语句通顺、标点恰当等。异处在于新闻稿要求内容必须绝对真实，即便发表议论也要符合客观事实本来的面目，特别是要把握新闻语言的客观性、具体性、通俗性、简洁性、时代性等特点并准确运用。修改新闻稿的方法主要有修正、精简、补阙、改写等，常常是综合运用。

　　1. 修正。即改正稿件中出现的事实、观点、语法等差错，以达到稿件的真实、准确、科学、统一、清楚。真实——新闻稿不仅要忠实于事实的概貌，还须忠实于事实的细节。细节因其不甚显眼往往容易出错并被忽略，有的表现明显有的比较隐蔽，需要精心琢磨甚至是反复推敲才能找出谬误修正。准确——稿件中的各处表述都应准确，如人名、地名、机构名称、动作形态以及汉字中许多字同音不同形或形似，稍不留心就会出错。"夹带"的错误也较常见，它们和正确的混杂在一起，不仔细检查容易被忽视。特别是语言表述要恰如其分，根据具体事物、具体情况恰当地表现出它们的性质、神态、形状、情感，经常是一字之差就带来概念完全不同，像"人大"两字颠倒便成了"大人"。语法、修辞上的错误也是常见病，现代汉语的遣词造句是有规

[①] 刘勰：《文心雕龙·附会》。

律的,搭配得当就通顺晓畅,否则就会出现"拉郎配"的不和谐。有的作者过分追求华丽词藻进行修辞,反而造成表述的含混,如词义色彩失衡、修饰语失却分寸等,都失去了新闻语言表述要准确的特征,编辑要留神修正。科学——稿件中所涉及的各种知识不能违背科学。新闻报道往往要涉及到自然科学或社会科学方面的一些知识,尤其是当前面临知识经济时代,新学科层出不穷,新知识一日千里,这对那些并非熟知有关学科的作者来说,涉及这方面的事实往往出错,编辑有责任修正使之符合科学。当然,编辑有时对某些知识也会不甚了解,需要查阅相关资料或咨询专家,把问题弄清楚再行修改。有时会遇到对某种问题有争论而尚无定论的说法,编辑可以把几种主要的说法作简要的说明而不要去偏袒某一方,这样比较公允。统一——指稿件中关于事实的表述要一致,一是指稿件中同一地方、姓名、职务以及计量单位、译名、数字等写法要前后一致,二是指某些表述方式要和全国规定的或通用的方式相一致,此外还要求一篇或一组报道本身的各相关部分要和谐而不是前后矛盾。清楚——稿件让人明白无误,不能有残缺、含混,让人猜疑。如时间、数字、标点是否混用、简称是否通用,像"大家认为"、"有人说"等说法就含混,应尽量交代清楚。

观点的差错是在表现形式和表现方面。表现形式出错的观点有的直接陈述出来有的是间接表现,虽无重大的原则性问题,也会产生不良影响,如有篇稿件中写"县政府认真落实政策,努力减轻农民不合理的负担",这里就不妥当,不合理的负担不是减轻而是要去掉,稿件中的表述容易让人产生误解,似乎不合理的负担只是要减轻但还得负担某些部分,这样的观点显然不对。再如有篇稿件中讲某市长喜欢现场办公,经常全城到处转检查市容,深夜还要到施工现场去。这是想表现市长勤奋的精神,但仔细思考,市长抓的更应该是全局的大政方针,过分投入到下属的工作中去,很可能会使一些职能部门不能各司其职。列宁说得好,"只要再走一步,仿佛是向同一方向迈的一小步,真理便会变成谬误。"①因此,稿件中讲市长事必躬亲的做法并不值得倡导。观点差错的表现方面主要有,偏离政策:对所报道事实中的某些部分理解不正确或不全面,如写某开发区占地多少、怎样发展、前景如何,却没有讲开发区是否违规占有了良田、环境保护如何、是否合乎可持续性发展的方向;看法片面:在报道某一事物时不适当地突出矛盾的一方,或为了强调矛盾的一方而忽略甚至否定矛盾的另一方;媚俗倾向:表现为一些稿件中掺入的一些低俗的内容,以迎合部分读者的低级趣味需求;媒体审判:法院对案件进行判决前,媒体就对案件擅自做出评判,这会对一些尚未查清或有争论的案件的审理、判决形成干扰;言词过激:有的稿件尤其是批评性稿件,由于愤懑语言会显得偏激等等。

要消除稿件中的差错首先在于发现,其主要是运用分析法——即通过对稿件所叙述的事实和叙述方法、写作条件等的逻辑分析,发现其中的差错。如稿件中出现

---

① 《列宁选集》,第4卷,人民出版社,1995年第3版,第211页。

的违反常识、不合情理、前后矛盾、超越采访、笼统含混等,这些差错编辑依据自己的知识、经验和判断力,一般从稿件本身就能迅速地发现,这是分析法的特点。但有的稿件往往说得滴水不漏,此时运用分析法很难奏效,就需要采用核查法——依据权威性资料对稿件中的某些内容对照核实。如各类辞书、年鉴、法规、文献,这些资料的真实性、正确性毋庸置疑,而且最好是最新的,其中也包括权威人士口头核对,有些突发事件、案件等向有关部门打电话核实印证。特别是一些涉及到个人名誉的稿件,不经核查匆忙报道,往往带来严重的负面后果,如光明日报引发的"姚迁案",导致了当事人自杀的悲剧发生。[①] 一些重大新闻、批评性新闻、新作者或容易失实作者的稿件、积压时间过长与超越采访条件的稿件,编辑尤须注意核查。

2. 精简。就是删除稿件中的某些部分,使之重点突出,结构紧凑,文字精炼。精简不是一般的减少篇幅而是一项艺术性的工作,就像从事雕塑艺术一样,精心删削掉多余的东西才可能有美的创造。精简主要是基于稿件累赘或非新闻事实与离题的议论多、媒体的特定要求等几点原因,精简的性质一种是绝对性的,一种是相对性的,都是为了保证新闻报道的质量及其特色。具体表现有减意、减句、减字。

减意——对稿件中过载的或非重要的内容进行精简。第一是突出主题,删削稿件中多余的、累赘的内容,使稿件主题集中、鲜明,让人一目了然,掌握要旨。包括是精简多余的现实材料,"辞敷而言重,则芜秽而非赡"[②],材料多了容易淹没主题什么也没说清楚,通过删削多余的材料来突出主题,不仅要将与主题无关的材料删去,与主题有关的材料也要精选,能用一个材料说明问题的就不用两个。对背景材料也应注意精简。尽管某些与新闻相关的背景或知识等材料可以起到突出或深化主题、或增加可读性的作用,但多了便会"喧宾夺主并使新闻臃肿",编辑要酌情精简。第二是摘取精华,即摘取稿件中的精彩部分而舍弃其余。其方法一是取局部而舍其余:稿件全篇或者主题没有意义而不能采用,但其中局部又有意义,就可以取其有意义部分单独成篇而删削其余部分。其方法二是取概要而舍详情:由于篇幅或版面要求等原因不能全文刊播,就可以取其概要而舍其余。如领导人的重要讲话党报几乎全文刊载,而晚报都市报通常摘取要点发表。

减句——就是对稿件中表达多余的或不当的语句进行删削,使稿件顺畅练达。主要针对几种情形:一是叙述罗嗦,编辑删繁就简使新闻清晰;二是描写不当,如一些血腥、色情、低俗等语句,需将其删削;三是议论失衡,新闻中不恰当的议论失却公允,甚至是弄巧成拙;四是违背情理,在反映人物思想或行为时不注意人物与社会环

[①] "姚迁案":1984年8月26日、27日,《光明日报》连续发表《南博院长姚迁以权谋私侵占科研人员学术成果》、《姚迁在执行知识分子政策方面存在严重问题》等三篇报道,并配发评论员文章《知识分子的智力成果不容侵占》。在媒介和公众舆论的压迫下,姚迁自缢身亡。后经中纪委调查,确认报道"严重失实","轻率地横加罪名,无限上纲,致使姚迁同志含冤去世"。《光明日报》也因此被通报批评,有关责任人受到查处。

[②] 刘勰:《文心雕龙·熔裁》。

境的关系,两者不协调;五是陈词滥调,如"认真学习了……","为了贯彻……","提高了……认识","掀起了……热潮","在……推动下"等句子,都是没有实质内容的空话套话。

减字——就是对稿件中重复啰嗦的字词删削,使稿件语言简洁干练,比如删除重复的字词,或是去掉可有可无的字词。

减意、减句、减字既有绝对性的也有相对性的,它们之间有密切的联系不能截然分别开来。减字、减句从某方面看也是减意;而减意最终也要通过减字、减句来实现,它们只是在删节量上不同,编辑首先要认真分析稿件,然后根据稿件具体情况来灵活修改。精简时应注意三条原则:一是精简要与新闻价值相适应,二是要顾及媒体的风格特色,三是清除累赘但不损伤原意。精简的目的是为了更好地突出内容主题,简练精悍,避免把稿件弄得支离破碎,更不要把有意义的东西删掉,"字删而意阙,则短乏而非核"的情况要尽量避免。

3. 拾遗补阙。就是为原稿增加所缺少而又需要的内容。主要是,补充背景资料:背景是介绍新闻中有关人物、事件的历史,或事件发生的环境等情况的材料,增补必要的背景可以使读者更完整地了解新闻中的状况和意义;补充事实细节:有的新闻中缺少某些看似细微但又是受众需要的内容,应尽量补充详情满足其需求;补充精辟议论:对一些很有意义而报道又只是就事说事,编辑借题发挥、画龙点睛地补充一点议论,可以深化报道的主题思想,帮助受众更好了解新闻的性质、意义,发挥舆论导向的作用。当然,编辑的补阙是为受众着想使稿件"锦上添花",但必须坚持"增必有据、适可而止"的原则,补充的内容要有充分的根据,所用材料要完全可靠和少而精,紧扣新闻主题,不要自作多情地随意添加,画蛇添足只能弄巧成拙。

4. 改写。就是在原稿的基础上重写。有的稿件内容有意义材料也丰富,但写得不好,诸如观点和材料不统一,内容与体裁不协调,或结构杂乱或导语枯燥等等,编辑需要对稿件动"大手术"。常用手法有,改变主题:对原稿中不够新颖或不能支撑的主题进行重新确立改写,避免与过去报道过的主题雷同;改变角度:对稿件材料重新认识,从最有利于表现事物特征的方面着手,不同的角度反映的重点不一样,表达出的情趣往往也不同;改变体裁:将稿件的原有体裁形式改变为另一种体裁形式,使内容与形式和谐统一,通常都是将信息容量较大、篇幅较长的体裁改为信息容量较小、篇幅较短的体裁,如把通信、经验总结、调查报告、讲话、文件、公告等改为消息、简讯、标题新闻等;改变结构:将原稿的结构进行调整,使之脉络清晰或富于变化;改变篇章:一是"化整为零",即把一篇内容重要且涉及方面多的长稿件改写成多篇稿件,每篇主题单一并冠以标题,篇幅短小突出重点,容易给人留下印象,二是"集零为整",把几篇题材或主题相似的稿件整合在一起,取各家所长相互补充,这样涉及面较广也加重了信息并节约版面。

编辑修改稿件还应注意几点:全局着眼——把握稿件的主题,分清稿件的主次事实及相关材料。"主脑既得,则须制动以静,制烦以简,一线到底,百变而不离其宗。"①局部再好如果与主题无关也要忍痛割爱,拘泥于细节是捡芝麻丢西瓜。形式为内容服务——形式有能动性,可以起到增强或削弱内容的作用,但它毕竟依附于内容,过分雕琢是"翠纶桂饵,反所以失鱼"②的舍本逐末。尊重事实与风格——编辑对怀疑的事实可运用分析法或核查法去校正,不能任意改变事实;各人的写作手法不同,有的谨严有的疏放,有的简约有的繁丰,有的刚健有的柔婉,有的雄浑有的清丽,"人各有好尚,……咸池六茎之发,众人所其乐,而墨翟有非之论,岂可同哉!"③新闻媒体是各种风格争相媲美的百花园,编辑不应按自己喜好的风格去限制,受众也不会喜欢单调乏味的雷同化表现。推广规范语言——新闻媒体是大众传播工具,不同的人们都要在上面进行思想交流,编辑应坚持规范语言使大家的交流没有障碍,避免那些任意生造的语言以造成社会用语的混乱。老舍说得好:"语言的创造不是标奇立异,令人感到高深莫测,越读越糊涂,而是要在大家都能明白的语言中出奇制胜,既使人看得懂,又使人喜爱。"④

选 文

新闻稿的配置(节选)

郑兴东

导言——

本文选自郑兴东等著的《报纸编辑学教程》,中国人民大学出版社,2001年版。

郑兴东,浙江建德人,1932年出生,中国人民大学新闻学院教授。

在新闻编辑的业务活动中,为了充分利用稿件资源而使新闻报道发挥更好的效果,许多编辑都离不开稿件配置的工作,而这项工作许多是在对稿件的处理即修改过程中便同步进行。本文内容为作者所撰,是率先在新闻编辑的学术研究中进行这方面探讨的,总结出的理论、观点,对编辑业务中的稿件处理及版面编排,都具有直接的针对性和指导性。本文认为,将单稿配置成稿群并不是简单的稿件量的增加,

---

① 刘熙载:《艺概》。
② 刘勰:《文心雕龙·情采》。
③ 曹植:《与杨德祖书》,《历代文人论文学》。
④ 转引自《人民日报》,《老舍与推广普通话》,1999年3月5日。

而是对稿件潜能的进一步挖掘,使稿件变分散为集中,变零碎为整体,是稿件意义的扩展和深化,目的在于消除单稿的局限,适应读者的阅读心理和提高传播效率。本文还就稿件配置与新闻报道策划的关系,辨析了两者间的共同点与不同处,指出它们都讲究通过稿件间的相互配合来创造更好的整体传播效果。本文在后半部分特别提出了如何进行稿件的配置方法,即作者所重点论述的"稿件的组织"和"稿件的配合"两部分内容,阐述了怎样进行同题集中的编辑、组织集纳性专栏、为稿件配评论、配资料、加按语等具体的稿件配置的方法,这些阐述较为详细,为编辑处理稿件提供了一些具体的参考借鉴,也值得去进行更深入的探讨。

一、稿件配置的目的

（一）消除单稿的局限

一篇稿件经过修改以后,从事实、思想、辞章等方面来看,可说充分了,应该是合乎见报的要求了;但是从某些方面看它又有一定的局限,因而仍有待进一步编辑。因为受内容、体裁、篇幅等方面的限制只能侧重说明事物的一个方面,只能采取一种表现形式和方法,从这个意义上说它又是不充分的。

读者对某些重要的或感兴趣的问题,往往希望能获得多方面的、比较充分的了解;稿件容量的局限性和读者的多种要求就不能不是一对矛盾。如就一篇新闻来说它主要是报道事实,没有理论上的论证;是侧重报道现状,很少讲历史;主要是从思想角度写的,很少谈其中的技术问题;是文字报道,不能提供可视的图像。因此,从论证、历史、技术、图像等几方面看它是不充分的。而读者对有些新闻,不仅希望从中了解事实、事实的现状以及新闻的思想意义,而且也希望了解事实的意义、事实的历史以及新闻中的有关技术问题;不仅要看到文字报道,也想看到有关的图像新闻反映现实生活的有限容量与读者的这些多种要求就会形成矛盾。

其次它是分散的。稿件来自四面八方,它们是生活各方面的记录。就每篇稿件来说它们都只是在各自的视野范围内,摄取生活的个别镜头。所以就稿件反映现实生活的方式来看,它是分散的;而客观世界是相互联系的,生活是一幅统一的画卷。稿件与稿件之间往往存在着各种各样的联系。一篇篇分散的稿件如果孤立发表,往往就可能割断稿件之间存在的内在的联系,不能反映出生活画卷的统一性。因此,变不充分的为比较充分的,变分散的为相互联系,是编辑所要解决的问题之一。

当然,不可能也没必要让一篇新闻既去讲事实又进行论证;既谈现状又谈历史;既谈思想又谈技术;既进行文字报道又提供图像。新闻以及其他任何报道形式都有其特长,也有其局限。人们只能充分发挥其特长,而不能完全打破这种局限,否则,打破这种局限的同时,也就扼杀了它的特长。当然也不可能让每篇新闻都去表现事物的各种联系,一篇新闻只能摄取生活中的一个镜头后立即予以报道。如果一定要把这种镜头构成画卷以后再进行报道,新闻可能已成为历史。这就需要对稿件进行配置,也就是通过若干稿件的复合,使报道从不充分的变为比较充分的,从分散的变为相互联系的。当然并不是说每篇稿件都需要进行配置,这对版面来说是不可能的,对读者来说也是不需要的。因为读者并不是对任何一件事的各个方面都希望了解、都感兴趣的,而只是对那些重要的或者感兴趣的事情才会产生这种要求。因此,一般稿件如果已经提供了读者所需要的东西,就可以单独发表,无需其他稿件的配合。

(二)适应读者的阅读心理

报纸的传播并非是单一的传播,而是集合传播。报纸每日以一定的版面将多种内容和形式集合在一起形成自己的传播角色。这也反过来影响读者的阅读心理。读者在阅读报纸时,也会习惯于从"集合"这一角度来阅读、思考和理解报纸的传播。也就是说,会将自己的阅读单元从单稿扩大到稿群。

读者阅读报纸,通常都是以一篇篇的稿件为单位的。虽然有的是通读全文,有的仅是阅读其中的一部分,如标题、导语等,但不会是将若干篇新闻混杂起来阅读。如看了这篇的一句,接着去看另一篇的一句,又再去看其他稿件的一句,所以一篇稿件即是读者的一个阅读单元。但读者在面对具有集合传播特点的报纸时,并非只是把自己的阅读和理解仅仅局限于单稿这样一个比较小的阅读单元,而会在单稿这个阅读单元的基础上进一步扩大,即把若干相关的稿件作为一个更大的阅读单元来阅读和理解。这种比单稿更大的阅读单元,可以是一组稿件、一个专栏、一个版。这种阅读单元都是以内容上相关(或形式上相同)、空间上接近等原因被读者自觉或不自觉地作为一种集合传播形式而联系起来阅读和理解的。因而编辑在处理稿件时,就不能只是进行单稿编辑,而需要适应读者的阅读心理,在编辑单稿的基础上进一步对稿件进行配置,将它们组织成不同的稿群。

(三)提高传播效率

系统科学向人们昭示了一个重要原理:整体大于孤立部分之总和。报纸是集合传播,读者又有将报纸上的相关内容联系起来阅读和理解的心理需求,因此,报纸理应充分发挥集合传播的优势,取得单篇孤立相加所不可能具有的传播效果。

但是,随意把若干篇稿件拼凑在一起,并不能产生整体的优势。组织不当,还可能使原本单稿所具有的效果减弱或消失,甚至产生负面效果。因此,报纸要发挥集合传播的优势,使单稿组织成稿群后能产生更好的传播效果,就需要重视集合传播的艺术。编辑讲究稿件的配置,也正是这个目的。

二、配置的特点

稿件配置主要是编辑针对稿件所进行的编辑工作,它与新闻报道策划相比较,既有相同点,也有区别。两者共同点在于:都不是局限于追求单稿的质量,而讲求稿件间的关系,通过稿件间的相互配合来创造更好的整体传播效果。

而两者区别在于:第一,稿件配置主要是针对已有的稿件所作的扩展、丰富和深化。它主要依赖编辑部的内勤工作来完成,在条件许可时也进行必要的采访、查询等,但这是辅助性的。而新闻报道策划则是需要通过采访、调查再加上编辑工作才能实现。所以新闻报道的策划要依靠记者、编辑的通力合作来进行。第二,稿件配置的着眼点主要在于将若干稿件组成稿群,它通过占据一定的版面空间表现出来,而新闻报道策划的着眼点是比较大的系统报道,它不仅要占据一定的版面空间,而且在时间上也有连续性。第三,稿件配置是单稿编辑的后续工作,而新闻报道策划则贯穿于整个报道过程。因此,新闻报道策划更强调新闻报道前的调查、思考与筹划,而稿件配置则主要是在看到稿件后才做出安排。虽然也要经过构思,但一般不可能像新闻报道策划那样从容。

但是,在实际工作中,稿件配置与新闻报道策划也很难截然分开。因为新闻报道策划要通过包括稿件配置在内的编辑方法来实现;而稿件配置也要在相关新闻策划所确定的指导思想下进行。新闻稿件的配置有两个主要方面:一是组织,一是配合,下面分别进行讨论。

三、稿件的组织

稿件的组织,就是指根据稿件之间的相互联系,将稿件组成统一的稿群,其有几种方法。

(一) 同题集中

同题集中就是把内容有关联的新闻稿件放在一个标题之下集中发表。若干篇稿件集中在一个标题之下,稿件之间的凝聚力就大大增强了。有的时候,竟可以把它们看成是一篇稿件,或者是一篇稿件的扩大和延长。标题将它们之间相互联系的一面清楚地揭示出来,读者对报道之间的关系就容易一目了然。同题集中并非只是稿件量的增加,数学中的加法不能完全表现它的结果。同题集中可以通过稿件的巧妙组合,以及标题的点睛,而使稿件的表现力得到升华。同题集中的另一个好处是,它可以大大减少单独发表时标题的相互重复,既节约了版面,又使报道显得更为精练。

同题集中是以稿件间存在着相互联系为其条件的。这种联系是多方面的。不同的联系形成不同的结构关系,常见的结构关系有以下几个方面。

联合:即稿件虽不同,但存在相同的一面。如相同的内容、相同的报道对象、相同的特点等。将这样的稿件集中在一个标题下发表,目的是为了突出其中同一的方面。如几条分别报道几个省的春耕的消息,就可以集中在一个标题下发表。这样,读者看到的就不只是个别省的春耕情景,而是范围更为广阔的春耕图。

连续:即报道同一事件的连续发展过程的几篇稿件,集中在一个标题下发表,可以使事件的来龙去脉显得更加清楚。

对比：即把内容有矛盾性质的稿件集中在一个标题之下，通过标题的对比，把事物的矛盾性质揭示出来。鲜明的对比具有评论的性质，它比之稿件单独编发能引发读者更多的联想和思考，因而不仅有说服力，而且也有可读性。

参照：即几篇新闻的内容相同，而消息来源不同。将这样的新闻置于一个标题之下，相互参照，将有利于读者全面了解新闻内容并进行正确的判断。在发生国际冲突时，消息来源不同，说法往往完全不同。如一方指责对方"入侵"，另一方则完全否认；一方宣布胜利，另一方也宣称获得重大战果，如此等等。有时不宜介入事件中去，因此采用同题集中的形式发表不同消息来源的消息，多方参照，让读者去思考和判断，是一种比较适宜的处理方法。同题集中还可以有其他不同的结构关系，如呼应关系、述评关系、因果关系等等。总之，只要几篇稿件之间存在着关联，就可以采用同题集中的形式来表现。

同题集中的稿件一般按这样的次序排列：重要的在前，次要的在后；最新发生的在前，早发生的在后；表扬的在前，批评的在后。

前面我们讲了同题集中的长处以及同题集中的几种结构关系。但并不是内容有关联的稿件都要同题集中。事物总是一分为二的，同题集中作为一种编排方法，既有它的长处，也有它的短处。它的短处是：

第一，同题集中后，标题虽然要照顾各条新闻的内容，但只能突出其中最重要的内容。因此，几条都非常重要的稿件合编在一起，其中有的稿件的内容就可能被别的更重要的稿件的内容所掩盖，无法在标题中突出出来。因此，几条同样十分重要的稿件就不宜合编在一起，而宜单发。

第二，几条新闻集中在一条标题下发表，所占版面必然比较多，容易形成大版块，使版面变得臃肿；同时，标题相应少了，版面也会因缺少变化而显得呆板。如果是几条比较长的新闻合编在一起，这个短处就表现得更为明显。

所以，是否采取同题集中的形式，要根据具体情况来决定。可以充分显示长处。而短处又不显现时，就可以采用；相反，就不宜采用。

（二）集纳性专栏

1. 专栏。对于专栏有两种界说。第一种说法：专栏是由若干具有共同性稿件所组成的自成格局的局部版面。第二种说法：专栏是一组具有共同性的稿件，通常占据局部版面且自成格局。两种界说只是主要着眼点不同，一在版面，一在稿件。但不论哪种界说，构成专栏的因素是相同的。

组成专栏的稿件，必定要有某一方面的共同性。这种共同性，可以是同一主题、同一内容、同一特征或同一体裁。专栏在整个版面中自成格局。它有栏目或栏题，很多是单独编排，四周围框或勾线，是版面中的一块小天地。不自成格局，即使是一组有共同性的稿件，也不能称其为专栏。从版面来说，专栏只是版面中的若干栏，是版面的一个局部。如果一组有共同性的稿件占据的不是局部版面,而是整个版面或绝大部分版面,这就是专版,而不是专栏。

专栏按其构成来看,有单一性的和集纳性的两种。单一性的专栏每期只发一两篇稿件,它是连续性的,专栏的共同性是在连续中表现出来的,如《人民日报》的《今日谈》就是。集纳性专栏则是多篇稿件集合而成的。集纳性专栏有连续的和非连续的两种。非连续的集纳性专栏,它的共同性是在集纳中表现出来的。非连续的集纳性专栏都是一次性的。

单一的专栏,因为稿件的共同性要在连续中才能表现出来,栏目的设置就必须相对稳定,需要对专栏的主旨、内容、特点、名称等进行策划,从长计议,不能临时设置;而集纳性专栏,特别是非连续的集纳性专栏,可以根据稿件的具体情况临时组织。因此,集纳性专栏就成为日常组织稿件的一种很重要的形式。下面着重对集纳性专栏进行讨论。

2. 集纳性专栏的特点和优势。集纳性专栏有自身的特点和优势,正确认识这些特点和优势,才能扬长避短办好集纳性专栏。

变分散为集中:集纳性专栏把原本分散的单稿组织在一起,使之成为一个统一的稿群,反映面扩大了,主题意义加深了,又可以配上比较醒目的总标题,这就比单稿分散发表更有分量和视觉冲击力,引起读者的注意和思考。有时孤立的一篇单稿由于其内涵的局限性只能在版面上充任配角,甚至很难有容身之地,但是与其他稿件集合成稿群后,作为一个整体显示出优势,就可以在版面上占一席之地,甚至担当主角。有时会发生这种情况:一个版上准备登载的稿件都不很重要,要作为头条都很难撑起来。此时,将一些具有意义而单发又难以充任头条的稿件集合组成专栏作为头条,也就成了编辑应急的方法。

寓多样性于统一:集纳性专栏以一个总标题或栏题显示出整个专栏的共性,而所集纳的稿件的内容、角度、形式又多种多样,各有特点,这就比单独一篇稿件更为丰富、生动,因而具有更强的可读性。

显独特于整体:集纳性专栏是一个版中的一个部分,但专栏中各篇稿件组合在一起,有总标题或栏题,且都以线条作边界,自成格局,这就使整个版面更显出变化。读者在阅读版上其他内容后,进入专栏这一个相对独立的小天地时,又可领略其独特风光。因而可以调节读者的阅读趣味,增加全版对读者的吸引力。中国园林建筑讲究园中有园,因而往往使游客游兴不减,流连忘返。集纳性专栏可以说就是版中之版,与中园古典园林建筑艺术相比,有异曲同工之妙。

毋庸讳言,集纳性专栏也有其弱点。集纳性专栏是集若干单稿于一体的,它能显示整体的优势,但每篇单稿不可能都得到突出的表现,因而十分重要的几篇稿件不宜同时在一个集纳性专栏中发表。此外,为了配齐专栏所需稿件,需花费更多的时间,有时就难免会影响到新闻的时效性。

3. 集纳性专栏的编辑要领。编辑集纳性专栏的总要求，就是要充分发挥集纳性专栏的特点和优势，而力争避免其劣势。具体说，有以下要领：

提炼主题：主题是集纳性专栏的中心思想，编辑集纳性专栏务必要在提炼主题上下功。这种提炼包括两方面：一是要善于发掘稿件中富有意义和新颖的内容，并将其凝聚为整个专栏的统一主题。二是专栏的主题要切合读者需要。应该看到，集纳性专栏作为一种形式是比较自由的。只要若干稿件具有某一共同的因素，就可以结合在一起，组成集纳性专栏。因此，随意抓住一个共同的因素，组织一个集纳性专栏并非难事，但如此组织的专栏就可能一般化，缺少生命力。只有善于提炼主题，编辑集纳性专栏才能取得成功。

精编文字：这里所说的精编，不仅是指单篇的稿件的文字要符合见报要求，而且还指要符合集纳性专栏的特殊要求。集纳性专栏是若干篇稿件组织在一起的，因此各篇稿件要各有特点，标题和文字不能重复。且要注意相互的呼应、配合，不宜孤立地追求每一篇稿件的所谓完整。求大求全是写稿的大忌，更是编辑集纳性专栏的大忌。

讲求整合：集纳性专栏中的各篇稿件既要有同，也要有异。做到同中有异、异中有同。且要注意各篇稿件间的配合，使之能发挥整体的优势，达到比单稿简单相加更好的传播效果。

（三）集纳

1. 集纳的特点。集纳是稿群的另一种形式。特点是将几篇有联系的稿件组合在一起，使之或相互补充，或相互映衬、比较，从而在整体上取得更好的传播效果，读者阅读起来也比较方便。

集纳与同题集中不同。并非是集于一个标题之下，各篇稿件依然相对独立，配各自的标题。与集纳性专栏也有所不同：没有栏题，总标题可以有也可以没有。版面上也不一定自成格局，比较自由。

集纳占据的版面可大可小。可以只是版面中的一个小的组成部分，也可以是占据整个版面。如果占据整个版面，就是版，包括专版、综合版。

应该说明的是，集纳是集合、组合的意思，因此，同题集中、集纳性专栏都是一种集纳。但因为它们又各有自身的特点，所以单列一类讨论。

2. 集纳的编辑要领。集纳这种形式虽然比较自由，但也要精心编辑。特别需注意的是以下两个方面：

要善于发掘稿件间具有意义的相同因素：要将分散的稿件组成集纳，稿件间必须有相同的因素。相同因素是稿件得以组织在一起的"粘合剂"。

稿件间的相同因素既可以是内容也可以是形式。但更多的集纳是以内容方面的相同因素作为"粘合剂"的。

稿件间的相同因素有不同的表现形态。有的是浅层的，此种共同因素容易捕捉。比如，体育新闻、国际新闻、读者来信，这些稿件的内容涉及体育、国际，或形式是来信，共同因素是外露的，很容易觉察到。而有的稿件间的共同因素是隐含的。这些稿件表面看来说的是完全不同的事，相互之间毫无关系，就需仔细剖析，才能发掘其相同因素。藉以此种相同因素来组成集纳，有时可以产生很好的传播效果。编辑组织集纳这种形式，虽然不能忽视前一种共同因素，但更重要的是要善于发掘后一种共同因素。

要善于配置稿件，使稿件间形成相补。编辑集纳不仅要善于发掘稿件间的相同因素，更要善于突出稿件的不同特点，并进行适当的配置，使稿件同中有异，产生互补的效果。所谓互补，即一篇稿件的不足可以在另一篇稿件中得到弥补。正如集纳中的稿件间的相同因素可以是多种多样一样，稿件间的相补因素也可以是多方面的，如内容的相补、角度的相补、趣味的相补以及形式的相补，等等。如果说，稿件间的"同"是集纳的"粘合剂"，稿件间的"异"特别是有意义的"异"就是使集纳丰富起来的"强化剂"。

对于一个篇幅比较长、容纳稿件较多的集纳，更应该注意稿件间的相补。因为篇幅长、稿件多而缺乏互补，就必然陷于单调、沉闷。因此，组织一个版，包括综合版、专版，就要十分重视内容和形式的多样化，并使之相互补充。

在实际工作中，由于稿源、版面等客观因素的制约，一个集纳比如一个版要做到稿件间能够互补，并非易事。这首先需要有此种意识，并能去积极争取和创造。范敬宜在任《人民日报》总编辑时曾向编辑提出要求："不论要闻、会议新闻、外事活动新闻有多少，一个版上至少要保持一块'绿地'，即可读性较强的短新闻、短言论、短特写。"[①]在版上保持一块"绿地"，就是要求一个版的内容、形式能够互补。因为"要闻、会议新闻、外事活动新闻"通常是比较严肃的，而"可读性较强的短新闻、短言论、短特写"则比较活泼。二者兼顾，互为补充，传播效果才会更好。

报纸需要刊登的稿件很多，而版面容量有限，为了使稿件能互补而增强传播效果，往往需要上面所说的"挤"的功夫。而"挤"不仅要善于运用编辑方法，如对原稿进行删节、综合、转版等，使一些稿件能"挤"到版面中去，而且更需要编辑心中有读者，有精编意识，不满足于平庸，不甘于凑合了事。

四、稿件的配合

稿件的配合，就是根据稿件内容和实际需要，增发各种新材料，对原有稿件中的内容进行论证、补充和解释。配合稿件的目的在于以下几点：

第一，增加说服力和感染力。如果说一篇稿件告诉人们的只是事实的一个点的话，那么，对这个事实的论证、补充和解释就从几个侧面丰富了它，它就不再是点，而

---

① 范敬宜：《总编辑手记》，人民日报出版社，1997年版，第341页。

是立体化的了。立体化的认识无疑要比点的认识更为深刻、更为全面,也更为清晰。比如,就一个先进典型来说,新闻只能报道他的主要事迹,而评论可以揭示产生这个先进典型的历史必然性,以及他的巨大社会意义。资料则可为读者提供其人其事的某些历史材料。如果再配以图片,先进典型的形象就会立刻呈现在读者面前,使读者既了解其事,又见其人。因此,这个先进典型给人的印象就远比一篇报道所给人的印象深刻了。

第二,增加易读性。稿件中的某些内容,往往需要借助于解释、补充,读者才能完全理解。一个陌生的地名、一个难懂的名词、一个不熟悉的事件,都可能成为读者读报的一种障碍。且不说一般读者在遇到这种障碍时不会有耐心、有时间去查阅有关资料,因而影响阅读的效果;即使会去查阅有关资料,也是阅读的一个极大负担。在查阅资料上,如果一个读者哪怕只花了五分钟时间,几十万、几百万读者所花的时间加起来,就是一个很惊人的数字。编辑如果设想到读者这种困难,提供各种资料帮助读者消除这种疑难,读者就能比较容易地把报纸阅读下去,在较短的阅读时间里获得较多的东西。

稿件的配合,有以下几种基本方式。

配评论。评论包括社论、短评、署名评论等。并不是所有评论都要与具体的报道相配合才能发表,有的评论也可以单发。但是,评论配合具体的报道发表,有具体的依托,就实论虚就更能做到理论与实际的紧密结合,更容易为读者所接受。所以,配合具体报道发表评论,已成为报纸发表评论的一种基本形式。

评论与理论文章、一般论说文不完全相同。评论与它们相比,有两个鲜明的特点:第一,评论具有更鲜明的政治性,是"政论"。新闻评论主要是针砭现实,所论及的是当前社会最需要解决的问题。第二,评论具有更强烈的时效性,是"时评"。[①] 评论对现实具有指导作用,短评特别是社论,是代表报纸编辑部就某一重大问题发表的评论,具有鲜明的针对性、政策性和指导性。因此,配评论既要积极主动,又要慎重。所谓积极主动,就是对重大的问题应该发表评论,表明报纸的观点和态度。也就是说,对于重大问题报纸不应该保持沉默,应让广大群众及时听到报纸的声音。所谓慎重,就是评论从选题到论述都要再三斟酌。对于一些暂时没有把握的事,譬如情况不明的事,还刚刚开始讨论的事,正在试行中的事,对于它们的是非曲直,就不宜轻率发表评论。

配哪种形式的评论,根据具体情况决定,很难规定一个固定的模式。但一般说来,社论主要是评论带有方向性、根本性的重大问题;短评主要是就一些重大事件、重大典型发表评论;署名评论可以就重大问题发表评论,也可就一个比较具体的问题发表意见:这是从选题上说的。从身份来说,社论是评论中的元帅,最引人注目。

---

① 丁法章:《我当晚报老总》,复旦大学出版社,1999年版,第272—273页。

因此，配合社论，就比配合短评、署名评论更显得对问题的重视。但这绝不能由此得出结论，短评、署名评论的作用一定不如社论。它们有自身的长处。它们一般比较短小，比之社论有更多的用武之地。署名评论特别是个人署名的署名评论，可以各抒己见，在某些时候用它来配合报道发表意见，比之社论、短评更为灵活，更为有利。

评论与它所配合的报道应该是一种什么关系呢？即评论应该怎样与报道相配合呢？如果用一句话来回答，就是评论既要依托报道，又要深化报道。

评论要依托报道，即指配发的评论要根据报道的内容来立论，评论的分析说理要以报道中的事实作为根据或例证。即评论需要从报道中借题。当然，借题并不意味着要就报道中的所有内容发表评论，而应该只是去评论其中最重要的问题。比如，一个先进典型，它值得推崇的方面是很多的，一个重大事件的发生，它值得人们去注意的问题也是很多的。评论特别是短评，一般不宜对这个典型和事件的各个方面去进行全面的评论，而应该抓住其中最重要、最具有针对性的方面进行评论，"全面出击"不如"奇兵突破"更为有效。因此，评论特别是短评的题目不宜过大，否则容易流于空泛。

评论要深化报道，是指评论需依托报道但又不能局限于报道，需要有所深化。评论对于报道不仅要善于借题，更要善于发挥。评论的特点在于说理，说理离不开分析。善于发挥，也就是要善于分析。要通过历史的、逻辑的分析，揭示事实的性质、地位、意义，说明事物的因果关系，指明人们应该采取的态度，从而使人们不仅知道这一事实，而且认识这一事实。这种分析一般要从几个方面入手：

首先从全局的角度来分析、评价报道中的事实。报道所反映的往往是社会中的个别事物。它反映这个个别事物虽然也是从全局来认识的，但报道主要是反映事实，它只能通过题材、角度的选择，叙述、描写的态度来表现这种认识，而不可能把这种认识直接表现出来。因此，事实和全局的关系，在报道中是隐蔽着的。而评论则可以通过摆事实和讲道理的方法把这种关系直接地、清楚地揭示出来，说明这种个别事物在全局中到底具有什么地位和意义，并且指出它的对立面是什么，矛盾的性质是什么，从而使人们对报道的事实有更全面、更深刻的认识。

其次是从历史的角度来分析事物的现状。报道一般只是反映事物的现状，但任何事物都有其历史发展的必然性。现状和历史，现状和未来都是紧密相联的。回顾过去，探讨未来，可以使人们对现状有个历史的了解，更清楚地认识这种现状产生的历史根源，它在历史中的地位，以及可能的发展趋势，从而认识应该怎样来正确对待这种现状。

第三从理论的角度来分析事实的本质。在报道中，事实的本质是隐藏在现象的背后的。读者直接看到的往往是五光十色的现象。这些现象的本质是什么，正确的还是错误的，进步的还是落后的，产生这种现象的根本原因是什么，报道往往不可能给予直接的回答；而评论则需要根据马克思主义和党的路线、政策给予直接的明确的回答。对正确的、进步的东西给予支持和鼓励,对错误的、落后的东西给予批评和鞭挞。

　　加按语。按语是报纸编辑对发表的文章所加的简要批注和说明。按语有评论性的、说明性的、解释性的三种。其中评论性按语是最主要的,通常没有标题,寥寥数语,是一种最简短的评论。它可以就一组报道或一篇文章加按语,也可以就文章中的一段甚至一句一字加按语。有的写于新闻题下,有的附于文后,有的穿插在文中,所以也是一种很灵活的评论。片言居要、褒贬鲜明是评论性按语的鲜明特色。

　　所谓片言居要,即按语是否能真正抓住文章中的重要问题。按语如匕首、投枪,只有真正击中要害,才能显示它的威力。按语所抓取的问题,可以是文章中的主题,略加评点,使主题更为鲜明,更为深刻;也可以是文章中的某一局部,这个局部可能是读者看文章时不注意的,甚至连作者也不一定充分意识到它的意义,但它是一个具有重要意义的问题,按语烛幽洞微,特别将它提出来,从而引人注目。这个"要"大都是对新闻事实的性质、意义的揭示,但也有的是对新闻中的某种不足、某种偏向的警示。有的新闻就其主要内容来说是积极的,但也可能包含某些消极的因素,或掩盖着某一种倾向。因此,在刊登此类新闻时,就需要加按语,除阐发其积极意义外,对它所包含的某些消极因素或掩盖着的某种倾向,也要有所述评,以引起读者和有关方面的注意。这也是报纸防止传播中的片面性的一个重要方面。按语不仅要善于居要,而且要善于用最精练的语言来表达。按语要求篇幅短小,多方面的铺陈、洋洋洒洒的议论都是不可能的,也是不必要的。它需要开门见山,三言两语就点出问题的实质,做到言简意赅。

　　所谓褒贬鲜明,是指按语不应该只是提出问题,而应该对所提的问题有鲜明的态度。它应该有所褒扬,有所贬抑,文虽短而爱憎分明,语虽少而锋芒毕露。吞吞吐吐,模棱两可,就等于否定按语存在的理由。

　　说明性按语主要是向读者交代某些必要的情况,如作者的情况、刊载的目的等。注释性按语主要是为稿件中读者不太熟悉的某些事情作简略的注释。如解释某些难懂的名词,注释文中提到的其他资料的情况等。

　　配资料。资料是发展新闻的重要手段。当一个重大的事件发生以后,人们对事件的关注和兴趣,往往就不限于事件本身,而会扩展到与事件有关的各个方面。但是,新闻在报道这个事件时,往往只是着重报道事件本身,对其他有关的方面介绍很少,甚至不作介绍。如果新闻对这些方面也要详加介绍,势必冗长并影响时效;何况记者外出采访,限于条件,有时也难于获得有关的材料。因此,就需要编辑对新闻加以发展。

　　编辑对新闻加以发展,主要的方法之一就是配合资料。资料对新闻的发展,包括两个方面:一是纵的发展,即追根溯源,对新闻中的人物、事件的历史作必要的介绍;一是横的发展,即对新闻中的人、地、事的概况作补充的交代。资料作为发展新闻的手段是不单独存在的,它总是因新闻而为读者所需要,依托新闻而存在;同时,新闻也因资料而得到补充,有赖于资料才能为读者所进一步理解。所以,资料和新闻可以说是相得而益彰。

资料也是报纸传播知识的重要手段。当然,资料不同于教科书,它不可能系统地来传播每门学科的专门知识。资料是结合新闻发表的,具有新闻性。这种新闻性就使它在传播知识方面具有以下特点:第一,对象是广大读者,而不是少数人,因此深入浅出,通俗易懂;第二,它是对读者阅读新闻时可能产生的疑难的回答,因此具有针对性;第三,它的内容虽然可以是谈远古的历史,可以是说其他星球的生命,但无不是直接解释、说明现实生活中正在发生的人与事,它和实际是紧密联系的。报纸上经常采用的资料有新闻背景、新闻人物、新闻地理几种。

新闻背景:新闻是新近发生的,有许多还是突然发生的,但新闻绝不是无源之水,无本之木,它有一个历史的发展过程。新闻往往在历史的映照下方显得分明、清晰和有意义。"新闻背景"就是交代新闻的历史,用历史来说明新闻,从昨天来看今天,从而使读者了解事件的来龙去脉,更理解新闻的内涵。

新闻背景有两类。一类是介绍事件本身的历史。另一类是介绍同类事件的历史。有一类事件的发生,孤立地从事件本身看似乎是偶然的,但如果从历史上来考察,就会发现类似事件也曾发生过。当一个新闻发生时,特别是重要的新闻发生时,读者往往不仅要了解事件本身的历史,而且要了解同类事件的历史。介绍同类事件的历史可以满足读者这种要求,并帮助读者更全面、更深入地理解事件的性质。

大事记是新闻背景资料中经常采用的一种形式。它通常将涉及新闻背景的重要事件按时间(如日、月、年)加以记叙。特点是条理清晰,便于阅读。

新闻人物:新闻人物即对新闻中新出现的重要人物的生平作简要的介绍。一个新的政治领导人的就职,一个重要的国际友人的来访,一个崭露头角的科学家的获奖,往往都是重要的新闻。但新闻只能着重报道他们的就职、来访、获奖,不可能对他们个人作很多介绍。而广大读者对他们个人的情况也是关切的、感兴趣的,特别是对那些过去不太熟悉的人的情况更希望有所了解。对这些人的生平作简要的介绍,可以帮助读者认识这位新领导人今后可能施行什么政策,这位来访的友人是怎样一位可尊敬的朋友,这位科学家在取得成功之前曾走过一条什么样的道路,从而丰富和发展新闻所给予读者的认识。

新闻地理:是对与新闻有关的地方的自然地理、经济地理、政治情况所作的简要介绍。介绍新闻地理的意义有二:首先,"何地"是新闻的要素之一,新闻发生在何地往往影响新闻价值。因此,新闻地理的介绍能够帮助读者理解新闻的意义;其次,新闻发生地有些并非是一般读者都熟悉的,而对于一个不熟悉的地方的新闻,读者的兴趣是要低于他所熟悉的地方的新闻的。配发"新闻地理",就可以帮助读者了解这些地方,从而增加阅读的兴趣。

科学知识：新闻往往涉及自然科学、社会科学中的某些专门知识，一般读者很难完全了解，而新闻也不可能作详细解释，因此，有时就需要配发知识性资料进行补充介绍和通俗讲解。对一些自然现象的发生，一项科学成果的创造，一个学术争论的展开，往往需要配合新闻作通俗的简介。

词语解释：新闻报道中常会涉及历史典故、古典诗词以及名人语录、成语、术语等。对于其中一些不太为人所熟知或不易了解的，编辑应加以解释和说明，如说明它们的出处，介绍它们的全文，解释它们的含义等。

编辑不应要求读者自己去查阅工具书去解决读报中遇到的类似的引文、典故、成语等难题。报纸留给读者的困难越多，可读性就越差，报纸离读者的距离就越远。资料的写作要与新闻密切配合，既要有所呼应又不要很多重复，既要有所补充又不要离题太远。资料是配合新闻发表的，从这个意义上可以说，新闻是红花资料是绿叶，主要应写读者阅读新闻时引发出来的欲知内容，而不需要去写其他。当然，这并不意味着资料所占篇幅只能比新闻小。有时重要的新闻由于种种原因只能写成短短的几行，但或因意义重大，或因趣味隽永，会激起读者对新闻内容的极大探索需求，通过资料来发展新闻，此时就有了巨大空间，围绕新闻配发的资料就可以比新闻写得更详尽，占据更多的篇幅。此外资料的写作重在记叙，文字要简洁朴实，主要是客观介绍情况，是新闻的补充，要用事实说话，不宜有很多的议论、抒情，更不宜采用文学的夸饰、想象等表现手法。新闻人物资料有别于人物特写，自然更不同于纪实小说。新闻地理资料也有别于巡礼和游记。资料虽有作者，但作者的主观态度不是外露的，而是内隐于记叙之中的，从这个意义上可以说新闻资料的写作是述而不作。

新闻稿的梳理（节选）

张子让

导言——

本文选自张子让著《当代新闻编辑》，复旦大学出版社，2007年第二版。

张子让，上海人，1952年出生，复旦大学新闻学院教授。

本文阐释的"新闻的梳理"，即大家普遍说的新闻稿件的修改，作者用与众不同的字眼，觉得能更好地说明问题，也比"修改"的用语具新颖感。不管怎么表述，它们在操作上都是相同的，是编辑在业务活动中花费时间最多的一项工作。本文结合新闻传播的特点，从新闻梳理的下限、新闻梳理的优化、新闻梳理的准则这三方面，较为完整地阐释了如何对选定的新闻稿件进行净化和优化处理，以达到能发表的水准。作者在论述中,将每一大的部分又分为若干方面来阐述,观点结合实例,分析颇为仔细。从稿件的修改来说,新闻稿的修改和非新闻稿的修改既有相同之处,也有不同之处。新闻编辑更要注意其不同之处,即需要完全按照新闻本身固有的特点来进行修改。本文围绕这方面的阐述,讲得尤为仔细。

新闻的梳理是对选定的新闻进行净化和优化处理。入选稿总体上可用,并不等于各方面都符合要求。消极地说,它可能还存在这样那样的缺陷;积极地说,它也许还可以进一步提升水准。只有经过认真的梳理加工,新闻的质量才能得到保证。

新闻的梳理应该实现零差错,力争最优化,以完善整个新闻报道的微观基础。它既要注意新闻的整体,又要注意新闻的细节;既要注意新闻的内容,又要注意新闻的形式,因而是对新闻的一次全面而细致的再检验。这是一项精雕细刻的工作,需要认真细致、一丝不苟。

新闻梳理的下限

新闻作为精神消费品,最起码的要求是不能出现差错和问题。新闻梳理的首要任务,是要纠正新闻中所有可能出现的差错。这种着眼于补偏救弊的改稿行为,可称之为新闻的"保护性梳理"。

一、纠正各种差错

新闻中的差错有多种多样的表现形式,包括事实性差错、政治性差错、知识性差错和文字性差错。

事实性差错。这种差错在事实构成的各个方面如时间、地点、单位、人物、性别、年龄、职务、职业、籍贯以及数字、引文等都有可能发生,编辑必须细致地加以检验。当然,要发现新闻中的事实性差错有一定的困难,因为编辑没有参与采写的过程,不了解新闻的实际情况。但对于违反常识、不合情理、主观想象、言过其实、前后矛盾、以偏概全等差错,编辑应该也是可以根据事理逻辑看出其中的毛病。如果它们未加纠正而公之于众,应视为编辑的疏漏或失职。另外,对于众所周知的事实如名人的姓名、性别和重大历史事件的名称、内涵等,编辑在处理时也应注意。纠正这类差错关键在于细心,特别是前后矛盾的现象,两者之间往往隔着不少文字,只有细心才可能发现。

政治性差错。纠正政治性差错的重要性是不言而喻的。在改稿中要特别注意纠正违背马克思主义的观点和提法,纠正违背党的路线、方针、政策的观点和提法,删除涉及党和国家各种机密的内容和文字。同时,对于党和国家领导人的职务和排序不能搞错。有的报道说某省经济发展水平远落后于沿海发达地区,是处于"社会主义更初级阶段";有的报道将国务院副总理写成"国务委员"并排在国务委员之后;有的报道把居住台湾的同胞到大陆观光说成"回国旅游"……这些政治差错都会带来不良的后果，必须引以为戒。

知识性差错。知识性差错也常常会在新闻中出现。如有的是自然知识错误，有的是科技知识的错误，有的是法律知识错误，凡此种种不胜枚举。其中有些错误既是知识性错误，又是事实性错误或政治性错误，都要加以纠正。

这里特别需要强调的是纠正法律知识方面的差错。我国正在加大依法治国的力度，法制报道的比重在明显增加，目的是教育人们知法守法，增强法制观念。如果报道中出现法律知识的错误，其副作用更大，有时还会造成新闻侵权。编辑一定要注意学法懂法，对于一些常用的关键的概念，更应该正确把握它们的含义及适用范围。如公安机关逮捕的犯罪嫌疑人，都不用"罪犯"、"犯罪分子"、"案犯"等称谓，应用"犯罪嫌疑人"、"涉嫌某某行为"等词语。在一些文字上难以表述的地方，可以酌情用"歹徒"、"凶手"、"暴徒"、"作案者"等词语。只有在法院判决有罪后，方可称为"罪犯"、"犯罪分子"。此外，"罚金"与"罚款"也是两个不同含义的法律概念。罚金是指法院在处理刑事案件时，强制被告人在一定期限内缴纳一定数量钱币的刑罚，罚款则是行政执法部门对不够刑事处分的违法行为，依法强制在一定时期内缴纳一定数量钱币的行政处罚。罚金是刑事犯罪的刑罚，必须由人民法院判决才能适用，而罚款一般仅用于行政执法机关对违法行为的处罚。这些规定编辑应予熟记。

文字性差错。文字性差错有时会导致政治性差错。毛泽东在世时，有家报纸刊登一张反映他的旧居的照片，文字说明却把"旧居"写成"故居"。一字之差意思截然不同，造成不良的政治影响。即使是标点符号，不注意也会导致政治性差错。编辑对于新闻中的错别字包括标点符号在内，都要认真检查，特别是对于政治性、思想性、政策性强的稿件，更不能粗心大意。

为了防止错别字的漏改，编辑平时要注意识别一些容易搞错的成语和词语。如"不径而走"应为"不胫而走"，"廖廖无几"应为"寥寥无几"，"脉膊"应为"脉搏"等。同时，要注意一些常用语在语义上的区别，如"国事"与"国是"，"反映"与"反应"，"品位"与"品味"等。这些词语音同意不同，一不留心容易用误，在实际工作中已有屡屡出错的现象，需要格外注意。

二、避免各种不当

新闻报道中的不当之处有多种多样的表现形式。

内容方面不当。从实际情况来看，内容方面副作用比较明显的有这样几种：

一是提法不当。以"下岗"为例，这是产业结构调整中出现的正常现象。正因为如此，政府要求正确对待下岗工人，并积极采取措施为下岗人员广开就业门路。但是有的报道却把"下岗"等同于行政处罚，这就偏离了有关政策，不利于社会的安定。再如有些关于计划生育的报道，用了"不准"、"不允许"、"只许"等硬性的提法，与提倡计划生育的政策精神不相吻合。像这样的提法都应该加以纠正。

二是做法不当。如有篇报道写一位会计看到担任出纳的女同志快要分娩，便自告奋勇一个人揽起两个人的工作。这位会计的用意是好的,但兼任出纳却为财务制度所不允许。有的报道还这样写道:"患者们知道张大夫拒收红包的习惯,就用传统的风俗表达他们的谢意——今年才35岁的张笑飞夫妇,如今已认了20多个干儿女。"言外之意,人们可以用"过继"的方式表示谢意,这对于移风易俗有弊无利。

三是泄露内情。在经济报道中,有的涉及内部经济情报,有的涉及名牌产品的化学配方、工艺流程等,给经济工作带来了不利的后果。在法制报道中,有的公开未成年犯罪嫌疑人的姓名、地址与肖像,有的披露看守所的建筑格局、警戒设施和关押人员的数字,有的报道毒品加工方法及吸食、注射方式,还有的披露公安机关的侦破手段、违法分子的作案手段,所有这些,都妨碍了打击违法犯罪活动和社会的稳定。

用词方面不当。编辑还要注意把握词语的分寸、感情色彩和适用范围,尽量避免用词方面的不当。如"礼拜"作为宗教用语,用来代替日常报道中的"星期",就显得不合适。为刚刚牺牲的革命烈士题用"欣然命笔",在感情上使人不易接受。这类现象在过去的新闻报道中都曾出现,应引起注意。

编辑要留心情况的变化。由于情况的变化,过去正确或妥当的,可能会变得不正确或不妥当。如中央和地方各种政府或机构组织的领导成员及其职务、排序有时有所变更;一些国家、地方的名称,一些机构、单位的名称甚至路名、街道名等也会发生变化;到了月初、年初,还要防止出现"季节性差错",等等。

选用新华社电讯,要关注新华社改稿信息。这种信息几乎每天都有,少则一二条,多则七八条,有时还有改稿的改稿信息,改稿信息的发布常常延续到发稿结束。因此,编辑一定要全面地阅读改稿信息,而且一定要等到新华社截稿。此外,对新华社电讯稿通常只能删节,不能增补。如经删节须在电头前加一"据"字,以示职责分明。

新闻梳理的优化

新闻的梳理必须纠正差错和问题,但又不能满足于此。编辑应该在此基础上尽可能完善新闻的表达,以增强新闻的吸引力和影响力。这种着眼于扬长求精的改稿行为,可称之为新闻的"提高性梳理"。它通常侧重于下述两个方面。

一、凝聚主题

主题作为文章思想内容的核心,它的高下优劣,决定着一篇新闻的成败得失。主题首先要正确,而这在新闻确认的时候即已解决。新闻梳理要着重解决的是如何使主题集中的问题。正如火力分散不易击中目标一样,新闻主题分散,难以给受众留下深刻的印象,而且容易导致篇幅冗长,令人生厌。

一线串珠。主题集中,要求一篇新闻确立一个中心,不要多中心。中心一旦确立,就应像红线串珠一贯到底,不能中途变线。这个道理看似十分明白,但在来稿中并非都能做到。

削去枝蔓。主题集中，有时还需要忍痛割爱。来稿有时有这样的情况，个别例子与主题关系不大但却生动感人，令人难以舍弃。比如有篇叙述一位青年勇救落水小孩的新闻故事，其中说这位青年救人时右脚掌被划了一个很大的口子，救出小孩后他被人送进医院，医生给他的伤口缝了多针。按理说，故事到这里就结束了。可是作者继续写他没有休息照样坚持上班，脚不能走就叫弟妹送，雨天就住在厂里等。这段内容也生动感人，但它毕竟偏离了见义勇为的主题。为了主题的集中，这样的内容也只好割舍。

以少胜多。主题集中，要求选材以少胜多。主题孕育于材料之中，但并不是材料越多，主题就越突出。材料具有两重性，既可以突出主题，也可以冲淡主题。不说明问题的材料越多，主题会越模糊，所谓"繁华损枝，膏腴害骨"。材料不在于多，关键在于说明问题，在于材料的质量。编辑不仅要尽力去掉与主题无关或关系不大的材料，而且对于与主题关系较大的材料也要进行挑选，要选那些更能说明问题的材料。有些材料虽然与主题关系较大，但只是量的增加，无助于主题的深化，那也应当毫不可惜地予以删去。

详略得当。主题集中，要求叙述详略得当。与主题关系直接的、重要的内容应当展开，写得具体、详细一些，不足的部分还应设法补充。相反，与主题关系间接的、一般的内容应当压缩，写得概括、简略一些，可有可无的部分还应删去。以新闻中常见的交代背景为例，任何事物都是在一定的环境中存在和发展的，但这种环境对事物影响的程度是不同的。换句话说，作为新闻的背景，有些是很说明问题的，有些却不尽然。比如报道救落水小孩，描写天气炎热的景象，就可以删去。详略得当是该详则详，该略则略。有些编辑在改稿时，删掉了一些受众欲知或应知的事实或一些必要的解释和说明，这种该详不详的处理方法，削弱了新闻的丰富性、明确性和生动性。从目前的情况来看，主要不在于该详不详，而在于该略不略。这种现象在文字报道中尤为明显，如不必要的背景和过程的交代，不必要的议论，拖沓的描写等等，至于可削之句和可减之字就更多见了。因此，编辑更要注意删繁就简。

二、凸现精华

新闻中的精华，是对受众最有吸引力的部分，应尽可能加以突出处理，不要"玉隐珠匿"。尤其是在新闻媒体不断扩容以至受众难以兼收并蓄的今天，这样处理显得更有必要。突出精华，需要根据不同的情况采取不同的方法。

改变体裁，调整结构。新闻报道有多种文体，它们各有特点，各有优势。从突出精华的角度考虑，运用消息这种体裁最为有利，因为它以最直接、最简练的方式报道事实，而且通常采取"倒金字塔"式结构，把最重要、最新鲜、最精彩的内容放在前面，与突出精华的要求相吻合。有些新闻内容十分精彩，但因采用的是通讯体裁，这些精彩的内容往往不在前面，不能迅速而又清晰地显现在受众面前。遇到这种情况，就应该将它们改成消息，通过结构的调整，突出新闻的精华。

取其一点,独展所长。在选定的新闻中,有的报道面面俱到,精彩之处因而失色。对此,一个行之有效的办法,是将精华部分分离出来独自成篇。有记者曾写过一篇反映上海京剧院演员到温州农村演出的报道,其中涉及一个十分有趣的信息。这个剧院原拟演出《挑滑车》一折,但由于演出所在地的居民以高姓为主,这出戏中偏偏有个姓高的最后被砸死,颇有犯忌之嫌,因而遭到演出主办者的反对:在我们姓高的人的村里演戏,怎么可以让高姓的人死于非命?最后,这出戏不得不被撤下。报道原文1200多字,涉及面较广,包括农民对文化的企盼,上海艺术家千里送戏的热情等,"撤戏"只是其中并不显眼的一部分。后经研究删去了其他内容,只保留"撤戏"的信息,篇幅减少到300来字。报道发表后赢得多方好评,还被评为上海市好新闻。

对于通讯社的新闻,采取"取一成篇"的方法,还可以收到类似独家新闻的效果。这方面有不少成功的例子。如新华社播发关于全国纪检监察系统表彰先进的消息,里面提到中纪委给江苏省纪委书记记一等功。《常州日报》有关编辑看到这篇消息后认为,纪委书记是本省的领导干部,他负责查处的是本省闻名全国的大案,给他记功又是此案结束后的最新信息,这则信息虽是几句话,却体现出党和政府反腐倡廉的决心,又与本报读者有明显的地域接近性。于是,编辑将这几句话从这篇会议新闻中抽出,单独发表,结果赢得了独家新闻的优势。时隔3天新华社也发表了类似消息,而全国许多新闻媒体到第四天才刊播。

化整为零,各显其要。有些新闻重要信息多,但篇幅长,压缩会伤筋动骨,整体刊播又难以使受众统揽概要。在这种情况下,可以将它们分成若干篇,组合刊播,篇幅短小,重要信息显得突出,传播效果得到增强。

新闻梳理的准则

新闻的梳理必须遵循"有稿必检、有错必纠、有改必慎"的原则。这是新闻工作职业道德的要求,也是一个正直、负责的编辑人员应有的态度。

一、有稿必检

如前所述,新闻的梳理最起码的要求是纠正差错和不当,而任何稿件都可能存在这样那样的问题或不足,所以都有必要加以检验。这是纠正差错和不当的前提。

一般记者的稿件要检验,总编辑的稿件也不能忽略。前者写稿有疏忽的可能,后者写稿也难保万无一失。基层通讯员的稿件要检验,领导机关的稿件也不能忽略。后者的稿件多经过领导的审阅,一般不会有什么差错和不当,但也有例外。本报(台)稿件要检验,转载稿件也不能忽略。对后者不加检验,有时也会造成差错。如有几家报纸转载某刊物的报道《"哈军工"的将门之后》,里面有这样一段话:"最高人民法院院长张鼎臣的女儿、最高检察长谢觉哉的孩子……"这段文字有3处毛病:"张鼎臣"的名字有误,应为"张鼎丞";把两位领导人的职务弄颠倒了;没有"最高检察长"这样的称谓,应为"最高人民检察院检察长"。由于没有加以认真检验,这些差错和不当也都见了报,受到读者批评。

地方媒体的稿件要检验,中央媒体的稿件也不能忽略。事实表明,即使像人民日报、新华社这样全国最高级的新闻机构,其报道中也会出现差错和不当。如新华社报道长江三峡水利枢纽工程导流明渠正式通航,其中有一张新闻照片的说明中提到:"三峡工程导流明渠全长 3400 米,渠底最宽 35 米,是世界水利枢纽工程中最大的导流明渠。"这里的"最宽 35 米"是"350 米"之误。因为不久前新华社曾报道过这一宽度,如果编辑不注意检查加以对照,便会出现差错。

二、有错必纠

"有错必纠"从理论上来说,几乎所有的编辑都会赞成,但从实践来看要完全做到不那么容易。有时发现了稿件中的差错和不足,但如果认为这是领导写的或审阅过的,何必自找麻烦;或认为这是新华社的稿件与己无关,多一事不如少一事,也懒得加以改正。因此,要做到"有错必纠",必须要有乐于和敢于负责的精神。

事实上,有错必纠既是对受众负责,也是对新闻工作者和审阅者负责,因而不仅会得到受众的赞成,也往往会得到有关人士、有关领导的欢迎和支持。如新华社曾播发电讯《江泽民主席会见基辛格》,其中提到:"……近几年来中美关系总是一波未伏一波又起,麻烦不断,究其根本原因,都是违背了中美 3 个联合公报所确定的原则。"湖北《襄樊日报》一位编辑看完电讯,认为这里的表述有些问题,经请示总编辑后,立即与新华社联系。新华社极为重视,迅速请示有关领导,确定此电讯有误,应为:"究其根本原因,都是美方违背了中美 3 个联合公报所确定的原则。"接着,新华社马上发了"重要更正",事后又专门致电该报社,感谢这位编辑及时发现并防止了一起重大的差错。

三、有改必慎

编辑一方面要认真检查稿件中有无差错或不当,一方面改动的时候要慎重行事。这是一个问题的两个方面。态度不积极,该发现的问题没有发现,纠正就无从谈起;但如果态度不慎重,轻率修改,也可能以错改错,甚至以错改对。

慎重修改要求改必有据,不能满足于"大概"、"差不多"、"可能是",一定得要求准确无误,一定要有充分的根据。要防止凭想当然办事,想当然办事往往会把稿件改错。这方面的教训不少。凭心而论,编辑修改都是出于好心,都是想改正稿件中的差错和不当,这种愿望是无可非议的。问题是凭自己的想象去修改,结果是好心办坏了事。所以,当稿件中出现不好理解的地方,要仔细想一想实际工作和生活中会不会有这种情况,既要考虑矛盾的普遍性,又要考虑矛盾的特殊性。千万不能自以为是,以想象代替根据。尤其是当事实前后出现矛盾时,不能凭经验随便判定哪一方是对的;如果矛盾的事实不能删除,则一定要了解实际情况,否则容易搞错。

修改要有根据,而根据又必须可靠。要依据公开的、权威的、新近的资料和来源。比如关于金融数据的报道,应以中国人民银行公布的数据为准,不能引用内部材料,也不能以研讨会上专家学者提供的数据为准。又如关于火灾、交通事故的次数、伤亡人数、经济损失情况,应以公安机关提供的为基本依据。再如报道物价指数,应以统计部门公布的数字为准。有些新闻在报道商品零售总指数涨幅时,引用了物价部门的统计数字。根据我国《统计法》的有关规定,统计部门是国家法定负责统计工作和统计数字公布的政府职能部门,物价统计工作是整个统计工作的一部分,根据国家统计制度规定,物价指数由政府统计部门负责编制。

对于一般编辑来说,如对重要的言论(社论、评论员文章等)和重要的新闻进行修改,事先应征得编辑部负责人的同意,以免不了解情况造成修改错误。

广播电视稿的编辑(节选)

[美]布雷恩·S·布鲁克斯等

导言——

本文选自布雷恩·S·布鲁克斯、詹姆斯·L·平森、杰克·Z·西索斯三人合著的《编辑的艺术》,李静滢、刘英凯译,中国人民大学出版社,2009年版。

报刊、广播、电视(包括新媒体)这几种传媒的信息载体不同,它们的信息表达形式也各异,即便同为电子媒体的广播和电视以及新媒体的网络也都各有不同,这样会导致不同媒体间的编辑对同一稿件的选用处理,会采用不同的编辑手法——以最适合自身媒体特点的形式。本文阐述的便是同为电子媒体的广播和电视这两类媒体,如何对稿件进行适合自身传播特点的修改。如作者认为,广播稿是要读出来而且是有节奏的,常常使用不完整的缩略形式的句子,最好充满为听众创造意象的简单主动动词;优秀的电视广播稿不应该与画面争雄,它应该为观众准备他们即将看到的内容或者详细说明可能难以看到的内容,但它应该避免重复观众能够看到或者听到的内容;广播和电视新闻的编辑都应该留意他们的全部受众成员,在事故类的报道中应尽量避免提及那些血腥的和恐怖的悲惨细节,等等。本文结合实例论述了编辑在修改广播和电视新闻稿中的业务问题,专门谈及编辑在处理某些稿件中会涉及到的职业道德问题。如在报道内容涉及到赞助商、广告商的新闻稿件,特别是与之相关的负面新闻稿件时,编辑如何处理;在报道灾难性事故时,对遇难者的姓名公布应遵守什么原则。这些观点可以说具有普适性。除却意识形态方面的差异,中西方的广播电视编辑在对稿件修改的实际操作上面,应当说并没有多大的不同。

用于编辑报纸和杂志的大多数技术也适用于广播和电视中的新闻制作。为任何媒体编写新闻稿件的人都必须具备良好的新闻判断力，具备对受众的感情，以及驾驭语言的能力。但是广播电视的新闻广播员必须把足够多的项目填进新闻广播中，这样才能给让听众和观众感到他们正在得到即时的重要新闻的概要，因此需要的是精简压缩。

一份报纸常常给它的读者提供1000字的文章，并且让他们决定，假如想读报道，他们会读多少内容。广播电视的受众不必作这样的选择。如果新闻广播员在听众和观众不太感兴趣的消息上花了太多的时间，他们就会抓起遥控器换台。

这里有同一则新闻的两份通讯社报道，一份面向报纸会员，另一份面向广播电台和电视台：

纽约州马森纳（美联社）——未带武器的加拿大警察今天与大约100名莫霍克族印第安人扭打起来，并冲破了经过莫霍克边界、连接美国与加拿大的国际大桥处的印第安人所设路障。

在加拿大政府官员拒绝停止对印第安人征收关税后，印第安人设置了人员和汽车的封锁。印第安人称，依照1794年的《杰伊条约》，征税是非法的。

印第安人把25辆汽车开到连接美国与加拿大的大桥的中心线，印第安妇女们则扑到警察的牵引卡车前面以阻挡路面的清理。

没有严重伤害的报告。包括多数抗议领导人在内的48名印第安人遭到逮捕，并被警察带到加拿大康沃尔岛拘留。

印第安人的一名发言人星期四号召易洛魁族联盟的另外五个民族加入抗议。

这些印第安人是在加拿大政府星期二拒绝停止对居住在一部分属美国，一部分属加拿大的圣里吉斯保留地的印第安人征税之后开始封锁道路的。

当警官们试图靠近以清除汽车路障时，在莫霍克人和警察之间发生了零星的打斗和推搡。一辆汽车和两辆学校用巴士在中午获准穿越这座国际大桥。

报纸的编辑可以从这篇冗长的文章中裁去50个词，以使它变得紧凑并且去掉重复内容。作为通讯稿综述，报道被削减到大约70个字：

未带武器的加拿大警察逮捕了48名印第安人。这些印第安人今天组成一道人墙，封锁了纽约州马森纳附近连接加拿大和美国的国际大桥。

莫霍克人对加拿大坚持向通过这座桥出入其保留地的印第安人征收关税感到愤怒，他们说这违反了1794年《杰伊条约》。

作为广播新闻摘要里的一条消息，被删减的内容甚至更多：

48名印第安人在纽约州国境附近被加拿大警察逮捕。这些印第安人封锁了连接美国和加拿大的那座大桥。他们声称(政府)违反了1794年的一份条约。莫霍克人说他们计划明天再次进行封锁。

写作和编辑新闻是为了使播音员在阅读和理解上没有困难。新闻必须能供广播电视工作者流利阅读,而且听起来要适合受众。广播电视新闻风格一定要非常平实,能够让听众立刻领会其含义。语言必须很有力,以使那些不经意的听众都会觉得要把他们全部的注意力放到这篇报道上。

读者的眼睛有时可能会受骗,但赶不上听众耳朵受骗的程度。读者漏掉了一个要点可以重新检查资料。听众漏掉了一个要点很可能就是完全错过。所有的广播电视新闻手册都告诫说,不要插入把主语和谓语分开的信息。例如,如果文本是"耶稣基督后期圣徒教会,从摩门教分裂出来的教派,几十年来一直任命妇女职位。"许多听众可能留下的印象是:摩门教让妇女任职。

广播词要温和而又亲切。其语气应比在报纸文章中的更个人化,应该让人感到:"这里有您会感兴趣的一则消息。"

使人精神振作的会话式广播电视新闻写作风格具有新闻作者可以学习的很多优点。广播电视写作强调朴素的谈话。报纸记者可能想重复一位演说者的话,哪怕是使用间接引语:"这名城市管理者说他的计划将在当地政府的层面上实现成本降低。"广播电视风格则提倡用简单的语言:"这名城市管理者说他的计划将为该城市省钱。"

报纸的标题意在捕捉新闻读者的注意力和兴趣。在广播电视新闻报道中的导语具有同样功能。首先是一条新闻的概要,然后是详细内容:

联邦调查局说今年前几个月犯罪率总共增长了19%。而且增加最多的犯罪是抢钱包,上升42%……

纽约股票市场从早些时候的上涨回落以后损失惨重,交易活跃,成交量与星期五的1674万股相比,为1595万股。

安排新闻广播是为了使新闻条目处于统一模式。这可以通过把相关的条目放在一起或者使用那种帮助受众换档的过渡来完成。这样的过渡是由思想和对事实的熟练的词语支撑的。一位编辑说:在广播电视文稿中最过度使用的词可能是"其间"、"其时"和"顺便提一句"。请把它们忘掉吧,尤其是"顺便提一句"。如果某件事仅仅是"顺便提的",那么在紧凑的新闻广播中就没有它的位置。

广播稿是要读出来的。广播稿使用缩略形式,而且常常使用不完整的句子。它是有节奏的,因为讲话是有节奏的。最好的广播稿里充满了为听众创造意象的简单主动词。

如果使用得当,现在时或者现在完成时会在优秀的广播稿中建立直接性与新鲜度,并且有助于消除"今天"的重复。举一个例子:

一场可怕的冬季暴风雪以高达20英寸厚的雪覆盖了从弗吉尼亚州到缅因州的大西洋沿岸。八级强风在弗吉尼亚州堆起了六英尺高的雪,造成那里和西弗吉尼亚州的交通实际中断。暴风雪使六个州的学校关闭。

火车和公共汽车运行晚点几个小时。宾夕法尼亚州和马萨诸塞州已经出动了浩大的清雪队伍。

稿件来源

广播电视编辑室的稿件来自新闻收集协会和当地记者。一些广播电台和电视台向报纸以及广播新闻网订购新闻服务,这提供了更多更广泛的报道。通讯社以如下形式传递新闻包:

插播摘要。一句话的新闻条目。

(丹佛)——联邦调查局的狙击手开枪并击毙了在丹佛斯塔普雷顿国际机场的一架私人飞机上劫持两名人质的一名持枪歹徒。

五分钟摘要。

(丹佛)——今天早些时候,一名持枪歹徒在丹佛登上一架喷气式飞机时被联邦调查局特工开枪击毙,当时这名歹徒以为可以乘坐这架飞机飞往墨西哥。联邦调查局说射击时该持枪歹徒正挟持着两名人质。他在一架小型私人飞机上将人质扣押了七个小时。

在他离开第一架飞机前,这名持枪歹徒通过无线电对当局说,"我告诉你们,我还要让这支枪正对着他(人质)的后脑上面,而且扳机就要扣动了,你们很清楚,任何人哪怕稍微动我一下,枪就会开火。"

联邦调查局丹佛处负责人泰德·罗萨克说,31岁的罗杰·莱尔·兰茨午夜后不久被击毙,结束了这个始于内布拉斯加州格兰特岛的事件,在这一事件中,那架遭到劫持的私人飞机还两次单独飞过科罗拉多州上空。两名人质都没有受伤。

独立专题长文。这是一种关于一个主题或者事件的标注电头的详细急件。

焦点短文和介绍描写。两者都是详细报道,后者常常以特写的形式出现。

急电。这很少使用,而且限于在最紧迫的新闻上使用。急电没有发稿截止日期,而且它意在给编辑发出警报而不是想要播放。急电后面会立刻跟上一份准备播出的简报。

简报。像急电一样,它只包含一行或者两行。一行的简报后面会立刻跟上一份给出详细内容的标准简报。

特殊说明。包括"立即生效"(与新闻通讯列表相符),"新顶尖人物"、"附录"或"花絮"、"体育"、"女性"、"农扬"、"天气"、"商务"、"变更节奏"、"发音法指南"、"编者注"、"预告"、"凶杀"、"更正"、"附属(或者附属先前的)"。

一些当地电台、电视台采用它们从新闻通讯社收到的稿件形式播出新闻。但是大多数广播新闻由受过训练的记者处理,他们知道如何使新闻迎合特定的听众。这是通过把几个摘要和双倍间隔稿组合起来以形成所要求的格式来完成的。逐渐地,几乎所有的通讯稿在收集起来进行广播之前都要重写,以使播放期间可能会重复播报几次的消息带给听众一些多样性。

稿件的准备

所有的本地稿件都应该由大写和小写字母写成,留有三倍间隔。如果要修改一个词中的一个字母,应该把这个词擦去,并替换上印刷字母的正确词。如果修改句子中的词语,编辑应该大声读出这份编辑过的版本以确保修改过的形式听起来正确。如果稿件需要大量的编辑工作,在把它提交给新闻广播员之前应该进行修改并且重新打印。

大多数电视新闻播音员在播音中使用一种叫作"提词器"的广播稿投射系统。提词器通过把广播稿的图像投射到安装在演播室摄影机上的一个监视器上工作。广播稿的图像在一个安装在摄影机镜头上方的双向镜面中反射出来,因此播音员在朗读广播稿时显得既健谈又轻松愉快。使用提词器不需要参看书面提示,但是播音员们还是拿着稿子以防提词器出故障。广播稿平均每行只有四个词,因此按照提词器或者广播稿本身进行阅读时,播音员的视线不必横跨页面在电视观众容易察觉到的距离间来回移动。

所有广播稿的编辑工作都在新闻播音员的头脑中处理。如果一个句子从一页到另一页断开,播音员就会结巴。不可以使用连字符把单词从一行拆分到下一行。

新闻编辑们更喜欢把每篇报道单独放在一张单子上,这就使他们能够重新安排各条消息或者在时间不够用时完全删除一则消息。新闻广播临近结束时,把几则摘要加进去有助于填充剩下的时间。

在必要的时候,编辑妥帖的广播稿也应该含有语法提示。新闻广播员最常遇到的窘境就是地名,不少地名有不同的发音。无论哪个播音员都不应该把法国的凡尔赛宫与密苏里州的福赛尔斯镇混为一谈。编辑应该给广播稿加上语音拼写法，这样播音员就可以在他或她的稿件上给这个词加下划线作为提醒。

通讯社提供了一份出现在每日报道中的外来词和外国姓名发音列表。这个指南是以语音拼写法或者以押韵方式安排的。

时间角度

在报纸通讯报道中几乎每件事都发生在"今天"。而广播稿把一天分解成几部分："今天早晨"、"就在几小时前"，"今天中午"等手法会给听众带来一种新闻中的紧迫感。"现在"的时区改成特定的时间：

现在时和现在完成时的使用有助于淡化时间因素，特别是在电视里：

搜寻者已经在波多黎各发现了一架双引擎空军飞机的残骸并继续寻找这架飞机八名机组人员中六个人的尸体。官方证实这架自星期六失踪的飞机是在圣胡安东南23英里处的一个山顶坠毁的。

品　格

广播电视新闻的编辑应该留意他们受众的全部成员——年轻的和年老的，敏感的和麻木的。事故类新闻报道不必提及血腥和恐怖的悲惨细节。

许多电台电视台由不是新闻记者的人做商业广告。这种做法的一个理由是使新闻记者从广告宣传者中分离出去。即使这样，总监或者记者也都应该知道夹在新闻之间商业广告的内容。如果一则新闻报道涉及一起几人遇难的汽车相撞事故，这则消息就不应放在为一家汽车经销商做的商业广告的前面；航空公司一般坚持，如果新闻广播包含一则客机坠毁的报道，它们的商业广告就得取消24时。这一政策同样适用于许多大城市的报纸。

赞助商不能控制或者审查新闻。有关银行丑闻的新闻报道绝不应该在银行资助新闻节目中删掉。赞助商任何时候也不应该指望以赞助商身份去赚取宣扬其生意的新闻报道。

在通知家属之前应该对事故受害人进行身份辨认吗？一些电台、电视台坚持要求在发布受害人姓名之前应取得验尸官的批准。如果不能发布，附加语便会是："在通知家属之前警方拒绝透露受害人的姓名。"

如果报道涉及就医者的状况报告，那么在未与医院核对是否已经有了变化时就不应该把同一状况从一次新闻广播转到另一次进行报道。

录音和录像

所有的广播和电视新闻稿都应该显示日期、时间段、报道的铅字条说明、作者姓名或者词首大写字母、报道来源以及该报道是否有附随的盒式录音带或者录像片断的标记。如果一篇报道附随的磁带不止一盒,那么铅字条说明应该标出磁带的数目。盒式磁带就是来自新闻来源的磁带录音或者录音带。

如果使用磁带,每一盘磁带都要附上一行提示。许多电台电视台使用红色的色带打出外部提示(录音的最后几个词)或者在提示行周围打上红色引号。在磁带的结尾,新闻广播员应该再次鉴别磁带上的声音。

如果在一次新闻广播中使用几盘磁带,应该把它们分隔开以便相同的声音或者声音系列不集中在一个部分。控制室需要时间把新闻广播把磁带准备好。

磁带的外部提示应该用被采访人的精确言词加以注释。这将确保技术人员在该条消息结束之前不会停掉磁带。制片人应该给技术人员或者插接板操作员一份要使用的新闻磁带的清单以及制片人打算使用它们的顺序。这同样适用于电话采访,不论是录音的还是实况的。

电视新闻

报纸用印刷文字传达信息,无线电广播用说出的文字传达,电视所用的是说出的文字和活动画面。编辑一则电视新闻或者特殊事件的节目则包含全部这三项内容。电视新闻的编辑工作是文字与图片、文字与声音、图片与声音以及思想与思想的结合。

国家广播公司新闻集团前总裁鲁文·弗兰克认为,电视的最高力量是产生一种体验。电视不能和报纸、杂志甚至无线电广播传播一样多的信息量。但是在许多情况下,电视让观众去经历的体验犹如身临其境。当一个人读到平民遭到轰炸或者儿童在游泳池里溺死的报道时可能生出同情。但是在电视新闻广播上收看同样的事情却是一种令人痛苦的个人体验,这种体验使人们冲动,甚至愤怒。电视是一种具有强大力量的工具,这不是因为它叙述的事实,而是因为它传递给观众的体验。

文字对报纸的读者不言自明。而在无线电广播中,新闻播音员把文字的声音传给听众。在电视里,新闻播音员就在观众面前直接地谈论新闻。新闻播音员是关键行为人,而且许多电视台在其新闻节目收视率方面落后了,不是因为电视台没有优秀记者和优秀摄像机操作员或者缺乏节奏恰当的新闻格式,而是因为竞争对手有更好的播音天才。

在电视的早期,电视台雇用新闻记者来报告检查和写作新闻,然后把精练的广播稿移交给一名声音甜美、容貌靓丽的播音员。如今越来越多的男女新闻播音员听起来可能不像电影明星,但是他们都知道自己在说些什么。

新闻编辑即对新闻的分类或者处理。为电视编辑新闻所需要的时间比为无线电广播编辑新闻的所需时间更多。制片人和作者必须花费数小时时间对一次半小时新闻播报的全部资料进行复核、筛选和编辑。他们在消息的选择上使用的是如下标准:这则消息有多重要,它是否在事实上或在视觉上令人感兴趣,它有多长,以及它的内容对节目剩余时间的补充适合到何种程度。

编辑本地录像带之前，必须对录像带进行检查以确定裁剪多少。有时候一盘磁带的新闻价值可能相对较小，却因为视觉质量高而得以选进节目。谷仓的一场火灾在无线电新闻广播中可能不值得一提，但是其录像可能场面壮观。

电视网的磁带也要检查。下午的电视网新闻报道要进行复核，从而确定哪些可以选出来用于深夜的本地新闻节目。电视网为其会员提供下午的新闻传送资料，会员们看着合适就使用。来自纽约的这一闭路资料传送包括在电视网新闻上没有使用的超版面的新闻稿。这些传送资料记录在录像带上，而且通常包括十几份来自全国和世界的一到两分钟的录像报道。制片人一定要监控这些传送资料，以决定使用哪些报道。

除了编辑录像带报告之外，制片人必须检查数量巨大的通讯社新闻报道和图片，更不用说由本地记者归档的报道了。要使用的内容一经选出，制片人的下一项工作就是确定在分配给新闻节目的几分钟内如何使用以及在哪里使用这些内容。

录像编辑系统改革了电影胶片全盛时期之后的电视新闻生产工序。编辑在一台录像机上回放从实地拍摄的画面，选择他或她想要的镜头、镜头的长度和次序，并经另一台录像机把那些镜头配音转录到第二盘磁带上，由此汇编到编辑过的报道里。如今，数字编辑正在开始取代录像带，使编辑工作更轻松而且更精确。

在典型的新闻广播里，男女新闻节目主持人坐在灯光明亮的演播室中，面对演播室的摄影机读出报道。他们也介绍编辑过的报道，当总监指令技术人员开始时，这些报道就会在广播中播出。

小型摄像机的便捷性已经给本地电视新闻广播增添了新的维度。轻量级的发射器使记者和技术人员能够从远距离拍摄场地——甚至从空中的一架直升机上——直接把实况报道定向发回到电视台并予以播出。便携式编辑装备意味着远距离报道也可以把完整成套的节目包括进来。

一篇优秀的电视广播稿不应该与画面争雄。它应该为观众准备他们即将看到的内容或者详细说明可能难以看到的内容，但是它应该避免重复观众能够看到或者听到的内容。如果市长批评城市的供水，而且他的讲话就在录像带上，那么广播稿只给讲话提供一条简短的介绍即可。优秀的广播稿也把观众的注意指引到录像中重要的细节上，但是它们应该避免使用如"我们现在正在看"或者"这张照片显示"这样的短语。

纠正稿件的偏见(节选)

[美]伊丽莎白·威廉-格罗斯

导言——

本文选自伊丽莎白·威廉-格罗斯所著《最佳编辑要领》，郭瑞、郭铭、吴海芒译，新华出版社，2001年版。

本文结合新闻报道，列举了在新闻中容易出现的各种含有偏见的词汇话语，并阐述了如何避免，这对我国的新闻编辑在处理新闻稿件的类似差错时，很有启发作用。当今的新闻报道中都会有意无意地掺杂进一些的偏见，包括在各种纸质新闻出版物和广播电视节目中，网络上更是常见。为了保持新闻报道免受成见的影响，编辑需要警惕，认识到这些失误并纠正它们，以保持报道的公正性。新闻写作中对于哪些词公正、哪些词有偏见也许看法不同，但在追求公正方面，编辑为了维护新闻媒体的公正客观，需删除有偏见词汇。当然，辨认出有偏见的词汇是第一步，新闻报道中在政治的、经济的、种族的、民族的、宗教的、性别的以及外表和残疾、某种生活方式的表述中，往往都会掺杂偏见，编辑须仔细辨析并纠正，以符合新闻报道的利益。

认识"褒义偏见"

在新闻出版物或广播中，常常会出现被认为是不同形式的褒义偏见的例句。由于褒义偏见对于许多编辑来说难以觉察，应仔细推敲，然后决定如何改写以消除这种偏见。如这些话语——亚裔美国人总是最具数学天赋；如果你想找一个最好的律师，那就聘用一位犹太律师；爱尔兰人知道如何使晚会办得开心；金发碧眼的斯堪的纳维亚女郎总是最有魅力的；非洲人和非洲裔美国人具有天生的节奏感；如果你需要做精密工作，那就聘请一位德国人，他们是最准确和最能干的；南方人更友善，因为他们较缓慢的生活步调使他们能享受生活；匈牙利人的母亲们知道如何让你吃好，她们是伟大的厨师，不过如果你饭后不自己刷盘子，她们就生气了；女性在装饰方面的感觉总是要好得多，这全都归功于她们居家布置的天赋，这些女孩即使不上台表演时，一举一动也都像淑女……

褒义偏见并不一定意味着恭维。如果说这些被认为是褒义的句子对所有人来说似乎并不都是恭维，编辑就应注意，什么样的词对于一位读者来说是褒义的，而对于另一位读者来说却毋宁说是更具贬义的陈词滥调。编辑应当删掉这些带偏见的词。

偏见在客观的新闻报道中是不能容许的，即使当这种倾向性的报道看似褒义时。允许褒义偏见存在就暗示着,贬义偏见也是可接受的。褒义偏见的存在为所有偏见敞开了大门,而且一名记者认为无害和褒义的词,对于采访对象来说,或许就觉得是侮辱性的。

褒义偏见常常比贬义偏见更难看出来。它通常用于商业推销中,是推销商品的一种可接受的手段。颇为流行的"褒义偏见"的一个商业实例是哈根达斯冰淇淋吸引顾客的方法,这是一种美国产品,却充分利用了丹麦形象。这些商店以丹麦的典型颜色:红色、白色和稍微年久变色的木料来装饰,其产品也以丹麦的形象来吸引美国顾客:干净、明亮、现代和卫生。在推销中用这样的褒义偏见来吸引顾客是可以接受的,只要它不伤害任何人。

然而,在新闻报道和客观的编辑工作中,同样的偏见需要删掉(因为记者不是推销商或广告员,维护客观性是至关重要的。)对于记者来说,宣传丹麦有某些过人之处这种做法暗示其他国家低人一等。因此,这样就使得编辑在倡导一种褒义偏见的同时,暴露出了某种程度的贬义偏见。

粗心大意的记者在采写下列报道时,有时会暴露出他们的褒义偏见(同时也强化了其他人的偏见):"德国人的工作效率"、"逍遥自在的加州人"、"新英格兰人的工作道德标准"、"某国人好客"、"某国人会做饭"、"法国人穿着入时"、"瑞士人最准时"、"天生的节奏感"、"爱寻开心的爱尔兰人"等等。

在新闻中加进人物、场所或组织机构的正面特征或特性,并不一定要带有褒义偏见。与新闻报道给公众的仗义执言的印象相反,记者也可以在用褒义词汇采写报道的同时仍保持客观。不过,还是需要认真检查套用陈词滥调来描述一群人的特征的词汇,不管是褒义还是贬义的。一篇有关某人生平的报道可以描述一个人的性格或习惯,但不要试图将这个人对号入座地归类,不管是人种、种族、民族、性别,还是辈分。在一篇特写中,这样写是可以接受的:"马尔瓦尼的家人说,他是一位尽心尽力的警官,认识这个街区的每一位店主,并使他们觉得很安全。"但这样写是不能接受的:"马尔瓦尼的家人说,像大多数爱尔兰裔美国警官一样,马尔瓦尼尽心尽力,认识这个街区的每一位店主,并使他们觉得很安全。"

引语中的褒义偏见

当褒义偏见出现在引语中时,编辑仍应将它删掉。不过,重要的是要强调,为了从引语中删掉带褒义偏见的词,编辑可以从引语中删减一个短语,但不该改变措词的连贯性、在引号内转述或者编造引语。反之,要删去引语中有侮辱性的部分,并代之以省略号。

这样的引语是不能接受的——她的丈夫说:"同所有意大利女人一样,斯泰拉喜欢把她的客人喂撑了,然后再端出主菜。"

为了回收这句引语中可接受的部分,编辑应该删掉前面的从句。可以用加省略号的办法——她的丈夫说:"……斯泰拉喜欢让她的客人吃饱了,然后再端出主菜。"

由于偏见出现在句子的开头,而且句子余下部分本身就构成了一个完整的句子,删掉这个带有侮辱性的短语而不用省略号,在技术上仍然是正确的——她的丈夫说:"斯泰拉喜欢让她的客人吃饱了,然后再端出主菜。"

可是,如果褒义偏见出现在句子当中,删掉这样的词而不改变引语或引语的意思,就更难了。如果可以将带有偏见的部分换成省略号而不改变上下文的意思,编辑就可以加省略号,而保持引语其他部分的完整。

比如,如果这位丈夫说:"斯泰拉同所有意大利女人一样,喜欢让她的客人吃饱了,然后再端出主菜。"就可以很简单地用省略号来代替有偏见的短语。改后的句子是:"斯泰拉……喜欢让她的客人吃饱了,然后再拿出主菜。"

但是,如果省略信息和代之以省略号的做法造成引语原意的改变,就不能保留这句引语了。相反,应该转述之,并删掉引号。如果转述了引语,就绝不能加引号。

注意时尚报道

时尚报道常常试图描述群体的个性特征,因此陷于危险地。时尚报道的编辑需要经常问:这些报道是传袭以往的陈规陋习,还是通过将人群归类创造新的模式,来试图解读一种新潮呢?

时尚报道有时注重具体一代人或怀有某种兴趣的群体,编辑应当小心地删掉所有以偏概全的词汇,包括:"所有"、"大多数'、"每个人"和"总体上"。不要放过像"所有女孩都喜欢钻石"这样的句子,除非你知道这位记者已经采访了"所有女孩"。同样,不要允许像"每个人都爱看阅兵式"这样的句子出现,除非你知道记者已经采访了"每个人"。与之相仿,"大多数人喜欢过山车的惊险刺激"这句话也是不能接受的,除非记者已经采访过"大多数人"。

编辑在审校一篇记者自称涉足潮流的时尚报道时,应记者称"每个人"都追随这种潮流的说法。从记者的有利位置出发,与记者接触的每个人也许真的都追随这种潮流。但读者中的许多人很可能头一次听说这种潮流,因而并不是其中一员,可能因为报道把他们也列入其中而感到受了侮辱。如这样的一些话语:在大学校园里,所有女学生都涂上了五颜六色的指甲油;如今退休者都在做些什么?可能与你想象的相反,"大多数"都在网上冲浪;这种时装娃娃造型新颖,胸部丰满、臀部较宽,使她看上去更像"真正的"女人;"小学男生"宁愿看暴力卡通片,也不愿看教育电视片;虽然十几岁的青少年们已戒烟多年,但"他们都"又重新抽起烟来了;"城市中全部和郊区大多数的青少年"如今都参加了俱乐部;"大多数顶尖的经理人员"都重新发现了吸一支好雪茄烟的乐趣;最近,"20多岁的整整一代人"都开始排队去文身,等等。

图片及其说明文字的偏见

在体育报道中，美工和美工编辑在以队标作为插图时应当小心，尽管这样的美工设计也许比较方便或便宜。如果一个队标宣扬了偏见，是一幅贬低或含侮辱性的漫画，那么客观的出版物应该避免在有关这个队的任何报道中刊登该队队标。刊发这样的图片只能传播侮辱性的陈词滥调。有些美工编辑争辩说，拒绝自然地刊载某些徽章或标志的做法，是一种新闻审查行为。然而大多数出版物都认为，某些标志，诸如纳粹的"卐"字标志或不雅的春宫图，完全应当删掉，如果它们仅用做美工插图的一部分的话。在某些情况下，美工编辑不得不别扭地选择：是刊登这幅侮辱性的漫画，从而和报道中的这支运动队一起宣扬偏见和陈词滥调，还是删掉这幅插图，像其他队一样，不让读者看到这个侮辱性的队标。

被认为具有典型侮辱性的那些种类的漫画，都是套用陈词滥调的。如有些运动队使用的队标侮辱了美洲土著印第安人，同时又想有幽默或吓唬人的意味：鲜红色或黄色的皮肤、让人讨厌地咧嘴大笑，以及要么过于天真、要么让人别扭的严肃的面部表情。出版物没有义务刊登这样的照片：上面有别在衣服上或在照片背景中有侮辱性象征物，也不该支持这个象征物。发稿摄影师和照片编辑应注意这样的象征物。如果它出现在队服或队帽上，记者可能选择将这张照片完全删掉不用，或者在编辑照片时，将含有侮辱性的部分剪掉。

有些出版物对于编辑照片插图剪切掉的部分有严格的编辑方针。在这样的出版物上，照片插图可以大删大剪，以删掉任何有侮辱性的东西。换句话说，如果侮辱性的象征物出现在帽子上，可以把照片剪成只露出队员的面部，而将帽子剪掉。如果帽子低低地扣在头上，不可能只剪帽子而不伤及头的一大部分的话，就将整张照片弃之不用，另换一张。

不该拍摄那些球迷举着有种族侮辱性的标语或打着侮辱性手势的照片，因为它们也助长了这些偏见。用这样的照片做插图是不合适的，刊登它们会引起读者和更多的球迷采用这种侮辱性的行为来引人注意。

在逮捕现场拍照，对于摄影师来说似乎像是一项极其简单的工作。而这样的照片被刊印出来或画面出现在电视上，似乎也像是顺理成章的事。可是，摄影师和照片编辑需要考虑报纸、杂志和电视台展现在读者和观众面前的形象。

在显著位置张贴通缉犯照片或寻人启事可能非常有用。然而，当疑犯已经抓到时，照片就没那么有用了。这并不是说，出版物或电视台应该审查这些照片，不让公众看到逮捕的情况。也许有很好的理由放映逮捕情况。可是，公众常常看到的是，在一次逮捕过程中，一名疑犯用一只手拉着头巾或其他衣服挡着脸不让摄像机拍到。对于读者或观众来说，只看见这只手，要么是白的要么是黑的。这就是读者或观众在逮捕疑犯过程中所看到的一切，如果没有其他照片可看的话。观众也许随后就下意识地"统计",他们在电视新闻或报纸上看到了多少双被捕者的白手或黑手。最终结果也许严重造成了对肤色的偏见,因为观众看不到其他可视信息。

新闻摄影记者、照片编辑和电视摄像师应当小心,不把整群的人拍进照片里,是偏见的一种常见的视觉形式,依上下文的不同,偏见的种类也不同。有些本来是好意的照片编辑和美工编辑会不知不觉地带有歧视性。比如,在为加勒比海一处旅游点的介绍选择照片时,编辑也许会选择白人情侣骑马的照片,因为这张照片本身的构图很好,或是因为编辑觉得照片上的人看着漂亮。编辑也可能挑选红发的家庭以丰富画面,并显示,这样的家庭也喜欢这个旅游点。假如小册子的版面安排只允许放两张照片,读者就只能看到这两张白人的照片了。

如果一幅图片值得用千言万语来描绘,那么一段有偏见的说明文字同样相当于千百句话侮辱了别人。乍一看照片似乎没有偏见,因为没有编辑过的照片看着是什么样,就是什么样。可是,初出茅庐的摄影师、照片编辑、美工编辑和漫画师应该知道,与普通的概念相反,照片插图里常常藏着微妙的偏见。有偏见的照片插图的图解说明和描述文字可以从"可接受但有侮辱性"到明目张胆地带有歧视性。

当为照片写文字说明时,文字编辑需要警惕,不要在一张看似代表某族群的一群人的照片基础上,概括整个族群的特性。需仔细研究一下这些作为文章插图的照片,它们对文章适用,还是摄影师只对焦于事件中表演拙劣的一个不具代表性的小群体?如果编辑觉得照片在拍摄时带有偏见,就该询问这位摄影师,并找他要更能说明文章的照片。假如没有更合适的照片,文字编辑应当小心地对说明文字加以处理。如一张照片上是一群因环境问题举行示威的学生正在喝啤酒,编辑需要写一条说明来解释,喝啤酒不是这次抗议示威的主要活动。选择这样一张照片暗示,喝啤酒这个情况是这个事件的"典型特征",这显然贬低了绝大多数示威者的意图。

普通新闻业务通常需要一位文字编辑,由他负责选取照片和写文字说明。有一个问题是,由于文字编辑不在某一事件的现场,因而无法决定哪张照片是这个事件的典型代表。如果编辑看到一张照片似乎贬低了一个事件,就应该问摄影师,这种事情是普遍发生的,还是一个特例,说明文字应该解释这层含义。一架照相机可以成为歪曲人或事件的一个有力的工具。摄影师不该找某人的短处,除非这个短处在较大的报道中发挥关键作用。

这并不是说,摄影师拍照片要受到审查。相反,他们应当自由地拍下他们认为重要的东西。不过,随后在向负责选取照片的文字编辑或出版物的美工部门交照片时,摄影师需要选交他们觉得能真正有代表性和有趣的照片。编辑应当注意,报纸没有义务发表有侮辱性的说明文字。这样的照片插图并不会加强报纸的客观性,也不能使读者更好地了解报道中所涉及的问题。

如果要删减一些这样的照片,可能被认为是新闻审查。此外摄影师也会说,逮捕过程中可能有更多东西对读者来说有价值。比如读者会说,应该能看到逮捕疑犯的警官。逮捕的地点和环境或许也有新闻价值。然而回答是，编辑需要对刊登逮捕疑犯照片的出版物多加小心。如果一张照片剪切得过多，用衣服遮住脸的疑犯只露出一只或两只手，而照片上又没有其他人出现的话，从有无偏见方面来看，刊登这样的照片可能是不对的。如果这张照片视野更宽些，显示出一点周围环境，刊登这样的照片就是正确的。如果照片里还出现了其他人，刊登这张照片的正确性就增加了。

排斥某类人的新闻照片

摄影记者、照片编辑和电视摄像师应当小心，不把整群的人拍进照片里，是偏见的一种常见的视觉形式，依上下文的不同，偏见的种类也不同。有些本来是好意的照片编辑和美工编辑会不知不觉地带有歧视性。

如果摄影师有偏见，而且只给其"支持"的群体拍照作为报道插图的话，照片编辑就应该告诉这位摄影师：回去重拍。如果这是不可能的（由于时效限制、经费问题或路程远），编辑就当从别处找照片来替代，以保证版面上的照片更具代表性。有时，也不能完全怪照片编辑。如果对于一项报道，摄影师不能送交自己拍的照片，编辑就只能依靠旅游点或旅游胜地提供的供发表的现成照片了。如果旅游点只提供那些不将某类人摄入的照片，编辑就陷入了左右为难的境地。不过，大多数出版物备有照片档案。尽职尽责的编辑应当设法弄到体现人的多样性的照片，宁愿用以前发表过的体现多样性的照片，也不用新拍出来的排斥某类人的照片，假如原来用过的照片没有过时的话。如果没有合适的照片可用，这家出版物有美工或专职美工，或许可以用一张画来代替照片，这样也比有偏见的照片来得准确，编辑应该考虑定这样一张插图。

排斥某类人的插图

美工有义务在插图里体现人的多样性。然而许多新闻美工没能做到这一点。

被称作"美国缩影"的一所公立小学的学生家长们想设计一幅颂扬学校种族多样性和让每个人都觉得自己受欢迎的宣传画。当美工提交定稿图样时，家长们看到，一群学生在上面绘制了各种各样漫画风格的人物：一个梳小辫儿的亚洲人模样的女孩，一个黑发、皮肤晒成褐色的男孩，一个金发、白皮肤的女孩，以及其他白皮肤的孩子。不过，画上却没有黑人孩子。难道说这张宣传画给这所学校的黑人学生这样一个明确信息：除了他们之外，所有人都是受欢迎的？或者黑人孩子们也许将这解释成：他们好像不被人注意，或对学校来说不重要。

所谓"疏忽大意"在新闻美工中可以具有侮辱性。美工需要特别注意他们在画中画到和没画到的人，不管这幅画是否用来修饰一篇报道、特写、体育报道、饭店评论和艺术评论。

电视角度和广播的播音

电视镜头不该对准这样一些球迷：他们举着有种族侮辱性的标语、高喊侮辱性口号、高唱这样的歌曲、打着侮辱性手势或举着根据印第安人传说绘制的画像等，除非这种侮辱性行为是这篇报道的重点。同样的规则也适用于将摄像机镜头对准观众当中的一些名人、政界人士和球队老板，他们也许在装模作样于压力而不得不随波逐流地顺应大多数观众的行为。

如果某篇报道的重点是一项体育运动或竞赛本身，就不该无缘无故地刊登有侮辱性行为的球迷照片。刊登这样的照片公开支持贬低美洲土著人形象。此外，这样做会助长类似的有偏见的盲目模仿行为，使在家看电视的孩子和观众盲目效仿。

不应该用广播播出和支持高唱有种族侮辱性口号或歌曲的声音，除非报道的重点是球迷这种侮辱性的行为。音响效果编辑应该从背景声响中删掉侮辱性的声音，而不能让这样的一些声音"漏"到背景声响中，它们不会给一场比赛在信息上"增色"。在比赛中断时，或许是每一局的中场休息时，也不该录下球迷粗鲁或侮辱性的声音。缺少有趣的声音并不是录下侮辱性声音的借口。

批评意见表达的法规范问题

陈堂发

导言——

本文原载刊于《国际新闻界》，2010 年第 12 期。

陈堂发，安徽桐城人，1967 年出生，博士，南京大学新闻传播学院教授。

批评报道对提升媒体影响力具有不可替代的作用，但这类稿件往往触及被批评对象的切身利益，包括精神利益和物质利益，媒体把关不严可能引起无谓的纠纷，主要体现为名誉侵权诉讼。编辑是最后的"把关人"，处理该类稿件应有自觉避免侵权纠纷的检审意识，从关键要素是否与实际事实相符，到作者所持态度是否偏颇，只有熟知有关法律规范才能处理这类稿件，发挥应有的舆论监督功能。本文从如何符合法律要求处理好批评意见的表达，较为详细、深入地进行解读，对编辑的稿件修改有较强的业务针对性。作者指出，实践显示不恰当的新闻批评可能面临较高的法律风险。批评报道再注意客观、冷静，有时也会程度不同地流露出非事实范畴的主观情绪与态度。媒体如何努力理解和适应既有的司法理念与环境，直接影响到批评报道的社会价值实现程度。本文就符合法律规范、避免名誉侵权的意见表达指出：一是批评意见的轻重与分寸应与被批评对象的性质保持一致和适度，而不宜表达超出事实性质的贬斥，尤其是学术批评、文艺批评；二是批评意见的表达不仅要有事实根据也应有法律依据，过于强烈的批评虽有基本事实的依据而无法律依据，憎恶情绪夸大的意见流露就因缺少法律依据的支撑而变得不合理。三是批评意见需注意不同专家意见的平衡处理,专家是否具备法定的权威身份也至关重要。四是以质疑的方式表达否定意见,应避免不正确的事实性断言。意见要素与事实要素需分开,防止不恰当的意见被误读为没有依据的事实陈述。这些观点,值得编辑修改稿件时重视。

在批评报道引发的新闻侵权诉讼中,媒体或作者因为不当地表达贬斥、谴责或否定性的主观意见而被法院裁定、判决承担法律责任的案件并不在少数。笔者主持的"批评性报道的法律问题研究"国家社科基金项目课题组对收集整理的420起侵权纠纷案例分析统计显示:在共计288件媒体机构或作者最终承担了法律责任的新闻官司中,因报道内容失实而构成侵权的169起,约占59%,其中法官根据涉诉作品的特定表述方式而推定文本事实与实际事实不符的22起,约占总案例数的8%;基本内容真实但措辞用语不当构成侵权的75起,约占26%。在上述占案例总数近三分之一的两类败诉案例中,"措辞用语不当"或"依据特定表述方式推定失实"均属于主观意见表达的范畴。

法律对意见要素表达方式本身没有必要作出限制,而只是对表达的某些结果加以规范。一方面,司法审理实践表明,不恰当的批评意见表达可能面临较高的法律风险;另一方面,批评报道实践显示,批评报道再主张客观、冷静,都会程度不同地包含了意见表达要素,流露出非事实范畴的主观情绪与态度。而媒体如何努力理解和适应既有的司法理念与环境,直接影响到批评报道的社会价值实现程度。近年来虽然新闻报道侵害人格权话题的研究成果相当丰硕,但就批评报道中意见表达方式与法律风险规避问题却鲜为关注。究其原因,一是已有法律条文对形式纷呈而复杂的意见要素本身是否及如何认定构成侵权,并无具体规定,法理阐释难免有自说自话之嫌;二是随机性地选择少量案例进行孤立地分析,难以得出总体倾向性的认知判断。此一案例与彼一案例的审判人员之间裁量标准有时并不统一,相似案情的案例判决之间经常出现司法理念的差异乃至对立,①没有一定数量规模的案例作为依据,结论未必能反映法官群体的总体意向。

对该文所讨论的意见表达与事实性陈述分开问题,较早关注的魏永征先生在"公正评论"作为新闻侵害名誉权的排除事由论述中提出:意见表达与事实陈述分开,事实只有一个,而意见可以众说纷纭。"评论的事实真实,要求把事实交代清楚,意见要同事实分开表述,不至于使公众把意见误解为事实或者用意见修改事实,在意见中不应当夹杂其他事实。"②王松苗先生对事实与意见如何区分则提出"能否被证伪与关联语境"观点:无法证伪的判断陈述是意见,反之是事实;在此基础上,结合

---

① 徐迅:《新闻(媒体)侵权研究新论》,法律出版社,2009年版,第20—28页。
② 魏永征:《中国新闻传播法纲要》,上海社会科学出版社,1999年版,第239—242页。

作品的整个语境分析表达的对象是事实性陈述，还是意见性陈述。① 侯健先生从是否暗含事实的角度，对评论意见和侮辱性言辞加以辨析：纯粹的评论或侮辱性言辞不包含未揭示的事实；非纯粹的则包含这种事实，或所涉及的事实没有被揭示出来。直接的辱骂是纯粹的侮辱性言辞，比喻类侮辱性言辞则有可能暗含着一些对于事实的指控，构成非纯粹的侮辱性言辞。对于非纯粹的侮辱性言辞，法庭可以在诉讼活动中要求言论者揭示那些暗含的事实。纯粹的辱骂不能传播出实质性的事实和意见。② 而本文所讨论的其他几个问题，除了具有近似价值取向的若干份判决文书从不同侧面有所涉及外，理论上的系统性归纳与论证尚欠缺。基于对"措辞用语不当"或"依据特定表述方式推定失实"构成意见要素侵权的97起案例的实证分析，本文就批评意见表达的法规范问题作如下思考：

一、意见轻重的分寸与事件性质一致

被批评者所接受的舆论谴责强度应该同关联性事件的恶劣性程度大体相一致，不应当承受明显超出事件性质的过重舆论谴责。批评性意见对个人行为的评价应该和他应得的评价相称，这是"社会公正"的"得其应得"基本内涵，即每个人都应该对自己行为的后果负责，每个人都应该取走自己行为的后果，接受自己的本性和行为所带来的正面和负面所得，既不多也不少。③

批评是用事实来表达否定性意见，有什么性质的事实就表达与之程度一致的批评意见，而不宜表达超出事实性质的贬斥意见。以道德认识、价值倡导与情感倾向、态度立场为构成要素的主观意见，如何判定其是否同事件属性基本上吻合，见仁见智，并无明确的标准，主要从社会主流的道德观、价值观出发，判断该意见所含的定性评价是否是一种符合事实本身性质的、在逻辑上自然延伸的必然结果；或者说，如果采取反推行为，由给出的定性评价意见是否可以大致勾勒出与道德评价属性基本一致的事实图景。意见表达允许有艺术手法，可以夸张，但表达的艺术性以不改变意见应有的轻重为前提。

在分析的样本案例中，比如文艺评奖确实存在用不菲的公款请人吃送的舞弊行为而获得"荣誉"，有关部门也有查处的定论，被告以"钻窟窿打洞"、"欺上瞒下、见风使舵、弯腰打躬、阿谀奉承"等主观意见来诠释原告的不正当、不光彩行为，再审法院裁定认为"言辞虽然有些尖刻，但总体上并没有脱离事件的性质"。④ 又如另一案例

---

① 王松苗：《"有事实依据"不等于"有客观事实"》，载《新闻（媒体）侵权研究新论》，法律出版社，2009年版，第20—28页。
② 侯健：《名誉权纠纷中的评论与侮辱性言辞问题》，载于2001年《公法评论》网站 http://www.gongfa.com。
③ 阿拉斯代尔·麦金太尔：《伦理学简史》，商务印书馆，2004年版，第89页。
④ 江苏省高级人民法院民事判决书(1996)苏民再字第1号。

所及:曾得到过他人实质性资助的原告,却因沟通、相处艺术方面的原因而与资助过自己的人产生不愉快,媒体对此事件加以关注,并由此评论受助者原告"不知道感恩"、"对捐助者反目成仇"。这样的意见表达尽管会引起当事人不悦,但它并没有超出事件本身应该接受舆论评说的合理范围。《深圳晚报》刊登《爱心助学缘何变成恩怨纠葛》,围绕3年前学校的爱心资助并没有换来原告的感恩,反而有了多多少少的怨恨,刊登市民热线电话和网民对原告行为的评价:人不能轻易对帮助过自己的人反目成仇,受助者做得有些过分,曾经的"爱心姑姑"让人有些失望。法院一审判决认为,原告确实因为媒体持续的讨论而陷入舆论的旋涡,给她带来了不利的影响,但"被告关于原告应该懂得如何感恩的意见本身与事件所折射的信息是大致合拍的,并无事实之外更为放大的指斥意见。"①

学术批评是主观意见表达最为淋漓尽致的一个领域,本文所分析的样本案例总体上存在一种倾向性,即使批评意见表达的言辞不免过激、尖刻,但只要没有超出学术批评的范畴,不存在明显的人格侮辱、人身攻击,都是法律所允许的。如新闻出版报社被诉侵害名誉权案,原告文章《〈钢铁是怎样炼成的〉是一本好书吗?》就《钢铁是怎样炼成的》提出质疑,该书不足一本好书,应当把它送进历史的博物馆,而不是把它介绍给年轻一代。原告另一篇文章《炼出的"一炉废钢"》则主要针对电视连续剧文学剧本《钢铁是怎样炼成的》中出现的字词、修辞、称谓等编校错误提出批评。被告刊发《由批评编校差错所引发的论争》,认为"余先生指摘文学剧本的编校质量是项庄舞剑","其批判编校质量只是一层薄薄的面纱,借题发挥的后面却做着一块更厚重的文章。""余先生的评判态度已不是严肃的学术研究,而是在借题发挥肆意攻击","如果带着政治和自己的狭隘眼光、偏见来评判一部被公认了的优秀文学作品,这种批评的用心就值得怀疑"。"围绕出版《钢铁是怎样炼成的》书籍和改编电视连续剧一事,居然有一场尖锐的思想论争","这个论争不是纯学术的,也不是鸡毛蒜皮的小是小非,而是关系到是否坚持中国先进文化前进方向的原则之争",是一个"大是大非"的问题。法院审理认为,原告公开发表的观点是否正确,应该允许他人争论、辩驳。就学术讨论而言,对不同的意见,应该有一定的容忍度。原告认为被告将正常的学术讨论上升成政治问题,改变了学术讨论的性质与气氛,要求被告因此承担法律责任,没有法律上和事实上的依据。②

尖刻、过激的意见与事实本身性质是否相当,司法实践所传递的信号可以有两种解读:其一,确定批评意见是否具有贬损恶意。如果批评意见针对事件或现象本身展开,即使有一些过激语言,也不应当认定为侵权。判断善恶的标准,主要看强烈的意见表达没有超出事件本身应该引起认识或价值争辩范畴,尖刻言辞是否构成对

---

① 深圳市福田区人民法院民事判决书(2007)福民初字第167号。
② 南京市中级人民法院民事判决书(2002)宁民一终字第446号。

被批评对象人格尊严的实际贬损。尖刻批评总是具有刺激性的,不能认为所有的具有刺激性的言辞都是对他方人格的贬损和攻击。其二,表达意见过于偏激、夸张,是否等同于诽谤、侮辱,应借助"合理人"标准。"按照普通人包括评论者本人的认识水平来衡量,某种意见虽过于夸张,同实际有距离,但只要是正常认识的范围之内,就应当为法律所容许。"①

二、事实的依据与法律的依据一致

意见表达触及侵权问题主要表现为:过于强烈的批评意见有基本事实的依据,但没有法律上的依据,憎恶情绪夸大的意见流露因为缺少法律依据的支撑而变得不合理。一般而言,记者编辑在表述意见时对把握事实依据是较为认真的,但容易忽略法律依据的把握与运用。本文所分析的97起案例中,有18起诉讼案件存在类似情况:批评的基本事实均存在,基于应该被舆论谴责的事实,报道选择断语时,缺少非常严谨的法律辨别态度,使用的语汇具有双重指代,既有一般人所理解的经验性语义,又有法律专业术语所特有的指称,结果使得意见要素陈述客观上转化为对缺少证据的"拟态"事实陈述。

本文所分析的18起构成侵权的案例中,涉诉作品未能从事件固有的性质去严禁、谨慎地选择语汇表达主观批评意见,而是用约定俗成的提法当作法律依据,沿用日常生活中习以为常、不甚严密的习惯用语:把一般的作风轻浮、行为猥琐、沾上流氓习气的行为与刑事案件的流氓罪混为一谈;将乱搞两性关系、调戏侮辱女性的流氓罪说成是强奸罪;把行政拘留或治安拘留说成依法逮捕,或把作为行政处罚性质的劳动教养当作刑事惩处性质的收监劳改;将工商行政管理部门在打击违法经营过程中依法找来信人谈话的行为定性为非法拘禁他人,等等。法官对新闻语言与法律语言的差异性提出的要求比较高,记者不仅要对事实负责,还需要对报道所适用的法律负责,将法律依据包含其中,作为事实依据的组成部分。为便于受众理解,使用通俗的语言对事实进行表述时,不仅一定要准确地体现新闻源的原意,而且在用语上尽量符合法律术语的特指意义,以免出现事实性的出入如差错。国外有的报刊对此比较慎重,在对某些不容易被受众理解的内容做通俗化的表述时,在解释完之后专门注明"本解释只适用于本新闻报道"等类似字样。② 有些概念在法律上的理解与运用和在日常生活中的理解存在差异,如果报道把事实没有交代清楚,受众可能从事实的报道中难以对问题性质形成大体正确的判断,评价性用语过重或不妥,作品对当事人会产生不应有的不利影响。司法审理实践表明,意见的正确合理性既要注重事实依据的确凿,将事件发生的地点、时间、人物、起因、发展过程包括细节调查清

---

① 陈绚:《大众传播法规案例教程》,中国人民大学出版社,2009年版,第177页。
② 唐·R.彭伯:《大众传媒法》,中国人民大学出版社,2004年版,第304页。

楚,表述准确,还要使对事实的概括及性质的判断符合法律的规定。

如一则案例中,某房地产开发商在第一期楼盘销售的宣传广告中有停车场和绿化草坪的承诺,且在楼盘销售时购房者看到实景存在。等到第一期楼盘售完、业主入住后,开发商毁掉了绿地与停车场,准备第二、三期的楼盘开发,与第一批的业主发生纠纷。业主认为开发商是欺诈行为,而开发商则认为广告宣传只是有夸大现象,购买者应该有足够的判断能力,只要双方正式购房合同中没有约定该事项,就不存在非法损害行为。媒体就此纠纷进行报道时,将开发商的行为视为合同违约,还是商业欺诈行为? 性质的认定取决于小区开发的原规划报批情况,如经批准的规划中已经有第二、三批的建楼计划,开发商的行为属于合同违约。如果报批的规划中没有第二、三批的建楼计划,开发商擅自改变规划内容,则属于商业欺诈行为。[①] 对于媒体而言,在事实依据具备而法律依据不够明朗的情况下,评论的主观性应该遵循一个原则,即对有关当事人所形成的不利影响最轻的考虑优先于新闻报道效果最佳的追求。

三、注意专家意见的偏颇解读

现代社会分工的高度细化以及科学技术手段的快速更新与优化,使得生活中的"知识壁垒"问题日益明显,媒体对行业领域问题的大众化解读更加依赖专家或行家。"对专业性知识要求比较高的是非问题进行批评,媒体没有能力轻易对事实性质作出主观评断,应该谨慎发表主观意见,寻求专业的权威性支撑。"[②]这在涉及医疗过错、医药安全、产品质量与性能、新产品研发等事项的监督批评中尤其值得注意。本文所分析的 97 起侵权案例中,有 12 起属于报道者根据个人经验或投诉者的说法下定性的结论而承担了责任。对于这些专业性强的问题,媒体借助专家意见是否就一定能免责?

根据相关判例所体现的司法理念,专家表达意见时是否具备法定的权威身份至关重要,媒体虽然依据权威机构的专家意见发表评论,但如果该专家根据调查、检测所形成的意见仅属个人行为,不代表机构的职务行为,则专家意见必须有事实支撑。反之,即便专家的说法不一定合理正确,但只要代表权威机构,媒体也可以免于承担责任。就侵权法的基本精神看,批评报道应该注重专家意见,也只是为了编辑记者更准确地认识、把握与描述深奥难懂的专业问题,但单一的专家意见本身很难独立成为媒体的权威依据。科学问题的特征之一就在于认识的可误性与争议性,在特定的时间内,一些新发明、新材料、新配方、新仪器等,基于不同的实验条件与环境,或者基于不同的关注点,人们对其优劣属性的界定会产生不尽相同甚至截然相反的结

---

① 中央电视台《经济与法》,2004 年 3 月 14 日。
② 王强华、魏永征:《舆论监督与新闻纠纷》,复旦大学出版社,2000 年版,第 138 页。

论。面对这样的问题时,褒贬与争辩仅以一方专家的说法作为依据,往往存在比较高的侵权风险。"法院不对科学与知识的真伪作出判断,也没有能力作这种判断。法院裁断是非的惟一根据就是符合法律要求的证据。"①如果批评、驳斥他人的主张时不能就自己的意见提供权威认证机构出具的证明材料,很可能承担不利的后果。

从科技问题引发名誉权纠纷的部分案例判决的倾向性看,法院采取了比较谨慎的态度,在没有权威定论的前提下,法官不会介入科学之争,而是将双方争论的问题划归科学观点争论的范畴,不轻易作出谁是谁非的裁断。如北京百龙绿色科技企业公司诉讼韩成刚侵害名誉权案、沈昌诉工人日报社侵害名誉权案、邱满屯诉汪诚信等侵害名誉权案、北京德润生贸易公司诉方舟子侵害名誉权案等,被告均免于承担责任,主要理由就是争诉的问题没有超出观点争论的范围。

除知识壁垒特别突出的科技领域外,一些其他行业的专家意见同样存在认知事物本质的片面与对立的可能性。为避免一方认识所导致的不利后果,媒体应该采取一种平衡的处理手法,即对于那些真相不够清晰的争议,媒体只宜充当组织者角色,组织持不同看法的专家公开表达意见,不得对相左的或分散的意见任意取舍。特别在没有法定权威性的意见对问题性质定调情况下,不同意见的平衡处理就显得尤为重要,在突出报道一种主要意见时,还要注意点出其他意见,特别是相反的意见。这是因为专家意见有时是不全面的,对某一个问题他可能只是从他所精通专业角度切入进行孤立地研究思考,往往缺乏宏观把握,难免得出的意见在总体上是有偏差的。另一方面,有些意见表达行为不排除专家以高深的专业知识为自身利益或为其所代言的利益考虑。

四、以质疑方式表达否定意见避免事实性断言

在本文所分析的案例中,作者或媒体以质疑的方式表达否定意见时,往往不经意从意见范畴滑向了事实性的断言,变成了对未被揭示出来事实的主张。在日常的媒体批评意见中,质疑的话题比较多地集中在一般人的生活经验能感受到的正常尺度之外的事实真实性或行为动机方面,比如特定环境中名人的公益慈善行为、个人自称过人本领或特异功能、新研发产品的特效功能宣传、超出一般婚恋观的征婚示爱行为、高薪猎才招聘、信息不对称下公职行为的公正性等。这些新闻事实之所以经常被强烈质疑,是因为它们涉及到了基本的社会道德准则,具有显著的公共价值。

质疑与直接的批评意见表达不同,它在总体倾向上只是不能肯定或缺少把握地表示一种"怀疑",它虽包含了态度否定的要素,但对于事实问题采取不确定的态度。质疑性意见究竟如何表达才是恰当的,法律并无原则性的规范。从严格意义上说,要判别某一意见是仅仅侧重对被公开传播的事实表示怀疑、不信任与驳斥,还是意

---

① 梁书文等:《审理名誉权案件司法解释理解与适用》,中国法制出版社,2001年版,第136页。

见之中也暗含了评论者对事实成分不以为然的主张,有时界限确实非常模糊。有些案例中,本来记者是要表达对事实不信任的意见,但由于意见的展开必须依赖于对事实状态的带有个人倾向的描述,结果被批评者或法官理解为对实际事实的否定。如《北京青年报》因对北京一家民营企业以年薪40万元预聘一名尚未毕业的大三学生的现场招聘动机表示质疑,就引发了一起名誉侵权官司。涉诉报道《质疑大三年薪40万》、《"大二女生年薪40万"有误》认为关于年薪40万的招聘缺乏具有法律效力的合同约束,只不过是自我炒作。原告认为,报道全面否定这次招聘活动,攻击原告所主办的招聘活动是虚假、不真实的,对原告的声誉产生了极为不利影响。法院判决认为,在招聘会上公司总经理现场宣布预聘一名大三女生,年薪40万到50万,是事实。被告方未经全面调查核实,就刊登否定这一事实的文章,客观上侵害了原告的名誉权,应当承担法律责任。① 被告报道所表达的仅仅是对天价年薪和企业的炒作行为表示不以为然,还是连同招聘活动内容本身一起被怀疑,写作初衷的确难以判别,不同的人可能有不同的理解。因为有些情况下,没有行为事实就没有被质疑的由头,不针对事实本身,质疑就失去对象而变得空洞乏力。尤其当意见本身以比较强烈的语气通过肯定的直称判断方式呈现时,它不可避免地要涉及事实性问题,提醒受众事实本身可能存在陷阱。

有些质疑性报道被判侵权,过错主要在于语言表达的策略与技巧缺乏,措辞不当,将可以用隐晦方法传达相同意思的否定意见变成了直白的道德谴责,这种质疑即使有科学知识的依据或事实根据,也值得商榷。陈建民诉北京科技报社侵害名誉权一案说明:在没有事实依据或者未揭示事实依据的情况下,就断言某种行为是"骗局",而被告又不能证明其关于"骗局"的事实性断言是真实的,难免要承担责任。② 原告经向雅安市公证处申请,在公证处指派的7名公证员的全程监督、公证下,在雅安市雨城区碧峰峡进行禁食49天的"挑战人类饥饿极限"活动,有47名证人先后参与见证。《北京科技报》刊登报道质疑原告禁食49天的活动为科技骗局:陈建明禁食49天的活动是"绝食秀",它不光在挑战人类"生理极限",也在挑战人们的"道德底线",是明显违反科学常识、混淆百姓理智的商业闹剧。一审判决认为,原告所开展的禁食活动是否符合中医养生学,是否具有科学意义的问题,应当是科学研究的范畴,不在法院司法审查的范围。在公证机关已经对原告的活动过程与结果证明为真实的情况下,被告将其界定为科技骗局,是对原告行为合法性与道德性的否定评价,也是对其社会公信度的否定评价。③ 未被揭示的认识可以被怀疑,但不能绝对肯定性予以否定,尤其不宜对人格进行否定。所以,对于有些特别行为现象的怀疑即使

---

① 西安市长安区人民法院民事判决书(2002)长民初字第121号。
② 李国民:《可以大胆质疑 切勿轻下结论》,《中国新闻(媒体)侵权案例精选与评析》,法律出版社,2009年版,第149页。
③ 四川省泸州市中级人民法院民事判决书(2006)泸民终字第142号。

有科学知识或常识做支撑,试图对被质疑的对象性质予以定性时,应该注意两点:一是可以点评事实,但不要轻下断言事实虚假的结论。没有不当的意见,只有不正确的事实陈述;二是质疑与怀疑的对象是价值层面的判断,而不是人格要素。

五、评论意见表达同事实陈述分开

基于媒体所能了解到的事实状态而进行意见的表达,无疑是批评性报道不可缺少的要件。但不可忽视的一个问题是,意见表达的正当与否是建立在意见表达本身不影响报道对事实要素呈现的基础上。无论批评报道的社会共享价值多么显著,尊重事实本身永远是第一位的。措辞强烈的意见与措辞适当的意见可能难以在技术上做出泾渭分明的区分,但基本的区分原则是应该有的,这就是:从一般人判断习惯出发,衡量意见的尖锐程度是否明显改变了人们对事实本身的解读和态度,或者说,是否足以影响人们对当事人进行一种更加不利的社会评价。

强调意见要素与事实要素分开,防止不恰当的意见被误读为没有依据的事实陈述,是英美等普通法诽谤诉讼中衡量言论自由是否受宪法第一修正案特别保护的重要标准。如美国联邦最高法院通过一系列判例确立了区别意见与事实的四项标准:(一)争议性言论的精确性与特殊性,如称某人为"法西斯分子"是一种意见,但指称某人做出某种不当行为则是一种事实言论;(二)言论是可以查证的,如果某言论无法查证,则该言论就不能视为事实;(三)发表言论的语境,可以审视报刊的类型、写作风格以及受众,以决定言论究竟是事实还是意见。(四)言论的大众语境,某言论在大众、政治领域中发表,或是该言论牵涉宪法第一修正案的核心价值,就可视为是意见表达而非事实陈述。① 这些标准对于指导媒体如何以适当的方式自由表达意见具有实质性意义。由新闻事件而滋生的复杂情感既是理性意见的原初触动机制,更制导着意见的最终走向,情理交织在一起。表达观点时,事实作为最有力的论据发挥作用。陈述事实时,也经常有所选择、有所侧重,或显或隐地夹带着情绪。陈述意见通常采用判断的形式,意见强弱取决于修饰词与事实被"框定"的技巧。判断的形成又要以事实的陈述为基础,它常常暗含了事实,否则,意见成为言之无物的概念空壳。尽管如此,如果意见与事实纠结在一起,意见表达本身可能因为没有把握的事实陈述而需要承担举证责任。

当客观事实已经非常清晰地呈现出来的新闻事件,或者事件有可信的来源、广为人知时,即使意见与事实不分,一般也不会出现批评的意见被误读,措辞、情绪、推理等非事实要素取代与压倒事实要素的结果。媒体发表批评言论应该值得注意的是,引发言论的客观事实本身尚处在未被揭示的状态下,此时,意见表达必须注意若以一般人判断习惯来衡量偏颇的意见,是否明显产生了修改客观事实的结

---

① 唐纳德·吉尔摩等:《美国大众传播法:判例评析》(上),清华大学出版社,2002年版,第326页。

果,以及对被批评的强烈质疑客观上是否导致了连客观的事实都被否定的不应有的结果。将两者分开,目的就是要让受众明确哪些是记者所获得的客观新闻事实,哪些是由客观事实而引发出来的观点和意见。忌将带有主观色彩的观点冒充事实,否则,法官对诉讼作品中暗含了事实的意见要求评论者就这种事实主张是真实还是虚假进行举证。① 对于部分侵权案判决中存在的被告就意见所依据的事实真伪被赋予举证的绝对义务倾向,媒介法学理论界主张以"可信事实"取代"可靠事实",② 对于未被揭示真相的事实,只要评论者或媒体能够证明自己是确实地、真诚地相信意见所依据的事实是真实的,尤其是在评论中明确交代了事实出处与来龙去脉,而使受众了解这些观点的主观性及主观性根源的情形下,他们即使不能证明真实或被证明失实,也不应承担新闻侵权责任。③ 如果常人看来都合理的消息,评论者自然就有理由相信并引用该事实,这时要求引用者承担额外的注意义务,显然于理不符、于情不合。即使后来证明这些信息是失实的,也不能认定评论者主观上存在过错。

研究与思考

=延伸阅读=

1. 苏培成:《语言文字应用探索》,商务印书馆,2004年版。
2. 邓利平:《报纸编辑学》,北京师范大学出版社,2014年版。
3. 张景云:《大众传播距离论——一种心理学视角》,新华出版社,2009年版。
4. 李元授、白丁:《新闻语言学》,新华出版社,2001年版。
5. 《咬文嚼字》编辑部:《咬文嚼字合订本》,上海文化出版社,2008—2014年版。
6. 黄匡宇、黄雅堃:《当代电视新闻语言学》,中国社会科学出版社,2011年版。
7. 刘洪妹等:《媒体写作与语言艺术》,中国广播电视出版社,2011年版。
8. 崔梅、周芸:《新闻语言教程》,北京师范大学出版社,2011年版。
9. 崔林:《电视新闻语言:模式、符号、叙事》,中国广播电视出版社,2009年版。
10. 陆绍阳:《视听语言》,北京大学出版社,2009年版。
11. 王辉:《纪录片想法与做法》,中国广播电视出版社,2007年版。

---

① 曹瑞林:《新闻法制前沿问题探索》,中国检察出版社,2006年版,第95页。
② 徐迅等:《新闻侵害名誉权、隐私权新的司法解释建议稿》,《新闻记者》2008年第1期。
③ 魏永征等:《大众传播法学》,法律出版社,2007年版,第156页。

12. 解国解等：《大型文摘报编辑学基础》，新华出版社，2011年版。

13. 罗莎莉·马乔：《无偏见用语词典：非歧视性用语指南》，美国大羚羊出版社，1991年版。

14. 卡罗琳·马丁代尔：《白人的新闻界与黑人的美国》，纽约格林伍德出版社，1986年版。

15. 威廉·E.布隆代尔：《〈华尔街日报〉是如何讲故事的》，华夏出版社，2006年版。

16. 考勒斯：《心理语言学》，人民卫生出版社，2012年版。

=思考与实践=

1. 试述修改新闻稿件的语言特点。
2. 谈谈新闻稿件中的修改事实差错的主要方面。
3. 怎样发现新闻稿件中的观点失误？
4. 试述对新闻稿件精简与补充的原因、方法和原则。
5. 阐述修改新闻稿件要注意哪些方面的问题。
6. 从报纸上选取若干篇通讯和消息，分别进行包括改写的修改。
7. 下面两篇稿件都是经修改表达的是同一主题，请分析比较哪一篇更好一些。

华东肥鹅在西藏饲养成功

本报讯 拉萨市农牧所的科技人员克服高原缺氧和气压等不利因素，用人工方法孵化白鹅成功，刚孵出的雏鹅在幼小时喂些糌粑、麸皮等饲料外，很快就可以食草，今年三月孵出的第一批雏鹅目前已长到四公斤左右。

世居长江口附近的太湖白鹅在"世界屋脊"上已生活了两年。它们生长良好，母鹅产卵正常。这一试验成功，为在西藏高原水草丰盛的河滩、沼泽地上大量饲养水禽，增加当地人民的肉食、蛋类、羽毛供应制造了条件。

本报讯 华东一种肥鹅，它的羽毛与西藏的白雪媲美，现已在这个自治区饲养成功。这种世居江苏太湖的白鹅，即将成为西藏人民肉食、蛋类和羽毛的新来源。

两年前，这种白鹅引进西藏，但高原缺氧使白鹅孵化产生困难。现在，拉萨市农牧所克服困难已成功地孵化出小鹅，今年三月孵出的第一批雏鹅目前已长到四公斤左右。

8. 下面这篇报道有什么不足，请加以修改。

本报讯 本年度国际田联全明星赛在日本横滨落下帷幕，奥运110米栏冠军刘翔在昨天举行的国际田径联合会横滨全明星赛上，以23秒31的成绩战胜了老对手约翰逊。而张文秀则以72.27米的成绩战胜雅典奥运冠军、俄罗斯选手库津科娃夺得链球金牌。

当天的110米栏发生了3次抢跑,但刘翔并未受此影响。发令枪第四次响起后,刘翔和约翰逊几乎并驾齐驱。冲刺阶段,刘翔领先,最终以0.03秒的优势夺得金牌。再次落败于后辈高手之后,约翰逊十分大度地笑着与刘翔握手,表示祝贺。

刘翔在赛后说,由于奥运会后一直没有系统训练,所以状态不好,今天能发挥出这样的水平已经很满意了。尽管再次战胜了约翰逊,他仍谦虚地说,这次胜利并不能代表什么。

刘翔在奥运归来后庆功不断,忙于出席各种商业活动而系统训练不足,并落选年度最佳表现奖。但是他却在高手如云的全明星赛事中称霸110米栏,并且是实实在在地战胜了跑在身旁的名将约翰逊。虽然他撞线的成绩13秒31并不好看,但是参赛的其他选手同样发挥不佳。牙买加选手维格纳尔以13秒33获得亚军,而约翰逊才跑出13秒41,仅获第三名。因此,刘翔仍不失光彩。

9. 试述修改新闻稿件的语言特点。

语言是内容的外壳。新闻报道的是新近发生的事,需要用新闻语言来反映。新闻语言有其自身的特点,编辑必须掌握熟练才可能修改好稿件。对此问题的探讨可从以下几点进行:

从新闻语言的客观性分析:

客观性是新闻语言的最突出特点,因为新闻事实是客观的,表现它的语言也需具有客观性的特质。具体来讲就是要以公正、准确、淳朴的语言来报道事实,即多用客观纪实的动词、名词,少用带主观色彩的形容词、副词。新闻事实是不以人的意志为转移的客观存在,以感情色彩的语言来表述,哪怕是从善意的愿望出发也有美化甚至弄虚作假之嫌。

从新闻语言的具体性分析:

新闻事实是具体存在的,须用具体的语言来描述使之言之有物,让人感受到它的形状、大小、长短或是快慢、疾徐、进退等等,捕捉到事物可感的形状、面貌、变化,便于受众自己对新闻做出评析。新闻中出现的语言空泛与现实中的某些环境相关,一些官员的"八股"腔调影响到政治文化报道。需注意的是,新闻语言的具体决并非事无巨细,有时需概括表达,如该用概数的却强调到细节反而繁琐。

从新闻语言的通俗性分析:

通俗性表达既是新闻传播的内在法则之 ,也符合普通受众的审美要求,即使有的受众文化水平较高也会有专业知识程度的差异。我国报纸的历史轨迹也是内容与形式往通俗性方向发展:古代报纸从内部的邸报到小报、京报向社会公开发行;读者从官员士大夫到面向普通民众;语言从古汉语向半文半白再到白话文的普及,都表明了报纸逐渐发展为迅速传递信息的普及性读物,并表明了新闻语言的通俗化特点。

从新闻语言的简洁性分析:

简洁是新闻语言的基本要求之一,这是一种艺术技巧,它让人在最短时间内观照对象萌发兴味。当今世界飞速发展时事变幻无穷,每天的新鲜事是如此之多,媒体只能反映世界变动的沧海一粟。要想多报道新闻就需言简意赅,让受众在匆忙之时即可从短小精悍的报道中获得信息。新闻洋洋洒洒容易横生枝蔓,淹没有价值的事实,将人引入迷宫不得要领。

从新闻语言的时代性分析:

各个时期不同的政治环境、经济形势、文化活动、科技面貌等社会状况,影响和制约着人们的思想观念、道德水准,也会对人的用语产生影响,出现一些适应于时代的话语。新闻语言站立于时代的潮头,体现着这个时期生活的审美信息,形象地记录社会发展的历程,给人提供了解社会变革、参与社会交往的活力。但应避免任意生造的或只在特定范围内所会意的语言,将一些网语搬上媒体反而会引起语言的混乱。

10. 请分析并将这篇1560字的通讯改写为700字左右的消息。

立足文化　绿色崛起
人民日报记者

大同,山西省第二大城市,中国煤都。人们几乎已淡忘了大同是国务院首批公布的24座历史文化名城之一。"有历史没文化",一度,大同人自己也无奈地这样自我解嘲与反讽。而如今,人们已很难用一个词汇来定谓大同:中国历史文化名城,中国大古都,中国雕塑之都,中国文物保护、文化传承典范城市等等。在大同"转型发展、绿色崛起"发展战略和建设文化名城、旅游名都、生态名邑、经济强市"三名一强"奋斗目标中,文化被置于首要的位置。文化,毫无疑义地成为这座有着2300多年历史古城最鲜明的城市符号。

最是大同好光景,绝胜文韵满古都。

改革体制　全面奋起

2011年11月,完成文化体制改革的大同市国有文艺院团进行了为期一个月的送戏下乡活动,备受欢迎。文化体制改革让文艺院团脱胎换骨,好戏迭出,演出场次倍增。2011年,市直院团的年演出场次最多达300余场,2012年上半年,演出场次最多的已突破200场。

2009年,市委、市政府把文化体制改革摆在全市工作的重要位置,出台了文化体制改革的方略。2009年12月,市县两级三局合并、党报报业经营体制改革、广电部门局台分离全部完成,重新组建了市文广新局、市文化市场综合执法队、大同日报社、大同广播电视台。2011年,13个大同艺术院团体制改革工作开启。市委、市政府坚持走以转企改制为中心环节的国有文艺院团体制改革路径,解决长期困扰院团发展的问题。

2011年8月底,大同市文化体制改革的各项任务圆满完成。

文化活动　　助推发展

2012年8月,大同南城墙关城。中国(大同)国际汽车文化节在这里举行。这也正代表着今日大同的独特文化风貌。

从2008年起,大同市开始大力传承历史文化,推动城市文化复兴战略。几年间,古城众多经典修复工程展露出耀世之美。在云冈石窟大景区内,呈现出与世界遗产相匹配、国际一流的大景区环境;恒山大景区建设也全面拉开改造提升的大幕,复兴中华山水文化精神。而这样的文化盛景,为城市文化发展搭建起恢弘的舞台,为展开各种文化节庆活动提供了广阔的空间。

今秋,在中国(大同)国际汽车文化节之后,第十一届中国(大同)云冈艺术节、中国(大同)国际壁画双年展、曾竹韶雕塑艺术奖学金作品展等文化艺术盛事依次登台,进一步提升大同文化的重量与厚度,推动文化产业发展。

文化创意　　生机蓬勃

2012年深秋,文瀛湖生态文化公园,一个以生态自然为主轴,历史文化为核心的城市绿肺和水岸休闲空间展现在世人眼前。在文瀛湖西岸,大同文化中心、会展中心、体育中心等由世界顶级设计师设计的城市标志性建筑群落,今明两年内将陆续投入使用。

位于魏都大道南端的大同市煤气厂工业遗址公园内,来自中央美术学院的师生们正在这里精心创作。如今,这座占地25公顷的废弃厂房,正被打造成为一个具有鲜明工业遗址特点的文化创意产业园区。在大同,文化创意产业正方兴未艾。

通过对大同文化内涵的深度发掘,独具特色的大同转型之路正步入快车道。

文化成果　　全民共享

2012年11月8日午后,华严寺广场。广场中央,年轻人玩着轮滑、广场两侧,老人、孩子休憩、嬉戏。这样多元文化和谐交融的场景,正是今日大同城市文化生活的美丽缩影。

漫步有千年历史的鼓楼东西街,更能体会这座古城的文化特质。街西端的凤临阁,是一座有着近500年历史的老店,在复兴重张后,成为古城一大人文景观;众多的传统四合院已经复建完成;古城这条文化轴上,坐落着辽皇祖庙华严寺、大清真寺、金代道观纯阳宫等。儒释道文化、伊斯兰文化、市井文化、古城文化,在这里碰撞、交织。

大同在名城复兴的进程中,注重开辟文化活动的公共空间,每一处历史文化景观,都配套建设市民休闲广场。同时,精心策划、巧妙利用其内外部空间,开辟文化场馆,作为开展城市文化活动的最佳空间。如在东城墙瓮城内的和阳美术馆,在这里举办的中国(大同)国际雕塑双年展、壁画双年展,让大同市民在家门口就领略到中外大师的艺术杰作。

文化成果,全民共享,在大同,这一美好愿景正生动体现。

本篇稿件改写的方案,可从下面着手设计:

首先,应分析这篇通讯的主题以及稿件的得失,然后考虑如何以消息的形式来表现。

1) 从这篇稿件表现的主题来看,是反映大同近年来在文化建设方面取得的成就,新闻价值毋庸置疑,具有为一些地方如何走可持续性发展的道路提供借鉴、启示的意义。在形式表现上,材料也比较集中,语言较为顺畅。这些,都是这篇通讯值得肯定的地方。

但稿件中有多处地方华而不实,缺乏具体、客观的表现。如开头部分说大同是"中国大古都,中国雕塑之都,中国文物保护、文化传承典范城市",就带有随意性;讲大同的转型发展战略是"建设文化名城、旅游名都、生态名邑、经济强市'三名一强'奋斗目标",而新闻中除了表现文化建设其余几点都没有材料佐证。这样,稿件就好像带了个大帽子,后面缺少有力的内容支撑,且稿件中出现一些主观色彩较浓的话,这些都是这篇新闻通讯的缺陷。

2) 稿件第三部分提到"曾竹韶雕塑艺术奖学金作品展"。《人民日报》面向全国读者,不是读者所熟悉的知名艺术家,他们一般也不会留下印象。第四部分有"大同文化中心、会展中心、体育中心等由世界顶级设计师设计的城市标志性建筑群落"的话,文中没有一位设计师的名字,给人觉得是写作上的随意。"来自中央美术学院的师生们正在这里精心创作"的话也语焉不详。他们是实习还是特邀,如果是后者这笔花销肯定不菲,是否有此必要?

3) 最后一部分内容中,一开始将华严寺广场上年轻人玩轮滑、老人休憩、孩子嬉戏称为是"多元文化和谐交融的场景,今日大同城市文化生活的美丽缩影",太过于牵强附会。这部分重点写了市区的几处名胜古迹修复和文化场馆的建设,没有讲这些地方对大同人是否免费开放(许多地方的这种场所要价格不菲的门票),那么,结尾的"文化成果,全民共享"是大同"这一美好愿景正生动体现"的赞誉,也都难使人信服。

4) 通讯中有许多时间表述,有的时间前后跳跃频繁,如第二部分和第三部分,读者会感到有些"弯弯绕"。虽然通讯在时间表达上比较自由,但多次的时间前后颠倒会过多打断读者的思维顺序,也是新闻写作不可取的。

鉴于上述几点分析将这篇通讯改变为消息体裁,效果会好些。改写稿的主题不变,缩减掉那些多余的或不合情理、逻辑的话,按时间的先后顺序来安排消息的结构,使之脉络清楚。这样改写可比原通讯少一半的篇幅,也显得更简洁、具体、客观一些。

第五章　标题制作

导　论

　　标题是用以提示或评价新闻内容的一段简短文字，也被用来指代整篇新闻。受众对版面形式的整体感知与标题是紧紧相联的，对新闻内容进行实质性的阅读也是由标题导入，因此标题也称作是"新闻的眼睛"。今天的新闻乃明日的历史，标题成为后来者翻阅今日报纸而观察历史的第一扇窗口。

　　标题并非与报纸与生俱来，比报纸的出现要晚得多。我国古代报纸并无标题，唐朝学者孙樵就说它"系曰条事，不立首末"，[①]古代报纸少也不存在竞争，想不到要用题目来吸引人和美化版面。近代报纸诞生后出现了类题，即为若干同类新闻所加的一些总题目。中国新闻史研究的奠基人戈公振在《中国报学史》中说道："自同治末年，以迄光绪中叶……新闻必要者始有题目；琐屑者则各就其地冠以总名。如北京则'上林春色''禁苑秋声'……武昌则'鹤楼留韵'……广州则'羊城夕照'"。这种类题虽然没有涉及新闻的实质性内容，但毕竟让人知道了新闻的发生地。一文一题形式多出现于上世纪初，时值社会急剧变化人们迫切需要及时了解外界的变动，各报为争夺读者推动了标题的改革。首先是标题的字号大于正文并形式表现突出了，1904年《时报》在发刊词中就说"本报编排务求显醒……用大字者，务求醒目；用小字者，刊登内容丰富也。"1905年2月14日《申报》宣布改革方针时更称"别刊大字，择要标题，籍振精神，并醒眉目。"其次标题不仅浓缩内容还常带有小报人的倾向，言论标题的态度尤为明显。如辛亥革命前夜的1911年7月26日《大江报》上的标题《大乱者救中国之妙药也》、《亡中国者和平也》，旗帜鲜明对读者具有很强的震撼力。再次出现由单一型标题发展到复合型标题，如1911年4月20日《申报》的标题《保定市面又动摇矣（主）此之谓民穷财尽（副）》。到五四时期报纸标题的形式基本定型下来。当时内忧外患局势复杂多变，消息形形色色，版面稍多的报纸便提炼出当天主要新闻用几个醒目的标题在头版提请读者注意，这就是最早的标题导读。新中国成立后，在"适应广大工农群众的文化水平"等口号下，曾出现过标题简单化的趋向，即各报流行单一型的标题，标题导读也消失了。这种情形并不符合报纸反映现实的客观要求和读者的实际需要，在1956年提出"双百"方针后又恢复了复合型标题样式，标题导读则是改革开放后才恢复的。

[①] 孙樵：《经纬集·谈开元杂报》。

标题的主要功能首先是提示新闻,即以最简短的文字将新闻中最有价值或最生动的内容提示出来,使读者在一瞥之下就了解新闻的概要。当今报纸卷帙浩繁内容庞杂,大多是几十版甚至上百版,在时间紧迫的现实生活中将一份报纸从头看到尾的人很少,读标题是快速掌握阅读方式和最佳利用时间的途径。在报纸这个庞大的信息源中职业不同、兴趣不同、需求不同的读者都能通过先浏览标题,以直觉的感受迅速了解新闻概要,然后凭兴趣确定阅读重点。标题提示新闻主要有,概括式提示,即将新闻内容高度概括,用最精炼的语言表现出来;摘要式提示,即新闻的内容较多,标题不可能也没有必要全部重点都标出来,只提示出最重要的精华部分;描写式提示,即运用文学手法描述使标题生动活泼,给人以形象感和美感,读来别有情趣。第二是评价新闻。标题代表媒体的观点揭示新闻的实质、原因、结果等,帮助读者了解新闻的意义及重要程度。这种标题一般是编辑的"借题发挥",通过标题对新闻的点评说明或强调某种态度,影响读者引导舆论。其评价可以是直接运用态度鲜明的话语,也可以是间接的进行评价,如在复合型标题中什么内容放在主题,什么内容放在引题或副题,都间接表明了编辑重视某部分内容的态度。第三是吸引读者。标题字号大于正文,从心理学上看人心理活动的指向性总是先集中在那些醒目的对象上,标题字号大自然成为读者扫描的第一对象。此外标题往往在形式上生动优美使人饶有兴趣,如运用各种修辞手法或引用或变用名诗佳句等,都会让人回味无穷,许多新闻内容读者早已忘记了,但有的标题却给人印象深刻、流传不衰。第四是美化版面。早期报纸上没有标题,黑压压的文字上下相连阅读不便且版面难看,标题使稿件之间界线分明阅读便利、眉目清楚版面丰富多彩。不同的形式、种类、字体、字号、装饰以及彩色的大小标题在版面上星罗棋布,丰富和活跃了版面,增添了报纸的魅力而吸引读者。

新闻标题通常多用实题,即概括事实的发生,以叙述为主表现具体的人物、动作或事件,不加渲染、烘托、评论,其以传递信息为主,具体实在可信度高,容易为读者所接受,自己判断事实的性质。多数动态性新闻的标题都是实题,它可以是单一型的标题也可以是复合型的标题。发表议论虚题也可运用,它主要以说理为主着重说明某种原则、道理、愿望或对事态发表看法,帮助读者更好地认识事物的价值和内涵,给人以理性认识或思想上的影响。虚题的来源可以从新闻事实中概括提炼而来,也可以从新闻中摘录某句表达观点的原话或意思。除了新闻评论可以单独出现虚题外,新闻消息的标题一般不能只有虚题而没有实题。倘若只是虚题读者看到的只是观点,不能从中了解到底发生了什么事。消息的标题如果使用虚题,通常需有实题的配合。

新闻写作要求具体、准确、简洁,标题制作也应符合这些要求,只是标题限于字数其语言更为精炼,要求就更高一些了。

首先是要求具体,即和新闻写作一样要言之有物,告知以事。正因为新闻标题具体,它与其他非新闻类文体的题目区别开来。文艺类作品的题目,可以是具体的陈述也可以是不具体的空泛表达或抒怀畅想,如电影的名字可以是一个名词或是词组,而新闻的标题则不同,要让人从中得到具体的信息,在对标题的一瞥之下就知道到底发生了什么事。标题要求具体,也就是需要在标题上突出新闻的几个要素。鉴于标题字数的限制不可能、也没有必要将新闻的所有要素都表现出来,但"什么人"、"什么事"这两个要素必不可少,其他的新闻要素可以视具体情况而定。标题制作要求具体,即是要求能做"新闻导读"或"标题新闻"为好,能单独表达出清晰的信息。

第二是要求准确。准确是新闻的生命,也是标题的生命,标题来源于新闻事实,是新闻内容和主题的高度浓缩,这就要求标题必经忠实于新闻,对新闻怀着一片赤诚。无论是概括事实、体现观点,还是遣词造句,都要不夸大、不缩小、不歪曲,准确地揭示或评价新闻内容。对概括事实要准确来讲,标题提示新闻不论是高度概括还是摘取精华都要题文一致,标题与新闻内容不相吻合读者就会觉得受骗而不满,如果只读了标题而没看全文,就会错误地理解信息而被误导。表达观点要准确,是指标题中的议论都应符合新闻本身的内容,符合有关的法规、政策、道德及实际情况,不应按编辑自己的好恶来表达情绪。运用语言要准确,是指标题中的文字应当选用最恰当、妥帖的文字来表述,不追求语言的花哨,避免华而不实的"翠纶桂饵,反所以失鱼"①。

第三是要求鲜明。一是个性鲜明,不雷同于其他媒体同类新闻的标题。每篇被选上的新闻都有其特点,特点就是优势,是事物赖以生存、发挥其作用的依据。对新闻稿来说,其个性特点往往就是其新闻价值显示的地方,应该在标题将之上凸现出来。二是态度鲜明。新闻传播者反映客观世界的变动并不是被动的而是积极、主动的,常常融会了传播者主观的喜怒哀乐情感。也正是由于人的主观意愿的参与,新闻报道成为积极推动社会生活的因素。"春江水暖鸭先知",编辑首先被新闻事实所感动,不可遏制地将自己的智慧、才情和审美评价充分外化,制作出充满感情的标题去征服读者。特别是对一些重大事件编辑无不殚思竭虑,提炼出生动形象的文字对新闻或进行描绘、或予以抒情、或展开评论先声夺人,以满腔的热忱去打动读者。读者受此感染爱屋及乌,也情不自禁地深入到新闻的内容去细细品味、体验。诚如清代诗人袁牧所言:"作者情生文,读者文生情。"标题对真善美的赞誉溢于言表,对假丑恶的否定也应同样流露笔端。当然,标题的这种情感态度表达应有分寸,适可而止而不可得意忘形。"逸词过壮,则与事相违;辨言过理,则与义相失;丽靡过美,则于情相背。"②

第四是要求简洁。标题一以当十,以少胜多,将新闻中最精彩、最重要之处揭示

---

① 刘勰:《情采》,《历代文人论文学》。
② 挚虞:《文章流别论》,《历代文人论文学》。

出来,读者根据提示也就很快地掌握了新闻的要旨,"选择性注意"地阅读容易留下印象,诚如王充所言:"闻一增以为十,见百益以为千。"①达到标题"一言理尽,两字穷形"之效果。事物的简单本身就是使人感到快适的一个美学特征,人们大都想在尽可能短的时间内获得尽可能多的信息,对标题先浏览一遍,以近乎直觉的感受迅速了解新闻概要。标题越简洁读者一眼扫视即能把握要旨,便于迅速记忆和理解。新闻标题虽不像做诗填词那样追求"语不惊人誓不休"之境界,但努力进行诗化般的凝文炼字还是可以争取的。从心理学上看人的眼球转动是移动视线,眼球停止转动才能看清文字,在眼珠不动的情况下,六七个字的标题一目了然。标题越长眼球移动次数越多,阅读越不方便。鉴于新闻涉及内容方面或重要程度不同,不可能每条标题都这么短。但根据实际内容与传播经验,主题一般控制在十个字左右较好,以体现"增一分则长,减一分则短"的简洁美。当然,形式为内容服务,衡量标题简洁并非单纯看字多少,而是看它有可标可不标的话。标题无论怎样简练总要表达出清晰准确、题文相符的内容。倘若一味为求简,产生歧义甚至害义,或令读者不解,这便不是简洁而是"苟简"、添累赘了。简洁还包括通俗易懂,让读者一眼看得明白,瞬间扫视标题即能清楚意会。专业术语和一些方言、生僻字等,在标题上都会成为普通读者的障碍。现今时兴外语热、网络热,一些外文、网语不时见诸标题,这只会让许多读者止步,对扩大新闻的传播与影响不利。

当下,有些报纸的标题在竞争中出现迷失之举。除了失实误导读者外,有的弥漫着一种不正之风,夹杂着一些消极的、与现实要求不和谐的因素,如低俗、炒作、夸大、错位等不健康的东西,令人感到遗憾甚至不满。主观上编辑也清楚这些因素对读者无益,但由于过分强调竞争,投入不应有的精力与情感就不妥,是一种对读者意识的扭曲和审美意识的错位。也有的是人员素质的局限原因,在标题制作上失误。这些因素在新闻标题的整体中虽不占主流,但影响媒体声誉,值得注意与重视。如:

标题的低俗。这方面的主要表现是对色情、暴力等内容的津津乐道,如对新闻中有关"性"的内容"咬住不放",刻意在标题上强调,将读者的视角引向带有庸俗方面,给本来属于正常报道的新闻戴了顶不雅的帽子。标题的低俗表现还有渲染暴力(有的新闻主要就是暴力的内容,在标题中可能也会有暴力倾向)。粗野是标题低俗的另一表现,即用语粗鲁不文明。有的标题是想以此来显得幽默诙谐,但幽默诙谐要健康、正气而不是猥琐、庸俗。

标题的冷漠。对一些让人同情的新闻、特别是灾难造成的人员伤亡事件,标题本应抱以人文的关怀,至少应予以理解。可有的标题却缺乏这种人道主义精神,表现出不应有的冷漠态度,有的甚至走得更远。中国古代思想家荀子说过:"水火有气而无生,草木有生而无知,禽兽有知而无义;人有气、有生、有知亦且有义,故最为天

---

① 王充:《艺增》,《历代文人论文学》。

下贵也。"人和动物的本质区别是有知识、情义和道德。报纸作为文明的载体，理应渗透人道主义的精神，体现出人性的关怀，让人感到温暖。有的报纸在这方面做得不够，类似上述冷漠的标题在报上频频出现，有些还以调侃的形式表现出来，就更不对了。

标题的偏见。"偏"是指歪斜与"正"相对。所谓"偏见"，是偏于一方的主观成见，指某种不公正的见解。常言道"偏见比无知更可怕"，就说明了偏见的危害性。偏见的具体表现便是歧视，客体恃才傲物，自视优越，瞧不起在政治、经济、文化或其他方面不如自己的客体，这种歧视对不同的阶层、地域、群体都有，常常把这些方面的个别扩展为一般，特殊放大到普遍。由于历史的积淀，偏见仍在社会上普遍存在，报纸作为大众传媒、社会公器，理应执公正、良知之牛耳，不应有任何偏见，并应为制止、消除社会中的偏见而努力。遗憾的是现在一些报纸上也不自觉地有着这方面的表现，在标题上出现特别惹眼。歧视意味着不平等，而平等是最接近民主的理论核心，平等原则要求任何人在权利上没有差异，现实中却难以真正做到。当前无论是发达国家还是发展中国家，都存在着富人阶层对穷人阶层、多数民族对少数民族、多数人群对少数人群等的歧视。报纸本是倡导民主的先驱，有时同样将此遗忘。现代报纸普遍以报道城市中的新闻为主，这是报纸发展的规律。但不少报纸的新闻报道常常彰显着特权阶层及高收入、高学历人群的优越感，灌输着其"精英意识"，并无多少真正的平民意识的传播。如歧视农民的现象在中国普遍存在，新闻中也不乏反映。一些社会管理等问题反映在新闻中，有的报纸往往也不自觉地在标题上或明或暗地转化为对弱势群体中的打工者、失业者、残疾人及其他特殊人群甚至地域的歧视。这类标题不仅偏离了人文精神，也是对公正、平等、良知的缺失，当引起某些报纸的反思。

标题的失范。主要是指有的标题中的一些用语不符合《国家通用语言文字法》中的要求，影响读者阅读。所谓"通用语言文字"，就是"汉语出版物应当符合国家通用语言文字的规范和标准"，是社会规范的、大家都能读懂的话。反映在标题中就是应大众化、社会化，一眼看上去得明白，不阅读具体内容也能迅速把握新闻要旨，但一些报纸在这方面时有失误出现，如随意简化、书面语混同于口语、非大众化的语言（如一些网络语言只在某一范围内的人所会意，标题应避免运用）、滥用外语等。标题中用语的不规范，往往还会造成思想上的负效应，上面提到的标题中的偏见歧视，就是由随心所欲地用语造成。标题的失范还包括出现病句，如错误的语法关系、逻辑关系。特别是复合型的标题稍不注意就容易弄得句子语气不顺、概念不明或造成歧义，影响读者阅读与理解。

选 文

标题的艺术(节选)

叶春华

导言——

本文选自叶春华著《报纸编辑》,福建人民出版社,1988年版。

叶春华,浙江黄岩人,1929年出生,复旦大学新闻学院教授。

本文在阐述新闻标题制作的一般原理基础上,更进一层地从多方面谈论如何制作出好标题来吸引读者的见解。正如作者所说,标题是业务又是艺术。前者是就编辑制作标题的一般业务而言,即编辑对标题的制作要符合一般要求,后者则是从标题制作的特殊意义来讲的,即编辑还应制作出让读者一见倾心、爱不释手的标题,这是对编辑的高要求。的确,为新闻制作标题是一般编辑的日常业务,而且也都能做到,但要制作出一个好标题来为新闻传播锦上添花——特别是新闻一般,标题又要"点石成金"吸引读者去阅读,这就不那么容易了,是需要编辑花大力气和需要有高水平。围绕怎样制作出好标题这个问题,本文从重视第一印象、给读者以新闻、让人一目了然、虚好还是实好、也要短而精、要有点意境、讲究色香声味等诸方面来探讨了为新闻制作出好标题的方法,作者对观点的评点结合实例分析、对比,深入浅出地阐述,具较好的说服力。作者在后面特别指出,编辑要制作出好标题,需要过对新闻看得出、标得出、跳得出这三关。这几点要求,则是编辑需要在各方面都提高修养才能做到的。

    标题制作是一个艰苦的思想劳动的过程,好标题的诞生更是几经周折,煞费苦心,其间凝集了编辑的许多心血。固然,要制作出好标题来,首先必须新闻是好新闻,但是有了好新闻也不见得人人都能制作出好标题来。

    重视第一印象。翻开报纸,首先映入眼帘的是字体粗大的标题。虽然读者在扫瞄标题时很快,但这一瞥之下常常就决定了新闻的命运:读者要么被标题所吸引,然后接着去看新闻的内容,要么就是引不起兴趣对此不屑一顾,然后去寻找另外他认为有兴趣的内容。一篇新闻如果落到了读者不想问津的结局,那么其他的也就无从谈起。因此,编辑应十分重视标题的这种具有战略意义的"第一印象"作用。

重视标题的"第一印象",是要求编辑人员在制作标题时,从内容到形式要千方百计地让读者先了解他们最需要了解的事,或者是最需要让读者最先了解的事,以便争取最强的时效性和最好的传播效果。

在单行题中这个问题比较简单,无所谓先或后、主或次的区别,只要标题准确地概括了新闻的主要内容,都可以认为它符合要求。在多行题中这个问题就较复杂:在题式上它有引题、主题和副题等的差别,在内容上它又有首要、次要或再次要的差别。因此,编辑就要作推敲。如两行题,其形式通常有两种:引题+主题或主题+副题。这两种题式都有它们各自的特点和功能,但相比起来哪种题式更好一些呢?一般说是后者。如:

中纪委要求各地采取有效措施
严禁年终突击花钱

严禁年终突击花钱
中纪委要求各地采取有效措施

这两个标题内容一样文字一样,只是次序颠倒了排列形式不同。但就突出"第一印象"来说后者优于前者,因为它把这篇新闻最重要信息放到了第一行:它既是主题字体粗大,又是第一行处于读者"第一次扫瞄"的视野内。这样,它抢先一步以最触目的字体和最重要的信息首先和读者接触,吸引和打动读者。这个小小的次序颠倒让它占得了优势,相比前者它就有可能收先声夺人、先入为主的效果。虽然彼此的误差仅仅是一两秒钟甚至是更短的时间,但编辑的天职应该是分秒必争。为此,一些编辑都非常重视这类题式的运用。例如:

汉字不规范现象严重
语言专家吁请社会各界注意

虹桥将建唐桥大酒店
沪港合资各方昨签合同

这两题都是倒装句式,如果把次序倒一倒念起来更顺。为什么要这样标,理由是不言自明的。

再说三行题。三行题通常是引题、主题、副题,但彼此内容的安排仍十分讲究推敲。如:

激战两个多小时　拼搏五局分胜负
女排两强各展所长战况多变
上海队昨以二比三负于四川队

这是引题、主题、副题齐整的三行题,推敲一下感到都有欠缺。主要问题是:标题的主要新闻事实或信息,都既不在位先的引题上,也不在位显的主题上,而是在最

213

缺乏优势的副题上。可以想见,读者在第一次扫瞄和第二次扫瞄之后,尚不见新闻的主要事实和信息时会有失望感,这样的标题在实际工作中,是既缺乏吸引力也缺乏竞争力,当然也是难以发挥多大作用的。因此,根据重视第一印象的要求,可以对这两题作如下改动:

上海女排负于四川女排
激战两个多小时　　以二比三失利

可以看出,突出和加强标题的第一印象的途径和方法,是把最重要的新闻事实和信息,放到标题的最前面和最显要的位置上。

给读者以新闻。新闻标题要有新闻,要给读者以新闻,这是标题的应有之义。如果标题里没有新闻或缺少新闻,那么读者何必多此一举先去看标题呢？标题本身也就失却意义了。报纸上的标题说没有新闻,这当然不是事实；即使有这种标题也是极个别的事例。但是缺少新闻,或者不大注意要尽可能地给读者以更多的新闻,以满足他们的要求和希望的标题,却并不是个别的。如:

就重大骨干项目建设的科技队伍管理问题
邓小平发表重要意见

这个标题,虽然标出了邓小平就重大骨干项目建设和科技队伍管理问题发表了重要意见的新闻,但究竟是什么重要意见呢？重要又具体表现在哪里？读者显然想迫切地了解这些内容,但标题却没有给读者以这样的满足。再看另一个标题:

邓小平同国家计委负责人谈两个重要意见
重大骨干项目建设要抓紧落实
科技干部按需要调动集中使用

这个标题就不一样了,它不仅标出了邓小平就这两个问题发表重要意见的事实,而且把读者需要进一步了解的内容也概括出来了——"重大骨干项目建设要抓紧落实,科技干部按需要调动集中使用"。显然,它给读者以更多的新闻、更大的满足。

新闻标题怎么做到有新闻、给读者以新闻呢？除了新闻报道本身以外,对编辑来说主要是两个"知道":

第一要知道读者心理。当前我们进入了一个高频率、快节奏的社会,广大读者普遍地、迫切地要求用最省俭的时间,了解和获取最丰富有用的信息。读报也是这样,编辑要跟上这个形势发展的步伐。

第二要知道新闻在哪里。一篇新闻报道不是全部都是新闻,即使是一篇好的新闻报道也不例外,往往还有其他的背景材料等。因此,从几百字直至千字以上的新闻报道里,找出真正的新闻来也不是一件容易的事,需要水平和功夫。如果连编辑不知道新闻在哪里,标题上怎会有多少真正的新闻呢？

标题要完全真实。新闻要求完全真实,标题作为报纸的眼睛、新闻的忠实代言人,同样要求完全真实。所谓完全真实,对新闻来说是如实地反映客观事物的本来面目;对标题来说是如实地反映新闻的本来面目。前者是事实第一,新闻第二;后者是新闻第一,标题第二。这是唯物主义的新闻观和标题观,是坚定不移的原则。报纸上时常有失真的新闻,也时常有失真的标题。大体有两类:

一类是叙述性失真,即在标题上所提示的事实与新闻中的事实不符。例如:

八旬夫妇不堪儿女虐待自缢身亡
当地群众要求依法制裁有关人员

对照新闻内容来看,丈夫 80 岁,妻子只有 73 岁,相差 7 岁显然不能概括称之为"八旬夫妇"。这个标题的主题数字的失真,是编辑为了求简短、图省事概括而造成的。标题需要简短,数字也当然可以和应该概括,但这种简短和概括都要以不损害叙事的准确为前提,因为真实同样是标题的生命。

另一类是判断性失真,即编辑在标题上对新闻事实所作的判断,与新闻事实或新闻事实中所蕴含的本意不符。例如:

一比一逼和上届奥运会冠军
科威特队首战告捷

一分险胜加拿大　再胜一场有把握
中国女篮将稳拿冠军

对照新闻内容来看,这两题的主题的判断"首战告捷"和"稳拿冠军"都失真。第一例不看新闻内容也知道有误,一比一逼和与首战告捷矛盾,逼和说不上是告捷,除非科威特队自己降低了标准,打成平手就是胜利,而新闻中没有这层意思,属编辑判断的失误。第二例新闻中说中国队的最后两场比赛如果再胜一场,便可稳拿冠军。根据这样的叙述,这"稳拿冠军"是有前提条件的,即要"再胜一场"。球场如战场,风云变幻,各种因素都会影响比赛的结果。现在还有两场比赛,一场都没有开始更没有结果,怎么就可以在标题上做出"再胜一场有把握"、"将稳拿冠军"的结论呢?这便属编辑判断的失误。

标题有提示新闻内容的功能,也可以评介新闻内容,这方面标题比新闻有更多的发挥余地。但这种评介要以准确为前提,编辑在标题上所下的结论,应是新闻事实中的"应有之义",不能把自己的主观愿望强加于标题,强加于读者。新闻和标题说服人的力量,首先在于真实。标题的失真问题及其危害,由于人们对标题的性能、特点等缺乏了解和认识,没有引起足够的注意,这是很值得深省的问题。

让人一目了然。新闻传播犹如用兵贵在神速,标题作为新闻的先行官尤应如此。因此,除了准确地传神写照外,它还要讲究时效让人一目了然:既要明白易懂,又要简明扼要,让读者在一瞥之下尽收眼底,既方便阅读又能收到先声夺人、先入为主的效果。有些标题并不符合这样的要求,常见的弊病有:

一是多概念即一行标题中汇总了众多的概念,或者概念之中套概念,需要读者花费时间和力气作联系、求索,当然就不可能一目了然。如:

银燕高飞灭蝗施肥耕云播雨
上海民航专业飞行迅速发展

警惕胜似跳蚤肚里细菌的家伙
看人艺演出话剧《法西斯细菌》

这两题在表情达意方面都没有什么错,字数也不算多,但就是一行题中的概念太多。第一例中的主题至少有四五个概念,要读者在一刹那间把它们综合起来,造成一个总概念抓住它的要领,这是很困难的(如把主题改为引题、把副题改为主题,情况可能好些)。第二例中的主题,要从"警惕……家伙"这个动宾词组(本题的基本语法结构)开始,套好几个连环才能明白它的含义,很让读者费力。

二是有歧义。"大道以多歧亡羊",这是古人生活实践的总结。标题也是如此,一些标题一题多解,甚至彼此意义完全相左,当然很难叫读者一目了然了。例如:

海军游泳队与上海队比赛传捷报

请考察队员家属们放心
我在乔治岛码头安然无恙

这两例都有歧义:第一例至少可作两种理解——海军游泳队传捷报;海军游泳队与上海队都传捷报。这是交代不清所造成的混乱。第二例主题中的"我"字可作两种理解——"小我"解作某一具体的考察队员或其他人员;"大我"解作我们的国家。这两种理解都符合本题的语法结构,而意思是大相径庭的。这是省略所带来的麻烦。

三是晦涩。标题应鲜明,也并不排斥含蓄,但不能过于隐约以至晦涩难懂。如果读者看了标题不了解是什么意思,要再看新闻才清楚,那就不是一目了然。这样的标题,自然也就失去了它应有的作用和意义。如:

腊梅,你就是腊梅

"乱"势佳人多　排球飞起来
排球界评述女排战况

前一例是一则通讯的标题,说的是一位幼儿园教师送一台腊梅牌洗衣机给孤老院的故事。尽管通讯标题可以比一般新闻标题更富含蓄美,但含蓄到难懂还不如直截了当地说破好。后一例主题是想说明本次比赛竞争激烈,异军突起冷门迭爆,形势"乱"得喜人,巾帼群英竞秀,女排球定会在不久将来腾飞……立意是好的判断也正确,只是辞不达意影响效果。

标题要让人一目了然,编辑须得具备两个基本条件:一是自己先得一目了然,以己之昏昏是难以使人昭昭的,这是水平问题;二是要多为读者着想,让他们读得方便,省时省力,这是群众观点问题。虽然不可能要求每条标题都做到这样,但一目了然的精神应该提倡。

是虚好还是实好。新闻标题是虚好还是实好?这个问题难以笼统回答。只要标得好、标得对、起作用,虚题和实题都好。当然,这不像是回答问题,而且标题的虚标与实标,毕竟还是有讲究的。如《你追我赶争上游》、《革命工作行行光荣》、《关怀民办教师,促进教育事业》等,都是抽象概括的虚题,它并没有告诉读者任何具体的事实,和一般评论或文章的题目没有什么两样。新闻的职能是用事实说话,作为新闻派生的、传达新闻基本内容的标题同样如此,它首先也必须要用事实说话,这是标题最起码,也最基本的要求,也是新闻标题区别于其他文体题目的主要特征。因此,如同新闻不用事实说话就不能算是新闻一样,新闻标题不用事实说话也同样不能算是新闻标题。显然,在一行题时只标虚题是不适宜的。那么,在多行题时的情况又怎么样呢?如下题:

党有富民政策　民有报国之心
枣庄市八万名青年踊跃报名参军

埋没人才,人财两空毛　重视人才,人财皆来
温江地区起用各业人才发展农村经济

这两个标题,第一题的主题和第二题的引题都是虚的,这两个虚题不仅都有实题作为基础和依据,而且就实论虚,高度概括了"富民政策"和"报国之心"、"人才"和"人财"的辩证关系,揭示了这两桩事实的本质意义。因此,这样的虚题是适宜的,且属画龙点睛,锦上添花。显然,在多行题时不仅可以标虚题,而且只要标得好、确切,还可以起到一般实题起不到的作用。当然,在多行题时是否一定要标虚题?虚题的作用是否就比实题大?这要看具体情况。如下题:

在香港羽毛球公开锦标赛中
杨阳韩爱萍分获男女单打冠军
女双冠亚军均由我国选手夺得

这一个是引、主、副题齐全的三行题,但三题都是实的没有虚题。这是由于第一,本文需要提示的新闻事实很多,现在已标了三行题了,不需再增虚题;第二,在羽毛球比赛中我国选手夺魁的很多,有的级别比这次的还高,而且作为揭示这些事物本质意义的说法,诸如发扬拼搏精神、英勇顽强奋战、为国争光等,过去见诸报端多次了也不需重复。这样,虽然是三行题,也可以没有虚题或不需虚题。如果硬要塞上去一个虚题有时反而弄巧成拙。因此,在多行题时要不要标虚题,要看实际情况而定。关于新闻标题是虚好还是实好的问题,大体可作这样的归结:

第一,新闻标题的基础和前提是新闻事实,因此,所有标题都必须是实题(指只提示事实的一行题和多行题),或首先必须是实题(指有虚题的多行题)。第二,在一行题中,通常只能是实标不能虚标,除非是虚实结合题(十个字左右的一行题,要虚实结合,难度是很高的,也不易讨好);在多行题中,可以用虚题,它高瞻远瞩,画龙点睛,常常可以起到一般实题起不到的作用,但要有选择。第三,虚题的使用,一要量少,因为新闻标题的主体是实题;二要谨慎,因为虚题是事物共性的概括,从个别上升为一般时,稍有不当容易以偏概全,造成浮夸;三要适当,必用的虚题最好是"一次性",多用就雷同叫人望而生厌,"好戏不出三遍唱",何况是标题。第四,虚题的制作须扎根于实题中,就实论虚。明代学者韩延锡在《与友人沧文书》中说:"凡凌虚仙子,俱予实地修行得之,可悟为文之法也。"这句话,也可借用"可悟为题之法也。"

也要短而精。新闻标题要短而精,这是就新闻传播的效率和效果提出问题的,道理自明。这里的短指的是标题的形式,这里的精指的是标题的内容,这两者紧密结合不可分割。新闻标题要靠"短而精"的含意有二:

第一,凡是单行题能说明问题的,不用双行题,凡是双行题能说明问题的,不用三行题。如:

弓身下蹲 紧握杠铃 猛一发力
吴数德一举刷新亚洲纪录
全国举重锦标赛昨晚决出多项冠军

望青松缅怀先烈 举红旗立志革命
本市群众踊跃祭扫烈士墓
昨日有近五万人前往龙华革命公墓扫墓

这两例的行数都可削减。第一例的新闻是有意义的,要标三行题也可以。但就现在的标题看,引题显然是多余的。原因是"弓身下蹲紧握杠铃猛一发力",这是举重运动员完成技术动作的过程,既是常识也是常事,没有什么价值,从短而精的要求来看可以删去。这个题如果要作改动的话,最简单的办法就是把引题删去,把副题移作引题,主题照旧:

全国举重锦标赛昨晚决出多项冠军
吴数德一举刷新亚洲纪录

第二例的新闻通常标双行题也足够了,如果就现在的标题作推敲,甚至一行题也可以。原因是:(一)引题的内容也是常事,凡是清明节扫墓,年年都有这类事属"万古长青"的现象,显然没有必要标进引题。(二)从整篇新闻看,所报道的就是"昨日有近五万人前往龙华革命公墓扫烈士墓"的具体事实,既不能把它抽象上升为"本市群众踊跃祭扫烈士墓",更不需把这点内容重复分标成主题和副题两个标题。因此,如果要作改动的话,我以为一行题《本市近五万人祭扫龙华烈士墓》就够了。

第二,凡是八个字能说明问题的不用九个字;凡是九个字能说明问题的不用十个字。

路透社记者报道说
××到处是一片贫困景象

双方摆出最强阵容激战了两个多小时
中国羽毛球队艰苦奋战勇夺冠军
昨天最后一场以三比二力克世界劲旅印度尼西亚队

这两例都有多余的文字可删。第一例主题中的"到处"和"一片"是同义词,只用一个就行。第二例的引、主、副题均有多余的文字:引题的"了"字可省去,主题的"羽毛球队"可简称为"羽球队";"艰苦奋战"可去掉,因引题中的"激战"和副题里的"勇夺"也足够概括战局的艰难情况。从新闻内容看这是男子团体决赛,最好在主题中补上"男子团体"几字。考虑到这是最后一场的冠亚军比赛,"最后一场"几个字似乎也可以省去。如果从"短而精"的要求来看,这个标题也可简化为双行题:

激战两个多小时力克劲旅印尼队
中国羽球队勇夺男子团体冠军

新闻标题要做到短而精,需要两个"概括"的能力:一是高度概括问题的能力,二是高度概括文字的能力,两者也是紧密结合不可分割。必须强调的是,标题的长与短也与新闻一样,是该长则长,该短则短,不是一味求短,更不能因短害意。如这两个标题:《〈毛泽东书信选集〉〈毛泽东书信手迹选〉〈毛泽东新闻工作文选〉明日发行》、《空军奖励知识分子》。第一例是不能再短的,可说一个字也不能少;第二例则是短得害意了,至少应在"知识分子"前加上"优秀"二字。

标题的逻辑性。写新闻、作标题都要讲究逻辑性,让它们具有无可争辩的说服力。报纸上不合逻辑的标题不少,虽然有些差错不是直接来自逻辑,但造成的差错却是逻辑问题。一行题的结构虽然简单,但仍然有逻辑问题。如《人民公园夜斗持刀撬窃罪犯》,这里把主语"公安人员"略去,结果是状语"人民公园"代替主语去"夜斗持刀撬窃罪犯",但"公园"是不能与"罪犯"搏斗的。

再说多行题。因为多行关系更加复杂,就更有逻辑问题。如:

为庆贺伊巴露丽九十寿辰
郝建秀离京赴西班牙

应邀访问南斯拉夫联邦德国
胡启立率中国共产党代表团离京

这两例看起来相似,都属"离京"的因果关系——"因为……所以……"。但细作推敲却有差别,还有高下之分。第一例:因为"庆贺伊巴露丽九十寿辰",所以"郝建秀离京赴西班牙",好像是顺理成章的逻辑联系,但细想一下仍有不足。因为"庆贺"

有几种方式,既可去西班牙当面庆贺,也可在北京去信去电庆贺,不是非此莫属。从新闻内容看是"应邀"前往,如把引题换成"应邀参加伊巴露丽九十寿辰庆祝活动",不足就可弥补。第二例:因为"应邀访问南斯拉夫联邦德国",所以"胡启立率中国共产党代表团离京"。即此一种逻辑关系,前提与结论、前因与后果完全吻合没有缺陷。上下两例相比,下例标题要优于上例。再看:

城里看看要"淘汰" 农村却是热门货
上海"解放鞋"再次盛销全国
今年总产突破一千万双,打破历史纪录

这里有逻辑差错:一是引题中提出了一个问题——"城里看看'要淘汰'农村却是热门货",但主题和副题中都没有说明原因作回答,或者叫答非所问(主题和副题只是提供了"热门"的具体情况)。二是引题中说"城里看看要'淘汰'",主题中却说"……再次盛销全国"。"全国"就包括了"城里"和"农村",这是自相矛盾。

有人曾为标题的缺乏逻辑性辩解说"似通非通,不通也通"。标题是有它的特殊性的,一些约定俗成的习惯用法也应该尊重。"似通非通"是新编辑学步时会发生的一种过程,这可以理解。即使是老编辑,在"通"了以后偶然也会出现"不通",这也属正常。但写新闻、作标题都应该力求"通";自己先"通"而后才能让读者"通"。"不通也通"是不足取的。所谓逻辑,最简单的说法就是"通"。因此,需在编辑中提倡学点逻辑。

标出个性来。一般化的标题读者都不喜欢。所谓一般化大抵有两种情况:一是空洞无物,标题中提示或概括的内容都属一般化的现象或主题,没有给读者多少具体深刻的印象。如《掌握市场信息积极开展业务——××公司今年营业额显著上升》之类的标题。二是老生常谈。这类标题第一次出现时是比较新鲜的,因袭沿用也就落入了一般化。如《效率就是金钱 时间就是生命》、《大火无情人有情》等,这些标题都不能算错,但因缺乏个性引不起读者兴趣,也常常会埋没一些好新闻。

个性是各种事物的矛盾的特殊性,是各种事物赖以生存、发挥其独特的不能代替作用的依据和基础,有了个性即有了特点,就有了优势,有了竞争力和生命力。标题也是如此,如:

中国女排夺得世界杯冠军
三比二击败日本队 七战七捷获全胜

刻苦锻炼 顽强战斗 七战七捷 为国争光
中国女排首次荣获世界冠军

这是世界杯女子排球赛闭幕新闻的标题。此次比赛中国女排第一次获得了世界冠军,这就是新闻的个性和优势,也是这条新闻的价值和意义所在,编辑显然都在寻找这种个性和优势,但由于认识和水平等的不同,其结果也不同。就主标题概括和体现个性的准确和鲜明来说,第二例最佳,其"首次"两字就一语道破。

标题要标出个性,是指它应反映出新闻事实的本质,既非表象、假象,更非旁门邪道。如《烂水果做酒》、《"癞蛤蟆"就是想吃"天鹅肉"》等标题,前者的"烂"虽然有点特色,但并非反映事物本质的东西,突出这样的"个性",其消极作用是可以想见的。后者的"癞蛤蟆"当然"个性"很鲜明,但"癞蛤蟆"总是丑得令人反感,它与标题的制作艺术风马牛不相及。当然,不是所有的标题都能标出个性来的,有时候也不必要。一是新闻稿件本身就没有多少特点,编辑再努力也回天乏术;二是公告性一类新闻,通常很难也不需要标出多少特点。

标出精神来。标题是"报纸的眼睛",是反映报纸编辑部的"心灵的窗户",它应该富有表情、神色和气概,让读者受到感染。标题时,编辑应努力发掘新闻的精髓所在,把自己的感情融化进去,爱要爱得深些,恨要恨得透些,用物理学的名词讲就是要有点"力度",以情动人。如《辽宁建成住宅一百多万平方米(引)　一批职工欢天喜地搬进新居(主)》,这里的主题由于加上了"欢天喜地"这个成语,感情的色彩就非常强烈,显得精神。再看:

苏州木桶厂和福建林区社队联合经营

<center>短缺的木桶木盆敞开供应群众叫好</center>

二千四百尺棉绸丢在路上,各方推诿拒不认领

<center>对国家财产的责任心何在?</center>

这两个标题一属表扬一属批评,感情强烈,旗帜鲜明,也都显得精神。

我们所说的标出精神,是指对新闻内容的传神写照,是从新闻事实出发,以准确、忠于新闻为前提的。标题时,编辑应该十分注意"线"与"度";耸人听闻,哗众取宠,信口开河,吹牛皮、说大话等与标出精神是格格不入的。如《不让一只蚊子过冬》、《一定要从洋人脑袋上跨过去》等,这种标题都不恰当。一是做不到,二是不必要。文革时期的报纸标题上动辄"冲云霄"、"冲九霄"、"震环宇"、"震霄汉"等等,纯属吹牛皮说大话,与标出精神毫无共同之处。

要有点意境。标题虽是印在平面白纸上的,但好标题应该是"立体"的,就是说它不应字尽意了,而是留有天地让读者去领略、回味、想象和思索比标题字面表达更多的东西。好标题应有画外音、言外意,余音绕梁。如:

亚洲杯足球赛又传捷报

<center>中国队以2∶0胜新加坡队</center>

雨后场地滑　踢罢一身泥

<center>远射・巧射・两脚打通"希望之路"</center>

中国足球队昨晚在亚洲杯赛中胜新加坡队

这两题标的是同一新闻事实,前者把这场比赛的结果说清楚了,标得也没有错。但后者不仅把这场比赛的结果"2∶0"形象化了,而且还留给读者一个更富兴味的话题"希望之路"——中国队能夺取冠军吗?它勾起了人们多少丰富的回忆和想象!相比较后者优于前者。

所谓意境,用文学艺术方面的术语来说即是留有"艺术空白",把读者引进去,但又不说尽,留有余地唤起他们的丰富想象。说是空白实不空白,空白处仍有艺术,只是这个空白让读者自己去填补充实而已。因此,标题要有意境即要留有"艺术的空白",自然要求编辑也应有"空白的艺术"。

北国倘使春常在　雁儿何劳朝南飞

大批知识分子愿留通河工作

这个标题说的是落实知识分子政策的问题,但编辑没有把话说尽,而是用"春"和"雁"作比喻,含蓄而深沉耐人寻味。如果没有这点"艺术"把话都说穿,换成"假如政策落实得好,知识分子怎会朝南跑",那就兴味索然了。

意境有深浅之分,需要编辑善于发现和发掘隐藏在新闻事实里面或后面的本质特点,然后巧妙地把它传达出来。因此,大新闻里有意境,小新闻里也有意境,问题在于编辑是否有心、有要求、有水平。当然,不是每个标题都能标出"意境"来的,也不是每篇新闻都能写出"意境"。如果编辑心中没有意境,是标不出有意境的标题来的,朦胧、含混不叫意境。

讲究色香声味。好标题除了具体、准确外还得讲究"色、香、声、味"。因为诉诸视觉和听觉,它们常常能最先敲开读者和听众的"心扉",引起阅读新闻的强烈欲望,提高阅读的效果。如下面两个标题。

臭气与蚊蝇齐飞　污水共粪土一色

园岭农贸市场脏乱不堪入目

兰花醉人香　可贵不自赏
——访六届人大代表、著名昆剧演员张继青

这两个标题的一"臭"和一"香",诉诸视觉与听觉,会立即在读者的心灵中产生影响,憎与爱的感情会油然而生,无论是批评、揭露,还是表扬、歌颂,效果就大不一样。再如《美国的公开干涉火上加油(主)法国对英国砰然关上"共同市场"的大门(副)》,这个标题上的"声音",通过"砰然"点睛之笔,读者就"如闻其声"留下了印象。讲究"色、香、声、味",这是标题工作中的"上乘功夫",因为这种"色、香、声、味",通常都不是"拣现成",举手之劳就可在新闻中获得的,而是要花力气去发挥和提炼。在强调"色、香、声、味"时,我们还得注意,这种"色、香、声、味",不应是外加的、表面的,而应是内在的、反映事物本质特征的,是"色从中来"、"香从中来"、"声从中来"、"味从中来"。再比较《厨师的苦辣酸甜(副题略)》、《客来东南西北味分甜咸酸辣(副题略)》,这两题的主题大体相同,前者是回忆对比,巧妙地糅政治生活的感受和职业特点于一体,语带双关意味深长,"苦辣酸甜"四字的顺序排例,也切合"忆苦思甜"、"先苦后甜"的生活实际,反映了事物的本质特点,因此这是一个好标题,后者只是一种职业现象的表面概括,没有反映特定事物的本质特点,虽然标出了"甜咸酸辣",但依然"平淡无味"。

好标题要过三关。如果说制作标题已是不易,那么制作出好标题可说是更难了,它难在要过三关:

第一要看得出。即编辑要看得出稿件的新闻在哪里,因为标题是新闻基本内容的高度概括和浓缩,如果编辑连新闻在哪里都看不出来,那怎么能够制作出好标题来呢?

第二要标得出。先要看得出这固然重要,但光有这点也不一定就解决问题,因为生活中常有这样的事情,费许多口舌可以把一件事情说清楚,但要三言两语说清楚就不那么容易了。何况标题要求更加"苛刻",常常不是要求三言两语,而是要求片言只语,有时候还有种种限制,如字数不得超过多少等等,那困难就更多了。

第三要跳得出。过了第一关和第二关,标题还常常是大路货,只是基本符合要求而已,还说不上是好标题。真正说上好这第三关是最难的。所谓跳得出,是指编辑不只是就事论事地制作标题,而是要超脱出来就实论虚,在重视和尊重新闻事实的基础上,高瞻远瞩,揭示出包含或蕴藏在新闻事实里面的具有本质意义的东西来。当然,不是所有新闻都能制作出这样的标题来的。

看得出、标得出、跳得出这三关,第一关是眼力,第二关是笔力,第三关是功力,于此也可见好标题制作难之一斑!

电视新闻提要、标题与导语(节选)

王 辉

导言——

本文选自王辉所著的《电视新闻实务解析》,中国广播电视出版社,2007年版。

王辉,江苏如东人,1965年出生,南京大学新闻传播学院副教授。

电视新闻的标题和广播电台、报纸的新闻标题有相同之处,也有不同的地方。电视新闻的标题有时候可以由播音员将标题读出来,有时候也可以用打字幕的形式来表现。由于电视是线性传播完全不同于平面的报纸眼光可以驻足阅读,因而经常在标题后面加新闻提要(特别是在节目播出的开始阶段),在某方面来讲这种提要亦可归入标题类别,如同报纸首页的导读,或标题的提要题。在电视栏目中,有时新闻提要由新闻事件的画面与简洁的叙述语句、屏幕字幕以及流畅的音乐烘托声共同组成,或由屏幕字幕、音乐烘托声等构成,这些对引导观众继续收看新闻都具有吸引力。本文所论述的,正是围绕这些内容展开既是专业性的、也是较为深入浅出的阐述与探讨,有助于相关编辑在实务操作中借鉴。

在电视新闻联播型栏目、综述型栏目、专题型栏目中,必须体现出具体的结构性因素。这些理当重视的栏目结构性因素有:① 新闻提要(导读);② 新闻标题;③ 电视新闻导语及起导读作用的"导语"片花、字幕。

一、新闻提要(导读)

在电视消息栏目中,新闻提要——由较少的新闻事件画面、较为简洁的叙述语句、屏幕字幕以及流畅的音乐烘托声共同组成,或者也可以由屏幕字幕、音乐烘托声等构成,这类富有感染力的短片,预告了本次消息栏目中即将播出的重点内容,便于引导观众收看。

它通常出现于栏目开头,以引领新闻节目逐渐播出;也有的新闻提要,按栏目播出顺序在上一节节目与下一节节目之间出现,以便激发观众继续收看的欲望。这样表明了新闻提要作为消息栏目中的短片,有独特的导读功能,起着强调重点新闻信息、提示报道编排、吸引观众关注等作用。

新闻提要的制作方式,也同样十分灵活。在电视屏幕上,新闻提要(导读)常借助于字幕、特技画面、解说声与音乐声混合等呈现。因此,写作新闻提要时,必须准确概括新闻报道内容,语句简练生动,同时应考虑与画面、声音的配合关系。尤其应当注意的是,在不同表述风格的栏目中,新闻提要(导读)也可以有多种表述风格,既可以诙谐幽默,也可以严肃认真。这些其实也是栏目整体风格的一种"装饰"形式。

二、新闻标题

新闻标题,是新闻报道主题的简略表述。它以字幕形式出现于电视屏幕上,有三重功能:① 提示新闻报道的重点信息,有说明功能;② 与相关画面影像配合表达,有结构功能;③ 在新闻报道之间起间隔作用,标明这是又一条电视新闻,有美化、装饰功能。这种美化、装饰功能,对线性传播的电视栏目来说也具有重要意义。这些在第五章第二节中阐述字幕的表达功能时曾经谈及。

这样,电视新闻标题不同于报纸新闻标题,通常以简短的实题为主,一般不用虚题,也没有副题与肩题。它体现了电视屏幕文字的共同特点:简明、简短、具体、直观、生动。

三、电视新闻导语

比起新闻标题来,导语在报纸新闻报道、电视新闻报道中的差别更大。在报纸新闻中,导语一般指报道开头的简短语句,而在电视新闻中,导语有三种形式:① 口播导语;② 解说导语;③ 现场播报的导语。

① 口播导语。口播导语,指播音员在演播室内报道新闻事件时开始的口头播报。

这种播音员(主持人)开头的口头播报,形式上虽与报纸新闻中的开头相仿,都起到了一开始就传递重要信息的作用;但是,另一方面,由于电视新闻在播出过程中是线性(遵从时间维度)方式,不同于报纸新闻以空间布局呈现给读者。因此,电视消息栏目中播音员(主持人)开头的口头播报,不同于报纸新闻导语,有特定的结构贯穿作用——视此前一条新闻所报道的内容,决定接下来需要以何种方式串接下一条新闻报道。这样播音员(主持人)开头的口头播报内容,或者称口播导语,实际上取决于多种因素,如在两条新闻报道间如何自然转接,是否可用播音员(主持人)抬头、低头动作自然间隔,是否需要适当点评等。

因此,口播导语通常由报道新闻事件的记者初写,栏目责任编辑(主编)最后改定,播音员(主持人)临场把握,以适合于消息栏目最终播出的实际需要。

② 解说导语。

③ 现场播报的导语。

四、字幕元素在节目中的表达功能

现在该来谈谈与声音元素、画面影像同等重要的字幕元素了。

在视听语言形式中,字幕元素参与表达的历史,可以追溯到19世纪末电影刚诞生之际。在早期"活动影像"中,就已经出现了字幕。默片时期影像制作者常用字幕形式说明画面人物的"同期声",或者用字幕形式交代剧情,补充未能以影像传递的信息等。这种字幕与画面影像配合表达的方式,到了有声电影时代依然延续下来。这样,字幕一直就是视听语言形式的重要元素。

概括地说,字幕元素在影像文本中有三种基本功能:① 说明功能;② 美化功能;③ 结构功能。这三种功能又相互贯通、相互关联,其中说明功能(即传递信息)居于基础地位。

(1) 字幕的说明功能

字幕元素的说明功能,指在影像文本中用字幕形式直接传递信息。这是运用视听语言形式表达时的常见现象。具体地说,字幕元素所承担的说明功能,分别体现于以下三种情形:

① 概括画面影像所传达出的重要信息,比如新闻标题字幕、新闻报道的重点信息(要点)字幕等,这类字幕对画面影像所欲传递的重要信息进行"浓缩",属于信息

概括式表达；

② 配合说明影像的状态，如同期声字幕、被采访人姓名与职务的字幕、表明画面影像时间与地点的字幕等，这类字幕是对影像信息的补充与配合，属于信息补充式表达；

③ 单独的信息告知式字幕，这类字幕通常不与画面影像配合，单独出现于屏幕上。比如，新闻栏目中的字幕新闻，或者游动于屏幕下方的最新重要新闻信息，这些字幕传递出了更多的新闻信息；又如，纪实节目里表明事件、人物最终结局的字幕，或者说明记者感想的字幕等。这些属于信息告知式表达。

总之，概括重点与要点、补充说明影像状态、特别告知影像文本中未能涵盖的信息，是字幕元素特有的基本功能。

（2）字幕的美化功能

事实上，出现于电视屏幕的任何字幕都具有美化功能。因为，视听语言形式本身就具有艺术特征，字幕通常作为特定的图像出现，所以，"上字幕"时无论是否与画面影像配合，都必须考虑字幕的各种形式因素，诸如字体、颜色、进入屏幕的运动方式、在屏幕停留的时间、在屏幕上的位置等。当然，如果与影像配合（叠加在影像上），还需考虑如何与影像的影调相配、叠加的位置等。

其中，尤其是原本就承担美化影像文本任务的字幕，如片花字幕、内容提要字幕等，更需注重视觉表现效果。观众看得清楚，又不要干扰观众收看电视画面。[①]

因此要重视屏幕上字幕的美化功能。

（3）字幕的结构功能

字幕的结构功能，体现于以下情形：

① 在与其他元素配合时所起到的意义贯穿作用，如字幕与影像配合表达时就产生了信息传递的合力；

② 在上下文关系中起到的串联作用，如先淡入字幕"第二天"、淡出后再淡入画面影像，此处字幕起到了转接作用。

这样字幕的结构功能，既体现于屏幕上诸元素的配合，又体现于上下文之间的"语境"串联，这些在节目中起到了不可忽视的重要辅助作用。

（4）字幕的综合表达能力

在新闻节目中，字幕的这三项功能往往紧密配合，共同履行表达"职责"。字幕与画面影像配合，既有说明功能、美化功能，又有结构功能。

尤应关注的是，有些字幕与声音配合，形成了有声字幕。如新闻栏目的内容提要、采访同期声等。它具有强烈的表达功能。如有一期中央电视台《新闻30分》栏目的内容提要（字幕）：

[①] 高世明：《实用电视新闻》，中国广播电视出版社，2000年8月版，第194页。

- 北京全面整顿"黑车"
- "废旧物资发票"骗税大案侦破
- 带有抗疯牛病转基因体细胞克隆牛降生
- 乌克兰举行切尔诺贝利核事故20周年纪念活动
- 扎卡维威胁将发动更多袭击

新闻栏目的内容提要字幕,言简意赅、富有情趣,是与声音配合传递信息的重要方式。这些有声字幕,与画面影像、声音共同组成表意"金三角"关系。

相对而言,新闻标题虽不是有声字幕,但也同样凝练,集中地展现新闻信息。如消息标题《山西清徐:治理初见成效环境焕然一新》、《我国最大的灵长类动物实验室在云南昆明建成》,都用实在的字眼简洁说明新闻事件;而一些新闻评论节目、新闻调查节目的标题,如《"罚"要依法》、《巨额粮款化为水》、《大官村里选村官》,往往更为简练、有力,追求意在言外的表达效果。

有些字幕作为特定的图像与音乐背景结合,能产生奇妙的综合表达作用,形成独特的影像文本。我始终记得这样的字幕(影像文本):把以往二十多年里获得世界冠军荣誉的中国运动员姓名、教练员姓名,都打成字幕,像繁星点点出现于屏幕上。这些"姓名字幕",随着音乐节奏,不时变幻运动方式、屏幕位置,形成与音乐相配的运动节律,恰似跳跃的精灵,合成妙不可言的艺术氛围。

总之,在视听语言形式中,字幕元素看似平淡无奇,实际上却有着独特的表达功能:要用好字幕,要让字幕与声音、影像形成综合表达……尤其是形成让人叫绝的艺术效果,恐怕也不是一日之功。

在这些关于字幕功能的阐述中,你更能体会到影像文本所特有的蒙太奇时空展现效果。如前所述,电视新闻的呈现形式,并不等同于用监控摄像头拍摄的监控录像,这两者之间有区别。电视新闻报道是影像文本,是用视听语言形式表达的内容,是借助于蒙太奇时空展现的"生活景象"。这样字幕也就不同于普通的书面文字表达,其说明功能、美化功能、结构功能,说到底就是配合表达功能,由此更应当学会从时空角度看待每一种表述元素,从配合表达上、从节目整体上思考如何采制、如何剪辑(编辑)……这就进入了专业化工作的境界。

标题制作要求和方法（节选）

胡 武

导言——

本文选自郑兴东主编的《报纸编辑》，武汉大学出版社，2000年版。

胡武，湖南嘉禾人，1940年出生，武汉大学新闻与传播学院教授。

标题是新闻门户，标题有吸引力才能让读者接着进入具体的新闻内容进行阅读，以不枉记者采写的一番心血。因而，标题制作成为编辑工作中十分重要而又有发挥主观能动性的一环。本文从题文一致、突出精华、准确鲜明、言简意赅几方面阐述了标题制作的一般要求，并从修辞的角度探讨了如何使标题制作得生动活泼的方法，以提高标题的可读性吸引读者。作者还阐述了标题的制作程序，一般都要经过读稿、命意、立言、修正几个步骤。即首先精心阅读稿件、分析稿件，厘清稿件中的重要之处与次要之处，接着对标题的内容和形式酝酿与构思，提炼出稿件中最具有新闻价值和社会意义的事实，然后把确定的标题的内容和表现方式用适当的文字表达出来，最后再对标题进行仔细推敲、完善。这几个环节逻辑顺畅、恰当合理。

新闻标题虽然只是短短一句话或几句话，但写起来颇为不易。要作好标题，必须解决写什么和怎么写的问题。所谓写什么，就是要确定标题从新闻中提炼出什么事实和观点；所谓怎么写，就是确定标题如何表述这些事实和观点。

一、题文一致

即新闻标题必须与新闻内容相一致，它包含两种含义。

首先，标题所揭示的事实要与新闻内容一致。其一标题所写的事实应是新闻中本来就有而非虚构，其二标题可以从新闻中选择某一事实但要顾及事物全貌，不能歪曲新闻的基本事实。如《中国柔道队员再试身手（副）主队愈战愈勇三胜一平（主）》，这条新闻是说中国队三胜一平四负，可标题取舍的事实不当，只说胜与平不说负，而恰恰是负多，这就给人造成误解为这场比赛是中国队胜。

其次，标题中的论断在新闻中要有充分依据。标题可以具体描述新闻事实，也可以对新闻中的事实进行概括做出论断，但这要有充足的事实作根据而不能片面、夸张、拔高。如标题《阿根廷队不惧巴西》，给人的印象是阿根廷队不畏巴西队。可是，新闻报道的是阿根廷队若赢得比赛，才能会在下一轮比赛中与巴西队交锋，标题的这个论断在新闻中并无根据。

二、突出精华

题文一致只是对命题的范围加以限定,即不能超出新闻所提供的范围。但仅做到这一点还不够,新闻的内容可能有许多方面,标题还必须对其进行选择,即应突出精华。这有两层含义:

一是将新闻中的精彩部分作为标题的内容。即把新闻中最具有价值和意义的事实写在标题中。具体说来要突出最新的内容;广大读者所不知晓的内容;新异的内容;对广大读者关系密切的内容;在社会上已发生重大影响的内容;事态正在发展将产生广泛和深远影响的内容;对广大读者地理上、心理上接近的内容;广大读者具有共同兴趣的内容;具有典型意义的内容;有利于解决社会迫切矛盾的内容;对广大读者有教益的内容。

二是将内容的精彩部分放在主题中。前面是说应该把新闻中的什么内容写进标题里面,至于把它们放在标题的哪个位置,尚需再进行斟酌。标题所写的事实,从数量来说有的是一项,有的是两项或两项以上。对于两项或两项以上的事实,要加以比较,把价值最大的一项放入主题之中;若是只写一项事实,也要将它的各个组成部分加以比较,把其中价值最大的事实成分写入主题之中,唯有如此才算突出了精华。

标题写一件事实包括的成分,有"人"、"事"、"时"、"地"、"原因"、"结果"等。这些部分不可能具有同等价值,不必都写到主题上。但是对新闻价值的构成有重大关系的事实成分,最好写在主题之中。如《疏影横斜关东月　暗香浮动塞北风(引)北方露天栽种辽梅成功(主)》,主题写明"北方"很重要,因为自古就有梅花不能在长江以北地区栽种的说法,因此,在主题中突出"北方露天栽种"才能充分显示新闻价值。

三、准确鲜明

这是指标题须切实做到表意要准确,表态要鲜明。

表意准确包含三方面。一是概括事实要准确。标题要忠于事实,即在概括浓缩新闻事实时,不可虚构事实。事实是"明月光",标题就不能是"地上霜"。无条件地忠于事实,这是作新闻标题必须遵循的基本原则。标题概括事实的客观,其一是所写的事实应是新闻中本来就有的而非虚构,其二可以从新闻中选择某一事实,但这种选择应顾及事物的全貌不能歪曲新闻。如某报报道一辆吉普车因天雨路滑,车速快,碰撞右侧人行道的树之后弹向路中,随着相继而来的八辆车相撞,标题为《雨天路滑　九车相撞(主)本市昨晚发生一罕见事故(副)》,标题只标了"雨天路滑",似乎九车相撞都是由客观原因造成的,标题不标出"车速快"既违背了新闻中的事实,也不利于人们从中吸取教训,削弱了新闻应有的作用。总之,标题要准确地概括事实,从思想上要注意实事求是,从作风上要注意认真细致,从语言上要注意字斟句酌。

二是评价事实要准确。标题不仅揭示新闻内容还可评价新闻内容,表达编辑部的立场态度。但标题所体现的观点无论是摘自新闻本身还是借题发挥,或是从新闻事实中概括出来的,都不能片面、夸张、拔高。如这两条标题:《王生财治厂有方》、《徐闯把"大难"变成先进厂》。标题说某一个人"治厂"或"治家"有方可以,如果说把一个落后单位变成先进单位就不准确,后面一个题就有些言过其实,夸大了个人的作用。再如一则写战士学雷锋的新闻,标题写成《子弟兵都是"活雷锋"》,论断就不确切,因为即使在现实生活中也难以做到这点的。

三是运用文字要准确。编辑在制作标题时的表情达意,遣字造句必须做到切实准确。同时,还要善于选用最适当的字或词,做到恰如其分地表达新闻内容,不使人产生歧义,不让人造成误解,影响新闻的传播效果。如某报标题《××商业服务急需解决什么问题?(引)抓好"黑白绿"搞好"细小杂"(主)》,题中的"黑白绿",指煤、米、菜,"细小杂"指日用小商品,这些财贸系统的业务术语,一般读者看了就未必弄清是什么意思。

表态鲜明,是指新闻中所披露的事实,就其性质来说是多种多样:有美好的或丑恶的;有令人喜悦的或令人悲哀的;有令人气愤的或令人感叹的,标题表现这些事实的态度,不应该冷漠而应鲜明,笔下带有感情,在报告真善美时欣喜之态跃然纸上;披露假丑恶时愤懑之情溢于笔端,鲜明地表现报纸的立场和态度。

当然,并不是说所有标题都必须或褒或贬才算态度鲜明。一般说标题的态度可分为三类:肯定、否定、中性。肯定与否定都有倾向性,中性的基本不偏不倚。片面强调要褒贬扬抑的态度,会使标题的导向发生偏差。如有些新闻报道突发事件,事物的性质尚不清楚,在标题中就不能表示明确的态度;有些新闻内容属别国的内部事务,也不便在标题中妄加评论;有些报道是友好国家之间的冲突或纯属学术问题的争论,也不应在标题中有明显倾向;有些事情错综复杂关系微妙,在标题中表态也不妥。如《印巴就"击落飞机"相互指责(主)国际社会呼吁两国保持克制(副)》,这个标题只是对印巴就一架飞机被击落事件所进行的相互指责,以及国际社会的态度进行客观表述没有作任何评论,这便与我国外交政策相一致。

新闻标题的表态,又分为实题表态和虚题表态两种。实题表态主要是通过叙事中对事实和词语的选择以及表现方式的运用来表示,在标题中虚与实是结合在一起的,何者讲事实,何者是评论很难分开。虚题表态主要采用议论的方式,如《榜上无名脚下有路(主)京津自学青年代表交流成才经验(副)》,主题是虚题议论,副题是叙事,两者容易分开。虚题表态需要实题作依托,否则就不能使读者了解新闻事实。

四、言简意赅

新闻中的精华能否在标题中突出,与文字是否简洁有很大关系。冗长的文字只能将新闻中的精华埋没,削弱读者对新闻注意力。心理实验证明,人在阅读时眼球跳动是看不见字的,只有在眼停即眼球不动时才能看清文字。实验证明,在眼停的情况下六七个字的标题可以一目了然,标题越长要求眼停次数越多,阅读也就越不容易。一般说来读题常是一扫而过,眼停的时间极短,因此标题宜短不宜长,太长可能不被读者所感知和理解。要使标题简洁明快,可采用如下方法:

善于省略:就是善于删去标题中那些可有可无的内容,只保留事实核心部分省略其他;只保留事情发展结果省略不必要的过程与细节;省略消息来源;省略不必要的议论;省略不必要的事实成分如时间、地点、名称等。关于如何省略,上面的"突出精华"以及后面的"命意"和"立言"中均有涉及,这里从略。

锤炼语言:标题经过压缩删削了不必要的内容,尚需进一步在锤炼语言上下功夫,这是制作标题的一项硬功夫。

适当采用简称有助于标题的简练。标题受规定的地位限制,字数有限,遇到较大的词组可以压缩简化。如采用缩合式简称,把一个词组分成几节,在每节里选择一两个字组成简称。如"第七届全国人民代表大会第一次会议",可以简称为"七届人大一次会议"。有的则可采用数字概括式的简称,即用数字概括平列的几个词组组成简称,如"五讲四美"。

善用标题之间的关联性:组成标题的各部之间存在着一种有机联系,作题时如能巧妙利用也有助于标题的简练。第一是长句分行。有的标题作一行题显得过长,可以分作两行或三行。如《上海提出稳定经济对策　强调认真处理五个关系》。分成两行阅读比较容易。如果作一行题20个字要占多栏,既不美观阅读也不便。第二是主题写得概括一些,具体事实放在引题或副题中交代。如《调整产品结构提高产品质量(引)北京上海工业生产回升(主)头11个月总产值分别比去年同期增4.9%和3.5%(副)》,主题中的"工业生产回升"具有概括性,其原因由引题交代,具体表现则由副题去说明,这样就使主题比较简明。

五、生动活泼

标题要把新闻中的精华告诉读者,还应讲究生动性,以优美的形式吸引读者。为此,要借助一些修辞手段。

一是巧用富有表现力的事物表现标题的内容,有助于标题的生动,这方面常用的修辞手段有比喻、比拟、借代等。二是巧用诗词佳句或模仿现成句式格调表现标题内容,可以使标题简练而富有情趣,这方面常用的修辞手段有引用、仿拟等。三是利用词语的各种联系表现标题的内容,有助于标题的鲜明性和形象性,这方面常用的修辞手段有对比、对偶、排比、联珠等。四是巧用词语的多重含义来表现新闻内容,可以增加标题的思想内涵和感情色彩,这方面常用的修辞手段有双关、反语等。五是巧用提问和呼唤的方式表现标题内容,会使感情表达更充分,这方面常用的修辞手段有设问、呼告等。善用修辞这些手段,标题都会更引人注意而意味深长。

六、标题制作程序

标题制作过程一般要经过读稿、命意、立言、修正步骤。

读稿,即精心阅读稿件,这是制作标题的第一步。新闻稿是标题的基础,只有熟读稿件才能做出较好的标题。首先要细心阅读导语,许多新闻把最新鲜、重要、精彩的新闻事实放在导语,因此导语往往是拟写标题的重要依据。但要认真读导语并不意味可以不细读全文,因为不少新闻的最重要、引人的事往往在后面的文字里,不细看完全文就不可能写出准确、精彩的标题。

命意,是对标题内容的酝酿与构思的过程,即在通读原稿的基础上,把新闻中最具有价值和意义的事实提炼出来。命意需要编辑对新闻的内容进行分析与比较,弄清楚哪些内容以及它们是什么性质、具何种意义。一篇新闻可能包含的内容有新闻事实、背景、回叙、议论等,新闻事实是精华,是标题主要表现的,对何者是新闻事实必须把握准确。对背景、回叙等也不可忽视,它们可以帮助了解新闻事实的意义,有时为了衬托新闻也需要将它们写入标题。在多个事实的情形下,编辑要分析与比较各个事实,确定哪个最具有价值和意义。此外,还要确定标题的表现方式,如以务实为主还是以务虚为主;是概括表现新闻内容,还是重点表现新闻内容。以务实为主的标题重在报告事实,以务虚为主的标题重在表意;概括表现新闻内容重在说明全局;重点表现新闻内容重在揭示某一局部事实。不论是确定标题的内容还是表现方式,都是对新闻事实的价值和意义的评估,这既取决于编辑对新闻价值的理解,更取决于编辑对客观形势以及读者需求的把握。

立言,就是把命意阶段确定的标题的内容和方式用适当的文字表达出来。新闻经过仔细的阅读与分析,制作标题时可以采用不同的结构来表现。用单一结构还是复合结构?虽无固定模式仍有规律可循。一般说来,对内容不很重要信息量不太大的短新闻,往往只作单一式标题,对内容重要、信息量又大的新闻往往要制作复合式标题。如果采用复合式标题,通常应先写主题,因为主题在内容和结构上都起着主导作用,引题和副题都是服务于主题的。写好主题标题就有了中心,如觉得有必要加强气氛和感情,说明其原因、目的和意义等,可以再作引题,如需要解释说明意义和补充内容等,则可再作副题。标题立言要注意词语的选择、锤炼和修饰,力求做到言简意赅,深入浅出,通俗易懂。要注意避免主题与引题、副题之间的语义重复或文字重复。标题命意要与新闻内容相符,而立言则不需要与新闻的文字完全一致,可以有所变化。新闻写事件可以有所展开,有时用较多笔墨去写一件事情。标题只是几句话甚至一句话就不可能展开,比之新闻更讲求句子的整齐和好读,这也要求对新闻原文有所改造。因此,编辑要有较高的文字功底,头脑中有丰富的语言库存,这样立言时才能做到得心应手。

修整,是标题制作的最后一个程序,也是必不可少的一个程序。古人赋诗撰文,大都讲究锤炼字句。"文字频改,功夫自出。"好文章在一定意义上讲,不是写出来的而是改出来的。写文章是如此,制作标题也是如此。当然,报纸出版的时间性很强,不允许编辑思考、琢磨很长时间,但只要时间允许,编辑就应对标题进行仔细推敲。

中西方报纸标题的比较(节选)

[加] 赵鼎生

导言——

本文选自赵鼎生所著《比较报纸编辑学》,人民日报出版社,2009年版。

赵鼎生,北京人,1955年出生,1991年入加拿大国籍,曾供职于中国多家报纸及加拿大联邦政府。

新闻编辑工作活动的最终是通过物化的符号来表现的,中西方的文字符号、文化习惯等的不同,也必然会带来各自在表现形式上的某些差异,标题制作亦然,何况还有一些新闻理念上的不同,有时也会在标题上呈现出来。本文结合中国报纸标题的现状和西方报纸标题的特色,主要从中西方报纸标题上常用的语法和修辞艺术进行比较,阐述了中西方报纸的标题在这些方面的差异,并说明了产生这些差异的一些缘由。当前,世界各地的各种交流越来越频繁,通过交流可以更好地了解对方。相互比较也是一种交流的方式,在比较中可认识到对方的一些特点、长处而相互学习、扬长避短。选入本文的目的,也正在于此。

一、中西方报纸标题语法的比较

应该看到,现代汉语的语法是早年留学生参考了英语、德语、法语、日语的语法建立起来的。所以,现代汉语语法打上了很深的西方,特别是英语语法的烙印。但二者也有不同之处,英语的形容词作修饰语时只能修饰名词,不能修饰动词,而汉语的形容词不仅可以修饰名词,而且可以修饰动词。中国语言是以名词为本位的语言,英语恰恰相反,他们是以动词为本位的语言。中国语言的词性,体现在语言组织的顺序当中,没有形式的变化,不算很科学。而英语的词性带有形式上的变化,词序的决定作用远不如中文突出。

词形没有变化,是汉语与英语的又一根本区别。因此,有些中国语法学家认为,汉语无词类可言。汉语最主要的语法决定因素就是词序。

中国报纸标题的语法表现,恰恰反映了汉语的特点,于是也就表现出了与西方报纸标题不同的语法规律和现象。

看一则英语新闻标题：

偷手枪企图结束生命（主）

无业游民苏珊盗窃警察手枪被捕（副）

这里，主题省略了主语苏珊，主语出现在副题之中。

西方认为：一条标题如果没有动词，那不叫标题而是一个标签。如果写出没有动词的标题，等于又回到了300年前西方报纸没有标题只有标签的洪荒年代。

无独有偶。100多年前中国现代报纸刚刚诞生的时候，标题也没有动词，只有标签。如"上林春色"、"西湖棹歌"。

中西方报纸标题中出现动词，是一次历史性的进步。

英语报界进一步认为：标题不仅必须包含动词，还必须把动词放进标题的第一行（注：如果是多行题），因为这么做可以使人在一瞥之间发现最新发生的变动。

中国报纸的双行题，80％是两句话。而西方的双行题，80％是一句话。可见，西方报纸的双行题，是一句话被截成了两行。中国报纸的双行题大部分是两句话，两个主、谓、宾结构。

中国报纸标题在语法上具有主谓宾俱全的特点，但仅指新闻消息标题，不包括通讯、特写、花絮、评论等。如《北京日报》的通讯《深山俊鸟》，就只有主语。

二、中西方报纸标题修辞艺术

疲劳词汇，即指被报纸用滥了的词汇。西方报纸和中国一样，一个新颖词汇出现，大家一窝蜂地"效颦"。结果，这个词在报纸版面上出现的频率太高，以致失去了新鲜感。

打开西方周报，会发现版面上充斥着大量缩写。中国报纸标题的缩写用得不如西方多。

俚语是西方无数小报标题里的常客。西方大型严肃报纸标题，一向有排斥俚语的倾向。在西方报纸编辑学著作里，会发现大量对俚语的微词。

西方特写的标题，大体分为四类：(1) 花絮的标题；(2) 浪漫题材的标题；(3) 悲剧题材的标题；(4) 幽默题材的标题。

悬念性特写标题的关键，在于既要点出玄机，又不能"说漏"。说容易，真正做是很难的，往往在点出玄机的同时，就把玄机给捅漏了。

西方每五千条新闻标题中，才会出现一条押韵的标题。可见，押韵的标题在西方报界不吃香，而中国押韵标题则遍地都是。

西方编辑认为，如果一群人有七八千之众，标题最好写七千。如果一次航班的飞行时间是8小时45分，那么，标题不要写"大约八小时"，而要写"不足九小时"。

三、中西方报纸标题的迥异之处

（一）修辞格用得比西方多

翻开中国的报纸编辑学，在标题一章里，人们可以发现几十种修辞格。运用这么多修辞格，在西方报纸编辑学标题一章里找不到。中国报人在制作报纸标题时，实际上是把文学中的修辞手法全盘照搬了过来。西方报纸标题当然也讲究修辞，但他们运用的修辞格却显然没有中国多。相比之下，西方报纸的标题在修辞上显得比较单调。

（二）比西方运用了更多的成语

中国的成语不同于西方语言中的短语。中国的成语具有非常丰富的内容和故事性，而西方短语的故事性大为逊色。中国报纸标题和西方一个重要不同，在于中国报纸标题大量使用成语，尤其是四字成语。

在标题中大量使用成语的优点是：生动，精悍，寓意深刻。但缺点是：陈词滥调，受成语本身语义的局限。

在使用成语制作标题时，中国报纸还存在"自造成语"的现象。这是一分为二的问题，成语当然不能永远停留在古人的水平上。但是，滥造和误用则是应当反对的。请看《重庆晚报》2009年3月2日的头版头条标题：

奔月"嫦娥"一吻殉情（主）

昨在精确控制下撞击月球

完成四大任务结束使命（副）

这条标题至少存在两个问题：第一，创造出"一吻殉情"的新成语，貌似惊人之笔，但细一想，还是不够准确。是吻过一下之后殉情？还是为了一吻而去殉情？不是十分清楚。第二，它的使用环境成为更大的问题。撞击月球的科学目的和"殉情"这个爱情色彩极为浓厚的词语，可以说是风马牛不相及。嫦娥虽是创造这条成语的契机，但这样创造成语，代价颇高，使人感到了一丝的卖弄。恐怕讲究浪漫的西方人也不会用"吻"（kiss）这样性感的词，来形容一次太空科学试验。

（三）比西方标题押韵的现象更多

西方有几百年写作诗歌押头韵的历史。中国诗歌当然也讲究押韵，但历史上没有出现过压头韵的记载。所谓压头韵，就是诗的韵脚不压在句尾，而是压在句头，这确实是西方的月亮。如今，西方报纸标题中，非常难得地还能偶尔见到押头韵的现象。

总的看，中国报纸标题押韵的现象，远远胜过西方。中国报纸标题的押韵现象不仅出现在通讯、特写、花絮当中，也常常出现在消息当中。不知为什么，西方报人总对在标题中运用押韵有反感情绪。所以，在西方报纸标题中找押韵现象，十天半月也不容易得手，恐怕这又是个"哥德巴赫猜想"。

（四）中国报纸标题受诗歌的影响巨大

纵观中国报纸标题，酷似诗句的标题比比皆是，突出表现在标题的字数对仗。这个现象，在西方报纸中也找不到，受到古诗词影响的中国报纸标题举不胜举。中国诗以唐诗为鼎盛，中国现代报纸的标题，也正是受唐诗的影响最深。因而，中国新闻标题中，七言现象最为普遍。唐朝已经是一千多年前的事了，而今天中国报纸标题依然延续唐风，实在不能不令西方人惊讶。大约在明朝末年，西方诞生了莎士比亚十四行诗。但当代西方报纸标题，借鉴和模仿莎士比亚十四行诗的现象基本不存在。

（五）中国报纸标题使用了更多的方言

中国民族多，地域广，方言多。因此，在一些地方报纸上，标题里常常能见到方言的身影。比如《北京晚报》的标题中，经常使用老北京的京话，《羊城晚报》标题中常常出现粤语方言。这个现象在英语报纸中是不存在的。英国、美国、加拿大、澳大利亚、新西兰，都使用英语办报，却不存在方言体系。在中国，让广东人理解老北京土话"碌礴"，或让老北京人理解粤语方言"酒干"，恐怕都是赶着鸭子上架。

四、西方报纸标题特色

使标题成为继照片之后的第二大版面视觉要素；
吸引读者的目光，使读者有兴趣去阅读新闻；
告诉读者"这是你要读的"，或"这不是你要读的"；
使用短小的字眼，来增加标题的冲击力和阅读速度；
尽可能在一行之间囊括新闻的要害；
双关和押韵，不属于西方严肃新闻的规则；
不偏不倚的标题，是西方报纸标题制作者的职业精神所在；
标题应给读者一点"小费"，即告诉他们一些他们不知道的事情；
标题应尽量用数字说话，读者喜欢更有说服力的事实；
标题中尽可能不使用问句；
标题和导语的写作要领一样，应当表达行动、变动、活动；
标题用语可以从导语和主体中汲取营养，但又不能一丝不差地照抄导语和主体里的原话；
标题用语宜特指，忌讳泛指。"有人抢劫银行"，远不如"有人为过圣诞节而抢银行"；
标题应避免描述一个正在进行的过程，而应当讲叙一个已经完成了的事件；
标题宜使用高度视觉化和描述性的词汇，避免使用缺乏色彩的平俗字眼；
坚决摈弃"死标题"，即那些没有传播任何新闻信息的标题；
纠正信息拥挤的标题，标题不能群龙无首；

避免写"误导标题",虚张声势最终会遭到读者的鄙视;

避免写"朦胧标题",标题讲究精确,不提倡模糊和朦胧。

五、中国报纸标题现状管窥

(一)标题形式趋于简单化

在漫长的时间里,中国报纸标题创造出了丰富多彩的形式:如引题(肩题),眉题,插题(小标题),栏题,提要题,边题,尾题,标题新闻等。

总的说,21世纪的中国报纸标题,逐渐摆脱了标题形式大而全、复杂繁琐的传统,开始向简单化的方向迈进。最明显的证据就是,打开今日各家报纸的版面,人们看到了一行主题称霸天下的局面。回顾上个世纪,却是复杂形式的复合标题一统天下。至少可以断定:版面美学价值观念的变化,节约纸张的物质考虑,电脑排版的革命性冲击,社会生活节奏的加快等因素,是造成这一标题形式变革的主要动因。

这个变化和西方报纸标题的现状是一致的。

(二)标题出现了口语化的趋向

在20世纪没有互联网,只有报纸、电台、电视台这三大媒体。相比之下,以报纸的文字水平为最高。人们不难回忆,那时的报纸标题,基本上是清一色的书面语,很少有口语化的倾向。那时机关报的标题,总是一付正襟危坐的尊严。插科打诨或说两句大白话,是难得一见的情景。

今天则不然,不论大报小报,标题中都存在口语化的倾向。例如,2009年4月6日,《工人日报》用了这样一个标题:《老赖们的日子不好过了》。2009年4月2日,《北京晚报》使用了这样的标题:《我们的节日需要举世掺和吗》。

口语化的标题道路,毕竟是一条新路。它的好坏功过,最好再经过一段更长的时间,等尘埃落定之后再来判断。

(三)标题中减少了政治词汇

在"文革"时期,中国报纸标题中的政治词汇量达到了登峰造极的程度。现在,标题中的政治词汇明显降温,政治说教出现了减少的趋势。

(四)对偶标题热度不减

中国诗歌讲究对仗,赋及骈文也是讲究对仗,它们都对中国报纸标题制作,产生着不间断的影响。

英国也不是诗歌小国,出现过莎士比亚、彭斯、拜伦、济慈。但是,这些英国诗人的风格,却没有对今天英国报纸的标题制作产生像赋、唐诗、骈文对中国报纸标题那样的影响。

2009年4月2日的《北京晚报》五色土副刊,登出了一条标题:《两载甘苦日 一生康巴情》。这实际上是两句对仗的五言诗,也可以说它是一个楹联。

(五)竖题数量在锐减

郑兴东先生曾指出过中西方报纸版面上的一个重大差异——中国报纸有竖题现象,而西方却一律是横题。

竖题的存在,源于中国三千多年文字竖写的习惯。今天,中国报纸存留的竖题,其实是中华古文明的化石,它最终会走出历史舞台。在竖题走完历史进程之前,它还会在中国报纸版面上,做出一定的贡献。电脑排版和网络版面的发展,无疑会加速中国报纸竖题的消亡。

新闻标题的生动性赏析(节选)

余 芳

导言——

本文由余芳撰写,选自邓利平等《报纸业务新理念评析》,兰州大学出版社2005年版。

余芳,山西运城人,1957年出生,南京大学外语部教师。

标题是业务也是艺术,说它是业务是就一般意义而言,新闻都要有标题,其制作要合乎具体、准确、简洁的要求。说它是艺术是就其特殊意义而言,即指它具有鉴赏韵味,能拨动人的心弦,掀起情感的涟漪,展开联想的翅膀翱翔于五彩缤纷的审美天地中。"'意尽而言止者,天下之至言也。'然言止而意不尽,尤为极至。"[①]若标题能达到这个境界,就已使它大大增值,超越了标题的作用而含义更为丰富。我国不少报纸上的标题都在向这方面努力,不光传达信息,也以一种生动的审美韵味来引起读者关注,强化其竞争优势。本文作者从借助名诗佳句使标题生动、善用修辞使标题生动、制造卖点使标题生动三方面举例分析,对这个问题进行了阐述。

新闻标题制作应具体、准确、简洁、鲜明,这是就标题制作的一般要求而言。而要想使标题吸人眼球、欲读不罢,则是需要标题的生动性了,这是标题制作的高要求,是就标题的优美动人、富有艺术而饶有兴趣,引起读者的注意留下印象。如下面一些标题:

武术不是舞术

塔利班"班长"逃过一劫

碳交易:小荷才露尖尖角

[①] 吕本中:《文体明辨序说·文章纲领》,《历代文人论文学》。

火箭,火了！　湖人,糊了！

奇怪！青年公寓飞进"老鸳鸯"

这几个标题都会因生动、诙谐而达到引人入胜、吸引读者去详细阅读新闻的效果。

现实生活本身就是五彩斑斓、生动活泼的,记者发掘采撷出的大量新闻事实也都是清新有趣的,标题应当与之匹配,并以出色亮丽的形式为之张扬,让人"一曲难忘",以此吸引读者深入探究新闻内容。如果标题枯燥无味,读者视之为路人未引起对内容的注意,使得一些有价值、有兴味的新闻"擦肩而过",便枉费了记者、编辑的一番心血。

一、借助名诗佳句使标题生动

博大精深、底蕴厚重的中国文化,为制作优美动人的标题提供了广阔天地,尤其中国文学的瑰宝——古典诗词,凝练精粹、概括鲜明,有的富有哲理,常常是几字便能展示一个生动的形象,或表达一种发人深思的思想感情,或勾勒出一幅生机勃勃的画面。因此,恰当运用古典名诗佳句入题,使标题生动活泼,便成为报纸编辑们常用的手法。19世纪后期发凡于我国报纸上最早的标题形式的类题,如"皖公山色"、"鸳湖渔唱"、"西湖棹歌"、"鹤楼留韵"等,就极富缱绻淳厚的诗情画意,它们可以当作古琴乐的曲目,也可作为山水画的题款。此后我国标题的发展都借助了诗词营养的滋润,即便今天最现代化的标题,也不乏从中窥见古诗词文的踪影。

（一）直接引用名诗佳句

标题对名诗佳句的直接运用,是对原句不加修饰、增删,保留其思想、寓意或哲理。由于这些名诗佳句为读者所熟悉,使标题读来令人感到亲切,且朗朗上口、富有韵味。如：

(a)　　　　　　人面不知何处去　夜半大门八字开
　　一些单位门卫保安形同虚设,晚间无人值守安全令人堪忧

(b)　　　　　　　　醉翁之意不在酒
　　　　　　　　——台湾一周新闻评述

(c)　　　　　　　　不尽长江滚滚来
　　　　　　　　——访党的十八大年轻代表

(d)　　　　　　　　江山代有才人出
　　　　　　　　——记中国家电行业的崛起

(e) 三夺全运会冠军　英雄梦幻回归
前度"刘郎"今又来

这几个标题都显得生动活泼,其直接运用的名诗佳句也是大家比较熟悉的。(a)标题中的诗句来自唐朝崔护《题都城南庄》中的"人面不知何处去,桃花依旧笑春风";(b)标题中的佳句来自宋朝欧阳修《醉翁亭记》中的"醉翁之意不在酒,在乎山水之间也";(c)标题中的诗句来自杜甫《登高》中的"无边落木潇潇下,不尽长江滚滚来";(d)标题中的诗句来自清朝赵翼《诗论》中的"江山代有人才出,各领风骚数百年";(e)标题的诗句来自唐朝刘禹锡《再游玄都观》中的"种桃道士归何处？前度刘郎今又来"。这些标题对名诗佳句的借用,不仅为标题增光添色,情趣盎然,而且也切合新闻所报道的内容,对读者有欲读不罢的吸引力。

(二)变换运用名诗佳句

标题对名诗佳句的变换运用,是摘取原句中某个意思独立的词组与其他词语组成新词句,或将诗句中某个字词加以更换赋予新的含义,或者仿造与原句相近、相似的句式格调表达新意。这样灵活的名变换运用诗佳句,更能创造出一种标题的生动优美。

(a)　　　　知否,知否,应是"贱"肥"贵"瘦
爱吃瘦肉者请你多付钱

(b)　　　　赞助捐款何时了,请柬知多少
读者来信呼吁某些部门不要借赞助之名向基层摊派"苛捐杂税"

(c)　　　　两岸刁难便民船　轻舟难过万重山
——一个水上农民个体客运户的遭遇

(d)　　　　黑龙一去不复返　白云千载乐悠悠
——南漳县棉麻纺织厂环保工作成效显著

(e)　　　　春风熏得远客醉　直把店家当自家
镇江饮食店热情待客名不虚传

这几个标题都是对原来的名诗佳句的变换运用或句式仿照。(a)标题的引题来自对宋朝李清照《如梦令·昨夜雨疏风骤》中的"知否,知否,应是绿肥红瘦"的变用;(b)标题的主题仿造南唐后主李煜《虞美人》中的"春花秋月何时了,往事知多少"的句式;(c)标题的主题是对大家都熟悉的李白《朝发白帝城》中的"两岸猿声啼不住 轻舟已过万重山"的变用;(d)标题的主题是模仿唐朝崔颢《黄鹤楼》中的"黄鹤一去不复返,白云千载空悠悠";(e)标题的主题模仿南宋林升的诗句"暖风吹得游人醉,

直把杭州当汴州"。这些标题用于新闻,无不饶有兴味,令人一见倾心爱不释手,使一些负面报道的严肃新闻也变得亲近起来,引人细细品味。

上述标题由于运用了流传千古的名诗佳句,其生动不仅引人捧读新闻,而且赋予了审美韵味,令熟悉这些诗歌的读者产生审美联想,会不由自主地吟诵起整个原诗,并把思绪带到产生这些诗歌的那些久远的年代,想到这些诗人身世、风范、遭遇等等。如此,这些标题已大大升值,超越了标题本身提示新闻信息的功能而进入审美的殿堂。

二、善用修辞使标题生动

运用修辞手法是为了使文章生动有趣,耐人捧读。各种修辞手法诸如比喻、借代、对偶、反复、排比、回环、呼告、反语、双关、谐音等在标题的恰当使用,都是为了让标题显得生动优美的表现手段。如下面这些标题,皆因用了修辞手法使得标题生动有趣、印象颇深:

赞助费存车费公物损失保险费
补习费转校费订阅附加读物费
费!费!难为学生,苦熬家长

此标题用了反复,"费"字出项了8次,却不显啰嗦,不仅生动地突出内容,加强语气,又让读者知道了问题的普遍性,亟须有关方面重视解决。

京剧舞台的"洋"贵妃
美国留学生魏莎莉在南京大学文艺晚会上演出《贵妃醉酒》受欢迎

这里用的双关修辞,既关照了大家熟悉的杨贵妃,也关照到了扮演者的"洋人"留学生魏莎莉,读来妙趣横生。

空盆来蛇、隔几十米发功戳死你
王林真是气功大师?

这个标题的主题用了反问,与引题的内容相得益彰,一个挂羊头卖狗肉的冒牌欺骗"大师"的形象便活脱脱地跃然纸上。

今晨金星凌日天象奇观,看啊
太阳公公脸上长出一颗"美人痣"

前晚10点来,昨晨5点走
北方沙尘南京"快闪"留下污染天

金鸡百花电影节"分家"
今年只鸣"金鸡"不开"百花"

这几个标题中的拟人手法都用得很好,"太阳公公"、"美人痣"、"分家"等词语大家耳熟能详,读来让人感到十分亲切。具有当代性语言标志的"快闪",都形象、准确。

马大富真富了　张发财为啥不发财

这里用的谐音和对比,既是巧合又显贴切,使人情趣盎然,对新闻的内容欲读不罢。

此外,妙用标点作修辞,也可以使标题显得生动有趣。标点符号只有十多个,平常在人的眼中似乎并不起眼,通常是写文章时才想起来,大都也只作断句之用。但小小的标点在标题上也能派上用场,大有用武之地,运用得好可让标题如虎添翼,神采飞扬。如下面几个标题:

垃圾山,垃圾山,害得居民苦不堪,不知几时搬?
臭水流,臭水流,流到大街小巷头,行人个个愁!

一些个体三轮车主何以放肆地敲诈顾客?却原来——
牌出多门:红牌,黄牌,见钱发牌
管无章法:你管?他管?谁都不管

用新方法奖励劳模
墙上挂一个(奖状),胸前戴一个(奖章),兜里揣一个(证书),
天天看一个(报刊),县里留一个(照片)

这三个标题中的标点都用得非常好,增加了标题的生动性,令人玩味再三很能吸引读者。第一个标题不仅用了多类型的8个标点,且仿照了白居易《长相思》中的"汴水流,泗水流,流到瓜洲古渡头。吴山点点愁。思悠悠,恨悠悠,恨到归时方始休,月明人倚楼。"标题有重复、有对偶,朗朗上口非常生动。第二个标题用的标点种类也有3种类型和达8个之多,并且如同连环扣,从问号到破折号再到冒号层层设置悬念。第三个标题的副题,原本可以不要括号,但加上括号韵味就出来了,如同相声中抖的包袱,读来很有兴味。

三、制造卖点使标题生动

一些新闻本身就具有轰动效应的特质而吸引受众的眼球,如"神舟飞船"上天、诺贝尔奖揭晓、奥运会、世界杯夺冠或爆冷门等新闻,特别是严重的突发性事件如流血冲突、飞机失事、恐怖爆炸或地震洪水、海啸飓风等自然灾难,新闻的标题都不需如何费力便能吸引读者,因为这些新闻的内在刺激性就较强。

但类似的新闻毕竟不是每天都发生,日常报道仍然多为一般性的新闻,而这些新闻对普通的读者来说,有的内容并不怎么感兴趣。为了让标题能够引领新闻进入读者的眼帘,编辑常常在制作标题时别出心裁,跳出平常的用语视野,运用各种手段,选取一些令人感到惊异的语言来刺激人的神经,制造卖点给人一种震撼或是意

外。如报道某种比赛标题中常冠以"大决战"或"大比拼"、"大鏖斗"。一个"大"字就让人怦然心动,产生对新闻欲罢不能的心理。有的新闻价值较普通,编辑也注重在标题上吸引人眼球,成为屡试不爽的"杀手锏"。如:

八旬翁看电视赞靓女　吃醋老伴打掉满嘴牙
甲A12老板奉命"三陪"

前面这个标题恐怕会让人大吃一惊,怪罪老伴下手太狠。常言说"爱美之心,人皆有之",这不仅仅指个人自身爱美也包括爱别的美的事物,八旬翁从电视上看到漂亮女孩赞美几句也是人之常情,并非就是"非分之想",其老伴竟因此把他的满嘴牙都打掉,这岂不是太过分了?读者肯定想赶忙看个究竟。读后方知,被老伴一巴掌打掉的"满嘴牙",原来是装的假牙。假牙也是牙,这里并非随意夸张,读罢新闻读者会放下心来释然一笑,这则标题连同新闻,都完成它们的使命实现了其价值。第二个标题乍看也会令人大惑不解,因为"三陪"的概念通常是和色情相连的,要受到社会的鄙视谴责,足球甲A俱乐部的老板们都是些名人,竟敢在这万众瞩目的时刻去光顾而且还是"奉命"?这个卖点即刻会引起读者对新闻的浓厚兴趣。原来,所谓的"三陪"是指这些老板在国足冲击世界杯外围赛前夕和球队教练、队员一道陪训、陪行、陪赛,以表示支持与激励;所谓"奉命"是指中国足协对这些老板们的邀请。标题如此巧妙地"移花接木",就是利用了读者的好奇心理。如果照实标为"球队老板随队训练征战"之类,必然逊色多了。

利用人们熟悉的一些事物来入题也如犹斜谷奇兵,达到吸引读者的效果。如广西到重庆招商引资与该市企业签订了一批合作项目,这种经济新闻若按惯例标为"我市与广西签订了一批合作项目",那就非常普通难以引起人兴趣。当地一家报纸别具一格地标为《"刘三姐"来渝招亲》,标题便有卖点了。因为刘三姐的故事家喻户晓,"招亲"一语也十分抢眼、熟悉,读者对标题饶有兴味,自然也会怀着愉快的心情去阅读新闻。目前电脑、手机新媒体的普及,人们特别是年轻人读报越来越少了,如果在标题上出现一些他们比较熟悉的东西,也能在吸引他们的关注。如下面的标题:

2005年的第一场雪　比往年来得要早一些
昨晚我省北部普降瑞雪高速个别路段暂封

美少女,东航喊你们去开飞机
东航首次在江苏招收5名女飞行员,昨体检细到了牙齿指甲盖

前一个标题跳到读者眼帘,许多人会不由自主地哼起著名歌手刀郎演唱的流行全国的歌曲《2000年的第一场雪》,其第一句就是"2000年的第一场雪,比往年来得更早一些"。第二个标题也吸人眼球,标题的主题仿自网络中曾流行的"贾君鹏,你妈妈喊你回家吃饭"话语,让人会心一笑,感到亲切、熟悉且诙谐,尤其是年轻人会觉得有意思而进一步去阅读。当今社会生活的节奏加快,新闻选择的渠道也广泛多

样。在新闻市场上,报纸外有电子媒体和新媒体的压力,内有兄弟报纸的争夺,各报以追求标题吸人眼球的轰动效应来增强竞争,有其现实性、必要性。当然,这种追求是既在意料之外又在情理之中,需顾及新闻的真实性及导向性,否则有可能"剑走偏锋",引起误读或不解。

研究与思考

=延伸阅读=

1. 彭朝丞:《新闻标题制作》,广播电视出版社,2007年版。
2. 邓利平:《审美视野中的新闻传播》,新华出版社,2002年版。
3. 刘保全:《新闻标题制作技巧百家谈》,石油工业出版社,2011年版。
4. 魏永征:《新闻传播法教程》,中国人民大学出版社,2010年版。
5. 陈堂发:《授权与限权:新闻事业与法治》,新华出版社,2001年版。
6. 冯印谱:《新闻标题制作100招》,南方日报出版社,2006年版。
7. 田望生:《看报看题:新闻标题的制作技巧》,华文出版社,2005年版。
8. 何纯、徐新平:《百年新闻标题经典评析》,湖南大学出版社,2003年版。
9. 韩书庚:《新闻标题语言研究》,知识产权出版社,2014年版。
10. 郭伟、毛正天等:《网络新闻标题制作》,武汉大学出版社,2011年版。
11. 中国人民大学新闻系:《新闻标题选评》,中国人民大学出版社,1986年版。
12. 季素彩等著:《幽默美学》,河北教育出版社,1997年版。
13. 朱伊革等:《英语新闻的语言特点与翻译》,上海交通大学出版社,2008年版。
14. 萨克塞纳:《标题写作:从入门到精通》,中国人民大学出版社,2010年版。
15. 布雷恩·S·布鲁克斯等著:《编辑的艺术》,中国人民大学出版社,2009年版。
16. 伊丽莎白·威斯纳-格罗斯著:《最佳编辑要领》,郭瑞等译,新华出版社,2001年版。

=思考与实践=

1. 认识新闻标题的作用。
2. 新闻标题与非新闻标题的主要区别表现在什么地方?
3. 掌握不同类型的标题特点。

4. 阐述为什么要特别强调新闻标题的准确。
5. 试述如何使标题制作达到生动引人的方法。
6. 比较同一起重大新闻事件中外报纸的头条标题。
7. 比较同一起新闻事件中报纸和网站的标题异同。
8. 找一张日报改写头版的所有标题,不要改变原标题的字号或栏宽,并将你改写的标题与原标题进行对照。
9. 找几份报纸,收集你所发现的标题中出现的错误并写一份报告。
10. 下面这些标题有无不妥,请分析。

怎么这样不走运?
一天掉下来了三客机

乌俄航空专家伊朗遇难
乘坐自己研制客机的42名航空精英全部丧生

法新社赞我颁布反毒品反淫秽法律
有害身心健康　必须予以清除

轰轰　印度火车相吻"叠罗汉"
死53人,伤147人,是否恐怖政府展开调查

教你吵吵闹闹　教你使苦肉计　教你使美人计
专业公司教你离婚

11. 下面几个标题,是几家报纸对在足球世界杯小组赛上卫冕冠军法国队遭淘汰的新闻而制作的,请分析这些标题各自的特色:

法国军团惊现滑铁卢　一代王朝灰飞烟灭
别了,卫冕冠军

悲情席卷法国队
卫冕冠军交白卷　高卢雄鸡铩羽归

法国上演"悲惨世界"
卫冕冠军一球未进遭淘汰

法国队"创造"世界纪录
卫冕冠军一场未赢一球未进

一个王朝的颠覆　齐达内不姓"奇"
法国队一球未进遭淘汰

12. 消息、通讯、评论标题的区别有哪些?

消息、通讯、评论标题的特点。

研究方案:

消息和通讯、评论都是新闻大家族的成员,都有其共同点但又有各自的特点。首先,标题都是各种新闻的"眼睛",基本句子完整,符合语法、逻辑是它们"异中之同"的共性。其次,标题是从新闻中派生出的,内容决定形式,标题与消息和通讯、评论的文体特点是紧密相关的,这是它们的"同中之异"。消息和通讯都是交代事实但又各有不同,也需注意它们标题的一些区别。

1) 消息标题的特点

消息的标题要揭示出新闻主要或精彩的内容,以新闻中具体事实为内容来命题,且须至少具备把主要事实表达清楚的"谁""什么事"两个新闻要素,给读者以确定性。在时态上消息的标题通常呈现动态,报告发生了或正在发生、将要发生的什么事。

其次消息标题的结构相对复杂些,可以是只有主题的单一型标题,也可以是既有主题、又有辅题的复合型标题。重要的消息或有趣的新闻标题,常常是主题和辅助题配合使用。如果引题、主题、副题都出现,其分工通常是引题主虚,主题是最重要事实,副题则进一步交待次要事实。复合型标题可以由引题、主题、副题组成,也可以由引题、主题或主题、副题组成。

此外要注意消息的复合型标题是一个整体,语意的连接与转换需保持连贯性,主辅题之间存在着逻辑关系,如因果、目的与手段、虚与实的关系等,不能出现逻辑紊乱。引题、主题、副题俱全的标题具有显性的威力并不经常出现,一般用于重要或比较复杂的新闻,动辄使用等于"牛刀割鸡",减弱了它应有的影响力。

消息又有分动态性消息、经验性消息、综合性消息、公告性消息、述评性消息、特写性消息等,这些不同种类的消息的标题也都各有特点。

2) 通讯标题的特点

通讯是比较详细报道事物的发生、发展和变化过程的体裁,其以细致的描述、生动的形象和曲折的情节来吸引人。通讯的标题比较自由,常以主题和副题构成,主题多为虚题概括或描写新闻的某一亮点或特征,用语讲究文采、生动形象,副题多为实题,点出新闻人物、事件、名称等因素。

通讯标题虽然也涉及某些事实,一般不强求具备必要的新闻要素。因为有的通讯情节迭宕,标题为吸引读者可以设置悬念显得扑朔迷离,这种不确定性恰恰具有引人探究的魅力。通讯标题可表示动态也可表示静态,其样式常有"的"字结构般的"×××的

×××",或"×××是×××"、"×××和×××"、"为了×××"、"从×××到×××"、"×××——×××"、"记……"、"……访谈"、"……纪行(巡礼)"等格式。通讯式样众多,有人物通讯、事件通讯、问题通讯、旅游通讯、风貌通讯、工作经验、调查报告、访问记、小故事、特写、札记、散记等等,各自特点尽可能在标题上突出。

3)评论标题的特点

新闻评论的体裁有社论、特约评论、署名评论、短评、杂议、小言论等不同规格的式样,都是作者意见的直接陈述、事理的剖析表白,对现实社会有不同程度的影响,但其重要性不同。特别是对一些重大问题、重大事件发表的评论具有鲜明的针对性、政策性和指导性。

评论的标题侧重于表达言论的中心主题,发掘出论题的道理,用语强调清晰、准确、凝练、严肃,讲究逻辑性。标题大多直接标出论点,或者就论题提出设问、反问,或把正反两方面的论点都标出来,给人较鲜明、强烈的鼓动性、启发性。现今媒体上新闻性的杂文活跃,其针砭时弊、嬉笑怒骂,挥洒自如的内容与写作受到受众的青睐。杂文的标题在于抓住所评事实的要害,或点到为止或赋予新意,或旁征博引或幽默诙谐,其表述比较自由。

13.标题制作应避免哪些误区?

对此研究主要应概括出标题中常见的误区表现并进行分析,这样可以给业者提供借鉴。可从下面一些角度去思考:

标题中的低俗

低俗在标题中较常见,都市报尤为突出。主要表现是含有色情内容,有的新闻没有低级趣味的内容,编辑也要从中发掘"性"来渲染;有的标题引用新闻中主人公的某些低俗的话,明知这话不对但只要与性关联就在标题上突出。其次是暴力的低俗:有的新闻主要就是暴力的内容,在标题中可能会有暴力倾向,有些新闻内容并非是暴力性的,但标题也要渲染暴力。第三是粗鄙的低俗,即用语粗鲁。有的是想以此来显诙谐,但标题语言的诙谐是健康而非猥琐,是正气而非庸俗,是优雅而非粗鄙。

标题中的冷漠

标题对天灾人祸的事件表现出冷漠的态度。对那些让人感到同情的新闻,特别是灾害造成的人员伤亡,标题本应抱以人文的关怀表达同情、怜悯,至少应予以理解。可有的标题缺乏这种人道精神,表现出不应有的冷漠,甚至用一些调侃、轻佻的语言。或许编辑的主观上没有嬉戏灾难的意思,但客观上却表现出了不妥。媒体作为文明的载体对灾难理应渗透人道精神,体现出人性的关怀。

标题中的偏见

偏见的具体表现是歧视,客体恃才傲物自视优越,瞧不起在政治、经济、文化或其它方面不如自己的客体,这种歧视在不同的阶层、地域、群体都有,媒体作为社会公器理应捍卫公正、良知,不应有任何偏见。但有的媒体有这方面的表现,标题上出现特别惹眼。如彰显高收入、高学历人群的优越感,灌输"精英意识"等。一些社会管理的问题反映在标题中,往往也不自觉地转化为对弱势群体中的打工者、失业者、残疾人及其他特殊人群或地域的偏见。这类标题偏离了人文精神,也是对公正、平等、良知的缺失。

标题中的失实

真实是标题的生命所在,不论是概括事实还是体现观点或遣词造句都要真实。造成标题失实原因很多,有的是用语错误,有的是理解偏差,有的是故弄玄虚,有的是夸大其词,都会起到不好的误导作用。还有的本来就是假新闻,是捕风捉影或道听途说或胡编乱造,而从中提炼出的标题自然与现实不相符。尤其是在娱乐性的新闻标题更屡见不鲜。

标题中的用语失范

媒体作为大众传媒在书面用语中有示范效应,标题中不规范的用语既影响阅读也会对社会规范的书面用语造成不良影响,这方面的失误有:

随意简化语言——标题中使用的简化语,应该是大家都熟知或约定俗成的,乱用会造成理解的混乱。口语混同书面语——口语和书面语两者有别,虽然普通话和现代汉语早已普及,两者也不能完全等同,尤其是口语中的不雅表述书面语应尽量避免,包括一些方言、俚语或行话,标题都应尽量避免。

非社会化语言——社会化语言是不分行业、阶层、职务、性别等都懂的全社会普及的大众化语言,标题语言都应如此。"社会方言"只在某一范围内使用不能为多数人所理解,标题应避免。如网语主要用于上网聊天者,不熟悉网络者特别是老年人则不清楚,而他们正是报纸的重要读者群。滥用外语——新闻涉及外来事物或高科技产品、技术,难免出现个别外语。但标题上应是读者都熟悉的如"WTO"、"IT"、"GDP"等,频繁使用影响阅读。

第六章　版面组织

导　论

　　版面的基本功能是传达信息,编辑前面的工作如报道策划、稿件处理、制作标题等都要汇聚到版面上来。报纸对信息的传递、知识的传播、娱乐的提供、广告的发布都是通过版面来实现的,它是读者接触报纸的第一对象,读者通过这个平台选取他所需要的东西。当然,版面不是机械地展示内容而是带着某些评价,有的直接通过社论、短评、编者按等形式来表达,更多的则是间接用版面语言来显示,稿件通过在版面中的不同位置、标题大小、色彩装饰、图线运用等各种编排手段来实现,读者透过版面可以感受到报纸的喜怒哀乐、立场态度。由于报纸的内容丰富从十几版到上百版不等,读者不可能都看完而会选择性地去阅读,而平面展开的版面便于读者进行鸟瞰式地扫描,迅速从标题上了解到信息的重要与否。许多报纸还分为 ABC 几大叠,每叠内容相对集中便于读者选择。版面上醒目的照片、粗黑的标题、漂亮的插图、绚丽的色彩都会吸引读者去徜徉品味。接触报纸首先是从版面的形式开始,各家报纸都力图通过自己的版面个性引人注目,因为个性就是优势,是显示自己的生命力并区别于其他事物而存在的基础。因而每家报纸都尽量以自己的个性特点给读者留下印象,在新闻竞争市场上占有一席之地。人们常说《人民日报》的庄重大方、《光明日报》的朴素平实、《中国青年报》的生动活泼、《中国少年报》的天真绚烂等等,通常就是指这些报纸版面的特点而言。报纸形成了自己一贯之编排的版式个性,就会很快为读者所熟悉,即便不看报头一瞥版面也会很快识别开来。

　　版面的基本概念不少,它们在编排中会经常提及。从版面的常用类型来说,通常从内容的组合样式和形式结构两方面来考察,各自又有若干的特点。如从版面的内容组合样式来讲,按版面内容的不同组合,主要有,综合式版面:版面上的稿件主题分散、内容广泛。尽管这些报道也有主次轻重之分,有的也有某种联系,但版面上并没有刻意去突出某一点内容,只是按照稿件自身价值的大小安排它们在版面的位置,这种版面的运用是最为普遍的,因为并不是每天都有重大突发性事件或其他大事发生。重点式版面:在版面上有意强调版面的某部分内容,将之作为重点来突出,其处理方式通常是强化其编排手段,如采用加大这部分内容的标题字号、稿件加框、运用色彩、配发图片或言论等手法,读者打开报纸一眼就被这一区域所吸引。集中式版面:用整个版或版面的绝大部分来突出一个主题、或是渲染某一方面稿件内容。集中式版面的主题、内容都比较单一或近似,通常都是重大的题材,营造一种浩大的声势吸人眼球,一些专版更为多用,特别是四开报纸使用频繁。对比式版面：版面的主要篇幅乃至整版是两篇或两组在内容上矛盾对立的稿件，双方形成对比，给读者留下思考的空间自行评断。

　　从版面形式的布局结构组合来看，主要有，对称式版面：也叫规则对称或全对称版面，即以版面的中分垂直线为对轴，左右两边的稿件同形同量，编排手段一致，标题大小长短相同，版面形成左右两边完全对称的整齐美；平衡式版面：也叫非规则对称版面，它不要求左右同形同量，而是追求版面的一种大体上的平衡，使不同的稿件在版面上表现出不同的强势，主要表现为上下平衡和对角平衡，前者是利用上半版与下半版的对应关系来进行基本对称，如均放大标题、大照片或通过某种组合求得版面的上下平衡，后者是利用版面四角的对应关系来进行大体对称，以版面的对角形状近似来求均衡；齐列式版面：版面划分成几栏保持完整，稿件如同书架陈列般上下整齐排列，标题字号大小相等；错落式版面：版面的栏线被隔断，稿件均呈大小不同的矩形错落相间或用线条隔开或加围框，显得整齐而富有变化；货架式版面：版面以几个区域为基本框架，结构简单，稿件呈矩形块状各自相对独立，标题简洁，各版风格大同小异，版面类似商场超市里排列的整齐货架，是电脑普及的一种编排方式。

　　西方报纸的版面形式结构主要有，垂直式版面：这种版面曾长期主宰西方报纸，稿件与标题都按基本栏来排列，重要性程度以标题的厚度来表示，图片少且不超过一栏宽，版面整齐但缺少变化，而且标题集中在上半版显得不匀衡；水平式版面：稿件与标题可以变栏，在版面上呈水平状，图片加大增多，用标题的长短来显示新闻价值，比垂直式版面富有变化，19世纪后半期出现并流行；混合式版面：兼容了水平式版面和垂直式版面的特点，两种编排方法混合运用，20世纪后半期成为西方报纸的主流版式；模块式版面：版面划分几个区域为基本框架，各版的整体设计大体一致，风格基本相同，模块结构清晰，标题简洁醒目，重视图片与色彩运用，版面保持相对稳定和整体一致，通常纵向划为版面几大区域，也有将版面横向分为几个部分的。模块式版面是20世纪末电脑编排普及后在西方流行，但各国也非完全一致，如美国仍有报纸保持混合式的版面，有的悠久历史和影响力大的报纸也没有一味追逐时代潮流，如《华尔街日报》虽然也融入某些当代的编排因素，如增加色彩、图片，仍基本保持传统的垂直式版面特征。

　　版面是编辑工作的集大成，是编辑展现才智的舞台。一个版面有吸引眼球的头条，有富冲击力的图片，有轰动效应的标题，有压住阵脚的评论，有令人玩味的专栏，这些因素形成的版面必定美不胜收，吸引读者玩味赏析。版面编排是实现报道效果的一种手段，需有指导思想，应优先考虑各种稿件的组合关系，如以下几类：

　　正面报道与负面报道相结合——现实是光明与黑暗、欢乐与忧伤等对立共存的世界，报纸是现实变动的缩影，世间的恩怨都应融入版面，使之成为"多种声音、一个世界"的天地。人民大众波澜壮阔的创造，惊天动地的业绩或诗情画意的生活，是一个社会的主流，版面上应强调这些崇高或温馨的内容来"弘扬主旋律"。但也不要忽视那些背离实践规律性、目的性的消极现象及灾害等内容,唯有两方面把握帮助读者领略现实生活的多样性与复杂性,使版面展示现实图景完整而不残缺。当然,若社会某时期或某方面的变动频繁一些(如灾难、危机),这种比例关系也会有暂时的变化。严肃内容与轻松内容相结合:即"硬新闻"和"软新闻"的二者兼顾,要安排重要严肃内容的稿件,也应安排活泼轻松内容的稿件,以调节读者的心情。若整个版面都是调子庄重面孔森严像个老学究,会给人一种压抑感。而缺乏严肃性的稿件,又体现不出报纸的权威性。长稿件与短稿件相结合:版面上都是长稿件显得沉闷,信息量也相对少。而都是短稿件,版面又显得过于零碎,有长一点的稿件也有短新闻,长短稿件互相配合,版面看上去就会和谐些。多种文体相结合:版面尽可能地多安排几种新闻形式的花色品种,显得体裁的丰富多彩琳琅满目。以文字为主一般要安排图片以破除版面的单调沉闷感,而图片种类多样,除了照片还有绘画、图表、题花等,其不同的构图、色调等表现手法会增添版面的变化。

　　从版面的表现形式来看,读者对四平八稳的版面虽感到某种视觉和心理稳定,但往往嫌它刻板或单调。在版面设计时赋予一定的变化,更能激起读者的好奇心和视觉注意,因为它们能令人产生出动态的感觉,势必增强吸引力。变化产生美,是人们在日常生活和生产实践中积累的经验,因为这能唤起他产生新鲜感,催动情感上的起伏跌宕引发联想或想象而增添情趣。版面形式变化的特点,是既活泼又动而不乱、既漂亮又美而不妖。

　　版面形式的变化因素多种多样,其中以标题的变化最为丰富:标题大小的变化——版面上都是大标题会显得臃肿不匀,版面上都是小标题又会变得小气琐碎,大中小标题的星罗棋布嵌镶结合,形成"大珠小珠落玉盘"的势态,版面看上去就显得绰约多姿。标题位置的变化——标题和文稿结合在一起,但并不只是一前一后而可以灵活多变,除了常用的盖文题还可以用对角题、眉心题、串文题、左上题、旗式题、文包题、腰带题、碑式题、梯式题等等。标题形状的变化——标题行数、排列位置及横竖方向的不同,在版面上可以生出各种形状,而且汉字是由方块形状构成的独有特点,标题形状的变化大大优于外文报纸,可横排也可竖排,如只有一行题的单行式;多行两端对称的均列式;多行构成阶梯的斜列式;副题低于主题若干字的低格式;呈直角拐弯的L形式;朝左或朝右倾斜的斜列式;向左或右略弯的弧形式;由下往上渐隆的山包式等等,都表现出标题形状的若干变化。

　　随着电脑技术对图片剪裁的方便,图片也可以任意生出许多不同的变形,除常见的矩形外,多边形、圆状形、三角形、透视形、叠状形、菱形、星形、月形、弧形等等,图片是版面重心,其各种变化都会使版面生动活泼。线条的变化也应重视。线条除有区分与结合作用、强势作用,还有表情作用、美化作用。版面上适当运用不同的线条,既增加了花色品种也增加了变化,产生审美效果。不少报纸似乎未看到线条的变化对版面装饰的意义,只用来达到区分稿件,没有充分利用线条的优势。色彩的变化既是版面美化的形式,也是版面表情达意的因素。赤橙黄绿青蓝紫,各种色彩具有不同的涵义,其恰当地运用常常能激起读者的喜怒哀乐情感。此外,栏的变化也应有所显示,版面上文稿安排除基础栏外,还可安排各种破栏、长栏、长转短等错落有致的变栏形式以引人注意。

一个时期流行的版面样式,代表了这个时期版面的审美时尚。版面样式有相对的稳定性,如传统报纸的版式就保持了较长时间,也有随科技发展进步带来的快速嬗变性,如模块式版面的出现并流行。从当前我国报纸版式的状况和特点,可见近年常用的一些版面版式:

平实端庄型——版式保持了传统报纸编排的朴实、端庄等特点,也融入了当代的模块形式因素,标题实在,较少使用色块、底纹等装饰,强调空白的作用,文稿之间色彩对比并不刻意突出而显缓和,版面不强调感官刺激性,显得爽朗大方、淡雅简约,常见于各级党报。两纵分割型——版面纵向分割为两部分,可以左右两边宽度相等也可以是左右宽窄不等,版面看上去整齐干净、规矩严谨,两纵列的文稿与照片安排方便,由上而下似层层抽屉,标题、稿件横排阅读便利、清爽,通常为小报使用。三纵分割型——版面分割为宽度不等三纵列,最宽部分是重点经营区域,版式特点和两纵分割型基本相同,大报运用较多。横向分割型——与纵向分割型相反,将版面横向分割为几部分,可以从版面横向中线平分,也可以各部分高度不相等,各区域可以是一篇稿件也可以数量不等,小报运用多。纵横混合型——兼有横向分割和纵向分割的特点,较多的是上端横卧一篇长稿,中下部纵向分割为两到三列,或是上下为横向型中部呈纵向的结合。杂志封面型——通常在头版或各版组的首页类,似杂志封面,除一幅主题大照片、大标题外,其他地方是当日报纸重要的导读,没有一篇完整的文稿,有时甚至就突出一幅图片,色彩艳丽明快抢眼,颇能吸引读者眼光。

从图片在报纸上的表现来看,除了单独报道,就是电脑技术的运用对图片的剪接、绘制,打破了过去图文组合基本上是矩形的常态,出现多样形式,使版面更加刺激读者视觉感官。如以下几类:

阶梯型组合:多张图片按对角线从右上到左上(或相反)编排呈阶梯形状,相邻的标题、文稿也分别呈阶梯形,版面显得波澜起伏,读者眼光成对角线流动感到轻松。围墙型组合——图片从四周将文稿包在中间,形似围墙式的院落显得别致。通常读者先睹图片为快,视线跟着图片一圈"圆周"运动后再驻足文字,使版面产生一种动感。半月型组合:多张图片与稿件组合连成半月形状,给人一种熟悉而又新奇的印象。门联型组合:图片或装饰分置于版面左右两侧和上方酷似门联,有的还直接在其中嵌入对联式的语言,让人感到亲切熟悉,想起过年时贴对联的欢乐情景。反常型组合:图片与文字打破与版面的水平呈不规则的斜形排列,打破了既往的平衡显得随意潇洒,更有甚者将图片倒置令人惊奇,但它和文稿内容又联系密切(这种图片倒置只能偶尔为之,否则就混淆了正常与反常)。钉子型组合:特点是图片在版面上部横贯,中分线向下延伸与文字结合如同"钉子"镶嵌在版面上突出显眼,给人以熟悉而又别致的感觉。此外还有种种别出心裁的组合使版面别具一格,让读者眼前一亮即刻被版面的别致所吸引。它们在版面上看似新奇另类却又酷似生活中的某些事物形态,给人熟悉的感觉而引人入胜,如中国获得第200枚奥运金牌的2012年伦敦奥运会上,《扬子晚报》刊出摘得第200枚金牌的陈若琳领奖的图片,并在旁边硕大的200数字中将中国获奥运冠军者的名字都按序镶入其中,其匠心独运的组合很有创意。这些,都充分显示出编辑的创造性发挥。

为了应对新闻市场的激烈竞争,近年报纸内容更趋向多样化并频繁扩版,特别希冀以版面形式的出奇制胜吸引读者,但也不免带来某些失范,是版面编排中应注意的。如形式偏重:过分追求视觉冲击力往往会出现形式大于内容的现象,如大题厚题、大图片粗线条、粗黑框、多色彩的突出使用,让读者感到眼花缭乱,而且也弱化了传播信息的功能。了无禁忌:版面的基本设计要求渗透着无数编辑的智慧与创造,也融合了美学、心理学、建筑学等知识,避免出现并题、逆转、跳栏等禁忌,眼下有的报纸却随意违背这些规则。组合不当:版面的图文组合和谐会相得益彰,配合不当则很显尴尬,这种状况近年常见,如一家大报压题照片的标题是《三对空中恋人》,画中是六位空姐谈笑,读者会认为是报道同性恋,而内容并非如此。色彩失衡:有的编辑误以为彩色报纸的流行是色彩多多益善,结果有的版面堆砌了众多的色相,反造成混浊复杂、无序的视觉效果;有的则是色彩显得孤单,突兀生硬没有对应显得"茕茕孑立,形影相吊";有的色彩与新闻失衡乃至冲突,如我国运动员在亚运会摘金,有家报纸的图片版用黑底色,喜庆之事也变得黯然失色了。轻重不匀:图片、色彩或装饰等在集中于某个区域或左或右,版面倚轻倚重失却平衡。这些版面的失范现象并非个别,都值得编辑格外注意。

选 文

论版面风格的构建

郑兴东

导言——

本文刊载于《新闻战线》,2002年第11期。
郑兴东,浙江建德人,1932年出生,中国人民大学新闻学院教授。

本文作者是国内较早对报纸版面进行系统研究的学者,率先提出了版面语言、版面编排思想、版面编排手段等诸多版面中的学术概念。本文阐述的版面风格,也是作者对报纸版面的系列研究的内容之一。作者认为,版面风格是报纸风格的重要组成部分,它是在长期版面编排的实践中积淀、凝聚而成的一贯版面特色,是报纸个性化和成熟的标志。版面风格的形成,可以使报纸版面在整体上而不是局部上、在长时期内而不是短时间内与其他报纸区别开来,形成稳定的读者群。版面风格的形成过程,实际上也是版面编辑一个主动地、有意识地构建过程。版面风格只有作为报纸的一种统一目标加以追求,才能在版面的具体操作中自觉地去加以表现。本文重点强调了版面风格的构建是一个动态的系统工程,编辑需要对报纸的客观因素进行正确地理解和把握,在版面编排中充分发挥主观能动性、灵活地运用版面语言,并且还要在动态的编辑活动中,正确处理编辑工作这个系统的各要素之间以及系统与环境之间的关系,做到在多样中求统一,在变动中求稳定,在共性中求独创,一家报纸的版面风格才有可能构建,形成报纸的重要品牌和无形资产,为在激烈的新闻市场竞争中增添新的实力。

版面风格的形成过程实际上往往是一个主动的、有意识的构建过程。要构建得当和成功,取决于三个条件:第一,对报纸的客观因素的理解和把握;第二,对报纸工作人员的主观能动性的张扬;第三,对版面语言的灵活运用。

版面风格的构建是一个动态的系统工程。要在动态中正确处理系统的各要素之间以及系统与环境之间的关系。应特别注意以下几点:在多样中求统一;在变动中求稳定;在共性中求独创;在模糊中求清晰。

版面风格是报纸风格的重要组成部分。版面作为一个版的整体表现形式,具有直观性,能在一瞥之下被读者所感知,因而读者对报纸风格的最初印象是由版面风格所给予的。版面风格虽然受报纸风格制约,但对报纸风格具有引人入胜的能动作用,它可以鲜明地表现、强化报纸风格,也可以泛化甚至扭曲报纸风格。

我国报纸面向市场后,报纸之间的竞争加剧,各报都在千方百计地提高自身的质量,以争取在新闻市场上获得更大的发展空间。讲究版面编排是提高报纸质量的重要环节,何况版面所具有的外显特点,对于引起读者的注意和激发读者的购买欲具有直接的作用,因而如何改进版面编排,理所当然地成为报纸提高自身质量的重要课题。而版面风格正是版面编排的高层次目标,因此,报纸在讲究版面编排时,总把构建鲜明的版面风格作为一种报纸理念加以追求。

版面风格与版面特色有联系也有区别。特色可以是个别的、一时的;而风格则是整体的、长期的。版面风格是在长期版面编排的实践中积淀、凝聚而成的版面特色。因此,从报纸角度看,版面风格是报纸个性化的标志,也是报纸成熟的一个标志。

版面风格的形成可以使报纸版面在整体上而不是局部上、在长时间内而不是短时间内与其他报纸区别开来,因而有可能培养读者对报纸的定读习惯,形成稳定的读者群。因此从经营角度看,版面风格是报纸的重要品牌,是报纸的重要无形资产。

风格通常是作为美学上的范畴加以研究的。歌德说过,风格是艺术所能企及的最高境界。"①版面不是艺术品,但版面诉之于视觉,能在给读者传播信息的基础上而显示出特色,避免了芜杂而具有了章法,避免了因袭而有了创造,这就包含了审美价值。因而从审美的角度看,版面风格是一种美的创造。

版面风格虽然是在版面编排的长期实践中形成的,但这并不意味着版面风格可以自然生成。版面风格的形成过程实际上往往是一个主动的、有意识的构建过程。

版面风格只有作为报纸的一种统一目标加以追求,才能在版面的具体操作中自觉地去加以表现。版面操作中的随意性不可避免地会破坏版面统一风格的形成。其次,版面风格的实际构建,如具体类型及其表现手段的确定,都只有通过有意识的策划才能获得准确、鲜明的定位。此外,版面风格在构建过程中,也需要通过对读者反馈信息的不断研究,才能进一步加以调整和完善。

版面风格的构建是否得当和成功,取决于以下三个条件:

第一,对报纸的客观因素的理解和把握。

版面风格不应该是报纸主观随意性的表现,而应该是报纸工作者在对报纸所面临的客观因素的深刻理解和分析的基础上所做出的一种宏观决策。此种客观因素包括报纸所处的时代、社会、报纸性质和读者对象等多个方面。正因为如此,人们从报纸版面风格中往往能看到时代和社会的身影、报纸性质和读者对象的某些特征。每个报纸所面临的客观因素在某些方面不可避免地存在某种共同性,但就整体而言,它都是独特的,因而版面风格也应该是独特的。在报纸的百花园中,版面风格应该多样化。也只有如此才能反映出报纸的多样性和社会生活的丰富性。如果一个社会中的报纸的版面只有一种风格,哪怕是很好的风格,对于读者来说也不是一件好事,甚至是一种不幸。马克思在批判普鲁士书报检查令对作者的写作风格的扼杀时说过一段很精彩的话:"你们赞美大自然悦人心目的千变万化的无穷无尽的丰富宝藏,你们并不要求玫瑰花和紫罗兰散发出同样的芳香,但你们为什么却要求世界上最丰富的东西——精神只能有一种存在形式呢?"②并说"给检查官指定一种脾气和给作家指定一种风格一样,都是错误的"。③ 马克思这里说的虽是写作风格,但对报纸版面风格也完全适用。我们应提倡版面风格的多样性。各报在构建自身的版面风格时,可以参考其他报纸的版面风格,但不能只是简单的模仿。在当前我国林

---

① 歌德:《自然的单纯模仿作风风格》,见胡蘁甫等主编《西方文艺理论名著选编》(上),北京大学出版社,1985年版。

② 马克思:《评普鲁士最近的书报检查令》,《马克思恩格斯全集》第1卷。

③ 马克思:《评普鲁士最近的书报检查令》,《马克思恩格斯全集》第1卷。

林总总的报纸中,有一些报纸勇于探索,创造出颇具特色的版面风格,是一件很值得高兴的事,但也有一些报纸只是机械模仿,致使版面风格雷同,这就不能不令人担心。特别值得提出的是,一些报纸适应市场的需要,强调版面的"五步三秒"效应,强化视觉冲击力,这自然不失为一种风格。但群起而效之,就值得斟酌。因为面向新闻战线市场的报纸的版面风格也可作其他选择。如美国的《华尔街日报》,是美国最具权威性的商业报纸,但版面长期采取垂直式的编排方式,很少用大标题、大图片,长期保持着一种稳定朴实的风格。这种版面风格是与它强调商业新闻的诚信可靠相吻合的。

第二,对报纸工作人员的主观能动性的张扬。

18世纪法国科学家、作家布封说过一句名言:"风格就是人"。这句话曾被马克思所引用。布封这句话的原意是指构成作品的知识、事实都是可能脱离作品而进入别人手里,而风格却不能,因为风格就是他本人。[1] 这从一个侧面说明,风格与作者个人是紧密联系在一起的。报纸是集合产品,是由报纸工作人员这个群体来制作的。版面的编排虽是由少数编辑来操作,但也与整个群体有各种各样的联系。因此,发扬报纸工作人员群体的主观能动性对于构建版面风格有重大关系。一个具有鲜明特色的版面风格往往是依靠一个生气勃勃的报纸工作人员群体来支撑。当然,作为负责人的总编辑,他个人的主观能动性的存在状态与版面风格的构建更是有直接的关系。原华西都市报总编辑席文举说过一句话:"报纸就是总编辑的作品",[2]可能说得有些绝对,但至少说明报纸包括版面与总编辑的密切关系。曾任人民日报副总编辑、经济日报总编辑的安岗更说过一句振聋发聩的话:"枯燥的报纸是由枯燥的总编辑决定的"。[3] 这对于在构建版面风格中承担重任的老总们来说,是很值得深思的。

第三,对版面语言的灵活运用。

版面语言是版面表意、传情、叙事的符号。版面风格必须借助版面语言才能具体体现。版面语言的语言形式包括编排手段、版面空间和布局结构几方面。编排手段包括字符、图像、线条、色彩等。版面空间包括位置、距离、面积、形状等。布局结构则包括稿件内部结构,如题文关系、稿件与稿件之间的结构等。版面语言的语言形式是相对固定的、统一的。但对它的运用则可以千变万化。如以标题为例,字号的大小、字体的区别,标题制式以及标题与文的关系的不同,都能表现不同的风格特点。再以布局结构为例,采用穿插式或排列式,风格就迥异。即使同样采用排列式,可以是整体错落,也可以是工整排列。而同是工整排列,采用均等栏宽与采用不等的栏宽,给人的感觉也不可能相同。我国报纸的各种不同的版面风格,如人民日报

---

[1] 布封:《论风格》,《西方文艺理论名著选编》(上),此处译为"风格就是本人"。
[2] 引自祥云:《总编辑就是报纸的总策划》,载《新闻界》1996年第2期。
[3] 宋玉川:《安岗说:枯燥的报纸是由枯燥的总编辑决定的》,载《新闻战线》1986年第12期。

的厚实,北京青年报的雄浑,新民晚报的秀美,都市快报的明快,无不是通过版面语言的不同运用表现出来的。

版面风格的构建是一个动态的系统工程,具有相当难度。这种难度不仅在于要正确把握上述三个条件,而且还在于要在动态中正确处理系统的各要素之间以及系统与环境之间的关系。我认为,至少需要做到以下几点:

1. 在多样中要求统一。一个报纸的版面少则几个版,多则上百个版,各版的内容、形式可以不尽相同,但各版的版面风格应该一致,至少风格的基调应该相同。比如,要闻版、专版、副刊的版面可以适应各自的内容而有不同的表现形式,但版面风格应力求和谐一致。要在多样中表现统一,这并不容易,不仅需要统筹安排,而且还需要精心设计。

2. 在变动中求稳定。版面所表现的内容每天在变,版面形式也应无一日雷同,而版面风格具有稳定性,此种稳定性只能在此种变动中表现出来。此外,时代的发展、科技的进步会对版面语言产生影响,如近年来色彩已成为版面语言的重要构成因素,版面风格的构建也不能无视此种变化。这都要求版面编辑对版面风格有很高的驾驭和表现能力:能在不变中包含变化,在变化中融入不变。刻舟求剑显然无助于版面风格的构建。

3. 在共性中求独创。一个报纸的版面在所处时代、社会以及报纸性质等方面会与其他报纸存在共性。版面风格的构建无法回避此种共性。但个性毕竟是风格的基本品格,要在共性中表现个性,就必须有所独创,敢于破格。机械模仿或随心所欲可能省力,但不可能构建有特色的版面风格。

4. 在模糊中求清晰。版面风格与艺术作品的风格一样,具有模糊性。它往往难以具体界定,不能以量化来表示,风格之间的区别也很难机械地加以划定。但是此种模糊性给版面风格以各自的展示空间,使版面风格的构建可以根据具体条件加以灵活把握。但模糊不能离开清晰,否则就会陷入芜杂和晦暗。此种清晰不仅指版面编辑对自己报纸的版面风格有清晰的认识和明确的追求,而且也指对版面风格的具体构成如基调、气势以及相应版面语言的运用有明确的规定和把握,如此才能确保版面风格的实现。

版面风格的构建具有一定的难度,但又是完全可以实现的。版面风格的构建需要我们从理论上对相关问题进行探讨,以便使此种构成具有自觉性,但更需要报纸在实践中对版面风格进行有意识的追求和不断的创造。有此两项,再加上宽松的传媒环境,我想,在我国创造出更多具有鲜明特色的版面风格是完全可以预期的。

报纸版面视觉创新的走向及思考

蔡 雯

导言——

本文刊载于《新闻写作》2012年第3期。

蔡雯，女，安徽芜湖人，1964年出生，博士，中国人民大学新闻学院党委书记、教授。

面临着新媒体崛起的新闻市场上的激烈竞争，雄踞新闻传播数百年龙头地位的报纸面临着前所未有的挑战。形势逼迫报纸不仅要以内容的变革来适应时代的发展，信息载体的版面形式同样需要推陈出新，以吸引读者的眼球驻足版面阅读。本文在这方面进行了深入探讨，认为报纸的视觉设计需要站到一个新的起点上，超越仅仅追求美观、新颖、时尚以及带给读者愉悦感这些报业竞争阶段的目标，更需要进行版面设计的视觉创新。作者围绕这个核心观点，提出版面的视觉创新应该树立两个新的目标：一是以合理的设计使报纸在信息冗余时代承担起"信息管家"的角色，帮助读者以最低的时间成本获取最多的有价值的内容；二是以巧妙的设计强化大众媒体在众声喧哗中的议题设置与舆论引导能力，通过客观、平衡、公正的报道维护社会正义并促成各方的沟通和共识。这样的版面视觉创新设计，不仅需要编辑自身的才识和智慧，还需要充分开发社会资源的潜在能量，积极有效地整合各方面资源。这种理念与实践在报纸的改版中显得尤为重要，对报纸在全媒体转型中保持核心竞争力，是具有重要启示的。

每一个岁末年初都是报纸"旧貌换新颜"相对集中的时候。十几二十年前，报业还处于"黄金时代"，改版扩版、重新设计报纸，编辑部里往往洋溢着开疆拓土、指点江山般的自信和豪迈。笔者曾参与过多家报纸的改版研讨会，在帮助出谋划策的同时也分享了报人的激情和期盼。这几年，报纸改版还在继续，但面对新媒体带来的冲击，报业在全球范围内的普遍萎缩与收益下滑，以及具体到自己报社经营数据的变化等，报纸改版的决策与行动变得越加沉重和艰难。

如果说，上个世纪的改版大多是为了增产增效，竞争者主要还是报业同行的话，如今的改版面对的竞争对手已不再只是兄弟报纸，而是所有可能分割和瓦解报业市场的媒体，尤其是新兴媒体。

改版是一场艰巨的战争，这场战争在新媒体时代需要有新的思考、新的谋略。

从版面扩容到视觉设计：改版的重心转移

对于读者来说，改版给他们最直观的感受无疑是版面数量的增减和报纸形象的改变。上个世纪直至本世纪初，报纸改版几乎一直以版面的递增作为主旋律。从1987年广州日报在全国地方性报纸中率先由4个版增加到8个版开始，扩版的浪潮迅速席卷全国报业，从几块版到十几块版，再到几十甚至百余版，报纸变得越来越厚，版面有了越来越细致的分组，报型、版式以及设计细节的变化也越来越多样化。但近几年，在经营压力不断加大和市场相对紧缩的情况下，扩版对于绝大多数报社来说风险越来越大，因此也不再作为改版的主攻点。如何在保持现有版面容量的前提下，通过版面视觉设计的改善提升报纸的质量，保持市场竞争力，逐渐成为报纸改版的重点。

近两年来，京报集团的两家主要报纸北京日报和北京晚报都进行了改版，版面形象的变化一眼可见。两家报纸都在向更加简洁明快、更加时尚和更有活力的方向迈进，版面上图片运用得更精美、留白大量增加、稿件之间的栏距明显加大、标题字号的悬殊也更加明显，版面更有层次感。北京晚报的副刊版"五色土"的封面化设计，令读者眼前一亮的同时更加彰显出清新的文化品位。所有这些变化，都使报纸的"悦读"效果大增，带给了读者更好的阅读体验。

同处首都的中央几大报，近两三年中也都先后进行过改版。人民日报的版面比之过去要活泼、新颖得多；光明日报改版后的版面增添了不少变化的元素，特别是新推出的一些专刊，内容与版面都颇有特色，彰显出文化大报的风采；经济日报作为中央大报中比较罕见的瘦型报，一直保持着清峻、挺拔的版式风格，今年的改版在此基础上进一步增加了新颖、时尚的风韵。

从总体上看，我国绝大多数报纸近几年来的改版都在向版面风格更加清新、活泼和时尚的方向迈进，这些变化对于报纸应对新媒体带来的冲击、适应人们在新媒体环境下阅读习惯的变化和对信息服务的需求，无疑具有重要的意义。

报纸版面的视觉创新其实是一个老话题。从上个世纪90年代中期开始，各地的新闻学刊就不断以版面变革为热门话题进行相关的报道和研讨。今天，报业正处于一个特殊的历史转型期，向全媒体发展的战略转移已经起步。在这样一个特殊的时期重提版面创新这一老话题，显然需要超越过去的层面，不应该只将其作为形式范畴的变革来看待。因为在传播手段与表现形式方面，网络传播的丰富性、便利性、趣味性远非平面媒体所能比。因此，报纸在视觉设计方面的突破，最值得我们关注的其实不是设计艺术本身，而是通过设计实现媒体功能的扩展和品质的提升。因此，最值得我们研究的是报纸版面变革的内在规律性，特别是从版面变革中发现报纸这种传统媒体的核心竞争力所在，这才能够为报社从单一的纸媒生产模式向更多元化的内容生产模式转变提供更有价值的借鉴，帮助报社超越传统的"办报"思路，开拓新的发展空间，获得长远利益。

由此而言,笔者认为报纸的视觉设计需要站到一个新的起点上,超越仅仅追求美观、新颖、时尚以及带给读者愉悦感这些报业竞争阶段的目标,而为报社在全媒体化的竞争中重新认识和确立自己的社会角色、扩大社会影响力真正发挥作用。正是基于这个意义上,版面的视觉创新应该树立两个新的目标:一是以合理的设计使报纸在信息冗余时代承担起"信息管家"的角色;二是以巧妙的设计强化大众媒体在众声喧哗中的议题设置与舆论引导能力。版面编辑对一切版面元素和设计技巧的运用,都应该是在此目标之下的理性作为,而非为设计而设计,为创新而创新。

思考一:作为"信息管家"的报纸需要什么样的视觉设计?

国际互联网的诞生使人们获取新闻信息的渠道骤然剧增,各种传统的大众媒体和与日俱增的新型媒体,时时刻刻在生产和传播着各种各样的新闻与资讯,信息冗余而时间紧缺,是这个时代人们普遍的感受。在这样的压力下,人们需要一个"信息管家"来帮助自己用最低的时间成本获取最多的有价值的内容。

新华社主办的新华每日电讯3年前提出了新的办报理念:为读者当新闻秘书,替读者选新闻精品。总编辑解国记曾以此为题写过一篇文章,认为"'消息总汇'新华社,具有汪洋大海般的新闻信息资源。非机关报性质的新华每日电讯,具有避让公告类新闻、例行礼节类新闻和一般工作性报道,担当'新闻秘书'角色、选取新闻精品的特殊优势"[①]。这个办报理念被实践证明是可行而有效的。创办于1993年1月1日的新华每日电讯,在报业普遍面临困境的情况下,近几年一直逆势上扬,发行量突破了一百万份,成为了我国最具影响力的大型文摘类综合性日报。

其实,不仅是文摘报性质的新华每日电讯可以胜任"新闻秘书"的角色,所有报纸都应该成为读者的"信息管家"。在有限的版面容量中如果提供给读者的内容是最合乎他们的需要的,并且有一个价值排序合理而且美观新颖的展示,那就能够以少胜多,帮助读者以最低的时间成本获取最多的有用信息。

当然,"信息管家"的职责首先在于能够提供丰富的、权威的、贴心的内容,但不可忽略的是,内容的传播离不开版面的视觉设计。与其他媒体终端相比,报纸版面面积最大,能够将多种版面元素综合运用于一个平面上,而且因为平面媒体的容量有限必须精编,因此,文字、图片、色彩、线条、留白等等共同构成了新闻的全部编码。编辑的视觉设计水平越高,版面元素之间的内在联系就会越强,对主题的表现也越有整体性和艺术性。如果把报纸的内容移植到新媒体上,除了那些能完整保留版面全貌的数字报纸,其他形态

都有可能因为页面限制或者介质差异而不能保存所有的版面元素,这样,新闻的意义很可能就会丢失一部分,传播效果大打折扣。即便是数字报纸,也会因为电

---

① 解国记:《为读者当新闻秘书替读者选新闻精品》,《新闻战线》2009年第9期。

脑显示屏的限制，无法给读者以纸质版面的整体感受和阅读快感。笔者在编辑课堂上就发现学生们阅读数字报纸并不能把握报纸版面的奥妙，他们甚至无法分辨大报、小报、瘦报等等的版面差异，更难以理解报型和版心大小对于新闻设计的影响。仅举一例：北京法制晚报2011年两会期间的一块"2011全国两会·视觉"版："分析31省区市十二·五规划纲要近七成提出改革分配制度 记者发现——居民收入23地承诺GDP同步"（如图6-1所示），不是简单地罗列十二·五规划的内容，而是别具匠心地把31个省区的十二·五规划纲要放在一起做了一番比较和统计，结果发现，23个省份在十二·五规划中都提出收入增长和经济发展同步，其中甚至有6个省份提出让老百姓的钱袋子增长幅度高于经济发展。比较还发现，21个省份提到了分配改革，9个省份提到建立工资正常增长机制。编辑将这些发现以"三大集团"的图示非常形象地

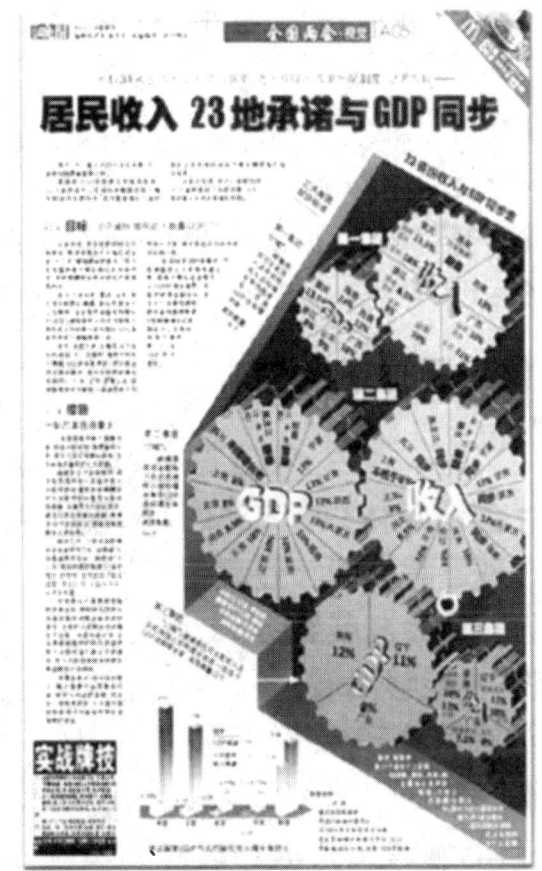

图6-1 法制晚报2011年3月4日A5版

告诉了读者，图中标注了每一个集团中的省区名称和相关数据，并对三大集团的划分标准有所说明：第一集团是城镇居民可支配收入及农民纯收入目标增长率均超过或有一项超过GDP目标增长的6个省区，第二集团是城镇居民可支配收入及农民纯收入目标增长率与GDP目标增长率同步的14个省区，第三集团是城镇居民可支配收入及农民纯收入目标增长率有一项低于GDP目标增长率的3个省区。在这张集团分布图的左下角还制作了一幅"发达国家GDP与人均国民收入增长率对比"的小柱状图，并对数据来源做了说明。这样的版面是以巧妙的视觉设计将内容与形式进行了完美的结合，形成了一个具有独到见解和独特风格的整体。

这样的版面视觉设计就体现了报纸作为"信息管家"的功能，因为通过版面元素的综合运用，在有限的空间中对各地"十二·五规划纲要"中与读者利益相关的繁杂的信息进行了重新梳理，以形象而简洁的方式提供给读者。由此可见，充当"信息管家"的报纸，在版面的视觉设计方面应该遵循这样一些原则：

1. 对新闻信息进行比以往更严格的挑选和更细致的梳理，根据读者的需求和品位确定稿件的地位及其相互之间的联系。版面设计应以稿件的有序排列与最佳组合帮助读者加快阅读速度、降低时间成本、增强浏览乐趣。

2. 更加突出对读者最有价值的内容。报纸的优势不再是办"信息超市"，而是办特色精品店。版面寸土寸金，好钢必须用在刀刃上。

3. 版面元素的运用更加需要创造性，要力争使新闻内容与表现形式有机结合为一体。

从上述的版面案中可以看到，报纸编辑对版面语言的灵活运用作为新闻生产的一个核心环节，实际上使视觉设计与思想和内容在某种情况下画上了等号。优秀的视觉设计不仅能够最好地表现思想和内容，实际上它本身也是思想和内容的一部分。

思考二：如何通过视觉设计巧妙引导舆论？

近年来，社会化媒体兴起，然而，越是人人都有麦克风，越是需要能够登高望远、引领舆论的责任媒体。社会发展到今天，其实依然需要甚至更加需要能够代表公众利益的大众媒体来继续担当"社会守望者"的重要角色，通过客观、平衡、公正的报道维护社会正义，并促成社会各方的沟通和共识。这样的责任媒体还是需要由专业化的媒体组织来承办。在报业转型的新时期，报社应该充分利用这些资源优势来担当这样的社会责任。而要做到这一点，也对版面编辑的视觉设计水平提出了更高的要求。

众所周知，报纸版面是新闻内容整体编排布局的产物。整体性和结构性是版面编辑区别于单稿编辑的地方，也是版面设计应该强调的主旨。但是，我国报纸版面设计有强调版面"美化"的传统，所有的版面元素过去都被看作是"美化版面"的工具和手段，甚至连新闻图片在早期也只被看作是装饰版面的工具。这些传统观念至今还在影响着我国报纸设计，今天人们在不少报纸上仍然能看到为了搭配文字稿件而采用的与新闻内容毫无关系的图片，以及对表现新闻主题毫无作用而且还会妨碍阅读的彩色底衬。更严重的是，有些版面盲目追求感官刺激，对版面元素的使用失当，表现形式与新闻内容极不相称，比如将新闻价值和技术质量都不高的照片处理得过大，将不重要的新闻标题做得比报名还大，造成了哗众取宠的"泡沫版面"。这样的版面根本不可能使报纸成为重要议程的设置者，也不可能产生引导舆论的效果，有时甚至起副作用。

所以，版面编辑的视觉设计不能为形式而形式，而要立足于版面整体来赋予报纸解读新闻内容、启示读者思考的效力。对于有价值的新闻，编辑要以恰当的设计技术与表现方法揭示其深层意义和影响，不仅要对新闻的相关要素进行形象化解释，还要对与新闻相关的知识进行形象化传播，让读者在最节省时间成本的情况下，获得最丰富的信息。如前文中列举的法制晚报两会报道的版面就体现了这一特点，它超越了事实描述（罗列十二·五规划）的层面，而是以视觉设计表达编辑部对同类事实要素的比较、研究和价值判断，实际上表现出版面编辑对内容的意义建构。

值得注意的是，这样的版面实际是编辑策划的产物，而且是由多位记者编辑合作完成的一次策划性报道。版面上的署名证明了这一点，除了版面编辑、美编和校对之外，还署了四人的姓名，包括负责文字撰写的记者、负责数据统计的记者、负责制图的编辑和一位协助制图的编辑。显然，视觉传播力的源头无疑是编辑的思想和创意，但这种力量最终得以形成却并不只是编辑个人的努力结果。笔者认为，视觉传播力是由编辑为核心的集体共同打造的，这个集体包括编辑在内的媒体工作者，也包括媒体之外的专家、技术人员、信息提供者，以及接受视觉传播的公众。

今天，新技术与新媒体改变了新闻传播的机制和格局，公众的力量在新闻传播活动中得到凸显，这为编辑更好地开发和利用社会资源创造了条件。版面视觉设计不仅需要编辑自己的智慧，还需要充分开发社会资源的潜在能量，积极有效地整合各方面资源。而以视觉创新为重点的报纸改版，最值得思考的也正是如何通过视觉设计使大众媒体的功能重新得到确立，这将对报社在全媒体转型中保持核心竞争力具有重要启示。

当代报纸版面设计的发展趋势

王君超

导言——

本文刊载于《新闻写作》2012年第3期。

王君超，河南人，1966年出生，博士，清华大学新闻与传播学院教授。

本文就近年我国报纸版面编排的变革发展，从版面设计的全球化趋势、设计越发凸显创意和汇同国际流行的"新闻设计"理念三方面进行论述。作者认为，近些年来我国报纸不断兴盛的改版潮，既是报纸迫于新媒体竞争的市场压力和受众需要的被动选择，也是融入世界报纸版面的设计潮流、增强舆论引导能力的主动选择。我国报纸在通过不断地改版创新，以开放的思维向世界报业变革新潮流学习与借鉴中，使报纸版面设计呈现出全球化的趋势，已能与世界各国的大报同台竞技。在报纸版面的具体涉及中，编辑凸显创意和理念更新，融传递信息、引导阅读、传达美感等多重功能。特别是我国都市报率先刷新报纸"美编"的概念，将具有美术教育背景的平面艺术设计师引入编辑平台，以独特的艺术设计和审美创意引领了中国内地报纸版面设计新潮流。如利用情感诉诸方式，突破遵循比例的规范，以艺术创新手段表现强烈情感;以极简的写实主义设计,使版面的风格清晰、精细而具象;强调本土元素,不忘"民族的就是世界的"这一根本,因为本国报纸毕竟是给本国受众阅读的。与此同时,本文还就国际报纸版面的"新闻设计"的概念,阐述我国编辑亦在努力明确自己作为新闻设计师的"新闻"本位,使用视觉语言在版面上讲故事、讲好故事。

近年来,伴随着"报纸消亡论"的阴影和媒介融合的长足发展,世界报业的发展进入一个"不确定阶段"。相对于报业市场的变局,报纸版面设计的发展则呈现出一派繁荣景象。我国报纸通过不断的改版创新及与世界各国的大报同台竞技,使报纸版面设计呈现出全球化、凸显创意和理念更新等趋势。

一、版面设计的全球化趋势

近几年兴盛的报纸改版潮,既是报纸迫于新媒体竞争、市场压力和受众需要的被动选择,同时也是融入世界报纸版面设计潮流、增强舆论引导能力的主动选择。2011年8月,第八次改版的南方日报推出"增加导读"、"封面化"等措施,并宣称:"我们今天办报纸,不是单一的版面变革,而是全媒体时代的革故鼎新";"南方日报8年7次改版,先后推出黄金瘦报、双封面等新形态,正是以开放的思维向世界报业变革新潮流学习与借鉴的结晶。"①

在报纸改版潮中,"形象载动信息"的西方视觉传播理念获得了业界的高度认同。例如,辽宁日报注重"用全新的视觉理念提升报气。通过整合报纸视觉设计资源、调整办报思路,创立了一套中国式的严肃报纸视觉价值体系,并在业界进行标准输出。"②

被称为"国际语言"的版面语言依托视觉,虚化了文化背景、语言文字差别和意识形态偏见,孕育出版面设计这门"默默含笑的艺术",也使中国报纸版面与世界接轨成为可能。从2005年东方早报参加SND(美国新闻媒体视觉设计协会)与锡拉丘兹大学纽豪斯公共传播学院联合举办的"全球最佳新闻设计大赛"开始,中国报纸开始融入国际报纸版面评选的潮流。2008年,SND中文分会在上海成立。该会通过国际交流和每年一度的参赛活动,进一步推动了中国报纸的版面设计与世界接轨。仅在2009年第30届"世界最佳报纸设计大赛"中,中国报纸就获得17项单项奖,重庆时报"5·12汶川大地震专题"版面、辽沈晚报选送的《奥运史迹》长卷获得银奖;2010年的第31届大赛中,华商晨报的"国庆长卷"特别报道获得金奖;2011年的第32届大赛中,中国报纸的获奖数字上升到22项,辽宁日报的"东北虎"版面获得金奖。

除在"全球最佳新闻设计大赛"有上乘表现外,中国日报和重庆时报还在美国新闻博物馆网站的"今日报纸头版"中占有一席之地。它们与港澳台的7家报纸一起,

---

① 《科学发展立报改革开放立报解放思想立报》,《南方日报》2011年8月9日第2版。
② 《张庆钧:圣路易斯,SND的视觉巅峰之旅》,http://www.Indochinese.cn/asp/content.aspic=102。

为这个全球化的报纸头版展示平台注入了"中国元素"。

二、版面设计凸显创意

版面是报纸的"第一视觉",具有传递信息、引导阅读、传达美感等多重功能。进入新世纪以来,我国都市报一改一些主流报纸"重引导、轻视觉"的设计理念,率先刷新报纸"美编"的概念,将具有美术教育背景的平面艺术设计师引入编辑平台,以独特的艺术设计和审美创意引领了中国内地报纸版面设计新潮流。

图6-2

图6-4　　　　　　　　　　　图6-3

与传统的"美编"相比,版面设计师强调视觉对信息的承载作用和版面的审美功能。例如,过去报纸安排"爆炸性新闻"多以内容取胜,在编排上多以区位优势、稿件配合、通栏大标题等手段突出其强势;但在今天的设计师手中,则更多地表现为视觉创意。如,获得第32届"全球最佳报纸新闻设计大赛"优秀奖的辽宁日报"发现辽宁"版(如图6-2所示),设计师采用"单版变长卷"的形式,动态展示图文信息;采用泛黄的羊皮残卷设计突出主题;对手绘图形进行夸张和"出血"处理,则赋予读者较强的视觉冲击。

报纸版面的设计弹性在于:它既是一个通过版面语言展示真实新闻内容的空间,同时也是一个通过艺术形式呈现信息、情感、美感的有意义空间。大量的平面设计师加入新闻版面设计的行列,不但为传统的版面设计带来了创意,同时也为艺术设计理论找到了一个新的试验场所。他们将表现主义、极简主义、写实主义的设计理论借鉴到新闻版面的设计,使得报纸版面设计创意凸显了"诉诸感情"、"极简设计"和"本土元素"三个关键词。

1. 诉诸感情。以艺术创新手段表现强烈情感,而非严格遵循比例规范,是表现主义对传统写实主义的反叛。设计师借鉴表现主义的理论,在设计版面时注重选取那些扣人心弦的"情感类"摄影作品予以包装、创新,从而达到引起注意、获得共鸣的效果。图6-3所示的是德梅因纪事报纪念"9·11"十周年的版面,用张大的瞳孔、折射的双子大厦影像和晶莹的泪滴形成创意,忧郁的蓝色、惨淡的灰色以及黑底反白的文字,都为版面的大标题《永志不忘》做了注脚,与读者产生共鸣。

图6-4所示的是重庆时报"5·12"汶川大地震"国哀专题"中的版面之一。该版与其他几个版面一起获得2009年第30届"全球最佳报纸设计比赛"银奖。版面的主打图片呈现的是一个孩子泪流满面却竭力不哭的表情,极大地冲击着读者的视觉和泪腺。国际新闻设计协会中文分会总裁陆岭立(Lily Lu)女士认为,该专题"是一个融合了设计师情感的作品,只有把真正的情感融入版面而不是干巴巴地去设计,读者才能感受到这种情感,才能成功。"她指出,2008年的中文报纸在题材上有两大要素:地震和奥运。"一个哀一个喜,我们设计师要加重这种感情的分量,通过读者的眼睛送达内心产生共鸣。"[①]

2. 极简设计。写实主义,尤其是"照相现实主义"(Photo-Realism)风格的版面设计是建构的、清晰、精细而具象的,它以复制、放大现实甚至堆砌形象为特征,主要靠复杂的图像关系传达信息、揭示主题。因为不需要读者更多的参与与联想,在一定程度上来说属于"封闭式设计"(如图6-5、图6-6所示);极简风格的设计则是解构的、抽象的,在一定程度上来说属于"开放的设计"。它尽可能少地使用复杂的形象、色彩和线条,追求"简单中见丰富",倡导依靠读者的参与和联想来补充信息、延伸意义。

因为信奉"少即是多",因此极简的版面设计具有较大的创意空间。"极简"意味着删繁就简,用有限的设计资源将创意发挥到极致。中国日报的设计总监比尔·盖斯帕(Bill Gaspard)认为,"简约的力量比数量来得更为重要",因此,他要求对图片报道"无情地剪辑","精简再精简直到不能为止"。[②] 曾发明"L"型设计的加拿大设计师露茜·拉卡瓦(Lucie Lacava)认为,"仅仅使用两种颜色就可以将一份报纸设计得精致典雅"。[③]

以"9·11"十周年纪念版为例。从新闻策划学的角度来看,"9·11"十周年纪念日并非"突发性事件",事件本身也无太大的新闻价值,只有靠创意的艺术设计,才能唤起读者的更多注意。图6-7所示的是的纽约新闻日报运用国贸双子大厦形状的

---

① 何舒静:《本报对话SND主席马特·曼斯菲尔德时报作品让我们惊叹》,《重庆时报》2009年3月21日T2版。

② Bridget O'Donnell:《2010 SND北京新闻设计师沙龙全记录》,http://www.sndchinese.cn/asp/content.asp?id=80。⑤SND20:5 Questions Lucie Lavaca,http//www.snd20.org/lucielacava.html。

③ SND20:5 Questions Lucie Lacava,http//www.snd20.org/lucielacava.html。

图6-5 　　　　图6-6 　　　图6-7 　　　图6-8 　　　　图6-9

极简设计,在旁边加上十周年的起止日期,如同温度计的刻度,只用两种颜色、两个柱形、6个数字,就营造出"环球同此凉热"的气氛;图6-8所示的是德国奥格斯堡大众报突出了后现代主义的设计理念,只用一种颜色加字体反白,以及双子大厦形状的模糊与倾斜,传达出"后9·11"的种种不确定性;图6-9所示的是西班牙公众报头版,在极简的"双塔"设计基础上使用"减法",用空白色带斜切红色柱体,残损、不平衡的构图和强烈的色彩反差,达到了极简主义设计所追求的"骨架般本质"的效果。

极简主义的设计一反"过度设计"的风格,提倡用最简单的视觉形象输出最大的信息量,因而是一种有效的传播。但是,极简的版面设计往往需要借助符号的帮助来传达信息、揭示意义。比如,图6-10所示的是的西班牙语新先驱报和图6-11所示的美国安妮斯顿星报都没有写实地表现双子大厦遭袭击时的滚滚浓烟、惊恐四散的人群和大厦再建时林立的脚手架,而是运用玫瑰花、美国国旗等公众所熟知的符号来表达情感和编辑部的态度。图6-12所示的西班牙报纸ARA也没有使用卡扎菲血肉模糊的照片甚至普通肖像照片来设计卡扎菲死亡的相关版面,而是用墙上打在他名字上的一个红叉,揭示事件的意义和表达情感。

图6-10 　　　　　　图6-11 　　　　　　图6-12

3. 本土元素。正如中国的电影艺术走向世界得益于民族文化因素一样，中国的版面设计全球化，也不能将民族文化视为"包袱"，而应视为设计创意增值的因素。比如，"少则多，多则惑"的中国道家文化和国画技法中的"以白当黑"，与极简主义的设计理念都不乏共通之处。

获得"第 31 届 SND 世界最佳新闻设计创作大赛"金奖的华商晨报"新中国成立 60 周年"系列版面，就是一个较为典型的例子。2009 年 8 月开始，该报视觉部为庆祝新中国成立 60 周年，而设计出连续刊出两个月之久的《中国画卷》系列版，就是创造性地使用了"画卷"这一中国元素。SND 副主席史蒂夫·多西（Steve Dorsey）发来贺电称赞："60 天的时间里，每天的报纸夹缝中绘制一幅有插图的画卷，并且这 60 幅画正好能拼接出一幅有文化底蕴的中国雄伟画卷。这 60 个部分每一部分都能很好地体现出创作者的内涵以及报纸的风范。"①

三、"新闻设计"的理念得到认同

随着近几年中国报纸版面的逐步国际化，"新闻设计"（news design）的概念逐步获得业界认同。在英文中，"新闻设计"是根据编辑和视觉指导方针，而在报纸版面上组织材料的过程。"新闻设计"的概念包括但不限于"版面设计"。比如，"国际新闻设计协会"等主办的"全球最佳新闻设计大赛"评选共有 19 个类别，实际上涵盖了除文字编辑、报道策划以外的报纸编辑的其他内容。

引入"新闻设计"的概念对我国当代报纸的版面设计具有较大的现实意义。

一是有利于明确新闻设计师的"新闻"本位。在国内积极倡导"新闻设计师"概念的都市时报视觉总监廖小静认为："新闻设计师必须是通过自身的专业能力，将事实美观呈现的同时还应当具备独特的视角和理解。"②陆岭立强调："新闻设计师对新闻内容的理解和把握是最重要的，优秀的新闻人是具有多种视觉化

图 6-13

---

① 《中文报纸首个 SND 金奖被华商晨报摘得，SND 总部发来贺词及评语》，http://www.sndchinese.cn/asp/content.asp? id=57。

② 廖小静：《什么是新闻设计师？》，http://www.newsdesigner.cn/blog/Individual1.asp? UserID=4&id=866。

讲故事技能的多面手"。她认为:"我们不是单纯的版面设计师,不是艺术家,我们是新闻设计师。我们是新闻工作者使用视觉语言讲故事、讲好故事。视觉是我们的工具、渠道、平台。我们的作用和文字记者是一样的。"①辽宁报业传媒集团视觉总监张庆钧认为,"新闻设计师的基本功和新闻的修养是确立你是否能够优秀的重要基石。"②

二是有利于版面的设计理念回归新闻本位。由于大多数报纸的新闻设计师来自艺术设计界,他们基于专业习惯,往往从审美的角度出发设计报纸,在增加版面的艺术性和视觉愉悦的同时,难免会削弱版面的新闻价值;有的甚至采用夸张、渲染的手法强调视觉冲击,非但不能使设计为内容服务,反而会起到适得其反的效果。如比利时、法国、马耳他、美国的一些报纸头版在设计卡扎菲之死的版面时,都刻意对其惨不忍睹的尸体照片予以自然主义、煽情主义的视觉呈现,制造"视觉暴力"的用意十分明显。而图6-13所示的是德国 taz.dietagesze itung 报,则设计出一身戎装的卡扎菲形象,但是虚化掉了他的面部,使之与黑色的背景融为一体,寓意与大标题中的《独裁至死》相吻合,无论设计创意还是视觉效果都高出一等。

让版面设计回归新闻本位,也即维护了版面形式与内容的统一。张庆钧认为,辽宁日报"东北虎"版面"能够取胜原因很多,用一句话来说就是形式对内容的服务达到了最佳。"

网络新闻版面设计(节选)

秦　州

导言——

本文节选自秦州所著《网络新闻编辑学》,复旦大学出版社,2007年版。
秦州,安徽安庆人,1956年出生,博士,南京大学新闻传播学院副教授。
作为新兴崛起并如雨后春笋般在全社会普及的网络,当前俨然已成为大众传媒的宠儿。网络新闻的编辑,在许多理论方面同传统媒体的观点是相同或是相似的,但它更有自己的特殊一面。特别是在形式表现的网页设计编排上,它虽然同传统的

---

① 陆岭立:《用视觉语言讲好故事》,长江新闻与传播学院,http://www.sndchinese.cn/asp/content.asp? id=87。
② 张庆钧:《圣路易斯,SND的视觉巅峰之旅》,http//www.sndchinese.cn/asp/content.asp? id=102。詑辑輥《一只虎的诞生———辽报集团视觉总监张庆钧解析金奖背后的故事》,http://www.sndchinese.cn/asp/content.asp? id=91&Page=2。

报纸、杂志编辑一样,新闻版面的设计大体上也属于平面设计的范畴,可在网络这样的舞台上显得更富有新的挑战性。网络新闻版面设计过程中包含的要素以及新闻网页的传播特点,决定了在其设计过程中,一方面需要继承报纸、杂志媒体版面设计的经验,另一方面更需要探索和总结新闻网页版面设计的规律和特点。网络新闻版面的设计涉及方方面面,主要包括域名设计、Logo 设计、色彩设计、布局设计等。文本结合网络新闻编辑工作的实际,论述了网络新闻版面设计的基础知识、色彩设计和布局设计。本文阐述细致,实践性强,鉴于篇幅限制的原因,这里略去了原文中的许多插图。

一、网络新闻版面设计的基础原理

(一)网络新闻版面设计原则

版面作为传达信息的载体,其设计风格必须切合其所负载的主题内容,不同的内容会有不同的版式风格。如表达政治、法律、宗教等内容的版面,其网页风格应该庄重、沉着或者严谨;表达文化、艺术等内容的版面,其网页风格应该活泼、雅致或是浪漫;而表达旅游、娱乐、餐饮等内容的版面,其网页风格自然会倾向梦幻、潇洒和诱人。在进行新闻网页设计的过程中,既要根据具体的主题确定适合的风格,还要考虑受众的阅读习惯和喜好,最根本的设计原则可以概括为简明易读、富有个性与统一和谐。

1. 简明易读。版面设计切忌过分繁杂、凌乱。版面的样式与其所传达的内容相比较,不可本末倒置,宾主不辨。受众都不愿在阅读浏览的过程中遭遇辨认的麻烦,而是喜欢在轻松愉悦的状态中获取信息,更何况在网络这一信息海洋中,简明易读显得尤为重要。在 Alexa[①] 新闻网站排行榜上名列前茅的 MSNBC 网站的页面不但简洁,而且页面左侧的新闻体裁分类明确,中部的新闻导读恰到好处,为受众有效地阅读提供了轻松舒适的视觉环境。

2. 富有个性。网页的版面设计是一种创造性的劳动,可以在创意中展现个性,个性也是网页吸引受众眼球、争取点击率的法宝。网页设计中的误区之一,就是千篇一律,或所谓的"大众化"。现在有不少网站大体上设计都是一样的,从标题的放置、按钮的编排到动画的采用都是如此,毫无特色可言。只有新颖的设计,才会在众多的网页中闪烁出与众不同的光芒。

雅虎是世界上影响最大的网站之一。它当年问世时就以独具一格的页面设计卓尔不群,多年来基本上没有更改它的页面风格,那松散而几乎没有线条规划的布

---

① Alexa:www.alexa.com,创建于 1996 年 4 月,以网站导航起家,现已成为发布世界网站排名的权威网站。

局,看上去漫不经心,其实却是精心安排的。最关键的是它的页面与搜索引擎这一性质非常契合,并影响了后来不少的搜索引擎类网站。新浪网也很有特色。作为全球信息最丰富的华文网站,其特色就在于从设计的角度,把超量的信息(包括文字与图像)摆放得轻重得当,井井有条,清晰易读又落落大方,达到内容与形式的统一。

3. 统一和谐。统一是指设计的整体性和一致性,和谐是指页面上的元素要协调有序浑然一体。统一牵涉到色彩的统一、版式的统一、结构的统一、字体的统一等。一般艺术设计中讲究的平衡、连贯、呼应和对比的方法,也是在网页设计中形成统一的有效手段。有些网页采用了颜色各异、风格不同的图片、文字、动画,尽管页面五彩缤纷却没有整体感。还有些网页的某些局部设计得很漂亮,但相关元素或各自为政或喧宾夺主,从总体上看不成功。要在变化中追求统一,变化是各个组成部分之间的区别,统一是各个部分之间的内在关联。当把大量的信息塞到网页上去的时候,要考虑怎样把它们用统一的方式来合理排布,使整体感强的同时又要有变化。这种变化从排布的形式上或者颜色上都可以体现出主从关系、呼应关系等,才能使页面更加丰富,更有生气,看起来不感到枯燥乏味。

和谐是美学法则之一。对于网页设计来说,和谐主要就在于页面的视觉效果能否与人的视觉感受形成一种融合,一种沟通,产生心灵的共鸣。要在对比中追求和谐。在网页设计中要善于和合理利用对比的因素,例如文本的排布,字体的大小、粗细、颜色,图片的宽窄、透明以及位置的放置等,以取得较为强烈的视觉效果。同时还要恰如其分地找到调和的因素,即构图的联系点,使整体感觉突出,不至于仅仅因为对比而造成割裂的感觉。只有做到对比与和谐的相辅相成,才能使网页特征鲜明,达到较高的审美层次。如星期日泰晤士报网站、BBC全球网站和CNN网站三家英文新闻网站,它们在色彩运用、logo设计、页面布局、旗帜广告位置和主打新闻图片位置等方面,均有较大的差异,但每个网站又都给人以浑然一体的感觉,在版式、色彩、结构等方面既统一又有变化,既和谐又有对比,令人赏心悦目。

(二)网络新闻版面设计程序

1. 设计中需要考虑的技术因素。网页设计是建立在技术性基础之上的。无论设计什么类型的网页,网络技术因素对网页的影响,是所有网页设计者都必须考虑和重视的问题。这些因素主要有:

网络带宽。它牵涉到网页浏览的速度,是值得设计者注意的首要因素。影响网页显示速度的主要因素是图像的大小与数量。因此,在同等带宽条件下,加快页面下载的最有效的方法是控制网页中图像的数量与尺寸,应该对每一幅插入网页的图像进行优化处理,同时不要在普通网页中插入太多的图像。新闻网站属于资讯类网站,提供的信息应以文字信息为主,不宜采用多幅图片。

浏览器。不管用什么制作工具制作出来的网页,都有一个与用户端的浏览器兼容的问题。由于目前国内绝大多数用户使用的都是微软的操作系统,都用其捆绑的

Internet Explorer 浏览器浏览网页,所以对主要面向国内用户的网站一般不存在兼容问题。但如果所设计的网站主要面向国外用户,则需要在不同的浏览器下测试网页的显示效果。

分辨率。分辨率是指计算机屏幕水平与垂直方向的像素(pixel)值,即屏幕的宽度与高度。鉴于现在 15～17 英寸以上的电脑显示屏已在单位与家庭成为主流,这类电脑的显卡通常都支持 1024×768 的显示模式,所以可以将网页设计的显示器分辨率定位于 1024×768,同时兼顾早些年流行的 800×600 模式。

打印效果。网页不仅供人们在网上浏览,在许多情况下还需要打印出来,比如用于网站的推广宣传。随着彩色激光打印机的普及,打印网页变得非常便利,成本也不高。有的网页看很漂亮但打印出的效果却不理想,或者色彩严重失真,或者有些页面元素在打印过程中消失了,这些都应该引起设计者的重视。如何使打印效果与网上浏览效果保持一致,主要是要提高网页的分辨率,但分辨率太高也使网页体积庞大,要有一个适中的把握。

2. 设计的创意阶段。网页设计,从总体上来说,并非针对某个具体的页面,而是面向整个网站的,程序一般包括域名设计、logo 设计、色彩设计、布局设计等。

域名设计。域名在实际使用中就是网址的概念,是键入网站的入口。为什么要把它作为设计的第一步呢? 其实,域名不仅是一个网站的入口,它本身就以文字或图形的方式,构成了网页最显著区域内(通常是首页左上角)的一部分,从而成为网页设计的先导。在这一重要的页面元素缺失的情况下,如果进行页面设计方面的构思,常常会不得要领。对于新闻网站来说,尽早搞好域名设计意义重大。在进入域名设计阶段后,即可启动对网站品牌的宣传,至少可以以征集域名和域名的正式确定这两个环节,作为网站前期宣传的重点。

logo 设计。就是网站的标志图案,它一般会出现在站点的每一个页面上,通常会是网站首页的夺目之处。与域名一样,logo 也是构成页面本身的重要元素,通常与域名一道处于网页左上部最显著的区域。现在不少新闻网站的 logo,都是将域名中的字母或部分字母进行美术处理,使之图案化,形成独特的 logo 设计。这也说明为什么域名设计常常要走在 logo 设计的前面。

色彩设计。色彩设计涉及的方面很多,这里主要讨论网页主色彩的选择。网站给人的第一印象,常常来自视觉冲击力,因此,确定网站的主色彩是相当重要的。而主色彩的选择,如果仅从美工或纯设计的角度看,又与 logo 的色彩甚至域名的色彩密切相关,互相牵制,互相补充,互相平衡。在网页设计实践中,因为 logo 改变了,网页的主色彩也跟着变化的情形并不鲜见。

布局设计。布局设计包括网页结构与网页版式。网页结构的内容涉及页面的平面特征和立体结构等,网页版式则涉及常见的网页版式类型,以及栏目、图片等基本版式元素。在域名、logo 和主色彩确定的前提下,才宜进行网页的布局设计。后面将对此作具体介绍。

3. 设计的操作阶段。在确定了基本的创意之后，就可进入实际设计阶段。首先要根据网站的书面设计方案，进行网站首页及其他各级页面的 Photoshop 效果图设计，之后即可据此用网页制作工具进行网页制作。网页制作一般分为三个阶段。第一阶段是制作模板，即将美工设计的各级 PS 效果图，作为网页制作的底图，全面、细致地将其转化为网页模板。第二阶段，用制作好的各级模板，生成每一层级里风格统一的大量页面。第三阶段，对每一个页面进行内容填充，或进行局部性调整。局部调整是指有些页面需要脱离模板的统一风格，可以再单独设计制作。这一方法适用于制作与维护个人网站或小型网站，因为它虽然能批量生成网页，但在日常的维护更新方面效率仍然不高。新闻网站一般都规模较大，每天通常要制作、发布数百个网页，所以一般都采用信息发布系统来进行页面的更新、维护工作。

二、网络新闻版面的色彩设计

网站采用何种色彩及多种颜色如何搭配，这是网络新闻版面设计要认真考虑的问题，也是网页设计的重要方面之一。

（一）网页的色彩搭配

网页的色彩设计是色彩应用规律与网页作为一种传媒介质所具有的特性相结合的过程，在长期的网页设计实践中，它逐步形成了广为认同的用色原则与技巧。

1. 色彩搭配的基本原则。将不同的色彩进行搭配与组合，构成视觉效果良好、风格独特并有强劲冲击力的页面，是进行网页色彩设计与搭配的目的。在确定网页的整体色彩方面，应该综合考虑用户的欣赏习惯，网站的主题、性质、专业特点和艺术规律等。具体来说应遵循以下几点原则：

色彩的合理性。网页的色彩要漂亮，引人注目，给浏览者留下深刻印象，但也要注意到人眼的生理特点，避免使用大面积的高纯度色相，否则会产生过强的刺激，使人的眼睛容易疲劳。很多网页制作发布以后，页面和浏览器的显示尺寸不相吻合，会造成刺眼的效果，这时通常需要把屏幕两侧（1024×768 模式下）的空白面积用适合的辅助色填上，使整个屏幕色彩更加谐调。

色彩的独特性。网页的色彩搭配要能体现网站的特色，要有与众不同的色彩，使得浏览者"过目不忘"。Meiorlline. net 是国内一个设计很有特色的站点，它的原版设计大胆地采用绛红为主色，并以橙、绿色点缀其间，色彩搭配和布局都有独到之处，非常抢眼。改版后，网站的内容主题在首页就明确地展示出来，此时的页面设计色调下沉，更加切合内容，个性突出，容易抓住受众的视觉神经。

色彩的适宜性。网页的色彩搭配应该与网站的内容、性质和气氛相适应。例如用粉色来体现女性站点的柔美是很好的选择，如果用黑色就很不妥当了。每种色彩在纯度、明度上略微变化就会产生不同的感觉，以绿色为例，绿色中加上较多的黄色,有青春旺盛的视觉意境,可用于青年类网站;如果加上较多的蓝色成分,则显得幽暗阴深,可用于文学艺术类网站。可见,采用适合网站主题的色彩是非常重要的。

色彩的联想性。色彩的心理作用决定了人们在看到不同的色彩时会产生不同的联想,在考虑网页的色彩应用时,应当使色彩与网页的内涵相关联,尽量发挥出人们的这种想象力,如由蓝色想到天空,由黑色想到黑夜,由红色想到喜事等,从而使浏览者产生更深层次的心灵感应。在网页的色彩设计中还应注意,由于国家、种族、宗教信仰的不同,以及人们生活的地理位置、文化修养的差异等,不同的人群对色彩的喜恶程度存有差异。如儿童喜欢对比强烈、个性鲜明的纯色,知识分子偏好清新雅致的颜色,因此,在设计中要考虑主要目标受众的习惯和喜好。

2. 色彩搭配的要点。近年来网页设计者在用色上总体呈现出这样一种趋势,即从单色到五彩缤纷再回归到主体色突出前提下的"单色"。一开始因为技术和知识缺乏,只能制作出简单的网页,色彩单一;在有一定基础和材料后,希望做出一个漂亮的网页,便将最满意的色彩堆砌到页面上,但时间一长却发现色彩杂乱,没有个性和风格;于是重新定位美学风格,返璞归真,选择一个切合自己审美趣味的主体色,这时候往往能设计出色调高雅、个性突出、简洁精美的站点,其几个要点是:

确定网页的主体色。网页的主体色又叫主色彩或标准色,是指在页面上除了白色为背景外大量使用的某种颜色,它决定了网页色彩风格的基调。主体色一般要用于网站的标志、导航栏、主菜单和主色块(如标题栏)给人以整体统一的感觉,其他色彩也可以使用,但只能作为点缀和衬托,不能喧宾夺主。不少网站的主体色非常突出并且是持续不变的,使用户一想到那个网站首先就会想到它的主体色,主体色已经成为网站的基本特征。如提到IBM的网站,人们就会说它是深蓝色的。也有不少网站是用两种色彩作为主体色的。先选定一种最主要的色彩,然后选择它的对比色作为次主体色。如确定了蓝色这个主体色后,又选择了黄色作为次主体色,再加上其他配色,整个页面色彩可能比只有一种主体色要丰富,但又不至于花哨。次主体色通常应在主体色色相对比较大的色彩中选择。遵循主从关系,这是最稳定的处理色彩的原则。如果在同一个页面内平均使用了多种颜色,把握不好的话,就无法确定哪个是主体色,最终使色彩的搭配无章可循,造成用色的无序与混乱。

多用相近色。与主体色具有同类色相对比或近似色相对比关系的色彩称为相近色。在网页的主体色确定之后,选择与之相近的颜色,搭配起来就相对比较容易。这也可以叫做使用一个色系,即用一个感觉的色彩,如淡蓝、淡黄、淡绿,或者土黄、土灰、土蓝。这是从色相的范畴来确定相近色。也可以从明度的范畴来寻找相近色。如对一个红色是主体色的网页来说,它的相近色可以在红色里面加白,红色就会越来越亮明度提高,而加黑,红色就越来越暗明度降低,由此可以得到与红色相配的其他色彩。还可以从纯度的范畴来寻找相近色,如对一个蓝色是主体色的网页来说,在蓝色里面加了黑、白、灰,就会使得蓝色不纯不再鲜艳,由此得到与之相近的其他色彩。一般来说，色相相同而明度不同或纯度不同的几种颜色比较容易搭配。

保持色彩均衡。保持色彩均衡是比较保险的配色互补原则。即在网页用色中，在多种颜色同时存在的情况下，一定要强调色彩的调和、统一与平衡。平衡的颜色符合多数人的色彩心理。我们知道，明度高的浅亮色看起来较轻，明度低的深暗色则较重。如果在一个页面中运用了较多比较浅的颜色或亮的颜色，就可以用黑色或同色相的深色小面积压一下，点缀一下，这样页面不至于太"轻"，可以使色彩重新归于平衡。

黑白灰的应用。在网页设计中，黑白是最基本和最简单的搭配，白字黑底、黑字白底都非常清晰明了。灰色则是万能色，可以和任何色彩搭配，也可以帮助两种对立的色彩和谐过渡。如果在用色上遇到麻烦，可以大面积地加入白色与灰色，小面积地加入黑色来调节与其他颜色搭配之不当。遇到使用纯度很高的颜色如纯蓝、纯黄等，这样的搭配会很鲜艳，视觉感觉就会比较兴奋，如果要降低兴奋度的话，可以搭配上白色与灰色，把颜色明度抬高或降低，这也是一种调节的方法。

3. 页面的色彩分配。页面的色彩分配是指在页面的不同区域内色彩搭配的基本规律，粗略地可以分为这样几个区域：

内容区。是网页信息的表达空间，一般处于网页中部，也可以叫做主内容区，要求背景要亮，文字要暗，对比度要高。

头区。一般由网站 logo、用户登录区等部分组成。Logo 通常要用深色，具有较高的对比度，以便用户能够一眼就看到，它通常应与页面其他部分有不同的"风貌"，可以使用与网页内容不同的字体、图案或颜色组合，也可以采用网页主体色的反色。

导航区。指导航菜单所在的区域，通常可以把菜单背景颜色设置得暗一些，然后依靠具有较高对比度的字体颜色，将网页内容和菜单明显地区分开来，这样也突出了导航菜单自身。

侧栏。其实是内容区的一部分，它一般显示专题栏目或附加信息。侧栏应与中部的主内容区具有不同的背景色，从而与主内容区清楚地区分开来。

尾区。一般放置网站的介绍与联络性信息，以及网站的经营许可证等。这个区域是非重点区域，所以在用色上不宜喧宾夺主，可以考虑用与侧栏相同或相近的颜色，也可以用深一些的颜色。

在网页色彩设计中，最忌讳的是滥用颜色，同一页面尽量控制在三到四种色彩以内，太多让人眼花缭乱。此外，背景色和页面文字的颜色对比尽量要大一些，以便突出主要文字内容。

（二）新闻网页的色彩特点

新闻网站以传播新闻信息为主要功能，对其风格的总体要求是清新整肃、稳重大方，网页的色彩应当符合网站的总体风格，或者说为网站的总体风格服务。

1. 具有一定的色彩冲击力。与商业性网站的色彩斑斓和个人网站的简约清淡相比,新闻网站宜采用对比鲜明、具有冲击力的色彩作为首页的主体色以吸引眼球。这种冲击力常常来自富有个性的一两种主体色的搭配,以彰显新闻网站的个性,具有整肃感并富有竞争力与号召力。由于主体色构成相对单一,所以宜通过较浓烈的色彩来强化人们的视觉。如果色彩过淡,会有轻飘感压不住阵。

千龙网作为首家开通的省级重点新闻网,2000年3月8日首次亮相时选择了黑与白作为主体色,给人留下了较深的印象。而两个多月后开通的东方网,其首页以淡黄色为基调,过分强调了"高雅",却未能形成"色彩冲击"方面的后发优势,这是该网在开通三个月后就进行改版的一个重要原因。东方网改版后给人的第一印象,就是大胆地一扫众多网站首页"轻描淡写"的风格,以红与黑相间的主体色,给人以前所未有的视觉冲击。其后该网虽又进行了几次改版,但一直保留了这一色彩个性极其鲜明的主体色。千龙网在运行一年后首次改版,放弃了开网之初的黑白之色,代之以"京城故宫围墙赭红与皇宫金黄色调的搭配"①,色彩对比依然鲜明,又成功地体现了千龙网地处首都地域的风格定位,并给其他新闻网站提供了从地域特色和文化内涵方面寻找首页主体色的设计理念,开拓了人们在首页主体色定位方面的思路。相形之下,东方网则很难回答其"红与黑"与上海这个城市或"东方文化"之间的内在联系,而更多是纯美术层面的选择,因为"红与黑"历来是很抢眼的色彩搭配。

2. 首页的色彩色调偏冷。新闻网站的主旨是发布新闻信息或其他综合性资讯,与传统新闻媒体一样它也应以客观、公正、冷静的姿态出现在受众面前。报道内容的客观性这一特质,对新闻网站的色彩提出了相应的美学诉求。由于冷色可以满足这一诉求,故色相环中偏冷的色彩在新闻网站的首页得到了广泛的应用。尤其是蓝色系列的色彩最受新闻网站的欢迎,据了解,世界上70%以上新闻网站的首页都为蓝色系列,如人民网的首页就是蓝色的,主要是通过所选用的字体颜色来体现。除了蓝色外还有不少新闻网站的主体色选用黑色与灰色,如纽约时报网站、泰晤士报网站都是黑色的,法兰克福报网站是灰色的。由此可见,新闻网站的首页色彩不但颜色偏冷,而且常常只用一种主体色,从而强化了这类色彩选择所体现出的严肃性及其象征意义。需注意的是,选用这种单一冷色,色彩的明度不可过高,即页面的颜色不宜太浅,因为网站上通常会有各类新闻照片,还要考虑页面主体色与照片色彩的搭配问题,深一些的颜色能够更好地适应新闻照片中可能出现的各种色彩。

此外,大多数新闻网站的背景色与字色之间都是"白底黑字"的关系,这不仅是因为这种方式对带宽要求最低,也因为人们平时习惯于这样阅读报纸,在潜意识中这种色彩对于把新闻传达到用户的大脑中的效率最高,所以在新闻网页色彩设

---

① 张旭光:《改名改版千龙欲作网络新闻领头羊》,载《中国经营报》2001年5月23日。

计中,通常可以遵循"浅底深字"的原则,而不宜底色太深,否则网页上的文字难以辨认。

3. 各频道均有不同的主体色。新闻网站一般会有多个频道,国家级新闻网站的频道数多在 20 个以上,地区级新闻网站的频道数通常也有十多个。虽然新闻网站首页的主体色相对单一,但从整个网站来看色彩不应是单一的而应丰富。这里的原则就是,各个频道应该具有自己的主体色,从而形成网站丰富而统一的色彩。新闻网站在确定了首页的主体色后,就可以确定各个频道的主体色了。确定频道主体色的原则,一是要与首页的主体色相协调,不能喧宾夺主比首页的色彩还要抢眼;二是要使频道的内容特色与色彩的基本属性和象征意义相适应。如健康、旅游、军事、体育频道可以选择绿色系列的色彩,女性、娱乐、音乐类频道可以选择红色或粉色系列的色彩,游戏、汽车频道可以选择灰色或褐色系列的色彩。频道首页的主体色不要像网站首页的主体色那么浓烈、突出,只需要在导航条或栏目名称的条块上适当显现,就可起到以色彩区别频道的作用,这样也不至于冲淡首页的色彩效果。需要注意的是,各频道的色彩(色相)不同,色彩的调性却应基本相同,即明度与纯度大致都应在一个级别上,才会统一和谐。

三、网络新闻版面的布局设计

网页布局设计,即页面元素在网页上的合理安排与分布。网络的超链接特性使得网页与网页之间具有远比传统平面媒介更为复杂的关系,它包括网页的内在结构和层级关系、网页上的文字样式等也涵盖的内容。

(一)网页结构

网页布局和结构与报纸版面的不同之处在于,它是一个"平面+立体"的双重信息发布体系,"既要考虑一个平面中内容的组织,又要考虑页面与页面之间的层次与递进关系"[①]。一般来说,一屏网页的页面面积比报纸版面要小得多,可谓"寸土寸金"。然而,其多层页面的结构性特点,又使得它承载信息的容量远远超过了报纸版面。这里,关键是要在布局中把握好它的平面与立体相互交叉的特性,科学地设计网页结构与安排信息内容。

1. 页面的平面性特征。它包括页面尺寸与页面的整体造型两个方面:

页面尺寸。这与电脑显示器的分辨率有关系,分辨率在 640×480 的情况下,页面的显示尺寸为 620×311(像素);分辨率在 800×600 的情况下,页面的显示尺寸为 780×428(像素);分辨率在 1024×768 的情况下,页面的显示尺寸为 1007×600(像素)。从以上数据可以看出,分辨率越高页面尺寸越大。浏览器的工具栏也是影响页面尺寸的一个因素。一般的浏览器的工具栏都可以取消或者增加,要注意到当工

---

① 彭兰:《网络新闻学原理与应用》,新华出版社,2003 年版,第 370 页。

具栏全部显示时,页面尺寸会减小,工具栏全部关闭时,页面的尺寸会增加。向下拖动页面,也可以增加某个页面的尺寸,但通常不要让访问者拖动页面超过三屏。很多英文网站的首页只有一屏或一屏半,而中文网站中超过三屏的比比皆是,其实完全可以利用超链接向纵深处拓展网页容量。如果必须在同一页面显示超过三屏的内容,则应该做上页面的内部链接[①],以方便用户。

整体造型。造型就是创造出来的物体形象,这里是指页面的整体形象。显示器与浏览器都是矩形,但这并不意味着页面造型也都要中规中矩,而完全可以根据网页的内容性质,采用其他的形状,如圆形、三角形、菱形等,也可以采用这些形状的组合,如在矩形中结合弧形等。不同形状的页面造型代表着不同的意义。如矩形可以代表正式、规则,故很多新闻网站和政府网站的首页都以矩形为整体造型;圆形代表柔和、温暖、安全等,是时尚类站点喜欢的造型;三角形代表力量、权威、牢固等,为一些大型的商业站点所采用。一般来说,个人网站在造型上可以更加随意与多样。

2. 页面的结构性特征。它包括页面的区域划分和立体结构两部分,前者在二维空间展开,后者反映了页面的超链接特性与由此带来的页面层级结构。

页面区域划分。在页面色彩搭配部分已介绍了网页的区域划分,概括起来可分为四大区,即头区、导航区、内容区和尾区,这里从布局进行分析。头区通常在网页的最上部;导航区通常在头区下面和内容区的上面,它是由网站首页进入到各个频道或栏目的入口,一般为一个横向长条形区域,也有的导航区呈竖立状,位于 logo 之下的左上角区域;内容区一般位于导航区与尾区之间,是网页的主体部分;尾区位于网页的最下部。

页面立体结构。它是由网页超链接的基本特性产生的。用户访问一个网站总是从首页进入其他下级页面,这说明一个网站的网页显然具有不同的层级。位于不同层级上的页面,反映了信息内容在重要性方面有所不同。通常,可以把一个网站的众多页面分为四个层级。

首页。首页既是网站内容的总目录,又是网站最新更新的内容和最热门信息的展示台。它是一个网站的"脸面",其地位、功能以及重要程度远远超过了报纸头版。网页的层级关系通常也应该体现在各级页面的域名上,首页即是网站的一级域名对应页。如新浪网首页的域名即是该网站的域名:www.sina.com.cn。

频道首页。频道是对网站内容根据不同主题所进行的第一次归类划分之汇总。一个综合性内容网站通常会有若干个频道,也就会有若干频道的首页。频道首页是网站的二级域名对应页。仍以新浪网为例,其新闻频道首页的二级域名为 news.sina.com.cn,体育频道首页的二级域名为 sports.sina.com.cn,游戏频道首页的二级

---

① 内部链接指一个页面内的链接,又叫锚链接。

域名为 games.sina.com.cn。

栏目首页。栏目是对频道内容根据不同主题所进行的下一个层次的归类划分之汇总，栏目首页数量自然比频道首页要多得多，是三级域名对应页。如新浪新闻频道国内新闻栏目首页的三级域名为 news.sina.com.cn/china，国际新闻栏目首页的三级域名为 news.sina.com.cn/world，社会新闻栏目首页的三级域名为 news.sina.com.cn/society。

内容页。是网站具体信息的最后落脚点，用户最终的阅读页面。

首页、频道首页、栏目首页的定义和划分既是为了使用户方便、快捷地找到内容页，也可以使各级网页有一个合理的立体性结构。这个结构也可以看成是域名结构，必要时可以通过某个级别的域名直接进入相应层级的页面。

（二）网页版式

网页版式的总体设计原则，应该体现实用性与审美性的统一，前者主要表现在网页的内容安排层次分明，轻重得当易于阅读，后者表现为文字、图片及其他页面元素得到很好的综合利用，和谐美观。

1. 网页版式的类型[①]。目前常见的网页版式有几类：

"T"结构布局。就是指页面顶部为横条网站标志＋广告条，下方左面为上菜单，右面显示内容的布局，因为菜单条背景较深，整体效果类似英文字母"T"形布局。这是网页设计应用最广泛的一种布局方式，优点是页面结构清晰，主次分明，缺点是规矩、呆板，如果细节、色彩上不注意，容易让人感到乏味。

"门"形布局。这是一个象形的说法，就是页面一般上下各有一个广告条，左面是主菜单，右面放友情链接等，中间是主要内容。这种布局的优点是充分利用版面，信息量大，缺点是页面拥挤，不够灵活。也有将四边空出，只用中间的窗口形设计。

"三"形布局。这种布局多用于国外站点，国内用得不多。特点是页面上横向两条色块，将页面整体分剖为四部分，色块中大多放广告条。

2. 版式单元。网页版式决定了页面的总体平面框架，在此框架确定之后，还有一个局部性布局、规划的问题，即做好版式单元的安排。所谓版式单元，指一屏网页内的基本组成单元，包括栏目、图片与功能区域等。

栏目。一屏网页从纵向看，其栏目通常分为 3~4 个长条形区块。在设置这些长条形区块的宽度（即栏目的宽度）时，要有差异，切忌等宽。同一区块里栏目的标题栏其样式应一致，这是页面风格统一的重要一环。栏目的宽度由该栏目内要放置的标题的宽度来决定，一旦固定下来很难改变。报纸的标题长短不一，而网络标题的长度则应大致相等。因此，在具体设置栏目的宽度值时，既要考虑到尽量避免标题意外折行的情况发生，又要防止标题参差不齐影响美观。首页的栏目内不可全被标

[①] 秦州：《新闻网页设计与制作》，福建人民出版社，2005年版，第 90—92 页。

题所充斥，可设置一些标题加提要的栏目，以避免版面陷于呆板。

图片。是活泼版面的重要单元，它可以与某个标题相配合，突出这一标题所代表的文章内容，还能丰富版面的色彩。在标题内容不足时，它还可以起到很好的补白作用。一屏上的多幅图片在尺寸与方位上都要体现出差异性，图片切忌一般大小。内容性网站的首页应该有一幅主打性图片，并能确保其每日更新，其他图片的尺寸应该小一些，方位上也不要都在一个水平方向或竖直方向，而应在栏目与文字块里起到间隔、调剂与点缀作用。一屏页面内图片也不宜太多，否则既影响页面下载速度，也减少了表意性信息量。

功能区域。包括用户登录区（含 Email、BBS 和聊天室服务）、站内搜索服务、短信平台、友情链接等，这些重要的服务功能应安排在突出位置，但不要罗列、堆积在一起，而是可以把它们在栏目与图片当中间插式布局，作为调剂版式的又一活性因素。重要的功能区域，一般应安排在网站首页的首屏页面之内。

（三）网页文字设计

文字是信息内容的重要载体，是网页上最主要的元素。不同的文字样式会在网页上体现出不同的风格，文字不仅可以美化页面，在凸显网站的风格方面也发挥着重要的作用，因此可以把它看成是网页布局中的要素之一。

网页正文字体的选择，应以阅读轻松、容易识别为原则。长期的阅读习惯使人们对宋体"情有独钟"，宋体也是中文系统平台和浏览器的默认字体。因此，一般内容性网站尤其是新闻网站的正文都采用宋体。在这种情况下，无需对网页正文字体进行设置，文字的颜色也可采用默认的黑色。但个人主页在字体选择上则不必拘泥于此。

文字的大小即字号一般要进行设置。在新闻网页中，网页正文文字通常选用的字号为 9 pt，如用像素为单位，则相应的字号为 12 px。文章标题的字号一般应该大于正文字号。如果讲究一点，一篇文章的标题、副标题、正文、作者名、发布日期和信息来源等信息，都应在字体、字号与字色上有所区别。

网页中的文字颜色，除了本身可以选择外，还会受超链接的影响，这一点在设置文字样式时要通盘考虑。网页上的文字还有一个字距与行距的问题。设置出合理的字距与行距，可以增强文字内容的可读性，使版面看上去更舒适。通常利用网页制作工具中关于字距与行距的缺省设置就可以了，即使要修正也只需要在缺省值的基础上略加调整，一般就可以收到满意的效果。

（四）新闻网页的布局要点

一般网页的布局方法，基本适用于新闻网页的布局，在这方面两者之间共性多于个性。新闻网页的页面特点主要是频道入口多，信息密集度大，因此，如何将众多页面元素安排得逻辑清晰并井然有序是十分重要的。这里，突出的问题是解决好新闻网站导航栏区域的频道入口布局，另外是解决好首页导读方式。

1. 导航区域的架构。对于以媒体为背景的新闻网站来说,其新闻信息是网站的重点内容和核心竞争力所在,网站的新闻频道理应在导航区内位置突出,成为最主要的一个频道。但另一方面,新闻网站又要充分利用网络这个宽广的平台,发布其他综合类资讯信息。因此,受传统网页布局思路和框架的束缚与影响,绝大多数中文新闻网站的首页,都未能在频道架构与布局方面,解决好如何突出新闻频道的问题。大型新闻网站导航栏区[①]字号的单位有两种,即点(pt)与像素(px),其换算关系为 3 pt＝4 px。域的频道架构,有两种布局方法。

频道制架构。它在导航栏区域把新闻频道与其他综合资讯类频道等量齐观,新闻频道在频道入口上与其他频道处于同等的地位。如北方网共有 20 个频道,采用了频道制架构的布局,其"新闻"频道尽管排在第一个,但从版面上看,它只占了导航栏的 1/20。显然,这一布局方法没有有效地突出新闻频道在首页上的地位,用户看不出新闻频道比财经、体育、娱乐、IT、科技等众多其他频道更为重要。目前,绝大多数省级重点新闻网站的导航栏都采用这一布局方法。

版块制架构。它摒弃了传统的以频道为单位进行布局的思路,而是在导航栏区域内形成"新闻"、"资讯"、"服务"等几大版块,从而使新闻频道高于其他综合资讯类频道或服务性频道,突出了新闻频道在众多频道中的地位。

2. 两种导读方式。一般来说,新闻网站的首页主要起到导读作用。除了导航区域可以引导用户进入各频道外,首页的其他栏目通常都由标题和提要组成,以引导用户直接阅读各频道内的精彩内容。不同的导读方式,使首页版式外观也不尽相同,所以导读方式也是一个与页面布局有关的问题。

标题主导式。采用标题主导式导读方式的新闻网站首页,几乎所有导读链接都由标题组成,由于标题所占面积小,所以首页的信息量很大。这种导读方式的首页,通常长达 5～6 屏(如新浪、搜狐、网易的首页),故也称为平面主导式。标题主导式可以让用户在一个页面中进行大范围的信息选择,以决定重点阅读对象,其获取新闻的效率较高。但由于页面繁杂,阅读的负担也较重,并可能使用户点击进入下一级页面的几率下降。中文新闻网站多采用这种导读方式,这可能在一定程度上与中国用户上网的成本有关。在高成本的情况下,用户都希望在一个页面上提供的信息能更多些。此外,中国新闻网站在整体新闻数量上的追求,也必然会在导读页上反映出来。

提要主导式。采用提要主导式导读方式的新闻网站首页,页面上的新闻标题要比标题主导式少得多,多数重要新闻除标题外,还有新闻内容提要,所以首页的信息量不大,但重要信息更加集中,单条信息的信息量加大,版面也比标题主导式更为美观。这种方式的首页长度一般也比较短,通常只有 1～2 屏,也被称为立体主导式。

[①] 彭兰:《网络新闻学原理与应用》,新华出版社,2003 年版,第 372 页。

提要主导式导读方式可以更好地突显重要新闻,引导用户进行深度阅读并节省用户的时间。

网络新闻版面的设计需要美学、计算机、新闻学、传播学等多种知识的实际应用,随着网络新闻版面的不断发展,将会有更多精彩的实践案例。作为研究、学习和从事版面设计的人员来说,需要在大量实践的基础上,不断地深入拓展、跟踪观察、适时总结,以提高自己的设计水平与创新能力。

一起版面侵权的新闻官司

陈堂发

导言——

本文刊载于《新闻记者》2001年第5期。

陈堂发,安徽桐城人,1967年出生,博士,南京大学新闻传播学院教授。

作为报刊版面重要的编辑元素,人物肖像的合理运用可以丰富、活跃与美化版面,更有效地传递文字信息。但由于肖像比指代个体的其他符号(如指名道姓)更多地承载着特定个体的人格利益,在版面上使用也应谨慎,以避免造成侵权。本文通过诉讼个案的分析,对版面不当使用肖像情形中的部分现象作法理探讨,有助于编辑形成正确、合理使用他人肖像的防范意识。该文引用案例说明:未经肖像权人同意,出于新闻报道的目的而使用肖像,一般不会构成肖像权的侵害。陈某某诉服饰导报社侵害肖像权案构成侵权行为,法院判决认为,被告以原告为题材撰文是利用原告在一定范围内享有知名度来吸引读者,照片的运用增强了文章的可读性、趣味性,最终目的是为了增加报纸的发行量,提高营业收入。被告刊用照片行为具有"以营利为目的"性质,又未经原告同意,符合法律规定的侵犯肖像权的两个要件。本文特意指出:文化娱乐类报刊的两个突出特征,一是大幅照片的版面重要性超过文字,它更多靠图片吸引读者;二是图文报道和广告信息混排在一起,没有按照国家对媒介管理的有关规定将新闻和广告明确区分开来,两者便混淆不清。本文所讲的《婚礼办在泳池边》报道在版面编排上似有这种嫌疑,原告就认为该版面具有广告性质而侵权。这类情形,是版面编排中应注意的。

1999年11月,南京市白下区人民法院就陈某某诉《服饰导报》侵害肖像权案做出一审判决,支持原告陈女士关于其肖像权受侵害的诉讼请求,判被告服饰导报社侵犯他人肖像权的侵权行为成立。被告对一审判决持有不同意见,向南京市中级人民法院提起上诉。2000年1月,南京市中级人民法院下达二审判决书,维持一审判决。这起判决案例给新闻工作者、学术理论界以及司法工作者都可以带来一点思考。因为在本判决未产生之前,大众传媒由于报道新闻、未经许可使用他人肖像而引起肖像权纠纷已发生过多起,但认为侵权成立的判例还未有过。

<h3 style="text-align:center">三起未侵权的判例</h3>

从法院审判先例来看,曾出现于三起较有代表性的因新闻报道引起的侵犯肖像权的官司,最终都判了原告败诉。这三起新闻报道涉及侵犯肖像权的案例主要内容分别如下:

案例之一 1988年,虹口区市民杜某向当地法院起诉,告"A画报"侵犯其已故亲属肖像权。经过及理由是:原告亲属因工作行为发生意外死亡,死者单位由于善后工作没有做好,导致家属强占办公室作为灵堂,直接影响到单位的正常办公。"A画报"在版面上用图文的形式予以了报道。原告认为该画报未经过死者亲属同意,侵犯了死者肖像权。法院审理认为该报道出于舆论监督的需要,不构成侵犯肖像权,驳回原告请求。

案例之二 1989年,卢湾区朱某状告"B科技报"侵犯其肖像权。20年前,6岁的朱某右眼患了一种影响眼睛美观的眼病,去医生陈某处治疗。经过一段时间的治疗,眼疾有所治愈。作为攻克医疗一个难关的病例,陈某为了保存资料,病前和病后都拍摄了照片。20年后,"B科技报"约请陈写一篇关于自己医术方面的文章,宣传科技的进步。陈在文章中使用了朱某的照片。文章刊登后,朱某认为报纸用整版的篇幅是为了宣传陈的医术,使用自己童年的照片是为了更好地做广告,以侵犯肖像权为由诉至法院。法院认为该则报道属于科学宣传,不属于广告,无营利性质,不构成侵犯肖像权。

案例之三 1995年,"C画报"登载了一组新闻照片,其中一幅画面是某女士在某商场化妆品柜台选择化妆品的情形,题目是《青春与美丽的诱惑》,涉及到肖像的运用。由于照片用于纯粹的新闻报道,静安区法院判定该报道没有侵犯起诉的女士的肖像权。

《民法通则》第一百条规定,公民享有肖像权,未经本人同意,不得以营利为目的使用公民的肖像。上述判决案例均将"新闻报道行为"与"营利行为"明确区分开来。但有时问题可能不是如此一目了然,新闻报道不会构成侵犯公民肖像权的一般惯例并没有法律条文的明确支持。尤其在某些社会文化生活类的报纸版面上,文字和照片的混合使用,既有新闻报道的性质,又有其他的客观效果。此时的照片除了能更形象地表达新闻信息外,对美化版面和吸引读者视线也起着非常重要的作用。由此,照片就部分地承担起了审美欣赏的功能,这时,营利的成分就很难完全排除。服饰导报社侵权一案的一审和二审法院,都将某些肖像在版面的出现不完全排除营利的成分的考虑,纳入到肖像权纠纷案的审理中。

此案梗概及判决理由

　　这起新闻官司的简要情况如下:1999年5月22日,原告陈女士在南京某酒店举行结婚仪式。服饰导报社记者未被邀请,自行前往采访并在现场拍摄了婚礼照片。陈女士原系江苏有线电视台综艺游戏节目《非常周末》的主持人,在一定范围内享有知名度。在婚礼举行过程中,新娘、新郎及主事人均未对服饰导报社的记者拍摄给予直接或婉言拒绝。1999年6月1日,《服饰导报》第12版的"玩家、品味"栏目以《婚礼办在泳池边》为题,介绍了原告的婚礼经过和有关情况,随文刊附了5张婚礼场面的照片,其中4张有原告着婚纱的肖像。在主文章的右边和左下方分别刊登了《你想办泳池婚礼吗?》和《泳池婚礼创意小辑》的附文,介绍可办泳池婚礼的地方、费用和婚礼方案。原告认为,该报社未经她本人同意,在版面上出现了有关她个人的婚姻状况内容的文字和不应该公之于众的婚礼现场照片,侵犯了她的名誉权和肖像权。

　　涉讼报道有如下一段文字:"先不提别的,单是婚礼的主角就够让人满怀好奇,因为新娘正是红遍江苏地区的江苏有线电视台综艺游戏节目《非常周末》里那位可爱的'马大嫂'。一听'马大嫂'出嫁,所有人可能都会犯愣——既然身为'大嫂',就是有夫之妇,怎么会才'出嫁'呢? 其实,'马大嫂'本名陈某某,是江苏人艺的演员,芳龄二十有几,此前一直待字闺中,她与马小宁的'姻缘'纯属《非常周末》编导的安排。尽管好端端的女孩被喊成了'马大嫂',不过能得到广大观众的喜爱和认可,她还是挺开心的。"这就是原告起诉侵害其名誉的主要文字。

　　法院审理认为,文章的内容是关于原告婚礼的经过,不涉及个人隐私,也没有侮辱、诽谤原告人格的字样,且文章内容基本真实,属正面宣传,不构成对原告名誉权的侵害。但法院对被告侵害原告肖像权的事实予以支持。其一,拍摄和使用照片未经原告本人许可。记者赶到现场后虽然曾向原告当时的主事亲友之一递过名片,表明自己的身份,但记者并未向原告本人说明此行的直接目的。其二,只有在为维护社会利益、公民本人利益、司法活动、时事报道需要和科学研究、教学活动需要而使用其肖像时,才不受限制。原告虽曾担任过南京市有线电视台综艺游戏类节目主持人,在一定范围内享有知名度,但不属于公众人物,因为公众人物是指在社会中被大多数人所知道的人物。原告肖像权仍受法律严格保护。其三,被告以原告为题材撰写文章是利用原告在一定范围内享有知名度来吸引更多的读者,版面上运用照片增强了文章的可读性、趣味性,最终目的是为了增加报纸的发行量,提高营业收入。因此,被告刊用的照片侵犯了原告的肖像权。

　　被告则在以下方面进行上诉:其一,该文属新闻报道,而非一般的文章。涉讼的报道旨在宣传一种新的婚礼形式。"在泳池边举办婚礼"这一婚礼形式本身有一定的新闻价值,同时它对改变旧的婚礼习俗、提倡文明健康的婚礼风气,有一定的宣传价值。在婚礼现场拍摄的也属于新闻报道的一种形式。其二,拍摄照片虽未经原告直接同意,但原告对记者的拍摄行为也没有予以明确制止。其三,原告属"公众人物",其肖像权的法律保护应受到一定程度的限制。其四,服饰导报社是经新闻出版管理部门批准成立的全民事业单位,不是企业法人,不以营利为目的。

相关的法理讨论

如上所引,侵犯公民肖像权必须同时满足两个条件:其一,未经本人同意;其二,不得以营利为目的。但这一法律规定很难在所有场合都能成为新闻报道使用了肖像而又可以免责的依据。首先,新闻活动由于它自身的特性,为了确保新闻作品内容的原生态和真实可信,未经被报道对象的许可而予以采写录拍是新闻工作的惯例,事事都经被报道的对象同意不仅没有必要,而且也无法做到。但这为新闻活动侵害肖像权似乎先天构成了一个条件。其次,"不得以营利为目的"的规定,在当前的新闻媒体生存形式下已不具有绝对的保护意义。由于所有的新闻媒体都要程度不同地向市场索要生存空间,新闻行为完全抛弃营利的倾向在市场经济条件下已不可能。越是有可能侵害某项人格权内容的话题,越受诸多媒体的关注,以此作为增加可受性的手段之一。虽然我国管理新闻媒体的若干规章都规定,坚持以社会效益为宗旨,传播信息和科学技术、文化知识,为人民群众提供健康的娱乐。但这并不排斥间接营利的行为结果。新闻单位虽不是直接的营利企业,但它毕竟表现出一定程度的营利性质。而法律只给予一个笼统的规定,没有"以营利为直接或首要目的"这样明确的界定。由此,法官在具体个案的审理中,依据个人的知识背景和经验去对笼统的法律条文进行再理解就有了"仁者见仁、智者见智"的空间余地。就如何认定是否侵害肖像权,我国各级人民法院的《立案手册》一共列举了30条判定标准,供司法工作人员参考。其中第24条规定,在下列情形下未经公民本人同意使用其肖像,不应认定侵害了肖像权:(1)为了维护社会利益的需要而使用他人肖像;(2)为了维护公民本人利益的需要而使用该公民肖像;(3)为了司法活动的需要而使用他人肖像;(4)为了时事新闻报道的需要而使用他人肖像;(5)为了科学研究和教学活动的需要而使用他人肖像。虽然第(1)和第(4)款可以成为新闻活动的抗辩理由,但这两点规定仍然有些宽泛。就"社会与公众利益"的抗辩理由而言,司法界和理论界都一致认可法律保护人格权但不保护犯罪的原则,但除了报道的内容属明显的违法犯罪行为的事实外,为数不少的不道德或违规行为,它们没有给不特定的人群造成明显危害,而且行为本身恶劣程度又不是非常显著,这样的题材如果涉及到公民的肖像,就难以把握。目前可以在一定场合下用来做免责抗辩参考的只有"公权优于私权"这一学理上的原则,但它不是法律依据,只是政府重视舆论监督的一种体现。

此案的被告在抗辩理由中运用了"报道时事新闻也可免责"的法院审理原则。这又涉及到"时事新闻"该如何界定。在一般人包括法官看来,时事新闻就相当于时政类新闻。而在新闻实践和理论工作者认为,它的包涵要宽泛些。我国著作权法的实施细则对"时事新闻"作了界说,但仅是从"作品构成要素简单,很少体现作者的创作成分"的角度进行确认,没有涉及题材的范围。然而,有一点是可以明确的,即不是所有题材的新闻报道都属于时事新闻。不属于时事类的新闻涉及肖像就要考虑肖像权问题。有不少娱乐、时尚类的报纸文字,说它没有新闻的某些特征显然不对;说它就是新闻,又会模糊理论新闻学对新闻所下的定义。这一类题材的报道往往倾向于文字和图片在版面上混合运用,以增强视觉冲击力。因此,这类报道往往是肖像权纠纷的高发区,记者编辑必须能提供难以辩驳的抗辩事由,方可采用照片。此案中照片的运用多少有一点类似的意味。

　　文娱类报刊运用图片的自由度
　　该案一审结果下达后,被告《服饰导报》曾邀南京法律界、新闻界部分专家、学者就合理使用肖像权的问题举行了一次座谈会。笔者亦应邀参加。会上,就某些新闻报道中的照片与肖像权的关系,有的法律工作者提出如下观点:不是所有的肖像都能有肖像权的。肖像包括法律意义上的和一般意义上的,比如服饰导报社被诉一案,报纸版面上的照片主要是显示一种婚礼时尚,尽管使用的是肖像,但并不是法律意义上的肖像。笔者认为这一观点需要商榷。从传播学的角度说,照片本质上属于"符号",任何一种符号都有双重意义,即指称意义和指示意义。照片的指称意义就是法律意义上公民个体的肖像,指示意义是照片所要表达的主题或社会意义如婚礼时尚。如果此种见解可以认同,那么即使有明显侵权行为的照片,也能找到它的开脱理由。因为任何一幅肖像一旦和包涵观点的文字配合,都会产生肖像本身本没有的社会意义,肖像在一定程度上必然脱离法律意义上的肖像而变成象征意义上的肖像。如果司法审理将它作为一个原则遵从,肖像权的法律保护在新闻活动领域可能会落空。目前,有为数不少的社会文化娱乐类的报刊,都有两个突出的特征,一是大幅照片图像的版面重要性超过文字,它更多靠图片吸引读者。二是图文配合和间接性的广告信息混合编排在一起,没有按照国家对媒介管理的有关规定,将新闻信息和广告信息明确区分开来。在客观的宣传效果上有一箭双雕之用。此类报刊一方面它的成功主要不在于好的报道选题或独到的采写,而在于肖像权人本身的某些自然美质,另一方面它不能排斥间接广告的功利性。本文讨论的涉讼报道《婚礼办在泳池边》,在版面编排上似有这种嫌疑。原告在诉状中就认为该版面的系列文章具有广告性质。对于侧重于娱乐、消闲类报刊,一般读者更倾向于视之为营利属性,而非视之为生活的指导性。编辑在版面上运用图片的自由度理应小于党报类的报刊,这符合价值对等原则。

　　图片张冠李戴会构成名誉权侵害
　　根据《关于贯彻执行〈民法通则〉若干问题的意见》规定精神,以侮辱或者恶意丑化的形式使用他人肖像的,可以认定为侵犯名誉权行为。一般情况下,肖像的单独使用不会构成对公民人格的侮辱,只有当肖像与具有特定内容的文字或言语组合使用,且这种组合不应该出现,才会导致名誉损害的客观结果。特定内容是指可能导致肖像主体社会评价降低或人格尊严受损、引发社会负面评价的诸多内容,如违背社会基本公德或私德的荒唐行为、触犯法律规范的违法犯罪行为、与社会普遍价值观格格不入或不为社会接受的反常行为等。肖像的配置使用相对于该文字或言语所描述的特定内容而言,属于典型意义上的张冠李戴,两者之间原本没有任何关联,由于编辑或记者的过错,才导致这种"指鹿为马"的肖像使用。

无论编辑或记者出于疏忽或者有意为之,只要使受众产生误解,作出不利于肖像主体的社会评价,均符合法律所规定的"以侮辱或者恶意丑化的形式"使用肖像。类似的名誉侵权行为在报刊、网络的图文报道以及电视的画面新闻中都曾发生,且并非个例。如报道同性恋人群生活时,版面上配发与之不相关的某男士照片;报道某地奶粉市场存在掺杂使假现象时,刊用原本是正面报道中曾被表扬的某女售货员工作照;报道某小区居民们联手物业驱赶涉嫌在该小区提供色情服务的某色女郎时,配发当地形象大使选拔赛中某女参赛选手的泳服照;报道某地恐龙蛋化石文物滥盗滥掘走私情况,照片说明文字将文物部门工作人员查看盗挖现场解释为走私贩在洞内进行非法交易;故事讲述一位18岁男青年收养了5岁的残疾女孤儿,为报养育之恩女孤长大后自愿嫁给了养父,配文照片却是与故事内容没有任何关系的一对年轻夫妇结婚照。版面中这类肖像不当使用行为,无论刊发时的主观动机如何,法院都以客观的结果作为判断是否构成人格侮辱、名誉侵权的依据。

目前,报刊上常见的一些名人漫画像,虽有夸大比例、突出主要特征的特点,但一般属善意的幽默表达,不构成法律意义上的不真实表达行为,于特定人的名誉并没有损害。此外,来自新闻事件现场的录像或照片,由于拍摄条件限制,尤其是暗访行为中非正常拍摄,肖像的变形走样会使肖像主体产生不愉快,但一般情况下也不会构成侮辱性侵权行为。不真实表达并不是指特定人的肖像在形象表现上的不真实,而是这些肖像所代表或反映的事实或其指示意义不真实,通常表现为错误地将特定人的真实肖像和某些背景相联系,使得他人的社会评价因这些文字内容而受到损害。

版面的一般审美特征(节选)

邓利平

导言——

本文选自邓利平所著《审美视野中的新闻传播》,新华出版社,2002年版。

邓利平,四川合江人,1957年生,博士,南京大学新闻传播学院教授。

版面是报纸上的稿件布局结构的整体,是报纸传递信息的的平台。报纸版面审美,通常情况下较多的是指它的形式美而言,但它并不是单一的从其形式美方面来审视,而是具有双重的审美特征。一方面,版面要服务于报纸的报道内容,它要"以某种程式化和风格化的版面语言去表现内容,与内容形成表里互制的整体"[①],引导读者阅读新闻,显示报纸的风格特色,表达报纸的喜怒哀乐情感,这是它的本质功能。另一方面,版面同时又有着相对独立的美学价值,具有自己不依赖于内容的某些审美规律的规定性,这是它反作用于报纸内容的优势特征。版面美是内容与形式的浑然天成,是情与理的结合化身。如何按"美的规律"去编排版面,努力以使报纸版面形态不仅是具有新闻价值的信息符号,真实地反映出政治形势的推移,经济状况的变动,科学文化的进步,社会面貌的兴衰等等,同时也是唤起受众掀起情感波涛的美的符号,让报纸的版面赏心悦目悠然神往,像磁石般吸引受众并拨动人的情感心弦,将思维导向一种新的更高的层次,引导受众的审美活动向健康方向发展,以更好地发挥新闻的社会效应,这都是本文所要阐述的。

一、版面的形式审美特征

对事物的审美,往往先从感知形式因素开始探究其内涵实质。如面对大自然的美景,首先触动人感官的是自然的各种因素:或明朗或朦胧的色彩,或柔和或突兀的形态,或悠扬或激越的音响等等。倾心于对某人的欣赏,也常常先为其身材的高大或玲珑,眉毛的粗黑或细弯,皮肤的褐色或白色等形体美的因素所吸引。艺术审美更如此,尽管有时对乐曲所表现出的情感理解较差甚至不甚了了,但仍能在一定程度上被乐曲的旋律所吸引。这些,都说明形式在人的审美感受中具有直接性、广泛性的特点,它们是美的内容的载体,是审美主体和客体之间美的信息的桥梁。人们在长期审美活动中反复接触美的形式,便使其有了相对独立的审美价值。当人们接触这些形式时往往忽视它们所表现的内容,仿佛美就在形式本身。柏拉图说形式美

---

① 杨明森:《报纸的美学魅力》,中国劳动出版社,1992年版,第3页。

"不是相对其他事物的关系来的,而是绝对的,是从它们的本质来的。"[①]他看到了人类欣赏形式美时的心理特点,即暂时忘却事物的内在本质意义或与人的功利关系,指出了人类的审美实践中形式美的相对独立性。

  报纸版面的形式审美亦然。从报纸的发展来看其内容紧随现实的变动而刷新,而版面形式却保持长期的稳定性。版面是编辑创造的结晶与智慧的象征,读者对它感知最直接最迅速的也是形式。版面审美首先从整体把握,人们打开报纸第一眼是版面总体布局的知觉形象,所产生的印象决定着他是否进入到报纸天地中去寻找乐趣。版面的整体并不等于各个部分的简单相加,局部编排得再好,游离版面的整体风貌也不能显示出它的美。如一支丰满、柔润、富有光泽和弹性的女人手臂无疑很美,但如果这支手臂被肢解于身体的整体之外,美就随之消失了,因为它已失去了生命的意义。报纸版面的形式审美,正是从整体把握才有意义。版面的形式审美首先是以唤起人的愉悦方式实现,它要求以字、画、线等的平衡、比例、节奏来创造出版面整体美,唤起读者美感而引导其对内容的欣赏。

  (一) 体现版面的平衡

  平衡是体现事物各部分之间组合关系的最普遍的法则。心理学研究认为,物体形式中使人感觉舒畅愉快的,是那些组织规则的形式。规则的典型标志就是平常所说的对称,即事物以一条线为中轴,上下、左右、前后的形体都均等。人的五官四肢,就体现了人左右两侧形体上的均等,这也是大多数生物形体结构的普遍性形式。"人类之所以把形式上的对称看作是美的,就因为它是生命体的一种正常状态。"[②]大多数工具、器械在形体结构也是对称的。全对称虽是最突出的平衡,但并非是平衡的全部含意。现实中所说的平衡既指这种等形的对称,还包括等量的平衡,一般情况下更多的是指后者。即对应的双方基本等量而不等形,虽然形体上有差异但分量上大体相当,如生活中的以秤称物,秤砣与所称之物只求重量平衡而不求形状与体积相等。这样的平衡在形体结构上有所变化,表现出一种稳定中的动态,更显得具有美感。

  将平衡的原理运用到报纸编排中,就体现出了版面的整体美。平衡的版面追求多样统一,"多样"体现了版面上各部分的差别,"统一"表现了各部分的共性或整体联系。文字、空白、字号、字体、线条、图片、色彩特征虽各不相同,但都应处于和谐状态。全对称形式的编排就是最典型的平衡版面,符合形式美法则。由于这种版面要求对称的稿件同形,而稿件的内容常常又不可能相同,标题的大小也很难一致,这种编排难免削足适履让内容迁就形式。再者,天天是这种版式毕竟失之于呆板。因为新闻反映的是变动中的生活,报纸内容的日日新,版面形式也需有新变化,读者的眼

[①] 柏拉图:《斐列布斯篇》,《西方美学家论美和美感》,商务印书馆,1980年版,第36页。
[②] 仇春霖:《简明美学原理》,高等教育出版社,1987年版,第141页。

帘总是一成不变的对称版面,与追求新闻信息的心理不同步,其求新的审美期待会降低。因此,版面的全对称并不常见,更多的是大体对称平衡形式,它不是形式的左右等同,而是不等量不等形的对称,显得在对称中有变化,变化中形成一种对应关系,实质上是全对称形式的变形。具体表现是版面的上下、左右、黑白或色彩在分量上大体相当。这样的版面一眼望去同样给人以平衡稳定感。不论稿件的多寡,标题、插图简单还是复杂,读者都会感受到版面的形式美。这种形式保持了版面整体平衡并可以灵活多变,适应稿件表现不同的强势,成为我国报纸常用的版面形式,主要表现在两方面:

一种是版面的对角对称形式,即利用版面四个角的对应关系进行平衡,即分别使上左与下右、或上右与下左大体对称起来求得版面平衡。这种形式较为灵活,对内容没有多少限制,各类稿件安排都适用。另一种是版面上下大体对称平衡,即是版面的上半版与下半版的对应关系形成对称,上半版有大标题大照片,下半版也有大标题或是辟栏、横卧图片对应。可见,平衡是版面最普遍的形式,版面上的其他各种变化都是由此而衍变。如果版面形式失去平衡,会出现上重下轻或左黑右白等轻重不匀的状态。

(二)把握版面的比例

比例也是体现事物各部分关系的普遍法则,是美的重要表现形式,处于正常状态的事物其各部分都有一定的比例,"增一分太长,减一分太短",实际上指的就是比例关系,即常说的"匀称"、"恰当",看起来才具有美感。比例失调就会出现畸形,而畸形便是丑了。

物体各部分之间合乎某种比例被认为是美的,源于古希腊哲学家毕达哥拉斯的"黄金分割律",用以说明事物包括人类社会的产品,普遍存在着的一种恰当的比例关系。黄金分割是指事物的大小(如线的长短、面的长宽等)两者之比等于大小之和与大者之间的比例,将其列成公式为:大:小=(大+小):大,或者说$a:b=(a+b):a$。按计算大体上相当于$1:0.618=1.618:1$,近似于$3:2、5:3、8:5$等。(如图)"黄金分割律"为后人所公认合理,被人们广泛运用于建筑、工艺、绘画、雕塑等造型艺术的形式美创造中,并为音乐、舞蹈等表情性艺术的形式美创造所采用。一些音乐名作的高潮点的出现,大多与黄金分割点相接近。这种比例关系被认为是美的,主要是其比较合乎客观事物的常态,让人看上去觉得舒适稳妥。人体的几个主要部位也符合这种比例关系:人体以肚脐为界分为上下两部分,上部从头顶到咽喉,咽喉到肚脐,下部从肚脐到膝盖,膝盖到脚掌,上下两部分中各自所含的比例关系大体上合乎黄金分割,即上部$3:5$,下部$5:3$,其反映了人体的各部分正常发育情形,而侏儒便是这种关系的失衡。这表明,人们关于事物合适比例的确定一般以经验为依据,某种比例为人所公认,是长期社会实践和文化积淀所致。

报纸版面的长与宽也符合黄金分割的比例,所以看起来顺眼。尽管报纸的发展

a或1或1.618

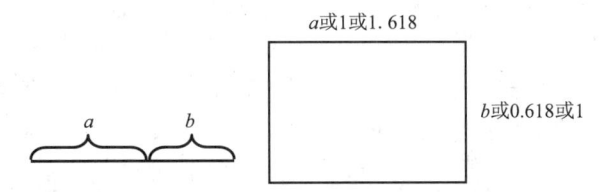

b或0.618或1

经历沧桑岁月,版面编排花样迭出,却很少想要去改变它的长宽形状,原因也正于此。版面作为报纸的"面孔",比例和平衡相关,编排设计中各个部分之间都需有合乎常规的比例关系,互为印衬才能体现出版面的平衡美,即版面的上下左右,题与文、图与文、大小题、长短块配合及字体字号,围框花线,辟栏大小等,都应有恰当比例,版面才会整体和谐,让人一瞥之下触发美好情思,赏心悦目。

例如,标题与文稿的厚度要有比例,即标题大小与文稿篇幅长短应适中;标题的主辅要有比例,即主标题与辅助题的字号大小与厚度相差应恰当;围框的边长要有比例,即长宽之比通常按黄金分割的原理(大致为3∶2);围框或辟栏与整版要有比例,即围框最大与辟栏的高度均以不超过版面的三分之一为宜,等等。那些疏密无序、杂乱无章的版面就是不求比例造成的。因此在版面设计时,经验丰富的编辑不把标题、图片、加框、装饰等都集中在一个区域,以免造成版面比例失调。

当然,任何一种比例关系都是相对的,在实践中终究要受实用的制约,如房屋的高矮深浅,门窗的高低宽窄,还要和空气流通、采光照明联系起来。对于生产与生活用品来说其比例关系要以实用为前提而运用形式美法则,否则华而不实。此外,生活中人们往往也会有某些特殊的审美现象,如对畸形的山岩怪石等发生兴趣,但这种情形不一定适用于版面。偶见有报纸版面形式突破上述比例的情形无非有两种情况:一种是有意以"标新立异"来吸引读者注意,另一种是为突出某种内容而打破常规的权宜之计。但它们只能偶尔为之,最终都要回归讲求比例、保持版面正常形态的美学原则。

(三)重视版面的节奏

节奏是指事物运动过程中有规律的运动,是事物美的一种表现形式。"无论是在客观自然界中还是在人类生活、劳动、工作中,抑或在人类艺术中,创作中,节奏都是普遍地存在的。"[1]昼夜交替,四时代序是时令运行上的节奏;陵谷相间,岭脉蜿蜒是地壳外表上的节奏;故事开端、发展结尾是文学艺术上的节奏;呼吸心跳、四肢活动是人体机能运动的节奏;艺术的节奏表现,更是直接而强烈:音乐的轻重、徐疾、高低,舞蹈的跳跃、舒展、造型,都成为艺术形式美的主要因素。人生的经历其实也就是有节奏的生命过程,如日常生活中的动与静、张与弛等都是有生命过程节奏性的表现。新闻传播活动过程中采访、写作、编辑、出版、印刷、发行,就是一个充满节奏

---

[1] 仇春霖:《简明美学原理》,高等教育出版社,1987年版,第145页。

的过程。报纸版面美的创造,也来自一系列带着鲜明的、有规律的节奏特点,它既使版面体现出动感美,又可以避免版面的杂乱无章,保持一种和谐与秩序。

版面上的节奏主要表现于各种相同的形式如标题、图片、栏的各种变化的多次出现。具体表现得最多的主要是标题的排列。如以横题为主的标题反复出现,便显示出一种节奏,它使版面变得有条理性、秩序性,在不同的水平面形成一种梯层式的排列结构给人以美感。虽然也可穿插竖题但不可过多,竖题过多像烟囱林立破坏了版面的秩序。大一些的竖题最好放于版面两侧,避免在中部显得割裂了整体。

版面的文稿排列,基本栏或某种变栏形式的重复也形成一种节奏感。都是基本栏或只是某种变栏形式,版面会显得没有变化。但一个版面上的变栏太频繁,同样缺乏一种节奏。现在是电子排版,有的报纸版面上的基本栏或破栏逐渐淡出全是一种栏型,呈现不免单调。此外,版面上长短稿结合也形成节奏。都是长稿显得沉闷,都是短稿又显得零碎。以短稿为主适当辅以长稿,长短互为照应,能调节读者的视觉形成一种节奏美。版面上色彩的黑白相间与疏密有致,稿件排列与穿插得体,标题的高低错落、图片的大小恰当搭配等等,这些都体现出一种节奏。有的版面虽图片不少,但有序地安排在版面的上下左右,使版面各处对应平衡便显现出节奏给人以美感。节奏的对立面是刻板,即四平八稳有余,变化生动不足。

版面的节奏与变化、秩序是密切相联的,节奏不仅表现出变化,也是秩序的进一步表现。节奏是有秩序、有规律的变化,它产生的审美效果形式是疏密相间、粗细匀称、繁简适中、黑白合理,既整齐又不单调,既变化又不杂乱,既活泼又有秩序而形成的版面整体美。比如版面的区域,横排报纸形成的习惯都是上优于下,左优于右,版面上的平衡要遵循这样的习惯,各种变化也不应将它们颠倒。除了小头条情况外,通常不在上半版重要区位安排小标题,在下半版次要区位安排大标题,因为这样既不合规范,又造成不讲秩序的混乱。节奏不是一时心血来潮或盲目的变动。"扰乱秩序"的变化并不是节奏,它带来的只是杂乱或混沌,模糊人的正常审美习惯。

(四)讲究版面的色彩

色彩从科学实验的角度看只是光的波长的显示,不同波长刺激视觉感官就看到不同色彩。人们对色彩的感觉就其本质上来讲对自然的物理属性的一种反映,即对不同波长的可见光的心理感受。由于在实践活动中人们经常接触各种色彩如火红的太阳、碧绿的草原、蔚蓝的天空、金黄的麦浪等等,便赋予了色彩以一定的生活意义和观念情感,逐渐使色彩成为相对独立的形式美因素,引起人不同的审美感受,带给人几多欢乐与哀伤。如红色被描写成充满刺激性和令人振奋,使人联想到火焰、革命;绿色象征着宁静和稳定,能唤起大自然的清新感觉;黄色被看作安静和愉快,蓝色有时描述为抑郁和冷淡等等。也有人把色彩分为冷暖两色,认为趋向或接近红色的红、橙、黄等是暖色,趋向或接近于蓝色的绿、蓝、紫是冷色,介于两者之间的为中间色。

人们对色彩的这种寓意来自不同的生活实践与不同方面的相联系,对其审美是历史积淀的必然。这种联系的不断重复就形成了一种相对固定的审美经验,使色彩具有了某种象征意义。色彩常常被摄入文学艺术的创作视野,赋予不同的色彩以特定的情感内涵。"绿杨烟外晓寒轻,红杏枝头春意闹",诗人在这里由绿而生出丝丝寒意,仿佛对晓寒产生出轻重的感觉;因红而涌出股股暖流,好像听到了春天喧闹的声音,春光里色彩寄托着作者多少惆怅多少欢欣。闻一多的《色彩》诗更堪称经典:"生命是张没价值的白纸,自从绿给了我发展,红给了我热情,黄教我以忠义,蓝教我以高洁,粉红赐我以希望,灰白赐我以悲哀;再完成这帧彩图,黑还要加我以死。从此,我便溺爱我的生命,因为我爱他的色彩。"诗人以色彩抒怀表达出对生活的美好追求,充满了强烈的感情。原本无生命的色彩被诗人赋予一定的社会属性和感情因素,变得十分亲近美好。

　　在新闻传播中色彩的表现还原生活更为逼真,给人带来更多的喜怒哀乐,黑白电视很快被彩电替代便表明这点。早期报纸只有黑白两色主宰报纸版面,近代以来随着科技的发展实现了彩色印刷,但限于经济方面的条件也仅偶尔在特殊的日子里在版面的个别地方套点色彩。高新技术进步使彩色印刷成本下降提供了普及彩色报纸的条件,20世纪80年代中期起彩色报纸始盛于西方,其含义"并不同于传统报纸套红、套绿的套色概念,而是指可以在报纸上印刷彩色照片的报纸。因此,报纸上带有彩色照片,便是现代彩色报纸的标志。"[①]彩报在我国开启的历程是上世纪90年代,跨入新世纪便雨后春笋般涌现,目前已是体现报纸当代性的显著标志,各种报纸以彩色作为吸引读者、强化竞争的重要手段,越是大众化的报纸,越是重视版面色彩尤其是运用彩色图像。色彩增强了报纸的表现力,使版面富有各种变化,有助于营造气氛吸人眼球,同时带来审美享受。五彩斑斓的版面能进一步获得读者的青睐。色彩在版面中除了增强审美效果,还有其他效应:

　　强化信息。人们在生活中赋予某些色彩以一定的意义,那么在一定的场景下这些色彩就代表着某种信息,如交通路口的红绿灯所表示的含义。色彩在版面中强化信息,是因为它本身就是某种涵义的代表,能直观地传播视觉信息。既便在传统的黑白报纸时期,偶尔见到报纸套红也立刻会由此觉察到有喜庆事件。彩色新闻照片更能准确地显示出事件的外部环境,特别是一些事件造成的人员伤亡,照片中鲜血四溅的惨景,其信息会比黑白照片给读者带来更多的震撼力。如在"世界地球日"或"世界环境日",许多报纸都运用了彩色照片来对比:照片中乌黑的河水、灰蒙的天空、焦黄的土地,一瞥之下就知道该地区受污染严重;在另外的照片中蓝天白云、湖泊碧清、山野青翠、鲜花盛开,一着便明白这里生态环境良好。如用文字来描述,读者毕竟只是感性的认识,黑白照片也难有这样的效果。至于新闻里反映人们衣着俏丽、或新影视剧画面、或体育赛场彩旗飞舞等,彩色照片的信息含量都传达得很丰

---

① 赵鼎生:《西方报纸编辑学》,中国人民大学出版社,2002年版,第185页。

富。版面上的空白也是一种不着色的色彩,标题与图文周围留有适当空白,表现出一种对比、或增加图文强势的信息引人注意。在版面编排时把空白当作浪费而将版面塞得水泄不通,看着给人一种压抑感。空白也可以表示某种信息,特定时期更可派上用场,当年重庆新华日报的"开天窗",就起到政治斗争的妙用。正如《今日美国报》副主编里查德·柯蒂斯说:"色彩帮助我们更好地传播新闻。新闻并非白纸黑字。色彩使人们更具体地看到新闻的真实面貌。"①

表达情感。人们对色彩产生心理感应而赋予它某种含义,多基于联想、习惯、审美意识等因素,使之具有较强的情感表达意义。上面在谈到色彩的审美特征时,主要在讲它被人所赋予的象征意义、情感,这种意义与情感在当今报纸上得到了充分体现。报纸上色彩的传情功能与色彩的信息作用,实际上常常合二为一。目前对于重大喜庆事件版面上色彩的运用都很频繁、娴熟,它们既是某种信息的增值传递,也是报人情感的宣泄。如元旦或春节期间,我国报纸除了标题套红,大幅彩色照片都以红、橙、黄等暖色为主表示欣喜之情外,不少报纸还以红色的刊头、题花、色块等多处的红色来进一步强化情感,营造报纸与社会欢庆的气氛,报摊上几乎都成了一片红色的海洋,令路人也受到感染驻足购阅。反之,报道某些让人伤感的不幸事件,版面上则尽辅冷色基调的色彩,特别是着重用黑色来表示对遭遇不幸者深深哀悼之情,浓郁的人文情感跃然版上,借以深深地打动读者,表达一份同情、一份悲伤,增添了版面的悲怆、沉痛的氛围,强化了悲剧新闻的效果,令读者潸然泪下。如空难、地震、洪水等灾害造成重大伤亡的新闻报道,不少报纸都会减少甚至消失往日的红色,版面大部或全部以黑色衬底,借黑白两色的强烈对比来表达报纸的悲切之情。

凸显强势。所谓强势就是事物吸引人注意的一种特性。读者在读报时对版面各处的注意力是不同的,对那些醒目的、刺激性强的地方总是最先引起兴趣优先考虑阅读。色彩本身具有刺激人视觉感官的作用,并且直观地传播信息。色彩这一优势运用到版面上,便天然地表现出强势意义,能将读者的视线迅速吸引到某个单独的色彩点或色彩面上,正如马克思所说:"色彩的感觉是一般美感中最大众化的形式。"②因此,运用色彩成为当今报纸版面增加强势的重要手法。每当版面要强调某一稿件,便常常对此采用或加重色彩的方法,如标题套色或者在稿件中增加底纹、色块。现在在每遇重要事件如报道党代会、人代会、航天飞船升空、大型展览活动、重要节日纪念日等都经常利用色彩来强调新闻,这些新闻不论在版面的什么位置都显得突出,比其他地方表现出强势,读者视觉便被聚焦于此。许多报纸为突出某些娱乐性新闻,更是频繁利用色彩,增加强势吸引读者。色彩这一意义为编辑用来凸显版面强势,为新闻传播效果锦上添花,这也是编辑创造性的体现。

---

① [美]达里尔·莫恩:《美国报纸组版和设计》,陈炳麟、江和平译,上海教育出版社,1989年版,第271页。
② 《马克思恩格斯全集》中文版第13卷,人民出版社,1962年版,第145页。

当然,版面上色彩的运用并非"多多益善",滥用只会适得其反,如同个人的服饰并非时时都大红大紫、穿金戴银一般,此不赘述。

二、版面的内容审美特点

版面内容是要向读者传递客观外界发生的变动,表达报纸的喜怒哀乐情感,版面的形式都是为这两者服务,读者看报最终要了解信息,从版面的形式导入实质性的内容。

（一）强调内容的新颖性

作为社会百科全书的报纸,要在版面的方寸天地云集世间时事,人生悲欢,五谷种收,虫鸟啾鸣等现实的种种变化。信息源源不断而又错综复杂,报纸版面再多也只能展示信息沧海中的一粟,而读者却希望从这"一粟"中窥出世界变幻的绚丽多姿,如马克思所说,"人们能够自由地获得世界范围内的最大量的信息,才能得到完全的精神解放。"[①]那么,有限的版面就要集纳现实变动中最具价值的新闻,将那些分散的有意义的现象,整合为互有联系的版面反映出社会的总体风貌。在信息时代,信息消费已融入受众的日常生活,报纸内容只有新颖丰富,才能满足读者的需求。有的报纸内容广泛信息荟萃亲近读者,有的报纸虽充塞内容可读者觉得没有兴趣,就在于它们题材匮乏陈旧,或是说教或是媚俗,如食之无味的鸡肋拼盘。

人们历来对新鲜事物格外关注,清代李渔说"新也者,天下事物之美称也",道出了新事物以美的风韵吸引人的真谛。报纸是新闻纸,必须反映出现实中最新最有意义变动,才会使人耳目一新。编辑要"钻进去,想了又想,分析又分析,同各省报纸比较又比较"[②],方可尽可能多地在版面上表现出新闻。读者鸟瞰版面,满目清新气息扑面而来,必定心旷神怡情思悠悠,尽情品味新闻。以内容的日日新吸引读者,独家报道更能给人以审美,领悟信息世界的奥秘。版面内容的新颖与编辑的报道策划、稿件加工、版面编排紧紧相连,来自编辑的进取开拓。缺乏新鲜内容的版面宛若一潭静水激不起人的情感涟漪,近年有的报纸扩版幅度不小,信息含量却并没有随之增加,读者兴趣索然,其原因在于其内容的有效性即新颖性差,具体表现是静态的信息多动态的信息少,人云亦云的多独家的报道少,与实际生活无关的内容多百姓想知道的东西少,有的甚至大量下载网络填充,被称作为"泡沫版面"。

（二）追求版面内容的抒情性

新闻传播反映现实世界的变化要客观公正,但人的实践活动并不排除情感的参与,新闻报道并不只是机械被动的描摹,会带有传播者的主观态度,中外报纸概莫能外。情感随着人的活动融入到事物的变动之中,新闻烙有人的情感印记便不足为

---

① 转引自陈力丹:《精神交往论》,开明出版社,1993年版,第3页。
② 《毛泽东新闻工作文选》,新华出版社,1983年版,第202页。

奇。"情者文之经,辞者理之纬。经正而后纬成,理定而后文畅。"①因此,报纸洋溢编辑的情感便是题中之义了。如版面上节日报道的喜庆气氛,灾难反映的严肃庄重,日常新闻的平易近人等等,都有编辑的喜怒哀乐情感贯穿其中,借以影响读者引导舆论。传播学中的议程设置理论在报纸上的运用,无论设置何种"议程"都受着编辑的态度影响,就版面本身来讲,也经过了示意和传情的发展历史。

  表情达意在版面中的体现有直接的也有间接的。直接的是通过稿件内容如各种言论形式以及标题烘托,将编辑的态度直接表达出来,尤其是对一些重大事件的反映,更要有直接的感情流露,如全国党代会、人代会召开期间,神州各地到处张灯结彩,各家报纸版面在这期间无不洋溢着热烈氛围,直接表达出大众的欢欣鼓舞。而对于那些危及人民生命财产的新闻如地震洪水、车祸空难等灾害报道,则是掬一把同情的泪水表达出哀伤。对那些危害国家安全利益或民族尊严的事态如"藏独"、"疆独"的言行,则是旗帜鲜明、义正辞严地痛斥与批判。版面中的间接达意则更平常,主要是以"版面语言"来实现,即通过稿件在版面中的不同地位、标题的大小以及编排手段的运用来强调某种态度,如运用线条、装饰、色彩来渲染、烘托欢快,或对不幸事件表示志哀悲痛等感情。实际上,就是充分利用形式反作用于内容的特点含蓄地表意,它更体现出版面的一种艺术美。特别是在版面编排中运用巧妙的组合来诉诸读者的悟性,达到"此时无声胜有声"之效果。如有家报纸的头版,头条是一组读者来信批评某些部门的官僚主义,二条是报道某地一个久拖不决的"老大难"问题的解决。这样的编排间接地表达出:与解决了的问题相比,报纸更重视尚未解决的问题,更重视群众的呼声和愿望,这就容易使读者产生亲切感、接近感。这样的对比性组合的内容还表明政府是重视问题、也是能解决问题的态度,能够增强读者对解决社会生活中疑难问题的信心。

  不论直接还是间接,版面的表情达意都要和社会与时俱进、同乐同悲。其中,热情反映生活中的主流即常说弘扬主旋律,应成为报纸版面的内容重点。对社会实践活动中涌现的新人新事、新风尚、新成就、新经验在版面上彰扬,以鲜活的事实、生动的形象感染人、激励人,这并不只是我们的报纸所重视,西方报纸也关注"以饱满的热情赞扬社会与人生的光明,用光明激励着读者奋发向上。"②有种误解,似乎谈到可读性或情感态度,都要求内容轻松愉悦、满足消遣。这种简单化的要求忽略了报纸结构的特点,没有区分不同报纸的性质。尽管各种报纸都要客观及时、真实全面地报道社会的变动,这是新闻传播的规律,但各种报纸的具体任务、读者对象不同,各自版面上的情感态度应有所侧重,有的表现要严肃端庄保持其权威性特色,有的要喜笑颜开追求娱乐休闲,有的两者兼而有之亦庄亦谐,它们不能互相取代而可以互

---

① 刘勰:《文心雕龙·情采》。
② 赵鼎生:《西方报纸编辑学》,中国人民大学出版社,2002年版,第176页。

相学习。

(三)注意版面内容的差异性

中外都有主流报纸和非主流报纸、严肃性报纸和大众化报纸之分,这表明了各种报纸的报道内容各有侧重,这是从大的方面来讲报纸的差异性。即使是同一种报纸,版面上的各种内容反映的也应是"多种声音、一个世界"的现实。因为客观世界本身是光明与黑暗、欢乐与忧伤、热烈与文静、优美与畸形等等既尖锐对立、又和谐共存的矛盾统一体,它造就了万事万物的差异性,衍生出世间的恩恩怨怨,却又是如此地让它们处于多样统一之中。报纸是现实变动的缩影,它需要将生活中发生变化的方方面面,包括崇高与卑下、健康与衰亡、成功与失败、磊落与阴谋等等事实,和谐地融入版面之中。这就意味着,版面的内容所传达出的声音,不应是舆论一律的同一,更多的情况下是表现出差异性。

这种差异性可以从各个方面去展示:有社会各个领域如政治、经济、科技、文化、军事、法律等的差异,有自然界与人类社会的差异,有同类事物间的差异,有异类事物间的差异,有同类事物与异类事物间的差异等等。正因为报纸内容的这些差异,方能激发起读者的审美体验,从中窥见自然界和人类社会的丰富和变化。版面上的这些内容差异性,表明现实世界是变化的,在变化中统一,在统一中变化,这既避免了版面内容的单调贫乏,也让人充分领略到社会生活的多样性、复杂性。"文革"中的报纸都是鼓吹阶级斗争、大批判、斗资封修、学××之类的政治内容,这种"千报一面"的现象,也反映出当时社会生活的贫乏、人们思想观念的单一。

内容差异性在版面上最明显的是正负新闻的对比。从我国的现实来看,人民群众波澜壮阔的创造、惊天动地的业绩、诗情画意的生活是社会的主流,版面的重点应表现这些内容,这符合辩证法的重点论。但版面上如果只注意正面报道,忽略甚至漠视另一面,即现实中那些背离实践规律性、目的性的消极现象,便有违辩证法的两点论。社会是一个充满矛盾的复合体,先进的积极的一面是主要矛盾,落后的消极的一面是次要矛盾,版面上唯有从两方面都把握,既要突出社会主流方面的光明、美好的内容,也要反映支流方面的丑陋、落后现象。这样的版面展示在人面前的现实图景才比较完整而非局部,报纸的宗旨才能真正地体现出来。版面内容的这种差异是应该的也是必须的。当然,这种差异性只是从反映现实的总体情况而言,并不是要求每天或者每个时期版面的内容都要平均搭配,各方面都要符合某种模式各占多少比例。一个时期整个社会或某方面的变动频繁一些,各种信息无疑就会多一些,版面上内容的差异性也就会表现比较明显。如果一个时期整个社会或某方面的变化缓慢甚至停滞,各种信息就会少一些,版面上内容的差异性也就相应小一些。版面不顾现实而强求差异甚至于本末倒置,那样只能曲解现实误导读者。版面内容的差异性,实质上正是报纸作为社会百科全书的丰富性、全面性的体现。

研究与思考

=延伸阅读=

1. 楼昔勇：《美学导论》，华东师范大学出版社，1996年版。
2. 王永赋：《报纸版面学》，人民日报出版社，2001年版。
3. 陈振平：《报纸设计新概念》，福建人民出版社，2004年版。
4. 秦州：《新闻网页设计与制作》，福建人民出版社，2005年版。
5. 王咏赋：《报纸版面学》，人民日报出版社，2006年版。
6. 刘晓璐：《经典报纸版式设计》，广东人民出版社，2008年版。
7. 林家阳：《文字与版式设计》，高等教育出版社，2006年版。
8. 肖伟：《报刊电子编辑》，北京师范大学出版社，2014年版。
9. 严晨：《数字版面设计艺术》，机械工业出版社，2004年版。
10. 魏东：《版式设计》，中国传媒大学出版社，2009年版。
11. 岳山：《当代报纸电脑编辑基础》，合肥工业大学出版社，2004年版。
12. 牛宏宝：《美学概论》，中国人民大学出版社，2005年版。
13. ［美］阿恩海姆：《艺术与视知觉》，滕守尧、朱疆源译，四川人民出版社，1998年版。
14. ［美］金伯利·伊拉姆：《美国编排设计教程》，王毅译，上海人民美术出版社，2009年版。
15. ［日］佐佐木刚士：《版式设计的原理》，武湛译，中国青年出版社，2007年版。
16. ［美］麦克韦德：《超越平凡的平面设计：版式设计原理与应用》，侯景艳译，人民邮电出版社，2010年版。
17. ［日］伊达千代、内藤孝彦：《版面设计的原理》，周淳译，中信出版社，2011年版。
18. ［美］蒂姆·哈洛维：《报刊装帧设计手册》，杜然译，中国财经出版社，2006年版。

=思考与实践=

1. 试述版面表现的作用。
2. 熟悉版面的基本知识。

3. 说说传统版面有些什么类型与特点？

4. 谈谈当下流行版面的类型与特点。

5. 请阐述你对版面稿件组织的看法。

6. 常见的版面设计差错有哪些表现？如何避免？

7. 请为一家新闻网站设计一个首页版面。

8. 找一张报纸，使用原来报纸的所有报道、照片以及其他表现元素——图表、示意图和地图等，重新设计头版。

9. 请将一张大报的头版重新设计成一张小报的头版。

10. 就新近发生的国内外一起重大新闻的题材，组织编排一个版面或多个版面的版组。

11. 请就国庆节、元旦或春节来临编排一个副刊的版面或版组。

12. 版面的变化主要表现在哪些方面？请详述之。

版面的变化主要表现在哪些方面？请详述之。

变化产生美，是人们在日常生活和生产实践中积累的经验。版面编排亦然，变化多姿的版面形式能显出动律，富有生气。版面变化的特点，是端庄又正而不板，既漂亮又美而不妖，既活泼又动而不乱。版面变化因素，着重体现在以下这些方面：

标题的变化：

标题因其字号大，在版面上引人注目，对版面的变化具有突出作用。其形式的变化在版面上的各种变化中最为丰富，包括标题大小的变化——标题有各种字号，大中小号的标题星罗棋布、嵌镶结合，形成"大珠小珠落玉盘"的势态，版面看上去显得绰约多姿。标题位置的变化——标题和文稿结合并不只是题前文后，其位置可灵活多变，除了常用的盖文题，还可有左（右）竖题、对角题、眉心题、旗式题、左上题、文包题、腰带题、碑式题、梯形题等等。标题形状的变化——标题行数、排列位置及横竖方向的不同，在版面上可以生出各种形状，主要有单行式、均列式、斜列式、左齐式、低格式、T形式、L形式、弧形式等等。

体裁的变化：

版面上有多种体裁本身就是一种变化。在以文字为主的情况下一般都安排图片，其种类多种多样，如照片、绘画（包括漫画、速写、图表等），它们的构图、色调等表现手法不同，有浓有淡，增添版面的变化。

图片的变化：

常见的图片形状大都为矩形、多边形、圆状形等几大类，电脑技术对图片的剪接方便，可以是各种图片生出许多不同的变形，使版面富于变化、生动活泼。

线条的变化：

线条有区分作用、结合作用、强势作用、表情作用、美化作用。版面上适当运用不同的线条，既增加了花色品种也增加了变化，产生审美效果。

栏目的变化

版面上的稿件图形都排成一种如基础栏、破栏或长栏的形状，显得千篇一律。版面文稿安排除基础栏外还可安排各种破栏、长栏、长转短等错落有致的变栏形式，就有了变化。栏的变化显得醒目，醒目就能引人注意。

13. 比较中外主流报纸对同一起世界性的新闻事件的版面处理。

研究方案：中外媒体的管理体制不同，编辑方针各异，报道理念有别，对同一起重大国际新闻的版面处理，无疑会有差异，这种差异表现有时还会十分强烈。不同的版面安排，显示出对其重要程度大小的认识。这种版面的比较研究，主要应考虑从以下方面着手：

版面次序：安排在要闻版还是其他版；

版面位置：安排在版面的上下左右什么位置；

版面篇幅：是短篇的报道还是长篇的渲染；

标题字号：是大字号的标题还是小字号的标题；

标题类型：是单一型的标题还是复合型的标题；

有无言论：配言论表示新闻重要程度（包括言论的体裁）；

有无配图：配图片显示新闻价值大小（包括图片的大小尺寸）；

报道形式：消息还是特稿（包括是否连续报道、组合报道、系列报道、参与式报道）；

其它编排：包括是否配色彩、加线条等编排手段。

大学研究型课程专业系列教材·新闻学类
书　　目

《新闻理论研究导引》　丁和根　编著

　　本教材以"问题"为导向结构全篇,以研究性和参与性为旨趣铺陈展开,希望能引导学习者全面深入地了解本学科必须面对的核心问题,把握其研究的基本现状和研究方法。全书分本体论、实践论、关系论和研究论四大板块共十三章。每章皆有导论,归纳论述本专题的核心内容;代表性选文,呈现本专题值得借鉴的研究成果;研究与思考,提出后续研究与学习的要求。本教材可供新闻学专业本科生和研究生进行理论学习之用。

《新闻采访研究导引》　陈相雨　编著

　　新闻采访虽是一件实践要求很强的工作,但对它的学理思考同样不可忽视。为了使读者能在有限的时间内掌握最具价值的研究成果,本书从新闻采访的本体、主体、客体、起点、采访方法、采访筹划、采访规制等方面,遴选出最有代表性的研究成果,这些成果不仅有名家经典,还有一线新闻采访实践者的精品力作;同时,为了避免遴选出现挂一漏万的现象,编写者还对每个领域的研究情况作了总体述评。虽然遴选过程难免受制于编写者的学术旨趣,但力图为读者提供"性价比"最高的阅读,是编写者最为执著的追求。

《新闻写作研究导引》　丁柏铨　编著

　　这是一本关于新闻写作的具有研究性质的教材,包括"新闻文体"、"提炼主题"、"精选角度"、"优化结构"、"新闻叙事"、"新闻语言"、"创新探索"等七个板块及"余论"。与一般的新闻写作教材有所不同的是,它既包含了作者对于新闻写作的较为系统的学术思考和理论概括,又选引了学界和业界两个方面人士的富于睿智的著述。除此以外,本书还精选了各类新闻精品的个案,并加以简要点评,希望能给读者以诸多启发。"延伸阅读",则旨在为读者拓展研究视野提供帮助。本书适合于新闻学及相近专业的本科生、硕士生作为教学参考用书,也可供从事新闻业务工作及对新闻写作感兴趣的人士阅读。亲,相信它一定能够让您开卷有益。

《新闻编辑研究导引》 邓利平 编著

新闻编辑强调业务操作,更离不开自己学科体系的理论指导。本书荟萃了新闻编辑的指导思想、队伍建设、受众市场以及与其他学科关系等基本理论,重点选编了新闻编辑的报道策划、稿件处理、标题制作、版面(节目)编排等具体业务的论述,作者包括中外著名学者、资深教授,他们的论述堪称精辟甚至可引为经典,并不因岁月流逝而降低其学术价值。本书各部分有导论、选文评述、延伸阅读、思考实践,以帮助读者更好地领会其精髓。

《新闻评论研究导引》 王 蕾 编著

本书选取优秀新闻评论研究论著为范例,从研究者视域切入,引领读者深入了解新闻评论的规律、特征和发展态势,引导读者延展阅读本领域佳作,引发进一步思考,进而拓宽视野。本书选文首选名家权威之作,某些作者虽无名气但确实写得深刻到位的作品,与主题匹配的亦有选用。在导论、选文之后每章都配有"研究与思考"部分,提供延伸阅读书目或文章,辅以问题与思考,并有研究实践供参考。

《中国新闻史研究导引》 陈玉申 编著

本书聚焦于中国新闻史研究中的重要问题,选录有代表性的学术论文,提摄观点要旨,阐释价值意义,使学生对各时期的传媒生态及演变趋向有更加深入的认知。通过对选文的解读和讨论,激发学生进一步探究的兴趣,引导学生在学术层面上思考问题,学习科学的思维方式与研究方法,培育创新意识,提升研究能力。本书不仅可作本科教材,也适宜新闻学专业研究生阅读参考。